환경 문제와 국제관계

신연재

UUP

환경 문제와 국제관계

- 2023년 03월 02일 **초판 발행**
- **지은이 신연재**
- **펴낸이** 오연천
- **펴낸곳** UUP(울산대학교출판부) 680-749 울산광역시 남구 대학로 93(무거동) 울산대학교 출판부
- 전화 (052)259-2488 팩스 (052)277-3011 ▪ **홈페이지** http://uup.ulsan.ac.kr
- **출판등록** 제370-1996-000001호(1996.3.13)
- ₩ 23,000

ISBN 979.11.6726.018.5 (93340)

머리말

우연한 기회에 공동연구 프로젝트에 참여하기 전까지, 나는 환경 문제에 관해서 관심도 없고 지식도 없는 문외한이나 마찬가지였다. 학위 논문의 외연을 확장하려 할 즈음, 나는 주술에 걸린 듯 환경 문제 공부에 빠져들었다. 초보 시절에는 다종다양한 환경 문제를 이해하고 그 사회적 함의를 파악하는 데 애를 먹기도 했지만, 조금씩 깨우치면서 나의 지적 호기심은 커져갔다. 미지의 영역에 깔렸던 안개가 걷힐수록 나의 관심은 초국가적 환경 문제로 그리고 그것이 국제관계에 미치는 영향으로 향했다.

내가 환경 문제 연구에 첫발을 내딛은 1990년대 초엽은 세계화의 격랑이 환경 문제를 증폭시키고, 탈냉전과 더불어 리우 회의가 세인의 환경 문제에 대한 관심을 자극하던 시기였다. 탈냉전기 국제관계에서는 구조 면에서 양극체제가 다극체제로 전환되는 가운데, 의제 면에서는 환경 문제가 중심 의제군에 진입하고, 행위주체 면에서는 비국가 행위주체 – 국제기구, NGOs, 기업, 국제레짐, 지구 거버넌스 – 의 역할이 확대되는 변화가 진행되었다.

환경은 국가별로 분할된 개체가 아니라 초국가적으로 상호 연계되고 의존하는 유기적 연속체이자 통합체이다. 따라서 환경 문제는 본래 어느 국가나 지방의 문제로 시작되더라도 진행 과정에서 다른 국가, 지역, 지구의 문제로 확대되는 경향이 있다. 환경 문제에 내포된 초국가적 속성은 문제 해결 과정에서 어느 국가의 단독 대응도 효과를 거두기 어렵다는 것을 일러준다. 환경 문제를 해결하려면 국가들이 국가 차원 뿐만 아니라 지역 및 지구 차원에서도 협력 활동을 할 필요가 있다는 점에서, 국가에게 다차원적 대응을 요구한다.

환경 문제의 이러한 초국가성은 그 해결의 전제로 국제협력에 입각한 공동 대응을 요구한다. 그럼에도 자리적 국가이익의 구속을 피할 수 없는 국가와 그들로 구성된 국가체제(states system)가 초국가적 환경 문제에의 대응을 주도한다. 탈냉전기 국제환경정치는 국가가 주도적 역할을 담당하되, 동시에 비국가 행위주체들이 보완재 내지는 촉진제 역할을 하는 행위주체의 복합을 요구한다. 환경 문제가 주요 국제의제가 된 반면, 국가는 문제 해결 능력의 한계를 드러내면서 비국가 행위주체들의 역할이 상대적으로 확대되었다. 환경 영역에서는 여전히 국가가 중심적 역할을 수행하지만 비국가 행위주체들의 역할 또한 무시할 수 없는, 그리하여 국제 레짐과 국제 거버넌스가 다른 어떤 영역에서보다 더 활성화되는 변화가 지속적으로 일어났다.

탈냉전기 국제관계가 변화의 소용돌이에 휘말린 데는 세계화, 탈냉전과 더불어 환경 문제의 작용이 있었다. 구체적으로 환경 문제는 국가에게 비국가 행위주체와의 복합 그리고 초국가적 대응과 다차원적 활동을 요구함으로써, 기존의 국가와 국가 중심적 국제관계의 한계를 노출시키며 탈냉전 시대 국제관계의 지형을 적지 않게 바꾸어 놓았다. 환경 문제는 이 과정에서 국제관계의 다수 의제와 밀접히 연계되면서, 지구 및 지역 차원에서 이미 상당한 변화를 동반했을 뿐만 아니라 미래에는 더 큰 변화를 몰고 올 가능성마저 점쳐진다. 이 책은, 지역 차원의 변화들의 중요성을 부인하는 것은 아니지만, 특히 환경 문제가 초래한 지구 차원의 변화들을 살펴보는 데 중점을 두고 있다. 주요 초국가적 환경 문제와 국제사회의 대응에 초점을 맞추어 살펴봄으로써, 우리의 시야를 지구 차원의 국제환경정치로 넓힐 필요를 제기하는 것이다. 이에 따라 내용은 다음과 같이 총 11장으로 구성된다.

1장 환경 문제의 개념과 속성. 환경 문제의 개념을 규정하고, 경제활동 뿐만 아니라 인간의 거의 모든 활동이 환경 문제의 발생에 직·간접적으로 영향을 미치는 요인임을 밝힌다. 환경 문제의 속성으로 복합성, 포괄성, 지체성과 불가역성, 초국가성을 제시하고, 환경 문제의 해결책으로 복합성은 종합적 대응을, 포괄성은 전 사회적 대응을 요구하고, 지체성과 불가역성은 예방과 조기 대응을, 초국가성은 국제협력을 요구함을 밝힌다.

2장 환경 문제의 지구 의제화 과정. 환경 문제가 1960년대 말엽까지는 구미 선진국에서 국내 의제화 단계에, 1970년대부터 1980년대까지는 국제 의제화 단계에 진입했고, 1990년대 이후에는 지구 의제화 단계로 진화했음을 설명한다.

3장 선진국 책임론과 후진국 책임론의 대립. 개도권이 주장하는 '선진국 책임론'과 선진권이 주장하는 '후진국 책임론'의 타당성을 비교하여 검토한다. 초국가적 환경 문제는 어떤 국가도 단독 대응으로 해결할 수 없기 때문에, 선진권과 개도권이 상호주의의 시각에서 이익과 책임을 공유하는 협력 체제를 구축하는 것이 불가피한 과제임을 설명한다.

4장 안보 범주의 확대와 환경안보. 탈냉전기 국제관계에서는 안보의 범주가 수직적으로는 국가안보에서 공동안보와 인간안보로, 수평적으로는 군사안보에서 비군사안보로 확대되고 있으되, 환경 문제가 그런 변화를 이끈 중심 요인 중 하나임을 설명한다. 그리고 환경안보가 수직 계열에서는 국가안보이자 공동안보이고 인간안보이며 수평 계열에서는 비군사안보이기 때문에, 종합안보 차원에서 접근해야 할 필요를 제시한다.

5장 환경분쟁의 증가와 폭력분쟁. 환경분쟁은 주로 개도권에서 발생하되 분쟁의 형태가 다양하다는 것을 밝힌다. 그리고 자원분생, 물분쟁, 기후분쟁의 사례를 분석하여 환경분쟁이 폭력분쟁으로 현실화될 가능성이 현재까지는 그리 크지 않았지만, 앞으로는 커질 것이라는 전망을 제시한다.

6장 물 문제와 국제하천분쟁. 물 문제는 환경 문제이자 자원 문제로서 국제하천분쟁의 필수적이거나 유일한 요인은 아니지만 중요한 요인이고, 국제하천분쟁은 다양한 형태 – 폭력분쟁과 비폭력분쟁 – 로 전개되며, 국제하천분쟁의 원인이 확대 재생산되고 있어서 새로운 형태의 국제분쟁으로 부상하고 있음을 밝힌다.

7장 국가와 비국가 행위주체의 역할. 국제환경정치의 행위주체 문제를 다루면서, 국가와 비국가 행위주체들 – 국제기구, NGOs, 기업, 국제레짐 등 –의 역할과 한계를 살펴본다. 국가는 자국의 이익을 우선적으로 추구하는 자리적(自利的) 행위주체여서 국제환경협력을 주도하는 데 한계가 있다. 환경 영역에서 비국가 행위주체들의 역할이 확대되는 이유가 여기에 있음을 밝힌다.

8장 국제환경기구로서의 UNEP의 한계와 개혁 방안. 환경 영역에서 활동하는 국제기구의 대표 주자인 유엔환경계획(UNEP)의 역할 – 개념화, 조정, 촉매, 코드화 – 과 대내·외적 한계 그리고 대안을 분석한다. UNEP의 핵심적 역할인 조정(coordination)이 한계에 포획된 이유를, 대내적인 면에서는 재정, 지리적 위치, 지위, 조직 구조의 문제에서, 대외적인 면에서는 지구 환경 거버넌스의 파편화와 복합화에서 살펴본다. UNEP의 한계를 극복하기 위한 대안으로 UNEP를 대신할 새롭고 강력한 전문기구인 'WEO'(World Environment Organization)를 창설하자는 안과, 기존 형태를 유지하는 한도 내에서 UNEP의 역할을 강화하자는 'UNEP 강화' 안이 경쟁하고 있음을 설명한다.

9장 환경 문제와 NGOs의 역할. NGOs는 인지와 대변, 대중 교육 및 의식의 제고, 의제 설정, 국제환경협력 촉진, 환경정책 결정 과정 참여 등의 역할 수행으로 국가 중심적 국제관계에 변화를 초래하지만, 다른 행위주체들과의 관계에서 나타나는 종속성과 보완성으로 말미암아 국제환경 행위주체로서의 독자성에 한계가 있음을 밝힌다.

10장 세계시민사회의 성장과 환경운동. 환경운동단체들이 자신들만의 동종복합(同種複合)으로서의 네트워크 구축, 여타 행위주체들과의 이종복합(異種複合)으로서의 거버넌스 구축, 그리고 병행회의의 개최로 세계시민사회의 성장에 기여했음을 서술한다. 그러나 환경운동에 내면화된 상이성과 불평등성이, 그리고 강력한 형태로 잔존하는 국가 중심주의가 세계시민사회의 성장을 저해함도 밝힌다.

11장 지속 가능한 개발. 환경 문제의 온상이 된 성장 지상주의적 개발 대신, 향후 인류의 생존과 복지를 보장해 줄 새로운 개발전략으로 '지속 가능한 개발'(sustainable development)이 대두되었다. '세계환경개발위원회'(WCED)의 개념을 중심으로 지속 가능한 개발의 개념을 설명하고, 빈민층의 '욕구' 충족 필요와 환경의 인간 부양 능력의 '한계'를 토대로 적실성을 분석한다. 그리고 지속 가능한 개발의 한계를 개념과 전략 면에서 살펴본다.

의욕과 비례하지 않는 부족한 역량 탓에, 어쩔 수 없이 이 책은 아쉬움을 남긴다. 독자들의 냉철한 비판과 질책에 보완을 기대지 않을 수 없다. 이 책을 펴내는 데 많은 분이 도움을 주었다. 그 분들의 영향은 책의 여기저기에 담겨 있지만 내용에 대한 책임은 전적으로 나에게 있다.

나의 능력에만 의존했다면 이 책의 출간은 사실상 불가능했다. 군말 없이 가사를 도맡으며 늘 이해와 배려로 감싸준 처에게는 생의 마지막까지 갚아야 할 큰 빚을 졌다. 아버지의 무관심 속에서도 잘 자라서 사회인으로서의 역할을 당당히 해내는 딸과 아들에게도 더없이 고마운 마음을 전하고 싶다. 이제는 고인이 되셨으나 저 세상에서도 한결 같은 마음으로 지켜보실 부친과 장인 어른께 이 책의 출간 소식이 하루라도 빨리 전해졌으면 좋겠다. 연만하신 관계로 거동이 불편하신 모친과 장모님에게도 이 책이 쾌차하시는 데 도움이 되었으면 하는 마음 간절하다. 나의 학문적 토양을 만들어 준 서울대학교 외교학과의 스승님들과 울산대학교 국제관계학과의 교수들, 그리고 미국에서의 자료 수집에 도움을 아끼지 않은 노스캐롤라이나 주립대학교 그린스보로 캠퍼스(UNC Greensboro)의 Ruth H. DeHoog 교수와 Susan J. Buck 교수에게도 감사의 말을 올린다.

COVID-19 사태로 인하여 출판계의 사정이 매우 어려워졌음에도, 이 책의 출간을 허락해 준 울산대 출판부 관계자들에게도 깊은 고마움을 전한다.

2023년 1월

울산 무거동 연구실에서

신 연 재

차례

4장 ‖ 안보 범주의 확대와 환경안보 / 73

5장 ‖ 환경분쟁의 증가 / 129

6장 ‖ 물 문제와 국제하천분쟁 / 159

7장 ‖ 국가와 비국가 행위주체의 역할 / 211

8장 ‖ UNEP의 한계와 개혁 방안 / 251

9장 ‖ 환경 문제와 NGOs의 역할 / 287

10장 ‖ 세계시민사회의 성장과 환경운동 / 321

11장 ‖ 지속 가능한 개발 / 343

1장 ∥ 환경 문제의 개념과 속성

탈냉전기의 국제관계에서는 새로운 형태의 국제 문제가 중심 의제로 대두되었다. 환경 문제가 바로 그것이다. 한 국가의 무책임한 환경 이용은 다른 국가와 그 구성원들에게 심각한 손실을 초래할 수 있다는 점에서 환경 문제는 초국가적인 문제이다. 국제사회가 국제관계의 변화 과정에서 국가 간의 관계는 물론 국가와 환경 간의 관계에 관해서도 관심을 기울여야 할 필요는 이로부터 도출된다. 인간, 국가, 지구의 안전과 복지에 대한 환경의 위협에도 새롭게 관심을 돌려야 하는 것이다. 그런데 환경 문제는 냉전 시대까지만 해도 인류의 관심권 밖에 놓여 있기 일쑤여서, 기껏해야 경제 문제 일부로 간주되곤 했다. 그러나 인간과 국가의 생존을 위협하며 국제관계를 교란하는 단계에 이르러, 환경 문제는 지구 차원의 의제 중 하나로 다루어진다.

오늘의 세계에서 환경 문제가 적게는 인간의 생존을 크게는 국가와 지구의 생존에 심각한 도전 요인이 되고 있다는 사실에는 의문의 여지가 없다. 예컨대 기후 변화와 물 문제는 인간, 국가, 지구의 생존을 위태롭게 한다. 환경 문제는 그 어두운 파장을 현재 세대는 물론 미래 세대의 생존에까지 드리우면서, 인류의 미래에 관한 비관적 전망마저 자아내고 있다. 우리는 이와 같은 현실로부터 환경 문제의 해결이 21세기 국제관계의 중심 의제로 자리 잡은 이유를 어렵지 않게 짐작할 수 있다.

환경 문제는 오랜 시간에 걸쳐 대규모로 축적된 이후에야 가시화되어 여러 세대에 부정적 영향을 미친다. 그렇다면 환경 문제의 근본적 해결책은 가시화된 형태에 대응하는 데 그치지 않고, 그 잠재적 요인까지를 제거하는 것이다. 이를 위해서는 어느 국가든 환경 문제의 속성을 체계적으로 파악하고 효율적으로 대처할 수 있어야 한다. 그래야만 국제관계의 변화 과정에서 국가이익을 수호하고, 발전의 지속 가능성을 확보할 수 있다.

국제사회가 가장 주목해야 환경 문제의 속성은 초국가성이다. 지구환경 영역에서도 주요 행위주체는 국가이고, 그들의 행위를 지배하는 것은 주로 자리적(self-interest) 국가이익이다. 국가의 자리적 행위가 환경 문제를 빈번히 불러일으킨다는 점에서 행위 동기의 국가성이 문제가 된다. 각 국가의 독자적 활동이 환경 문제의 발생에 영향을 미치기 때문에, 환경 문제는 본래 국내 문제이거나 지방 문제라고 해도 무방하다. 그러나 대부분의 경우 어떤 국가도 다른 국가가 야기한 환경 문제의 영향으로부터 초연하기 어렵기 때문에, 다시 말하자면 환경 문제의 원인 제공국은 물론 여타 국가들까지도 그 영향권 아래 놓이기 때문에 결과의 초국가성 또한 중요하다. 예컨대 한 국가가 배출한 온실가스는 배출국은 물론 타국의 기후 변화에도 영향을 미치는 것이다.

중국의 환경 문제는 그로 인한 각종 폐해가 중국 내에 국한되지 않고, 한반도는 물론 일본에까지 파급되면서 동북아 지역의 환경 문제로 확산된다. 이에 비추어 보면 환경 문제의 원인을 특정 국가가 발생시키더라도, 문제 해결을 위해서는 관계국들의 공동 대응이 요구된다. 국제환경정치에서는 공동 대응을 둘러싸고 국제협력이 이루어지기도 하지만 갈등이 유발되기도 한다. 지구환경 영역에서는 이처럼 행위 동기의 국가성과 결과의 초국가성이 충돌하여, 문제의 해결을 어렵게 만든다는 데서 또 하나의 특징을 엿볼 수 있다.

환경 문제에 내포된 초국가성은 특정 국가의 단독 대응으로는 문제를 해결할 수 없음을 역설한다. 특히 지구환경 영역에서는 행위 동기의 국가성과 결과의 초국가성이 상충할뿐더러 체제와 여건이 달라서 시각과 정책도 다른 국가들이 공존한다. 이러한 속성들은 환경 문제를 해결하기 위한 국제적 대응과 국내적 대응의 연계 필요성을 더더욱 역설한다.

그러나 환경 문제의 해결을 둘러싸고, 한편으로 각 국가와 지방이 서로 협력을 아끼지 않으면서도, 다른 한편으로 대립을 일삼는 현실에 우리는 주목해야 한다. '리우 회의'가 보여 주었듯이, 각국은 환경의 가치와 환경 문제의 해결 원칙 – 지속 가능한 개발 – 에 합의했다. 그러나 규제의 방식을 직접적인 것으로 할 것인가 아니면 간접적인 것으로 할 것인가? 규제의 정도를 선진국 수준으로 높일 것인가 아니면 개도국 수준으로 낮출 것인가? 그리고 규제의 우선 순위를 지구 차원의 환경 문제에 둘 것인가 아니면 국가 차원의 환경 문제에 둘 것인가? 각국은 환경 문제 해결 방식, 수준, 우선 순위를 놓고 심각한 이견을 드러냈다. 더 심각한 문제는 세계 차원에서의 대립과 함께, 국가 내부의 지방 간 관계에서도 그런 대립이 동시에 진행되어왔다는 것이다.

환경이 인류의 보편적 부양 체계이고 환경 문제에 초국가성이 내포되어 있음을 수긍할 수밖에 없다면, 환경 문제 해결을 위한 국제 협력의 필요성은 누구도 부정할 수는 없다. 실제로 우리는 각 국가와 지방이 대기오염 규제의 연계를 통하여, 초공간적이고 공시적(共時的)인 환경 문제의 해결에 나서고 있음을 흔히 볼 수 있다.[1] 그러나 동시에 이해관계와 발전 단계의 차이 때문에, 그리고 환경 문제의 정도와 영향의 차이 때문에, 환경 문제에의 대응이 국가마다 그리고 지방마다 고립적으로 행해지고 있음도 또한 자주 보아왔다.

1. 환경 문제의 개념

세계는 최근까지, 자본주의와 사회주의를 가릴 것 없이 온통 물질적 욕구의 충족을 위한 경제 성장에 역점을 두다시피 했다. 인류는 이러한 조류에 휩쓸려 환경 보전을 위한 노력을 게을리했다. 불평등을 전제로 한 시장 중심적 자본주의 체제와 권위주의적인 사회주의 체제에 대폭적인 수정을 가하지 않는 한, 경제 성장과 환경 보전을 조화시킬 수 없을 뿐만 아니라 환경 문제를 근본적으로 해결할 수도 없다. 환경 문제의 심각성이 커지는 것에 비례하여 정치 의제로서의 중요성도 커지기 마련이지만, 그동안 국제사회가 환경 문제의 심각

1) Mark Maslin, *Climate Change: A Very Short Introduction*, Oxford: Oxford University Press, 2014, pp. xviii~xix.

성을 충분히 인지하지 못한 탓에 적절한 수준의 대응을 기울이지 못한 것도 사실이다. 예컨대, 한국의 경우는 1970년대까지도 일부 전문가들만이 환경 문제의 심각성을 인지하고 주의를 기울였다. 그러나 최근에 이르러 환경 문제는 지방과 국가를 초월한 지구 차원의 관심사로 확대되고 있다.

환경 문제는 '인간의 제반 활동이 환경의 구성 요소에 직·간접적으로 부정적 영향 또는 피해를 미치기 때문에 발생하는 문제'라고 할 수 있다.[2] 이를 보다 구체적으로 살펴보면 다음과 같다.

첫째, 환경 문제의 원인이 되는 인간의 활동은 주로 경제 활동이라고 할 수 있지만, 그렇다고 경제 활동에만 국한되는 것은 아니다.[3] 생활하수와 폐기물을 대량으로 쏟아내는 도시의 생활양식, 도시화의 진전과 더불어 대규모로 배출되어 대기오염을 야기하는 자동차 배기가스는 물론, 환경을 개발과 착취의 손쉬운 대상으로 삼는 문화도 결코 무시할 수 없는 환경 문제의 원인이기 때문이다. 단, 인간의 활동이 환경에 긍정적 영향을 주거나 피해를 입히지 않으면, 우리는 그것을 환경 문제로 간주하지 않는다.[4]

둘째, 인간이 가장 크게 영향받기 때문에 시급히 해결해야 하는 환경 문제는, 대부분 인간과 자연환경 사이의 관계에서 발생한다. 인간의 활동이 산업혁명 이후 급증하여 환경 문제를 증대시킨 반면, 자연 활동이 원인이 되는 환경 문제 – 화산 활동, 지진, 태풍, 해일

---

2) 최석영,"세계 환경전략의 현황과 전망," 『외교』, 13, 1990, p.95.

3) Bruno Fritsch, "On the Way to Ecologically Sustainable Economic Growth", *International Political Science Review*, Vol.16, No.4, October 1995, p.364.

4) 지난 150년 간의 관찰 기록에 의하면 인간 활동이 기후 변화의 주요 원인임이 점차 분명해지고 있다. 로베르 사두르니, 『기후가 미친걸까?』, 민음사, 2006, pp.39~40.

등–는 추세와 강도에 거의 변화가 없는 편이다. 설령 변화가 있는 경우에도 대부분 인간 활동이 주요 원인으로 작용하는 경향이 있고, 그 원인과 발생 시기를 예측할 수 있다고 하더라도 통제가 불가능해서, 우리가 다룰 환경 문제의 범위는 인간 기인 환경 문제로 귀착된다.

셋째, 환경은 물리환경과 사회환경으로, 그리고 물리환경은 자연환경과 인공환경으로 구성된다. 물리환경은 자연법칙에 의거하여 만들어진 환경이고, 사회환경은 인간이 인간사회의 질서와 효율을 확보할 목적으로 구축한 환경이다. 인공환경은 인간의 편의를 위하여 인간의 의지와 노력으로 이루어진 환경을 의미한다. 자연환경은 지구 또는 우주의 형성 과정에서 생성되고 존속되어 온 토지, 대기, 물, 광물, 해양, 동·식물 등을 의미한다. 자연환경은 적게는 지구, 크게는 우주를 구성하는 요소들의 총체라고 할 수 있다.[5] 사회환경과 인공환경이 환경 문제의 발생과 관계가 없는 것은 아니지만, 빠른 속도로 파괴되면서 인간 생활에 심각한 영향을 미치는 것은 자연환경이다. 따라서 우리가 환경 문제라고 할 때, 환경은 주로 자연환경을 의미하는 것이 일반적이다.

우리가 환경을 중시하는 이유는, 그것이 인간을 포함한 모든 생명체의 보편적·기본적 부양 체계이기 때문이다. 환경이 급속히 파괴되어 존속 가능성이 없어지면 인간을 포함한 생명체 전체가 생존할 수 없게 되기 때문에, 환경의 보전을 중요한 국제 의제로 다루지 않을 수 없다. 지구의 역사는 한편으로는 인간사회가 환경에 의존하면서, 다른 한편으로는 그것에 부정적 영향을 미치는 과정이었다고 해도 과언이 아니다. IPCC의 2014년 5차 보고서에 따르면, 환경 문제

5) 유동운, 『환경경제학』, 비봉출판사, 1992, p.9 ; 조경식, "90년대의 환경정책", 『국책연구』, 1990, 가을, pp.121~122.

의 발생 원인 중 95%는 인간 활동으로부터 기인한다.[6] 그렇다면 환경 자체가 원인이 되는 환경 문제는 전체의 극히 일부에 지나지 않는다고 이해해야 마땅하다.[7] 따라서 환경 문제의 해결책을 환경에서만 찾는 것은 적실성을 가질 수 없으며, 환경과 인간사회의 관계에서 환경 문제의 발생에 영향을 미치는 인간 활동의 조절에 초점을 맞추어야 한다.

2. 환경 문제의 속성

환경 문제 영역에는 복합성, 포괄성, 지체성과 불가역성이, 그리고 원인의 국가성과 결과의 초국가성이 기본적 속성으로 자리 잡고 있어서, 원인과 결과가 다중적으로 교직된다. 환경 문제의 해결책을 구하려면 우선 다양한 문제들과 속성 간의 상호 관계를 파악해야 한다. 환경 문제가 단선적 해석을 불허하는 이유는, 이처럼 속성과 문제들이 복잡하게 상호 연계되어 있기 때문이다. 더구나 환경 문제가 국제 무기 거래, 폭력의 보급, 핵확산 등 다른 영역의 문제들과 상호 작용하기 때문에도 단순한 이론적 접근이 타당성을 가지기는 어렵다.

---

6) IPCC, *Climate Change 2014: Synthesis Report. Contribution of Working Groups I, II and III to the Fifth Assessment Report of the Intergovernmental Panel on Climate Change*, Geneva: IPCC, 2014.

7) Dovers & Handmer, "Uncertainty, Sustainability and Change", *Global Environmental Change*, Vol.2, No.4, December 1992, p.265.

1) 복합성

어떤 환경 문제는 다른 환경 문제들과 연계된다는 점에서 복합성을 갖는다. 예를 들어 공업화로 인한 온실가스의 배출량 증가는 기후 변화를 가속화시켜 해수면 상승을 초래한다. 해수면이 상승하면 경작지가 감소하고, 인간은 이를 극복할 목적으로 개간하게 된다. 개간은 결국 삼림 파괴와 생물종의 다양성 감소를 초래하게 된다. 이러한 과정이 말해 주는 것은 기후 변화의 영향으로 말미암아 삼림 파괴, 생물종의 다양성 감소, 그리고 사막화 등의 다른 환경 문제들이 연쇄적으로 발생한다는 것이다. 환경 문제는 거의 예외 없이 이러한 연쇄 과정을 밟는다.

산성비는 삼림 파괴, 토양과 내수면의 산성화 등 또 다른 환경 문제의 발생 원인으로 작용한다. 그런데 삼림 파괴의 경우만을 보더라도, 산성비로 인한 피해는 삼림 파괴에 그치지 않는다. 산성비로 인하여 삼림이 파괴되면, 산소 공급과 이산화탄소의 흡수가 감소하여 대기오염이 심화하고, 이산화탄소의 배출은 증가하는 반면 증산 작용이 억지 되어 기후 변화를 촉진하게 되며, 동시에 생물 서식지가 줄어들어 생물종의 다양성이 감소한다.[8)] 대부분 인간 활동에서 빚어지는 기후 변화는 각종 극한 기후 – 열대성 태풍, 홍수, 삼림 화재 등 – 의 원인으로 작용하기도 한다.[9)] 우리는 산성비 → 삼림 파괴 →

---

8) 환경 문제의 이 같은 복합성과 미래에 미칠 영향 때문에 환경 문제의 영향을 정확히 측정하기란 불가능에 가까우며, 이러한 방법론상의 한계 때문에 각국은 자신의 몫을 과소 계상하는 특성이 있다. Eugene B. Skolnokoff, "The Policy Gridlock of Global Warming", *Foreign Policy*, No.79, 1990, pp.79~83 ; Nazli Choucri, "Political Economy and the Global Environment", *International Political Science Review*, Vol.14, No.1, 1993, p.112.

9) Lauril Peterson, "Silver Lining to Extreme Weather Events? Democracy and Climate

대기 오염 심화, 기후 변화 촉진, 생물종의 다양성 감소로 연계되는 사슬에서, 환경 문제에 내포된 복합성과 그 연쇄적 영향을 간파할 수 있다.

우리가 이러한 과정들에서 확인할 수 있는 것은 환경 영역에는 하나가 아닌 다수의 문제가 자리 잡고 있으되, 어떤 환경 문제는 다른 환경 문제들의 발생 원인이자 결과가 되는 방식으로 밀접한 상호 관계를 맺고 있다는 것이다. 환경 문제에 내포된 이런 복합성으로부터, 어떤 환경 문제가 진행 중인 경우, 우리는 이미 그 원인이 되는 다른 환경 문제가 이미 발생했음을, 또는 현재 존재하는 환경 문제의 영향으로 장차 또 다른 환경 문제가 발생할 가능성이 매우 크다는 것을 유추할 수 있다. 이러한 복합성은, 각각의 환경 문제를 별개로 처리하는 문제별 접근 체제보다는, 관계되는 모든 환경 문제를 유기적으로 연계하여 대응하는 종합적 접근 방식이 유용한 해결책임을 시사한다.

2) 포괄성

환경이 아닌 다른 영역들 - 안보, 정치, 경제 등 - 과, 그리고 인간 생활의 핵심적인 가치들 - 복지, 자유, 평등 등 - 과도 다양하고 폭넓은 관계를 맺고 있다는 점은, 환경 문제에 포괄성이 내면화되어 있음을 말해준다. 인류는 환경 보전 없이는 개발을 할 수 없고, 개발 없이는 환경 보전을 할 수 없는 딜레마에 빠져있다. 대부분의 개도국은 공업화를 통한 경제 성장, 경제 성장을 통한 국민소득 증대 전략

Change Mitigation", *Global Environmental Politics*, Vol.21, Issue 1, February 2021, p.23~24.

을 추구해 왔다. 이 결과 환경이 급속히 훼손되는 부작용이 일어나도, 환경 보전에 필요한 비용을 마련하기 위하여 더욱더 경제 성장 위주의 개발 전략을 추진해야 하는 모순에서 빠져나오지 못한다. 환경과 경제 개발은 이처럼 긍·부정의 양면에서 깊은 상관관계를 가진다. 그런데 선진권과 개도권은 지구환경 문제의 원인, 책임, 해결 수단을 서로 상대에게 전가하고 있어서, 환경 문제가 과도기의 세계 질서에서 남·북 관계를 긴장시키는 새로운 변수로 작용하기도 한다.[10)]

과거에 안보 문제와 필수적으로 연계되는 영역은 주로 군사와 정치였다. 그러나 탈냉전 시대의 세계질서는 안보 개념의 확대를 요구하는 바, 환경 문제의 포괄성이 그 과정에 영향을 미친다. 예컨대 기후 변화는 지구환경의 균형을 교란하고 각국의 생존마저 위협한다. 기후 변화의 영향이 모든 국가에게 평등하게 작용하지는 않지만, 그로 인한 해수면 상승이 국토를 침수시킴으로써 국가안보를 위협한다. 환경 문제는 수직적으로 '인간안보'와 지구 안보로서의 '공동안보'를 안보 범주에 추가하고, 수평적으로는 비군사 안보인 '환경안보'를 새롭게 안보 범주에 편입시키는 방향으로 안보의 범주 확대를 촉진한다.

2차대전 이후 만연된 개발 정책의 목적은 대중의 빈곤 문제를 해결하려는 것이었으나, 그 결과는 빈곤 퇴치의 실패와 환경 훼손의 가속화로 나타났다. 빈곤 및 환경 문제를 동시에 해결할 수 있는 해

---

10) 국가 간 이익 갈등의 범주와 형태가 다양하지만 가장 중요하고 지배적인 것은 남·북 간의 갈등이다. 이른바 『브룬트트란트(Brundtland) 보고서』는 지구환경 문제가 남·북 문제로 귀결되는 것이라고 규정함으로써 이 점을 분명히 한다. WCED, *Our Common Future*, Oxford: Oxford University Press, 1987, pp.67~91.

법으로 제시된 것이 지역 주민의 참여 확대이다. 대다수의 개도국에서 환경 문제의 주요 원인인 빈곤 문제를 해결하는 데 참여의 가치를 인정하고 지역 주민의 참여 확대 필요성을 제기함으로써 환경 문제는 참여민주주의, 지방자치, 정치적 분권화와도 깊은 관계를 맺는다. 뿐만 아니라 환경 문제는 지구 차원에서 개발, 남·북 관계, 안보 등의 다른 여러 문제 영역들과 연쇄된다. 이 같은 포괄성에 비추어 보면, 환경 문제를 정치·경제·사회·문화 등을 포괄한 전 사회적 문제로 인식하고 대처하는 것이 바람직하다.

3) 지체성과 불가역성

환경 문제는 오랜 시간에 걸쳐 점진적으로 진행되어 대규모로 축적된 다음에야 비로소 인간의 시야에 포착되는 경향이 있다. 즉, 인간이 어느 시점에 환경 문제를 문제로 인식하고 의제로 설정했다 하더라도, 이미 환경 문제는 큰 규모로 확대되었기 때문에, 해결이 어려운 단계로 접어든다는 속성을 갖는다. 환경 문제 영역에서는 이런 '문지방 효과'(threshold effect)가 작동하여 지체성과 불가역성이라는 또 다른 속성을 초래한다.[11]

환경 문제의 지체성은 과학·기술의 불확실성 때문에도 강화된다. 과학·기술의 불확실성은 환경 문제의 원인 규명과 대책 마련을 지체시킨다. 그 예로, 기후 변화에 관한 한 과학·기술에 기대되는 역

---

11) 문지방(threshold) 또는 임계점은, 생태학에서 자연 체계의 지속 가능한 범위와 관련하여 널리 사용하는 개념으로, 이 점을 넘어서면 일련의 흐름이 급속하게 때로는 상상도 못할 만큼 급격히 변화하는 것을 의미한다. 브라운, 『에코 이코노미』, 도요새, 2003, p.331.

할은 우선 기후 변화의 크기와 위험을 모든 당사자에게 객관적으로 알리고, 그 영향에서 비롯되는 손익을 정확히 계산하는 것이다. 그러나 현재까지의 과학·기술로는 기후 변화의 인과관계를 정확히 파악하기 어렵다. 과학·기술의 이런 불확실성 때문에도 환경 문제의 실상이 은폐되어 대중의 인식 전환과 정부의 대책 수립이 지체되며, 이에 따라 환경 문제는 지속적으로 심화되거나 확대되는 과정을 밟는다.[12)]

'오존층 파괴'는 인과관계가 단순한 상태에서, 명백한 형태로 인간세계를 위협하기 때문에 해결책에 관해서도 상대적으로 논란의 여지가 적었다. 그러나 기후 변화는 인과관계가 매우 복잡한 문제여서 아직도 실효적 해결책을 찾지 못한 채 21세기의 미결 과제로 남아 있다. 기후 변화에 관한 한 과학기술이 상당한 불확실성과 논쟁을 동반하는 이유를 여기서 찾을 수 있다. 기후 변화는 다양한 잠재적 가능성을 내포하고 있어서, 온실가스의 배출이 환경의 변화와 인간사회의 생존에 미치는 영향을 파악하기가 결코 쉽지 않다.[13)] 환경 변화에 대한 기후 변화의 잠재적 영향은 대규모이지만 불확실하고 심대해서, 한편으로는 과학기술의 한계를 노출하고 다른 한편으로는 기후 레짐의 신속한 구축을 가로막기도 한다.

기후 변화는 오존층 파괴보다 더 오래 전부터 알려진 문제였으나

---

12) Tony Brenton, *The Greening of Machiavelli: The Evolution of International Environmental Politics*, London: Earthscan, 1994, p.251.

13) 예컨대 우리는 기후 변화의 복합성, 지체성과 과학기술의 불확실성으로 말미암아 얼마나 많은 생물종이 지구에서 사라지고 있는지, 그 영향이 어떻게 나타날지를 정확히 알지 못한다. 이에 대응하여 국제사회는 '리우 선언'의 '원칙 15'에서 "과학적 불확실성이 환경 파괴를 방지하기 위한 비용 효과적 조치를 지연시키는 구실로 이용되어서는 안 된다"고 합의했다. 지구환경대책기획단, 『21세기 지구환경 실천 강령』, 경제기획원, 1992, p.9.

정치 의제로 등장한 것은 1980년대 이후의 일이다. 이전까지는 과학자들도 인간의 활동으로 지구가 온난화되어 간다는 가설을 배척할 정도였다. 1988년 '토론토 회의'(WCAC)에서는 1988년을 기준으로 2005년까지 온실가스를 20% 감축해야 한다는 이른바 '토론토 목표'(Toronto target)가 제시되었다. 같은 해에 설립된 'IPCC'(Intergovernmental Panel on Climate Change)는 기후 변화에 관한 과학적 발견을 근거로 정책 결정자들에게 신속한 대책 수립의 필요를 경고함으로써 '기후변화협약'과 '교토의정서'의 채택에 기여했다. 그러나 과학기술이 기후 변화의 인과관계를 정확하게 밝혀내지 못한 결과, 기후 변화의 가능성을 최초로 인지한 이후 그것에 대응하는 국제환경레짐을 구축하는 데 1세기가 소요되었다. 기후 변화 문제를 해결하는 데 중심적 역할을 담당할 '기후 변화 규제 레짐'(이하 기후 레짐)의 구축은 인간과 국가 그리고 지구의 미래에 매우 중요한 과제이지만, 과학기술의 불확실성 때문에 그 협상 과정은 순탄하지 않았고 문제는 악화되었다.14)

환경 문제는 발생 이후에도 그 부정적 영향이 현실화되는 데, 그리고 이를 인간이 파악하는 데 상당한 시간이 걸린다. 그 예로 미국의 '러브 커낼'(Love Canal) 사건은 유해 폐기물을 매립하고 30여 년이 지난 후에야 그 피해를 발견할 수 있었다. 일본의 미나마타병과 이타이 이타이병도 오랫동안 진행 과정을 인식하지 못한 채 방치한 결과, 수은과 카드뮴이 인체가 감당할 수 있는 수준 이상으로 축적되어서야 발생한 것이었다. 환경 문제는, 이처럼 그것의 발생을 인식하는 데도, 그 부정적 영향을 해소하는 데도 매우 긴 시간이 걸리

14) Kilaparti Ramakrishna, "Building an Effective Climate Regime", in Young et al., 1996, p.222.

거나, 어떤 경우에는 회복할 수 없기까지 하다. 현실화된 환경 문제를 인지하고 해결을 시도하더라도, 그때는 이미 문제가 심각해진 상태여서 해결하기 어려운 한계에 부딪히곤 한다.

• 미나마타병

1950년대 초 일본 큐슈의 '미나마타'라는 어촌에서 하늘을 날던 새가 갑자기 땅에 떨어지고, 집에서 기르던 고양이들이 미친 듯이 돌며 입에서 거품을 내뿜는 일이 발생했다. 동시에 주민들에게서는 수족 마비, 통증, 오한, 두통, 시각 장애, 언어 장애 등이 나타났으며, 심한 경우 격렬한 고통과 마비 증상이 나타나 목숨을 앗아가기도 했다. 신생아들은 사산되거나 기형으로 태어났다. 1965년에는 니이가타현의 아가노강(阿賀野川) 유역의 주민들에게서도 시야가 좁아지거나 걷기 힘든 증상이 나타났고, 언어 장애와 신체 경련이 발생했으며, 심한 경우에는 사망에 이르렀다. 조사 결과 미나마타만의 해수와 해저 퇴적물 그리고 그 부근에서 잡히는 물고기에 다량의 '수은'이 함유되어 있었다. 미나마타만에 인접한 신일본 질소비료 회사의 공장에서 배출된 폐수에 함유된 수은이 바다에서는 희석되었지만, 미생물에 의해 더욱 유독한 물질로 변형되어 이곳에 서식하는 생물의 체내에 농축되었고, 그 농도는 먹이 연쇄를 따라 가며 높아졌다. 수은이 고농도로 농축된 물고기를 오랫동안 섭취한 물새, 고양이, 사람들에게 독성이 축적되어 미나마타병으로 이어졌다.

• 이타이 이타이병

일본 도야마현(富士縣) 진쓰강(神通川) 유역에 거주하는 주민들은 1910년경부터 팔, 늑골, 골반, 대퇴골 등에 굴절 현상이 나타나기 시작했으며, 기침만 해도 골절이 될 정도로 뼈가 약해지고 뼈의 위축으로 키가 줄어들었는데, 심한 사람은 20㎝ 이상이 작아지는 현상이 발생했다. 특히 강 근처에 사는 농부나 그 가족들 그리고 노동을 하거나 20년 이상 이곳에 거주한 사람, 출산 경험이 있는 사람들에게서 증상이 심하게 나타났다. 이 병에 걸린 사람들이 심한 통증을 호소했기 때문에 '이타이 이타이'(아프다 아프다)병으로 불리게 되었다. 2차 세계대전이 끝난 직후 이 병의 원인 규명이 시도되었으나, 비타민C가 부족하여 나타나는 증상으로 잘못 파악되었고, 1955년 10월에는 일본 학계에 원인 불명의 괴질로 보고되기도 했다. 1968년 5월 일본 후생성은, 진쓰강 상류에 자리 잡은 미쓰이 금속광업의 아연 제련 과정에서 배출된 폐광석이 이 병을 유발했음을 밝혀냈다. 폐광석에 들어있던 카드뮴이 진쓰강을 오염시키고, 오염된 강물이 농업용수와 식수로 사용되었다. 이 결과 카드뮴이 주민들의 신체에 오랫동안 축적되어 이타이 이타이병의 발생 원인으로 작용했다.

살충제 DDT는 알래스카의 에스키모로부터 아프리카의 시민에 이르기까지 세계 모든 지역에서 인간의 체내 지방에 축적되었다. 선진국에서는 이런 문제 때문에 이미 DDT 사용이 금지되었지만, 제3세계에서는 아직도 사용된다. 설령 DDT 사용을 억제한다고 해도 그 효과가 나타날 때까지는 20여 년이 소요된다. 우리는 이러한 사실로부터 DDT 사용의 부정적 영향이 현실화하는데, 그리고 그 영향을 제거하는 데 상당한 시간이 걸린다는 것을 알 수 있다.

인류의 생명을 자외선으로부터 보호해 주는 오존층이 CFCs - 염화불화탄소, 일명 프레온가스 - 에 의하여 파괴되고 있다. 지표면에서 배출된 CFCs가 성층권에 도달하는 데는 15년 가량 걸린다. 더구나 CFCs는 매우 안정된 것이어서 100년 정도는 분해되지 않고 너끈히 대기 중에 머무를 수 있다.[15] 그렇다면 현재 진행되고 있는 오존층 파괴는, 현재 우리가 사용하고 있는 CFCs의 영향으로 발생한 것이 아니라, 인류가 15여 년 이전에 사용한 CFCs의 영향으로 발생한

15) 폰팅, 『녹색 세계사 II』, 심지, 1996, p.274.

것이다. 비록 1980년대부터 그 사용량이 줄어들기는 했지만, 오늘 우리가 사용한 CFCs가 성층권으로 올라가 오존층을 파괴하는 데는 15년 정도가 소요된다. 따라서 2035년 이후에야 대기중의 CFCs 농도가 떨어지면서 오존층 파괴 속도도 감소하게 된다. 15여 년 이전의 CFCs 사용이 오늘의 오존층 파괴를 초래했고, 오늘의 CFCS 사용이 15여 년 이후의 오존층 파괴를 불러일으킬 것이라는 점에서 우리는 환경 문제에 담겨진 지체성을 확인할 수 있다. 환경 문제의 지체성은, 환경 문제의 해결을 추구한다면 조기 대응이나 예방이 최선이라는 것을 강조한다.

4) 초국가성

지구환경 영역에서도 주요 행위주체는 국가이고, 그들의 행위를 지배하는 것은 주로 이기적(self-interest) 국가이익이다. 국가의 자리적(自利的) 행위가 종종 환경 문제를 불러일으킨다는 점에서 행위 동기의 국가성이 문제가 된다. 선진국은 물론 개도국들도 각각의 활동을 통하여 환경 문제의 발생에 영향을 미치기 때문에, 환경 문제는 본래 국내 문제이거나 지방 문제라고 해도 무방하다. 그러나 어떤 국가에서 발생한 환경 문제가 다른 국가들에도 영향을 미치기 때문에, 그리하여 어떤 국가도 환경 문제의 영향으로부터 자유로울 수 없기 때문에, 다시 말하자면 환경 문제의 원인 제공국은 물론 여타 국가들까지도 그 영향권 아래 놓이기 때문에 결과의 초국가성 또한 중요하다.

예컨대 중국의 환경 문제는 그로 인한 각종 폐해가 중국 내에 국한되지 않고 한반도와 일본으로까지 확산된다는 점에서, 역으로 한국과 일본의 환경 문제는 중국과 북한에 영향을 미친다는 점에서 동북아 국가들의 공동 문제가 된다. 중국에서 발생한 산성비, 양자강 오염수 배출 등은 한국, 북한, 일본에도 영향을 미친다.[16] '군소 도서 개도국'들은(small islands developing states) 자신들의 온실가스 배출 실적이 미미한 데 반하여, 타국의 온실가스 배출로 가속화된 기후 변화로부터 가장 크게 생존을 위협받는다. 행위 결과의 이 같은 초국가성은 국제환경협력을 요구하나, 행위 동기의 국가성이 이를 방해하는 것이 국제환경정치가 당면한 문제이다. 기후 변화로부터 가장 큰 위협을 받는 군소 도서 개도국들은 국제사회에 기후 변화 대응을 적극화하도록 역설하지만, 경제 성장을 포기하지 못하는 타국의 대응은 이들의 요구 수준에 미치지 못한다. 국제환경정치에서는 이처럼 행위 동기의 국가성과 결과의 초국가성이 충돌하여 문제의 해결을 어렵게 만든다는 또 하나의 특수성이 도사리고 있지만, 동시에 문제 해결을 위한 국제환경협력의 필요성을 일깨우기도 한다.

'하딘'(Hardin)의 테제 '공동목장의 비극'(tragedy of the commons)은 초국가적 환경 문제에 이런 난관이 잠재되어 있음을, 그리하여 대응책으로 국제환경협력이 절실함을 역설하는 것이다. 지구환경 문제와 관련하여 '공동목장의 비극'이 시사하는 바는, 모든 국가가 지구 차원에서 공동선의 확보보다는 국가 차원에서 국가이익의 극대화를 먼저 추구하기 때문에 지구환경의 문제의 발생이 불가피하지만, 해결은 매우 어렵다는 것이다. 즉 모든 국가가 '지구 공동재'(global commons)를 이용하면서도 어느 국가도 적극적으로 관리하지 않기

16) 문홍호, "중국의 환경 실태와 정책", 한국국제정치학회 춘계학술발표회 발표 논문, 1998, p.2.

때문에, 초국가적 환경 문제는 해결되기보다는 인류의 생존을 위협하는 수준으로 심화되는 경향이 있다. 따라서 하딘의 테제는, 지구환경 문제를 해결하려면 국제협력이 필수적으로 수반되어야 함을 시사하는 것이다. 예를 들어 해양이나 대기 영역에서 발생한 월경성 오염 문제는, 해결의 전제로 원인 제공국이나 피해국 모두의 공동 노력을 요구한다.

환경 문제의 초국가성에 비추어 보면, 어느 한 국가의 정책이나 노력만으로는 환경 문제를 해결할 수 없다는 것은 분명하다. 패권국가라고 할지라도 환경 문제의 원인, 책임, 영향을 단독으로 통제할 수는 없다. 환경 문제의 초국가성은 문제 해결의 전제로 국제협력을 기반으로 한 국제사회의 공동 대응을 요구한다. 지구환경 영역에서는 행위 동기의 국가성과 결과의 초국가성이 상충되는 데다가 체제와 여건이 달라서 시각과 정책도 다른 국가들이 공존한다. 당사국들이 공동 대응하는 국제협력이 환경 문제 해결책으로 요구되는 것은 이런 이유에서 비롯된다. 이에 따라 국가이익을 초월하여 활동하는 국제기구와 NGOs에게 국제환경협력의 촉매 역할이 부여되고 있어서,[17] 비국가 행위주체들의 활동 공간이 다른 영역에서보다 상대적으로 크다는 특성도 엿보인다.

- **하딘의 테제 : 공동목장의 비극**

하딘에 의하면 공동목장의 비극은, 가축에 비하여 풀이 풍부할 때는 발생하지 않으며, 목장의 수용 능력이 한계에 도달했을 때부터 발생한다. 즉 목동 각자는, 자신의 가축을 더 방목해서 돌아오는 이익은 전부 자신의 것이 되지

---

17) Thomas Hale, "Catalytic Cooperation", *Global Environmental Politics*, Vol. 20, Issue 4, November 2020, pp73~98.

만, 그로 인한 목장 파괴와 복구 비용은 목동 전체가 공동으로 부담하게 된다는 것을 계산에 넣는다. 이런 인식에 따라 각 목동은 가능한 최대한까지 가축을 추가 방목하면 자신의 이익이 극대화된다고 생각한다. 그리하여 목동 각자가 목장 보호의 필요성을 인식하더라도 타인의 추가 방목이 공동 비용으로 분담될 것이라고 가정하기 때문에, 자신의 과도한 방목을 자제하지 못한다. 그 결과로 공동목장이 파멸에 이르고, 가축은 굶어죽게 된다는 것이다. 하딘의 테제는 환경 문제의 초국가성과 이로 인한 국제협력의 필요성을 제시한 것으로 널리 인용된다. Hardin, "The Tragedy of the Commons", *Science,* 162, 1968.

2장 ‖ 환경 문제의 지구 의제화 과정

1. 1960년대: 국내 의제화

1950년대까지 환경에 대한 국제사회의 관심은 단지 '자연 보존'(nature conservation)에 국한되어, 환경 문제를 사회 문제의 일부로 인식하지 않는 경향을 보였다. 그러나 1960년대와 1970년대에 인류의 자연환경(natural environment)에 대한 막대한 영향을 강조한 일련의 저작들 – 카슨(Carson)의 '침묵의 봄'(Silent Spring), 얼리히(Ehrlich)의 '인구 폭탄'(Population Bomb), 로마 클럽(Club of Rome)의 '성장의 한계'(Limits to Growth) 등 – 이 환경의 범주를 확장시켰다. 아울러 선진권에서 환경 문제에 대응하여 다양한 환경운동이 대두된 1960년대 중엽부터 환경 문제가 사회 문제로 자리 잡기 시작했다.[1)]

이 시기의 환경운동은 국가 차원에서 환경의 특정 국면 보존과 보

1) Jan-Henlik Meyer, "From Nature to Environment: International Organizations and Environmental Protection before Stockholm", in Wolfram Kaiser & Jan-Henrik Meyer (eds.), *International Organizations and Environmental Protection: Conservation and Globalization in the Twentieth Century*, New York: Berghahn Books, 2014.

호를 지향하면서 환경 문제의 위험성을 전파하는 것에 바탕을 두고 사회적 환경의식의 고양에 주력했다. 1960년대 말엽 일부 선진국 정부들이 가중된 압력에 반응하여 환경 문제에 대응하기 시작하자, 비로소 정치 문제로 주목받을 수 있었다. 급속한 경제 개발 정책이 환경 문제로 말미암아 도전에 직면하게 되자 선진국들은 정부의 정책, 구조, 조직을 변경하기 시작한다. 미국의 경우 이 무렵부터 정부의 3대 과제 중 하나가 대기 및 수질 오염의 감소라는 여론이 확산되었고, 대중이 주도하는 환경보호운동이 시작되었으며, 세계 환경의 질을 유지하기 위하여 국제협력을 지지히도록 규정한 환경정책법이 제정되었다.

다른 선진국들의 동향도 이와 유사했지만, 인류의 다수는 여전히 경제 개발로 상징되는 물질적 가치를 중시했지만, 소수가 탈물질적 가치에 주목하면서 환경운동의 성장과 환경정책의 수립이 본격화되었다. 선진권에서는 1970년대부터 환경운동의 조직과 집단의 규모, 지지도가 사회 · 정치 과정은 물론 관련 학문에도 영향을 미치는 요인으로 성장했다. 그러나 1970년대 이전의 환경정책은 특정 환경 문제가 정치 과정에 큰 영향을 미치는 때에만, 정부의 정책을 단편적으로 그리고 점진적으로 조정하는 수준의 것이어서, 국제 차원은 커녕 국가 차원에서도 포괄적이고 통합적인 대응이 이루어지지는 않았다.

그러한 대응이 이루어진 것은 생태학적 위기의 고조에 대응하여, 환경 문제의 포괄성과 복합성을 인식한 미국, 영국, 카나다 등 일부 선진국이 전담 부처를 설치한 이후의 일이었다. 이로부터 국가의 목표와 우선순위 결정 과정에 환경 요인을 고려하는 환경정치가 작동되었고, 중앙정부와 지방정부의 관계가 재인식되기에 이른다. 나아가 지방과 세계의 환경 문제는 밀접한 관계를 맺고 있어서, 국제 차원의 합의는 국가 및 지방의 행위에도 영향을 미친다는 인식도 이 과정에서 싹텄다.[2] 세계경제의 통합적 성격과 경쟁 규범 때문에 지방 차원의 행위도 기본 원리, 규범, 기준에 관한 국제 합의와 협력에 의존한다는 점을 구체적으로 파악하기 시작한 것이다.

2. 1970년대~1980년대 중엽: 국제 의제화

환경 문제의 국제 의제화는 1972년의 스톡홀름 회의, 1984년의 체르노빌 원전 사고, 과학기술의 발전, 구미(歐美) 지역에서의 산성비 확산 등의 영향으로 이루어졌다. 1972년 로마클럽이 발간한 『성장의 한계』(Limits to Growth)는 환경 문제에 관한 관심을 자극하는 데는 성공했으나, 이것을 국제관계의 의제로 부각시키는 데는 실패했다. '성장의 한계'는 또한 주로 재생 불가능한 자원의 고갈 때문에 사회가 붕괴될 것이라고 지적했으나, 정작 이후에 밝혀진 것은 재생 가능한 자원이 빠르게 소진된다는 것이었다. 급속한 삼림 파괴와 사막화 그리고 해양 자원의 희소화가 이를 입증한다.[3]

1972년의 '스톡홀름 회의'는, 국가 차원에 머무르던 환경 문제를 국제 차원의 문제로 부각시켰다. 이 회의는 환경 문제에 대한 전 지

2) O. P. Dwivedi, "Political Science and the Environment", *International Social Science Journal*, Vol.XXXVIII, No.3, 1986, pp.383~384.

3) Shigeaki Fujisaki, "Environmental Issues in Developing Countries and the Role of ODA", *Japan Review of International Affairs*, Vol.7, No.1, Winter 1993, p.70.

구적 관심을 최초로 유도하는가 하면, 인류 공동의 노력으로 해결해야 할 필요성을 역설했다. 지구환경을 보전하도록 세계인들을 인도하고 고취했을 뿐만 아니라, 세계적 환경 원칙들을 최초로 설정하고 새로운 형태의 국제협력에 합의한 것이다. 국제사회는 이에 바탕을 두고 환경 문제의 조사 필요성과 국제환경기구의 창설에 관한 국제적 합의를 일구어내는 한편, 국제 환경 규범의 창출 기반을 마련하기도 했다.[4)]

그러나 스톡홀름 회의는 향후 국제환경 문제의 협의 과정에서 답습되는 몇 가지 한계를 노출하기도 했다. 우선 회의 과정에서 선진권의 환경 보전 논리와 개도권의 경제 성장 논리가 대립했으나, 선진권을 중심으로 논의가 진행된 탓에 이들의 주장이 주로 관철되었다. 국제관계에서의 선진권의 우월성을 반영하여 오염 및 파괴, 빈곤, 인구 문제 등 환경 문제의 근본 원인으로 지목되는 정치·사회·경제 구조의 문제를 소홀히 다룬 것은 문제로 지적된다.[5)] 스톡홀름 회의는 환경과 개발의 상호 관계를 심도 있게 논의하지도 못한 채,

---

4) Kate O'Neil, *The Environment and International Relations*, Cambridge: Cambridge University Press, 2009, pp.27~28. 113개국의 대표가 참가한 스톡홀름 회의는 환경 보전의 대헌장이라 할 수 있는, 109개의 권고와 26개의 환경보전 일반 원칙으로 구성된 '스톡홀름 선언' 또는 '인간 환경 선언'을 채택함으로써 환경 문제를 지구 차원의 것으로 고양시켰다. 환경 문제는 단일의 문제가 아니라 복합적이고 포괄적인 문제로서, 경제 활동이 환경에 미치는 영향의 범위와 관련 행위주체의 지리적 범위가 세계적이라는 의미에서 규정된 것이다. 말하자면 인간의 활동이 환경에 미치는 영향이 세계적이고, 환경 문제로부터 영향 받는 행위주체의 범위가 특정 지역을 초월하는 것에 근거를 두고 설정된 것이다.

5) Samuel S. Kim, *The Quest for a Just World Order*, San Francisco: Westview Press, 1984, p.276. 환경과 개발 문제를 최초로 연계시킨 국제회의는 1971년 스위스에서 열린 푸네(Founex) 회의였다고 한다. Maurice F. Strong, "ECO '92: Critical Challenges & Global Solutions", *Journal of International Affairs*, Vol. 44, No.2, Winter 1991, p.291.

지구환경 문제의 진단과 처방을 둘러싼 남·북 간의 갈등을 공식화 시킨 계기가 되었다. 이 회의의 영향으로 국가, 지역, 지구 차원에서 환경 문제의 해결을 위한 노력이 가속화된 긍정적 효과가 있었으나, 급속한 인구 증가 및 지속적 산업화 추세에 결정 사항의 모호성까지 중첩되어, 이후 환경 문제가 오히려 악화되었다는 평가는 이 회의의 한계를 드러낸다.

스톡홀름 회의가 거둔 또 하나의 성과는 '유엔환경계획'(United Nations Environment Programme: UNEP)의 창설 기반을 마련한 것이었다. UNEP는 스톡홀름 회의의 권고를 받아들여, 1972년 27차 UN 총회가 산하에 설치한 보조기구(subsidiary organ)로서 개념화(conceptualization), 조정(coordination), 촉매(catalysis), 코드화(codification) 기능을 축으로 삼아 1973년부터 활동을 시작했다. UNEP의 환경 평가(assessment), 환경 관리(management) 및 지원 활동은 이러한 기능에 입각한 것이다. 나아가 UNEP는 이미 1970년대부터 생태학적 개발(eco-development), 즉 '지속 가능한 개발'(sustainable development) 개념의 개발에 착수했다. 이 개념은 모든 인간에게 필수 자원을 공급하여 자립하게 하고 인간과 자연 사이에 조화로운 관계를 조성함으로써 '환경 면에서 건강한 개발'을 추구해야 한다는 함의를 담고 있다.[6] UNEP는 지속 가능한 개발 전략의 진화를 주도하면서, 1980년대 이후 국제환경협력의 방향을 제시했다.

---

6) `UNEP, UNEP, *Two Decades of Achievement and Challenge: 20 Years*, New York: UN, 1992. '개념화' 기능은 환경 문제의 인식과 해결 방안을 조정하고, '조정' 기능은 UN 체제 내에서의 정부 간 또는 비정부기구 간이나 기타 산업계 간 여성계 간의 문제를 조정하는 것이며, '촉매' 기능은 어음교환소(clearing house) 같은 중간 매체 기능을, 그리고 '코드화'는 환경 관련 국제조약 또는 다자조약 체결 기능을 의미한다.

1970년대 말엽에 이르면 과학 지식의 확산과 일부 선진국들의 문제 제기에 따라 국제환경 문제 특히 산성비 문제의 해결에 초점이 모아졌다. '산성비 레짐'은 국제환경협력의 필요성을 인정하는 계기를 마련했고, 환경 문제의 원인과 영향의 복합성을 설득하는 기반이 되었다. 그러나 이런 변화에도 불구하고 1970년대의 환경정책은, 국가별로 대내적 조치를 강구하고 환경 문제의 규제 방안을 수립하는 것이 주종을 이루는 한편, 다른 한편으로 환경 규제의 강화는 경제 위축과 실업 증가를 초래한다는 인식에 지배되었다.

환경 문제에 대한 국제적 관심이 본격적으로 확산된 것은 체르노빌 사건 등을 계기로 오염의 부작용에 대한 인식이 고조된 1980년대부터였다. 그러나 선진권은 부를 바탕으로 생산 과정에 환경 규제를 도입하는 등 환경 보전 정책을 본격화했으나, 개도권은 경제 개발에 매몰되어 환경에 관한 관심이 부족한 대비를 여전히 드러냈다. 1982년 나이로비에서 열린 '2차 유엔 환경개발회의'(United Nations Conference on Environment and Development: UNCED)가 일련의 진전을 이루었음에도, 각국의 정책결정자들은 환경 보전에는 큰 관심을 보이지 않았다. 그들의 관심은 전략적 균형, 남·북 관계, 신국제경제질서 등에 집중되어, 환경 보전은 여전히 국내 문제로 국한되거나 국제협력의 주변 의제로 간주되었다.

지구 차원의 환경 문제가 급격히 악화되며 국제적 관심과 위기의식이 고조된 1980년대 후엽은, 환경 문제에 대한 인식의 중대한 전환점이 된다. 환경 문제에 관한 과학적 증거가 각국의 정책결정자들에게 경종을 울렸다. 특히 개도국에서 대기 오염, 토양 오염, 사막화의 확산, 삼림 파괴, 용수 부족 문제 등이 악화되면서 환경 보전이 국제 의제로 부상했다. 탈냉전 시대에 이르면 환경 문제는 안보와 경제 문제에 버금가는 지구 의제로 자리 잡게 된다.

3. 1980년대 후엽 이후: 지구 의제화

환경 문제가 지구 의제화되는 데는 1987년 WCED의 보고서, 1980년대 말엽에 체결된 일련의 국제환경조약, 1992년의 리우 회의, 2015년의 파리협정 등이 크게 작용했다. 1980년대 말엽 국제사회는 국가별 대처를 통한 환경 문제 해결에는 한계가 있음을 인정하고, 국제적 관심의 제고와 구속력 있는 국제조약의 체결을 기반으로 하는 국제 공동 대응을 본격화했다. 환경과 개발 문제를 장기적 시각에서 다룬 '세계환경개발위원회'(World Commission on Environment and Development: WCED)의 보고서(『인류의 미래』(Our Common Future)), 그리고 미국의 『2000년대를 향한 환경 전망』은 이런 맥락에서 중요한 문서로 이해된다.[7] 이 보고서들은 세계가 당면하고 있는 환경 문제의 심각성과 광역성을 환기시키면서 인류의 번영을 위한 미래 지향적 대책을 제시했다. 특히 환경 문제를 경제 및 여타 분야의 정책과 통합해야만, 비로소 '지속 가능한 개발'이 가능하다고 주장했다.

환경 면에서 지속 가능한 개발은 미래 세계 공동체의 욕구와 개도권의 개발 욕구를 충족시킬 수 있는 개발 전략으로서, "미래 세대의

---

7) World Commission on Environment and Development, *Our Common Future*, Oxford: Oxford University Press, 1987 ; Council on Environmental Quality and the Department of State, *Global 2000 Report to the President: Entering the Twenty-First Century*, Washington, DC: U.S. Government Printing Office, 1981. WCED는 브룬트란트 위원회(Brundtland Commission)로 불리우기도 한다.

욕구 충족 능력을 저해하지 않으면서 현재 세대의 욕구 충족을 가능하게 하는 개발"을 의미한다.[8] 지속 가능한 개발은 성장 중심적인 기존 패러다임을 거부하고 현재는 물론 미래의 요구에도 부합되는 개발을 추구하는 것이다. 인류의 생산 및 소비 동향에 비추어 보면, 지구환경은 유한한 능력만을 보유하고 있다는 인식이 그 저변에 깔려 있다. 그런데도 성장 위주의 기존 경제정책을 고수할 경우 환경에 회복할 수 없는 타격을 가할 것이므로, 자연자본을 희생시키는 전통적 개발 정책을 더 이상 허용해서는 안 된다고 주장한다. 대신 국제사회는 보편적 이익을 우선적으로 고려하여, 인구를 가능한 최소한으로 억제하고 자원 사용을 감축하며 대체자원을 개발함으로써, 자연자원의 운용 방향을 지속 가능한 체제(sustainable system)로 이행하는 데 중점을 두어야 한다고 강조한다.

지속 가능한 개발이 지구환경 문제의 해결책으로 제시되고 각국이 환경의 기본적 가치를 인정한 결과는, 향후 국제환경협력 과정에서 선·후진국 모두에게 국제협력의 활성화 여건을 조성했다. 국제사회가 지구 차원의 국제환경조약을 다수 채택하게 된 것도 이 때문에 가능했다. 1985년 '오존층 보호를 위한 비엔나협약', 1987년 '오

---

8) '지속 가능한 개발'은 로마 클럽이 주장한 '제로 성장' 을 거부한 것이다. 왜냐하면 후자는 환경 문제와 지속 불가능한 개발의 불가피한 결과로 파악되기 때문이다. 이에 관해서는 Strong(1991), p.291. 지속 가능한 개발 개념은 UNEP와 UNCTAD가 1974년에 개최한 '자원 이용 환경 및 개발 전략에 관한 회의'에서 최초로 사용되었다고 한다. 1982년 '나이로비 회의'는 이 개념을 매개로 환경과 개발에 관한 선진국과 개도국 간의 의견을 접근시킨 계기를 마련했다. '환경 면에서 건강하며 지속 가능한 개발'(environmentally sound and sustainable development) 개념은 『2000년대를 향한 환경 전망』과 『브룬트란트 보고서』에서도 채택되었다. 지속 가능한 개발 개념의 연혁에 관해서는 Edward B. Barbier, "The Concept of Sustainable Economic Development", *Environmental Conservation*, Vol.14, No.2, 1987 ; David Simon, "Sustainable Development", *Environmental Conservation*, Vol.16, No.1, Spring 1989.

존층 파괴 물질에 관한 몬트리올의정서', 1989년 '유해 폐기물 교역 통제를 위한 바젤협약'이 채택되었다. 1991년부터는 몬트리올의정서의 '수정의정서'가 여러 차례 채택되었다. 그리고 1992년 '기후변화협약', 1997년 '교토의정서', 2015년 '파리협정'이 채택되어 각국의 산업 생산에 본격적으로 환경 규제가 가해지기 시작했다.

국제환경정치 면에서는 1989년의 'G7 정상회의'가 지구환경 문제를 본격적으로 논의한 이후, 선진권에서는 이 문제를 더 이상 과학·기술만의 문제가 아니라 국제관계의 중심 의제와 밀접한 관련이 있는 것으로 파악하게 되었다. 개도국들 또한 1991년의 '북경 회의'에서 브룬트란트 위원회의 개념을 수용하면서도, 모든 국가의 지속 가능한 개발을 위하여 새롭고 균형 잡힌 신국제경제질서의 수립을 요구했다. 그래야만 환경 보전을 위한 세계적 협력의 여건이 조성될 수 있다는 주장이었지만, 다른 한편으로는 '북'이 제기한 지속 가능한 개발이 환경 문제의 유일한 해결책임을 인정한 것이어서, '남'과 '북' 사이의 타협 가능성을 높인 것으로 평가된다.[9)]

환경 문제가 지구 의제화되는 과정에서 그 해결책은 지속 가능한 개발뿐이라는 인식이 점증했다. 1992년 6월의 '리우 회의'는 이런 변화를 배경으로 개최되었다. 회의는 참가 규모 – 178개국의 정부 대표, 다수의 국제기구 대표, 그리고 650개의 비정부기구(NGOs) 대표 – 의 면에서 '유엔 환경 개발 회의'(UNCED) 사상 최대의 것이었다. 그 진행 과정에서는 개발 패러다임과 환경 패러다임 간, 국가 간, 집단 간, 개발 우선 정책과 환경 우선 정책 간의 갈등이 다양한 형태로 노정되기는 했다. 그러나 이 회의는 앞으로의 국제환경정치가 동

9) James K. Sebenius, "Designing Negotiations toward a New Regime: The Case of Global Warming", *International Security*, Vol.15, 1991, pp.128~129.

· 서 축이 아닌 남 · 북 축을 중심으로 운영될 수 있음을 예고한 것으로서, 그 핵심적 함의는 지속 가능한 개발이라는 목표의 성취 범위가 선 · 후진국 간의 협상으로 결정될 것이라는 데서 찾아볼 수 있다. 그러나 회의가 진행되는 과정에서 남 · 북 간의 갈등이 여러 문제 영역에서 노출되었다.10)

그러함에도 '지구 헌장'(Earth Charter)을 대신한 '리우 선언'이 채택되었고, 남 · 북 관계가 지구 환경 및 개발 의제에 관한 논의를 지배했다. '삼림 원칙 선언', '기후변화협약'과 '생물종다양성협약'의 체결은 그 예로 유효하다. 설령 이것들이 규정한 행위가 소기의 목표를 실현하지 못했을지라도, 분명한 목적을 가진 과정에 시동을 걸었다는 점은 매우 중요하다. 오존층 문제에 관한 '약한 합의'(weak agreement)가 차후의 국제협력을 진전시켜, 불참국에 대한 예방적 제재를 규정한 '몬트리올의정서'를 낳은 사례는 이와 관련하여 적지 않은 의미를 가진다.11) 리우 회의 또한 기후 변화 및 생물종의 다양성 문제를 놓고 이와 유사한 과정을 자극할 수 있다고 기대되었다.

인류 공동의 미래를 위하여 지구환경을 보전할 필요에 합의하고, 목표의 달성을 위하여 노력하기 시작했다는 점에서, 그리하여 국제

---

10) 이 회의가 지구환경 보전의 기본 원칙으로 채택한 '리우 선언'(The Rio Declaration on Environment and Development)과 지속 가능한 개발의 실행 계획으로 마련된 '의제 21'(Agenda 21)이 남 · 북 간의 대립으로 일단 교착 상태에 빠진 뒤에야 가까스로 합의된 것이라는 사실이 이러한 견해를 뒷받침한다. 환경과 개발에 관한 '리우 선언'이 남 · 북 간의 타협으로 구속력이 없는 27개 원칙으로 구성된 것이나, 구체적 실행 계획을 제시한 '의제 21'이 각국에 효율적 환경법의 제정을 권고하면서도(원칙 11), 개발권도 동시에 강조하는(원칙 3) 자기모순에 빠진 것도 그러한 사정을 반영한 결과였다. 지구환경대책기획단, 『21세기 지구환경 실천강령』, 경제기획원, 1992, pp.6, 8.

11) Richard E. Benedick, *Ozone Diplomacy: New Directions in Safeguarding the Planet*, London: Harvard University, Press, 1991.

관계의 다양한 행위주체들이 공동으로 대처해야 할 필요를 부각시킨 점에서 리우 회의의 궁극적 의미를 찾을 수 있다.[12] 인류의 풍요를 목표로 한 기존의 경제 개발 전략이 생존 자체를 위협하는 상태에 이르러, 환경의 시각에서 개발 개념을 재검토해야 하는 시대가 이미 막을 올렸다. 그러나 인류의 생존 자체가 필수적으로 환경에 영향을 미치게 되어 있음도 인정해야 한다면, 지구환경 문제는 국가와 비국가(非國家) 행위주체들의 정치 의제에서 확고한 위치를 차지해야 한다. 고매한 이상에 합의했음에도 불구하고, 남·북 간에는 국가 목표와 패러다임의 차이가 엄존한다는 것 또한 인정해야 한다.

12) 리우 회의의 성과와 의미에 관해서는 신상범, "지구환경정치의 역사", 신범식 외, 『지구환경정치의 이해』, 사회평론아카데미, 2018, pp.66~71 참조.

3장 ‖ 선진국 책임론과 후진국 책임론의 대립

환경 문제로 인한 영향의 정도와 형태가 국가별로 상이하다면, 환경 문제의 진단과 처방을 둘러싼 국가 간의 갈등도 심화될 수밖에 없다. 이로 말미암아 지구환경 문제의 원인과 책임, 해결 방법과 수단을 둘러싼 남·북 간의 갈등이 탈냉전기 국제관계의 변화에 새로운 변수로 등장하고 있다. 대체로 선진국은 환경 보전에 역점을 두고 구속력 있는 국제 협력과 규제를 추진하는 반면, 후진국은 경제성장에 중점을 두고 강제적인 국제 협력과 규제에 반대하는 경향을 보인다.

1. 기본 가치의 합의

1987년의 '브룬트란트(Brundtland) 보고서'는 지구환경 문제가 남·북 문제로 귀결된다고 규정했다. 지구환경 문제는 남·북 간의 시각과 접근법의 차이를 극명하게 노출시켰으나, 국가들은 이것에 내포된 심각성과 중요성을 인정하고 위기 의식을 공유하는 단계에 진입했다. 이런 추세가 강화되면서 기후 변화, 오존층 파괴 등의 지구환경 문제는 인류 전체가 공동으로 대처해야 할 사안이라는 합의가 확산되었다. 선·후진국 간 입장의 차이에도 불구하고 환경 보전이 없으면 경제가 성장할 수 없고 경제 성장이 없으면 환경을 보전할 수 없다는 공동의 인식을 바탕으로[1] 환경과 개발의 조화, 즉 지속 가능한 개발의 실현을 위하여 노력한다는 원칙적 합의를 일구어낸 것이다.

1972년 스톡홀름 회의에서 개도국들이, 빈곤은 자신들의 가장 심각한 환경 문제이기 때문에 '남'에게 환경 문제는 곧 개발 문제라고 주장하며 성장의 필요를 역설한 것에 비추어 보면,[2] 이러한 합의의 도출은 의미 있는 변화라고 이해할 만하다. 스톡홀름 회의 이후의 이러한 변화는, 개도국 대부분이 경제 성장에 성공하지 못한 반면, 환경 문제는 악화되는 상황에, 자원 기반마저 파괴되면 더 이상 성장이 불가능하다는 인식의 전환이 덧붙여져 가능했다. 환경과 개발 간의 필수적 관계는 스톡홀름 회의에서 이미 지적되었지만, 양자의 조화를 역설하고 거시적 관점에서 지구 환경 문제의 해결 방향을 제시한 것은 '브룬트란트 보고서'였다. 지구환경 차원에서 규정된 '지속 가능한 개발'이 이 보고서 발간 이후 세계적으로 확산되어, 외부효과가 미래 세대에 부정적 영향을 미치는 환경 문제의 대표적 사례로 기후 변화, 오존층 파괴 등이 부각되었다.

---

1) Andrew Steer, "The Environment for Development", *Finance and Development*, June 1992, p.18.

2) Michael W. Manulak, "Developing World Environmental Cooperation: The Founex Seminar and the Stockholm Conference", in Wolfram Kaiser & Jan-Henrik Meyer (eds.), *International Organizations and Environmental Protection: Conservation and Globalization in the Twentieth Century*, New York: Berghahn Books, 2014.

• **스톡홀름 회의**(United Nations Conference on Human Environment: UNCHE)

제23차 UN 총회의 결의에 따라, 1972년 6월 5일부터 16일까지 114국 대표 및 국제기구 대표 등 약 1,300여 명이 참석한 가운데, 스웨덴의 스톡홀름에서 UN이 주관하는 국제환경회의가 개최되었다. 이 회의에서는 현재 세대와 미래 세대를 위한 환경 보전, 재생 가능한 자원의 합리적 사용, 재생 불가능한 자원의 보전 필요를 역설한 '인간 환경에 관한 선언'(일명 '스톡홀름 선언')을 채택하고, '유엔환경계획'(UNEP)의 창설을 결의했다.

스톡홀름 회의의 가장 큰 성과는 환경 문제를 국제 의제화하는 데 기여한 것이다. 스톡홀름 회의는 환경 문제에 대한 전 지구적 관심을 유도하고, 문제 해결을 위한 인류 공동의 노력을 촉구하는 데 성공을 거두었으나, 선진권의 환경 보전 논리와 개도권의 경제 성장 논리가 철저히 대립하는 한계를 노출하기도 했다. 환경 문제의 진단과 처방을 둘러싼 남·북 간의 갈등이 이 회의를 통하여 표면화되는 역작용도 있었던 것이다. 남·북 모두가 기존 개발 방식의 문제 - 자원 고갈, 환경 파괴 및 오염, 환경의 수용 능력 부족 등 - 에 관해서 인식을 같이 했으나, 선진권은 개도권의 인구 급증이, 개도권은 기존 세계질서의 불평등성이 환경 문제의 원인이라고 팽팽히 맞섰다.

1992년의 리우 회의에서는 미래 세대를 위한 현재 세대의 비용 분담을 인정하여, 미국을 제외한 대부분 국가가 화석연료의 소비 감축에 합의했다. 근대 이후 인류가 끊임없이 추구해 온 개발 - 근대화, 복지 향상, 공업화, 기술 진보 등 - 의 결과로 심각한 환경 문제가 야기되었고, 이런 사태가 인류의 추가 개발 여력을 감퇴시켜 다시 환경 문제를 초래하는 악순환이 거듭되었다는 인식이 그런 합의의 실마리가 되었다. 그런 인식은 개발과 환경 간의 상호 보완 관계를 재인식

하고, 개발의 잠재력을 저해하지 않는 범위 내에서 적극적 환경 보전을 추진하는 변화의 원동력이 되었다. 그리하여 '환경 면에서 건강하고 지속 가능한 개발'(ecologically sound and sustainable development) 관념을 토대로, 현재 세대의 욕구 충족뿐만 아니라 미래 세대의 욕구 충족도 추구하는 '지속 가능한 개발' 전략이 전환기의 국제관계에서 대안 개발 전략으로 부상했다.

리우 회의에서는 환경 문제 간 상호 연계 그리고 환경과 경제 개발, 환경과 정책 결정, 환경 보전과 국제협력 간의 관계를 재평가하고 적정 수준의 개발, 개발의 질적 변화, 기본적 욕구 충족, 인구 수준 유지, 자원 보전, 기술 관리 방침 및 경제와 환경의 상호 연관성에 대한 범세계적 대응 전략에 합의했다.[3] '리우 선언'은 이를 뒷받침하기 위하여 각국에는 환경 관리를 고려한 정책 결정을 하고, 국제사회에게는 공동 노력을 기울이도록 촉구했다.[4] 나아가 국제사회의 당면 목표로 환경 문제와 그 요인의 발생을 극소화하고, 남·북 간 균형의 토대 위에서 지속 가능한 개발을 추구하도록 요구했다. 그런데 지구환경 문제에서 비롯되는 외부효과를 분석하기 위해서는 구성원의 동질성이 전제되어야 하지만, 현존 국제사회의 구성원은 불평등하고 비동질적이라는 문제가 있다. 국가 간의 상대적 차이를 필

3) 최석영, "세계 환경전략의 현황과 전망", 『외교』, 13, 1990, pp.95~96. 이에 관한 자세한 내용은 지구환경대책기획단(1992) 참조. '리우 선언'은 참가국 간 이견으로 말미암아 '지구 헌장'(Earth Charter)을 선포할 수 없게 되자, 그 대신 인간과 지구의 관계를 인도할 원리를 간략하게 표현한 것이다.

4) ' ... 모든 국가와 사회의 주요 분야, 그리고 모든 인간들 사이의 새로운 차원의 협력을 창조함으로써 새롭고 공평한 범세계적 동반자 관계를 수립할 목적으로 모두의 이익을 존중하고 또한 지구의 환경 체제 및 개발 체제의 통합성을 보호하기 위한 국제조약의 체결을 위하여 노력하며... 각 국가는 지구 생태계의 건강과 완전성을 보호·보전하고 회복시키기 위하여 범세계적 동반자의 정신으로 협력하여야 한다...' 지구환경대책기획단(1992), pp.5, 7.

수적으로 고려해야 하는데도, 지속 가능한 개발을 세대 간 맥락에서 현재로부터 미래에 이르기까지의 보편적인 개발 전략으로 규정하고 그 적용을 강제한다면, 남·북 간의 기존 불평등을 더 심화시키는 결과를 초래할 수 있다.

• 리우 회의

1992년의 리우 회의에는 178개국의 대표단, 다수의 국제기구 대표, 6,000개의 비정부기구가 참여하여, 인류 공동의 미래를 위한 지구환경 보전의 필요와 원칙에 합의했다. 환경 문제는 이 시기에 이르러 지구 차원의 주요 의제가 되었다고 하여도 과언이 아니다. 그러나 이 회의에서도 '남'과 '북'은 여전히 환경 문제의 원인, 책임, 해결 수단과 방법을 둘러싸고 '선진국 책임론'과 '후진국 책임론'으로 맞섰다.

첫째, 의제 영역에서 선진권은 원인 및 영향의 범위가 넓은 특정 지구환경 문제들에 관심을 집중했던 반면, 개도권은 개발과 관련이 있는 문제에 주로 집중했다.

둘째, 선진권은 환경 문제의 원인으로 개도국들의 과잉 인구를, 개도권은 선진국들의 자원 과소비를 지적했다.

셋째, 가장 첨예한 대립은 삼림 문제를 둘러싸고 전개되었다. '북'은 삼림이 이산화탄소의 흡수를 주요 기능으로 하는 지구 '공동 자원'이라고 주장했으나, '남'은 각국의 필요에 따라 개발되어야 할 '국유 자원'이라고 일축했다.[5)]

넷째, 북은 '국제 공동재'(international commons)의 지속 가능성 관리를 위한 국제조약의 체결을 역설했으나, 남은 그러한 조약의 필요성을 부정했다. 결국 남과 북의 주장을 절충하여 삼림의 지구적 가치를 인정하되 구속력이 없는 '삼림 원칙 선언'을 채택하는 것으로 낙착되었다.

다섯째, 자원 이전에 관한 합의를 도출하지 못한 결과 북에서 남으로의 재

---

5) Van der Ven, Hamish, "Power and Authority in Global Climate Governance", *Global Environmental Politics*, Vol.16, Issue 4, November 2016, pp.130~131.

정 지원 수준이 미결 과제로 남게 되었다.[6)]

이 회의를 통하여 환경 문제가 국제관계의 중심 의제로 부각되었지만, 동시에 남·북 간의 대립이 심화되기도 해서, 탈냉전기의 국제관계에서는 환경 문제가 남·북 관계의 중심축으로 자리 잡는 변화가 일어났다.

리우 회의는 지속 가능한 개발의 대안 개발 전략으로서의 당위성을 보편화시켜 놓았지만, 동시에 그 결과가 현재의 남·북 간 불평등을 미래로 연장하거나 더욱 심화시킬 수도 있다는 모순을 폭로한다. 각국의 목표에 따라 개념의 엄밀성이 이완되면서 지속 가능한 개발이 여러 맥락에서 해석되고 사용되는 혼란이 그런 것처럼, 지구환경 문제의 원인과 책임, 해결 수단과 방법을 둘러싸고 국제협력 못지않게 갈등이 야기되는 것도 불편한 진실로 존재한다.

2. 환경 문제의 원인과 책임

각국 정부는 환경 문제의 과학적 불확실성을 이유로 예방 조치를 회피하거나, 장기적 정책보다는 단기적 정책 결정에 치중하는 경향이 있다.[7)] 개도국의 경우 문제가 더욱 심각해서 개발 과정에 재생 가능한 자원 – 토지, 삼림, 생물 등 – 의 심각한 오염과 파괴가 수반

---

6) Fred Pearce, “How Green Was Our Summit?”, *New Scientist*, June 1992, p.13.

7) 리우 선언은 이러한 경향에 유의하여 ‘환경을 보호하기 위하여 각 국가의 능력에 따라 예방적 조치가 널리 실시되어야 하고, 심각한 또는 회복 불가능한 피해의 우려가 있을 경우, 과학적 불확실성이 환경 악화 방지를 위한 비용/효과적인 조치를 지연시키는 구실로 이용되어서는 안 된다‘고 경고한다. 지구환경대책기획단(1992), p.9.

되었다. 거기에는 '북'의 기업 활동과 개발원조 그리고 남과 북에서의 환경안보의 낮은 우선순위가 작용했기 때문에, 지구환경 문제의 원인과 책임은 남과 북 모두에게서 찾아야 한다. 주로 개도국들이 제기하는 '선진국 책임론'은, 과거로부터 현재에 이르기까지 환경 문제의 원인 대부분을 발생시키고, 문제의 규모를 확대해 온 선진국들에 역사적 책임을 묻는 것이다. 선진국들이 주장하는 '후진국 책임론'은, 최근 환경 문제를 급속하게 증가시키는 개도국들에게 현실적 책임을 추궁하는 것이다.

리우 회의 이후로도 환경 문제를 둘러싼 남·북 간의 대립은 그치질 않았다. 남과 북이 서로 '선진국 책임론'과 '후진국 책임론'으로 무장한 채 대립을 지속한 탓에, 지구환경 문제의 해결을 둘러싼 남·북 간의 갈등이 탈냉전기 국제관계에 새로운 변수로 등장했다. 선진국 책임론은,

첫째, 산업혁명 이후 선진국들의 공업화 중심적 경제 성장 과정에 수반된 대량의 화석연료 연소, 온실가스 배출, 유독성 폐기물 배출이 지구환경 문제의 지배적 원인이라고 주장한다. 선진국들은 이산화탄소 배출 총량의 절반 이상을 차지하며, 오존층을 파괴하는 CFCs의 대부분을 소비했다. 그러므로 환경 문제 해결의 책임은 당연히 선진권에게 돌아가야 한다고 개도권은 주장한다.

둘째, 선진국들의 공업화 과정이 제국주의 시대 이래로 개도국들에 대한 자원 수탈과 중첩됨으로써, 서구의 전례 없는 번영은 개도국들의 빈곤화와 환경 문제 악화에 바탕을 두었다는 것이다. 20 세기에는 인구가 4배 증가하고 산업 생산은 50배 증가했으나, 세계 인구의 1/4 미만을 차지한 선진권에 경제 개발과 그 이익이 집중됨과

아울러, 그 과정에서 야기된 환경 문제로 인한 피해는 주로 개도권에 전가되었다고 주장한다. 개도권은 기후 변화 등의 지구환경 문제들이 주로 선진국의 과거 산업 활동의 결과이고, 선진권으로부터 유입되는 폐기물, 환경 문제 유발 상품 및 기술이 개도권에 극심한 환경 문제를 가져왔다고 주장한다. 개도권은 이에 따라, 지구환경 문제는 환경을 수탈한 서구 선진국들에 문명사적 반성과 아울러 국제 정치사적 반성을 요구한다고 주장한다.[8)] 개도권은 선진국들이 야기한 환경 문제를 자신들이 해결해야 한다는 데 분노하면서, 선진국들은 자신들에게 환경 문제의 해결을 위한 조치를 요구할 근거가 없다고 주장한다. 그럼에도 불구하고 대응 조치를 요구하려면 재원과 기술을 제공해야 한다고 역설한다.[9)]

셋째, 그런데도 환경 보전을 앞세워 환경 문제의 해결 책임을 개도권에 떠넘기는 것은 개도권의 빈곤을 영구화하려는 음모라고 비판한다. 인도는 기후 변화가 현실 문제이고, 그 실천 가능한 해결책은 온실가스의 배출량 감축임을 일찍부터 인정한 개도국에 속한다. 인도는 동시에 이 문제와 관련하여 처음부터 원인과 책임 사이의 비례 관계, 즉 '선진국 책임론'을 주장한다. 기후 변화에 대한 각국의 해결 책임은 이 문제의 발생 원인 제공 규모와 연계되고 비례해야 한다는 것이다. 인도의 이러한 주장은 개도국의 입장을 사실상 대변

8) Nazli Choucri, "Political Economy and the Global Environment", *International Political Science Review*, Vol.14, No.1, 1993, pp.108~109 ; Lester Brown, "The Illusion of Progress", Brown et al. (eds.), *State of the World*, 1987, Washington, DC: Worldwatch Institute, 1987.

9) 개도권 국가들은, 선진권의 화석연료 소비 감축 및 삼림 보전 요구가 자신들의 경제 성장을 저해한다고 주장하며, 온실가스 '감축'(mitigation)과 기후 변화 '적응'(adaptation)을 위한 노력에 재정 지원을 해야 한다고 주장한다. Van der Ven(2016), p.130.

한 것이나 마찬가지로서, 환경 문제의 심각성을 파헤치기보다는 개도국의 잠재적 희생자로서의 위치를 환기시키는데 주력하는 것이다.

기후 변화의 주요 원인 제공자로 개도국을 지목하는 '북'의 주장에 반대하면서, 기후 변화의 해결을 위한 국제 협상에서 유리한 위치를 확보하려는 것이 그러한 주장에 담긴 전략적 의도 중의 하나로 평가된다. 1991년의 '북경 회의'도, 기후 변화의 책임은 과거든 현재든 온실가스를 과다하게 방출한 선진국에게 있다고 선언함으로써 개도권의 이러한 주장을 재확인했다.[10] 따라서 선진국은 온실가스 배출 감소와 대기 안정화의 책임을 주로 부담해야 하지만, 개도국은 개발 목표를 희생시킬 수 없을 뿐만 아니라 환경 문제의 해결을 추구하더라도 주권을 보전할 것이라는 태도를 고수한다.

산업혁명 이후 환경에 막대한 훼손을 가한 결과로 물질적 이익과 복지를 누리는 선진국의 책임은, 역사적이면서 현실적이라고 이해할 수 있다. 선진국은 또한 지구환경 문제를 해결하는 데 필요한 자금, 기술, 인력을 보유하고 있어서, 선진국과 개도국이 이 영역에서 동등한 영향력을 가진 것도 아니다. 소수의 개도국들이 특정 환경 문제에서 유리한 대우를 요구하거나 합의를 방해할 수 있지만, 선진국은 거의 모든 환경 문제에서 그렇게 할 수 있는 능력을 보유하고 있다. 더구나 선진국은 경제적 이익의 제공이나 철회 - 시장 접근 허용 여부, 무역 제재 - 를 통하여 자국의 정책에 대한 반대를 불가능하게 할 수 있어서, 국제환경협력에 큰 영향력을 행사할 수 있는 또 다른 수단을 보유하고 있다. 지구환경 문제에 자원을 배분하는 선진국의 의사와 능력이 국제 합의의 가능성 여부를 결정하는 것도 또한

10) Sheila Jasanoff, "India at the Crossroads in Global Environmental Policy", *Global Environmental Change*, Vol.3, No.1, March 1993, pp.34, 37.

국제환경정치의 현실이므로, 역사적 당위적 책임은 물론 현실적 책임의 부담도 불가피하다.

그러나 선진권은, 환경정책의 목표는 경제 성장 목표를 지원하는 것이고, 따라서 환경외교의 목표는 경제 성장을 지속하면서 열악한 환경을 보전하는 것이라는[11] 개도권의 경제 성장 지상주의로부터 '후진국 책임론'을 도출한다. 후진국 책임론은,

첫째, 개도국들은 빈곤으로부터 탈출하기 위하여 경제 성장을 국가의 기본 목표로 설정한다. 그들은 과학 · 기술의 발전, 경영 능력의 향상, 대중교육의 발전이 경제 성장에 수반되는 것이기 때문에, 환경 문제의 유일하고 최종적인 해결책은 경제 성장이라고 합리화하는 경향이 있다. 이러한 성장 지상주의가 생태학적 고려를 뒷전으로 밀어내는 바람에, 개도권에서는 환경 문제의 해결이 부차적인 의제로 평가 절하되는 경향도 있다. 그리하여 선진권을 환경 문제의 주범으로 단죄하고 그들의 국제환경협력 요구를 '환경제국주의'(eco-imperialism)로 비판하면서도, 자신의 경제 성장 과정에서 발생한 환경 문제의 해결 책임은 외면하는 모순이 드러난다.

둘째, 경제 성장을 우선적으로 지원할 필요에 따라 환경 문제를 규제하는 법을 아예 제정하지 않거나, 제정했어도 법의 실효성을 확보해 줄 강제 장치를 결여하고 있다는 것도 개도권의 문제로 지적된다. 환경법의 규제 정도가 미약해서 개도국의 기업들이 환경 규제를 준수하지 않는 경향 또한 환경 문제를 악화시키는 요인으로 지적된다. 심지어 환경법이 환경 문제를 방지하기는 커녕 그것을 정당화하는 경우마저 있다. 특히 독과점기업이 생산하는 상품에 대해서는 환

11) Yufuan Hao, "Environmental Protection in Chinese Foreign Policy", *Journal of Northeast Asian Studies*, Vol.XI, No.3, Fall 1992, pp.30~31.

경 규제를 완화함으로써 사실상 환경 문제를 합법화하는 경향도 적지 않게 발견된다. 법체계가 그러하므로 개도권의 기업이 적법성을 이유로 환경 문제 예방 조치를 거부하는가 하면, 공해 유발 행위의 중지보다는 벌금 납부를 더 선호하는 경우도 빈번히 일어난다. 개도국들이 환경법 체계를 유지하더라도 환경 문제에 대한 규제의 정도가 미약하거나 환경 문제를 묵과한다는 비판은 이런 현실에 단서를 두고 있다.

셋째, 개도권에서는 왜곡된 가격 구조가 환경 문제를 더욱 악화시키는 요인으로 작용하기도 한다. 중국의 경우 경제 성장을 추구하는 과정에서 민생 안정과 에너지 자급을 추구하면서 저가 정책으로 석탄 사용을 조장한다. 거기에다 비효율적 연소 기술과 관료의 부패 때문에 부적절한 등급 판정이 일상적으로 이루어지는 형편이다. 에너지 연소 효율이 매우 낮은 상태에서, 이산화황(SO2) 등을 대규모로 배출함으로써 중국 본토는 물론 동북아 각국의 산성비 발생에 무시할 수 없는 영향을 미친다. 후진국 책임론에는, 개도권에게도 환경 문제의 발생 원인과 해결 책임이 있으므로 문제 해결을 위한 자발적 노력을 더욱 강화해야 한다는 요구가 담겨있다.[12)]

브라질의 사례는, 개도국의 정책 결정자들이 미래의 개발에서 환경이 담당할 광범위한 역할을 경시하고, 환경 문제를 국가 발전의 불가피한 대가로 간주하고 있음을 상기시킨다. 즉, 경제 성장은 인구 집중을 초래하여 삼림 파괴를 가속화시켰으며, 지역 개발을 위한 도로 건설도 인구 이동을 촉진하여 삼림 파괴를 가중시켰고, 척박한 토양과 가혹한 여건 때문에 이주 정책도 실패했다.[13)] 이렇듯 경제적

---

12) NIES, ASEAN, 중국 사례를 중심으로 개도권 책임론을 자세히 분석한 것으로는 Shigeaki(1993).

동기가 삼림 보호 정책과 충돌하면서 아마존의 열대우림 파괴가 촉진된 것처럼, 개도국의 환경 문제도 확대될 것이라는 전망마저 제기된다.

개도권은 이미 산업화를 이룩한 선진국을 지구환경 문제의 주범으로 단죄하고, 그들의 국제환경협력 요구를 '환경제국주의'라고 비난한다. 그러면서도 자신들이 선진국의 산업화 방식을 답습하는 과정에서 발생한 환경 문제의 책임을 외면함으로써, 논리적인 면에서는 선진국에 의한 환경 문제의 발생을 정당화할 수밖에 없는 모순을 빚어낸다. 게다가 구소련 및 동구권 사회주의국가에서는 붕괴 직전까지 산업 투자와 개발이 환경 가치보다 우선했고, 자본주의권조차도 과거에는 환경 문제의 해결에 인색했다는 지적은, 환경 문제가 특정 국가나 지역의 문제가 아니라 지구 차원의 문제임을 말해준다.

지구환경 문제의 해결 전제는 국제협력의 실천이다. 개도권은 더 이상 문제의 원천이 아니라 중요한 해결 주체 중의 하나이다. 구매력 평가 지수를 기준으로 하면 아시아 지역이 국제경제에서 차지하는 비중은 1980년의 7%에서 2008년에는 21%로, 개도권이 세계 GDP에서 차지하는 비중은 1980년의 33.7%에서 2010년에는 43.4%로 증가했으며, 주식시장의 경우 세계의 32%를 차지해서 미국의 30%, 유럽의 25%를 앞섰다. 이런 변화에 비추어 보면 개도권은 이제 국제경제의 가장 중요한 성장 동력이다. 개도권의 소득 향상과 고도의 경제 성장은 영향력의 확대를 동반했기 때문에, G-7 국가들

---

13) Dennis Mahar, *Government Policy and Deforestation in Brazil's Amazon Region*, Washington, DC: World Bank, 1989 ; Anthony Hall, *Developing Amazonia: Deforestation and Social Conflict in Brazil's Carajas Programme*, New York: Manchester University Press, 1989.

만의 협의로 변화된 국제관계를 관리하는 것은 사실상 불가능하다. 개도권의 참여와 협력 없이 환경 문제를 비롯한 주요 국제 문제의 해결은 불가능하다.

1919년과 1939년, 협의의 부족이 각각 1, 2차 세계대전을 야기한 것처럼, '도하 라운드'와 '코펜하겐 회의'에서의 협상 실패가 각각 자유무역의 확대와 기후 변화의 해결을 저해하기도 했다. 두 사례는, 선진권과 개도권이 상호주의 시각에서 이익과 책임을 공유하는 것이 매우 어려운 과제임을 상기시킨다. 그러나 국제사회의 중요한 행위주체로서 역할을 확대하고 있는 개도권도, 선진권과 함께 다자주의의 틀 위에서 국제 책임을 공유해야 한다. 개별 국가의 단독 대응으로는 해결할 수 없는 초국가적 환경 문제는 선진권과 개도권의 협력을 요구한다.[14)]

경제 분야는 물론 환경 분야에서의 상호 의존이 증대될수록 한 국가가 단독으로 문제를 처리할 수 있는 능력은 감소하는 반면, 특정 국가의 환경 문제가 다른 국가들에 미치는 영향은 증가한다. 이익과 책임의 세계적 공유가 중요하다는 교훈은, 선진국 책임론과 후진국 책임론에 함께 환기되어야 한다. 초국가적 문제는 국제협력에 의해서만 해결이 가능하다는 주장은, 선진국 책임론과 후진국 책임론이 동전의 양면 관계임을 일깨운다.

선진권의 환경 보전 요구와 개도권의 경제 성장 요구 간의 부조화를 해결해야만 지구환경 문제의 원인과 책임 소재를 둘러싼 공방이

---

14) Robert B. Zoellick, *The End of the Third World? Modernizing Multilateralism for a Multipolar World*, Woodrow Wilson Center for International Scholars, April 14, 2010, https://openknowledge.worldbank.org/bitstream/handle/10986/29639/124460-WP-Zoellick-4-14-2010-ENGLISH-End-of-the-Third-World-PUBLIC.pdf?sequence=1&isAllowed=y (검색일: 2020. 12. 31).

실효성 있는 결과를 가져올 수 있다. 남과 북은 선진국 책임론과 후진국 책임론의 타당성을 놓고 경쟁할 것이 아니라, 상호 보완 관계를 의식하여 기존의 경제 성장 위주의 개발 전략을 지속 가능한 개발 전략으로 전환하고 남·북 관계를 근본적으로 재조정해야 한다. '리우 선언'은 선진권의 환경 보전 요구와 개도권의 경제 성장 지상주의를 절충하여 '책임의 공유와 차별화 원칙'을 해법으로 제시한다.[15)]

3. 해결 수단과 방법

국제환경정치에서는 선·후진국 간의 노선 대립이 두드러지게 나타난다. 선진권은 지구환경 보전에 상대적으로 소극적인 노선을 취하는 개도국에 대해서 국제환경협력에 적극 참여하도록 요구한다. 그러나 개도권은 그들의 최대 현안인 빈곤 문제를 해결하기 위하여 경제 성장이 더 시급하다고 반박한다.[16)] 개도권은 오늘의 지구환경 문제는 대부분 선진권의 산업화 과정에서 야기된 것이므로, 그 해결 책임을 선진국들이 부담해야 한다고 강조한다. 특히 지구환경 문제

---

15) '...지구의 환경 악화에 대한 제각기 다른 책임을 고려하여 각 국가는 공통된 그러나 차별적인 책임을 부담한다...'(원칙 7). 지구환경대책기획단(1992), p.6.

16) 리우 선언의 '원칙 5와 7'은 남북 간의 이러한 대립을 의식하여 양자의 입장을 절충한 것이다. '모든 국가와 국민은 생활수준의 격차를 줄이고 세계 대다수인의 기본 수요를 충족시키기 위하여, 지속 가능한 개발의 필수 요건인 빈곤의 퇴치라는 중차대한 과업에 협력해야 한다'고 하면서도(원칙5), 동시에 '각 국가는 지구 생태계의 건강과 완전성을 보존, 보호 및 회복시키기 위하여 범세계적 동반자의 정신으로 협력해야 한다...'는 것을 요구한다.(원칙 7). 지구환경대책기획단(1992), p.6.

를 해결하기 위한 노력이 개도국의 경제 성장에 장애가 되어서는 안 된다고 주장하는 한편, 개도국이 국제환경협력에 참여하는 전제로 제반 지원을 요구한다.

지구환경 문제의 해결 수단과 방법은 이처럼 이 문제의 원인 및 책임 문제와 밀접히 결부되어 있다. 남과 북은 환경의 기본 가치에는 합의했으나 해결을 위한 구체적 조치에 관해서는 첨예하게 대치해 왔다. 북은 대체로, 선진국의 노력만으로는 지구환경을 건강한 상태로 되돌릴 수 없다는 판단에 따라 남에게 적절한 조치의 실행을 요구한다. 반면 남은 선진권이 지구환경 문제의 책임을 자인하고 해결 노력을 대부분 떠안아야 한다고 주장한다.

1991년 6월의 '북경 선언'은 개도국들이 주장하는 선진국 책임론을 집약한 것이다. 북경 선언에 의하면 산업혁명 이후 발생한 환경 문제는 주로 선진권이 야기한 것이며, 얼마 전까지 선진국들은 기후변화의 지배적 원인 물질인 이산화탄소(CO2) 배출의 과반을 차지하고 오존층을 파괴하는 염화불화탄소(CFCs)를 대부분 소비했다고 한다. 더군다나 선진국 기인 환경 문제의 피해국은 주로 제3세계국가들이어서, 북이 남에게 적절한 조치의 실행을 요구하는 것은 부당하지만, 그럼에도 대응 조치를 요구하려면 소요 재원과 기술을 지원해야 마땅하다고 주장한다. 남과 북은 지구환경 보전이라는 목표에는 이미 합의를 일구었으나, 그 실현 수단과 방법에 관해서는 이처럼 이견을 드러낸다. 합리적으로 달성될 수 있는 목표의 범위, 경쟁 관계에 놓인 목표들의 상대적 중요성, 목표 달성에 필요한 조치와 비용 분배 등이 과제로 남아있는 것이다. 구체적으로,

첫째, 지구환경 보전이라는 일반적 목표를 지지하더라도 수용할

만한 문제의 규모와 예방 비용에 관해서는 의견의 불일치가 자주 목격된다.

둘째, 선·후진국을 막론하고 환경 보전과 함께 다른 목표들 - 예를 들어 생활수준 향상 - 도 추구하고 있어서 목표 간의 균형을 정립하는 것이 시급한 과제로 등장한다.

셋째, 모든 국가가 환경 문제에의 대응에 동의한다고 하여도 그 해결책에 관해서는 이견이 존재한다.

넷째, 해결책에 동의하는 경우에도 그 조치의 실행 및 재정·기술 지원 방법에서 남·북 간의 갈등이 노출되고 있다.[17] 실제로 기후변화협약의 협상 과정에서 온실가스 배출 감축 목표 때문에 EU와 미국 그리고 OPEC 회원국 사이에 갈등이 있었고, 생물종의 다양성 보존이라는 목표를 달성해 줄 수단이 불확실한 관계로 주권적 권리와 북의 남에 대한 지원 수단을 둘러싼 의견의 대립이 있었다.

국제환경조약에 참가하더라도, 개도국에게는 그것을 실행에 옮길 환경 관련 법적·제도적 장치와 지식이 부족할 뿐더러, 재정과 예산마저 부족한 것이 심각한 장애 요인이 된다. 상황이 그렇다면 외국의 자본과 기술 원조 없이는 개도국의 '지속 가능한 개발'이 불가능해서, 제3세계의 자원 보존과 그 지속 가능성(sustainability)을 위한 선진국의 지원이 불가피하다. 일부 개도권은, 선진국이 개도국에서 토지, 광산, 은행 등의 재산을 대규모로 보유하면서 소위 '잉여의 역류'를 주도한다고 비판한다.[18] 개도권은 이런 시각에 따라 '선진국

17) Evan Luard, *The Globalization of Politics: The Changed Focus of Political Action in the Modern World*, London: Macmillan, 1990, p.78.

18) Paul A. Baran, *The Political Economy of Growth*, New York: Monthly Review Press, 1957. Baran은 경제 성장에 투입되어야 할 개도국의 '경제 잉여'가 비생산 부문에서 과다하게 소비되거나 국외로 유출되는 것이 개도국 저개발의

이 개도국 자원의 착취 및 가공에 관심을 둔 식민 세력인가, 아니면 과학 · 기술과 자본을 가진 환경 보전의 지도자인가'라는 의문을 제기한다. 선진권도 개도국 자연자원의 관리와 보전이 지니는 중요성을 인정하여, 자국은 물론 개도국의 지속 가능한 개발을 지원해야 한다는 데 동의한다.

리우 선언의 '원칙 7'은 이러한 정신을 반영한 것으로서, '각 국가는 지구 생태계의 건강과 완전성을 보존 · 보호 및 회복시키기 위하여 범세계적 동반자의 정신으로 협력할 것'을 규정하고 선진국들에게는 개도국들의 그것보다 더 큰 차별적 책임을 요구한다.[19] 경제 성장과 환경 보전을 조화시키는 것이 지속 가능한 개발의 요체라고 할지라도, 현실적인 면에서나 역사적인 면에서 자원을 자급할 수 있는 국가는 극소수에 불과하다. 국가 간의 상호 의존과 협력의 증진을 통해서 환경 기반을 파괴하지 않고 성장의 잠재력을 유지하자는 데 원칙적인 합의가 이루어진 것은, 그러한 정신과 현실이 합치된 결과로 여겨진다.

그러나 리우 회의를 계기로 지구환경 보전이라는 명분에 합의했어도, 각국은 자국의 이익을 극대화하는 데 노력을 집중해 왔다. 선진국은 환경 보전을 위한 규제의 확대를 주장하면서, 개도국에 대한 지원 확대의 대가로 개도국에게 환경 개선에 필요한 제반 조치를 시행하라고 요구한다. 그러나 개도국은 소요 재정의 지원과 기술 이전 필요를 지속적으로 제기하고 있어서 국제환경협력이 장애에 부딪히곤 한다. '남'은 환경 문제가 인류의 미래에 대한 위협이라는 '북'의 주장에 동의한다. 그러나 보다 청정한 환경의 요구는 남의 경제

원인이라고 설명한다.

19) 지구환경대책기획단(1992), p.7.

성장에 대한 새로운 장벽이자 목표 실현의 기회를 영원히 박탈하는 것이라고 간주하며, 북의 '풍요의 영구화'와 남의 '빈곤의 영구화'를 우려한다.

남은 개발권을 요구하며 북에게 책임 부담을 강조하는 차원에서 선진권에게 새로운 '국제기금'의 조성을 통한 재정 지원을 요구한다. 선진권도 지구환경 위기의 극복에 개도권이 적극 참여하는 조건으로, 선진권이 대응 조치의 비용을 지원해야 한다는 개도권의 주장을 배척하지는 않는다. 그 유력한 증거는, 리우 회의가 '...선진국들은 자신들이 지구환경에 끼친 영향과 그들이 소유하고 있는 기술 및 재정 자원을 고려하여, 지속 가능한 개발을 추구하기 위한 국제협력에서 부담해야 할 책임을 인식해야 한다'고 선언하고 국제기금의 설치를 명문화한 것이다.[20]

그러나 선진권이 지구환경 보전을 위한 신규 국제기금의 설치와 함께 기존 '공적개발원조'(Official Development Assistance: ODA)의 흐름을 재조정하며 자신들의 차별적인 책임을 인정하면서도, 신규 기금의 보상적 성격을 부정하기 때문에, 남·북 간 갈등의 소지가 잔존한다. 선진권의 시각에서 보면 개도권은 지구의 미래보다 다른 문제에 더 관심을 두고 있기 때문에, 제공받은 재원을 모두 기후 변화의 해결이나 지구 환경 보전에 사용하지 않는 것도 문제가 된다.[21]

20) 리우 선언의 원칙 7, 지구환경대책기획단(1992), p.7 ; 의제 21의 33장, 지구환경대책기획단(1992), pp.529~535. 의제 21은 이를 위한 실천 강령을 더 구체화하여 '...환경 면에서 지속 가능한 개발 프로그램과 프로젝트를 위하여 특히 개도국에 추가 재원을 공급하는 방법과 수단을 모색하고 ..., 개도국이 지구환경 문제 해결을 목적으로 하는 조치들을 추구하는 데 추가 재원을 공급하기 위한 방법과 수단을 강구하며..., 다양한 재원 조달 방안을 고려한다'고 규정한다.

21) Shigeaki(1993), p.72.

개도국은 '의제 21'이 설정한 지원 목표에 못 미치는 재정 지원을 받았으나, 최대 쟁점인 재정 문제와 관련하여 의제 21의 이행에 관한 감시를 연계 검토하도록 하는 성과를 거두기도 했다.[22)]

개도권은 또한 선진권의 기술적 우월성이 또 다른 국제적 불평등을 자아내는 요인이라고 인식한다. 해양 오염 문제를 UN 의제로 상정하여, 국제 해양에서의 행위를 규제할 초국가기구를 설립하고 해양 자원의 공정 분배를 실현하도록 요구한 것도 그러한 인식의 발로였다. 그러므로 기술 혁신의 공유 가능성이야말로 환경 보전의 관건인 데도 불구하고, 개도국들은 선진권의 미온적인 태도 그리고 자신들의 미숙한 정치 제도와 사회경제적 여건 때문에[23)] 환경 문제의 측정, 자료 수집의 조정, 정확한 평가를 위한 기술들을 적절히 이전받지 못한다.

리우 회의에서는 개도국이 개발과 환경 문제를 연계할 수 있도록 선진권이 기술·재정 원조를 제공하기로 합의했다.[24)] 일본의 경우, 이러한 흐름을 따라 향후 5년간 9,000억 내지 1조 엔의 공적개발원조를 제공하기로 약속했으나, 문제는 이 같은 지원이 실효를 거둘 수 있느냐는 것이다. 선진권이 지원 문제에 '지적 재산권'의 보호를 결부시키는가 하면 지구 차원의 환경 문제에 주로 관심을 두고 있는 반면, 개도권은 주로 자국의 환경 문제에 관심을 가두는 것도 갈등

22) 의제 21의 33.15에는, ...'지속가능개발위원회'(United Nations Commission on Sustainable Development: UNCSD)가 목표치의 달성을 위한 진전 상황을 주기적으로 검토.점검한다'고 규정되어 있다. 그리고 이 검토 과정은 '의제 21의 이행에 대한 점검과 조달 가능한 재원에 대한 검토를 체계적으로 결합시켜야 한다'고 되어 있다. 지구환경대책기획단(1992), p.532 참조.

23) Lawrence A. Brown, *Innovation and Diffusion: A New Perspective*, New York: Methuen, 1981.

24) 리우 선언의 원칙 9. 지구환경대책기획단(1992), p.7 ; 의제 21의 34장, 지구환경대책기획단(1992), pp.536~544.

의 원인으로 작용하기 때문이다.

좁게 규정된 미봉책만으로는 지구 차원의 환경 문제는 해결이 불가능하다. 필요한 것은 선진권과 개도권이 공동으로 환경 보전을 지향하는 사회 체제, 제도, 행위 규칙을 수립하는 것이다. 그러나 리우 회의가 최고위급 수준에서 환경 및 개발 문제를 협의하여 새로운 남북 관계를 정립했음에도, 지구환경 보전을 위한 제도 조정 문제는 미해결의 과제로 남았다. 리우 선언은 '국가는 정보를 광범위하게 제공함으로써 공공의 인식과 참여를 촉진하고..., 피해 구제와 배상 등 사법 및 행정 절차에 효과적으로 접근할 수 있도록 해야 하며..., 효과적인 환경 법규를 제정해야 한다'고 규정했다. 또한 국제제도에 관해서는 UN 산하에 새로운 기구를 설치하기보다는 기존 제도들을 발전적으로 개편하기로 하고, 국제환경조약을 강제하기 이전에 선진권의 지원 조치가 선행되어야 한다는 개도권의 주장을 상당 부분 반영했다.[25]

그런데 제도 조정 문제가 남북 간의 국제환경정치에서 주요 의제로 부각되는 이유 중의 하나로, 개도국이 이 문제에 적절히 대응하지 못하여 환경 개선에 실패한 것이 꼽힌다. 인도의 경우 중앙집권제, 위계적 관료제의 경직성, 관료에 의한 대중의 참여 제한, 조직의 취약성, 기술의 오류로 말미암아 대중의 참여가 부족하고 정부와 대중의 관계가 소원한 것으로 파악된다. 따라서 관료제의 개선, 비정부기구들과의 유대 강화 및 주민 선출 제도를 통한 대중 중심적 정책과 제도로의 전환, 주민의 참여를 위한 지방자치제의 활성화가 요

---

25) 리우 선언의 원칙 10, 11, 13. 그리고 지구환경 보전을 목적으로 국내 및 국제 제도를 정비하는 것에 관해서는 의제 21의 37장, 38장 참조. 지구환경대책기획단(1992), pp.574~591.

구된다. 이와 관련하여 민주주의, 지방자치제, 비정부기구의 활성화가 중앙정부의 개발 정책과 지방의 요구를 조화시키고 자원의 합리적 사용을 가능하게 한다는 견해에 주목할 필요가 있다.26)

그러나 제도와 기술 및 정책의 이전에는 난관이 존재한다. 국가들의 정치 전통과 문화가 유사할 수도 있지만, 환경정책은 각 사회의 특수성을 반영한 사회 · 경제 · 정치 구조와 필수적으로 연계되기 때문이다. 환경 문제에 대한 접근법에는 이처럼 차이가 있기 마련이어서, 환경 문제는 국가의 환경정책의 결과이자 사회 구조에 근거를 둔 개발 정책의 반영이라고 이해된다. 브라질의 경우 세습제, 권위주의, 조합주의의 유산이 국가에게 '개발 추진자'(developer)와 '환경 보호자'(protector)의 2중 역할을 부여했으나, 후자의 역할은 엘리트들에 의해 약화되었고, 소수의 이익을 위하여 공적인 영역이 사적인 것으로 둔갑하면서 환경 보전 제도의 발전이 억지되었다. 브라질의 환경 보전 제도는 국가가 주도한 개발 전략에 종속되었고 환경에 대한 관심은 근대화의 요구에 압도되었다.27)

브라질의 사례가 암시하는 것처럼 개도국의 환경 문제에는 다양한 제도적 · 사회적 요인이 작용하기 때문에, 국가와 사회 그리고 환경과 개발 간 관계에 변화가 선행되지 않은 상태에서, 재정 · 기술 ·

---

26) Kamla Chowdhry, "Poverty, Environment, Development", *Daedalus*, Vol.118, No.1, Winter 1989, pp.144~151 ; Dean E. Mann, "Environmental Learning in a Decentralized Political World", *Journal of International Affairs*, Vol.44, No.2, Winter 1991, pp.330~332.

27) Robert P. Guimares, *The Ecopolitics of Development in the Third World: Politics and Environment in the Brazil*, Boulder, CO: Lynne Rienner Publishing, 1991. 영국과 미국은 전통과 문화가 비슷하나 환경정책 결정에의 접근 방법은 상이하고, 일본에서는 저소득층이 공해 규제, 지역공동체의 보호, 인간의 건강을 강조하지만 환경 보전에는 별로 관심이 없다. 그러나 서구에서는 고소득층이 환경 보호를 주장하고 주로 참여한다.

제도 이전에만 의존해서는 환경정책의 근본적 변화를 기대할 수 없다. 개도권의 환경정책에서 대내적 요인의 작용이 지배적인 한, 선진국의 환경원조는 환경 보전의 필요조건일 뿐 충분조건이 아니며 환경 문제의 유일한 해결책도 아니다. 개도권은 선진 기술의 제공과 재정 지원의 확대를 요구하면서도, 원칙적으로 환경 문제에 대한 외세의 영향력 증대와 주권 침해를 허락하지 않으려는 경향을 보인다. 이런 경향은 '환경제국주의'를 경계하려는 의도에서 나온 것이지만 환경 문제의 해결 수단과 방법을 제약할 수밖에 없다.

지방이나 국가의 정책을 수립하는 과정에서 민족주의와 주권이 핵심 요소로 등장하면서,[28)] 개도국의 민족주의와 선진국의 세계주의가 지구환경 문제를 둘러싼 갈등을 부추긴다. 대부분의 개도국들은 생태계의 모든 산물이 인류 공동의 유산이라는 논리를 거부하고, 자기 영토 내의 주요 자원에 대해서 영구 주권을 주장한다. 그들은 이러한 태도가 공동의 이익이 아닌 자국의 이기적 이익을 위하여 자원을 착취하는 외세에 대한 반작용이라고 합리화하지만, 그것은 배타적 민족주의의 발로로서 통합된 지구환경의 보전에 대한 도전이로 여겨지기도 한다. 다른 한편으로 제3세계의 전략적 가치가 냉전의 종식과 더불어 하락하면서, 자신의 필요에 따라 환경 및 개발 원조를 제공하는 선진권의 정책이 남·북 간의 갈등을 부채질하기도 한다.[29)]

선진국이 원조를 증대하더라도, 개발원조의 문제를 해결하기 위

28) Susanna B. Hecht & Alexander Cockburn, *The Fate of the Forest: Developers, Destroyers and Defenders of the Amazon*, New York: Verso, 1989.

29) Christopher D. Stone, "Beyond Rio: Insuring Against Global Warming", *American Journal of International* Law, Vol.86, No.3, July 1992, p.472.

하여 제공하는 것도 문제를 복합성을 가중시킨다. 예를 들어 개도국에 대한 도로 건설 원조는 자동차사회의 출현을 유도하여 결국 배기가스의 정화에 필요한 원조까지 요구받게 된다. 요컨대 선진국은 원조에서 산출된 이익보다는 비용에 주목해야 하되, 개도국과 국제사회의 현실적 요구를 정확히 파악하여 원조를 조정하고 제공해야만 남·북 간의 갈등을 완화할 수 있다.

인구의 급증, 산업화의 보편적 추구만으로도 개도권은 지구환경 문제의 무시할 수 없는 발생 원천이자 해결의 궁극적 자원이다. 그러므로 지구환경 문제의 해결에 높은 우선순위가 부여되는 한, 개도국들이 환경정책을 국내·외에서 본격적으로 실천에 옮기면서 국제환경협력에 참여하도록 유인을 제공하는 것이 가장 현실적인 해결 방안으로 인식된다.[30] 환경 보전이 공업화 중심의 경제 성장 정책과 충돌하면, 한정된 재정 자원의 최적 분배 문제가 제기되어 환경 문제에의 대응 폭을 제약하는 것이 개도국들의 현실이다. 장기적 대가를 간파하고 있으면서도 생존과 성장이라는 단기적 이익을 위하여, 자원을 우선적으로 사용하지 않을 수 없는 것도 또한 그들이 당면한 한계이다.

대부분의 개도국은 이런 현실에 직면하여 강제적 국제환경협력이, 즉 국제환경조약이 자신들의 공업화와 근대화에 단기적 장애로 작용한다고 판단하기 때문에 참여에 미온적인 태도를 취한다. 개도권이 성장 지상주의적 정책을 추진하는 한 환경 보전을 이유로 개발을 희생시키는 것이 불가능하지만, 산적한 국내 문제 때문에도 지구환경 문제에 막대한 투자를 하기는 불가능하다. 따라서 개도국의 경

30) Strong(1991), p.294.

제 성장과 환경 보전에 대한 선진국의 지원은 필수적이다. 선진국은 재정 지원, 자원과 기술 이전, 무역, 투자 등의 수단으로 개도국의 환경정책 결정 및 실행 과정에서 어느 정도의 영향력을 확보하여 환경 요인에 대한 고려를 유도할 수 있다.

경제의 대외 의존도 증가와 해외 기술·재정 원조의 필요성을 의식하여, 개도국들 또한 국제환경협력을 매개로 한 외세의 주권 침해를 경계하면서도 선진국의 영향력을 일정한 한계 내에서 수용하기도 한다. 그 예로 대부분의 개도국이 환경 보전을 위한 국내 입법을 가속화하면서 다양한 환경 규범을 수용하고 환경 보전 의무를 부과하는 국제환경조약－몬트리올의정서, 교토의정서, 파리협정, 생물종다양성협약 등－에의 가입을 확대하고 있다. 지구환경 문제는 이처럼 남·북 관계를 반드시 갈등의 방향으로 퇴보시키기만 하는 것이 아니라 협력의 방향으로 진전시키기도 한다.

환경 문제의 원인, 책임, 해결 수단과 방법을 둘러싼 선진권과 개도권의 대립은, 탈냉전기 국제관계의 새로운 갈등 요인으로 작용한다. 환경 문제를 둘러싼 남·북 간의 차이는 환경과 개발 간의 갈등으로 요약할 수 있다. 지구의 쾌적한 미래라는 보편적 문제에 대하여 '북'은 환경 보전을 기조로, 반면 '남'은 경제 성장을 기조로 접근한다. 그러나 한 국가의 환경 이용과 파괴는 다른 국가에도 영향을 미치기 마련이므로, 행동과 책임의 세계적 연계가 중요하다는 교훈은 '남'과 '북' 모두에게 환기되어야 한다. 경제적·환경적 상호 의존이 증대될수록 국가가 단독으로 문제를 처리할 수 있는 범위는 감소한다. 환경과 긴밀한 관계가 있는 정치, 경제, 에너지 등의 문제가 초국가적 협력에 의해서만 해결 가능하다면, '선진국 책임론'과 '후진국 책임론'은 동전의 양면 관계를 이룬다.

한 국가가 배출한 온실가스는 타국에도 영향을 미치고 온실가스의 감축이 가져오는 긍정적 혜택은 모든 국가에 분배된다면, 지구환경 문제의 해결에 국제협력은 필수적이다. 기후 변화의 사례가 보여주듯이 국제사회가 국제협력에 실패하면 각국에게 돌아올 것은 환경 문제의 악화 밖에 없다. 국제사회는 국경에 구속되지 않는 초국가적 위협에 대응하기 위하여 협력 체제의 구축을 가속화할 필요가 있다. 선진권과 개도권은 환경 문제의 원인과 책임을 놓고 갈등을 고조시키기보다는, 인류 공동의 자산인 환경을 평등하게 분배하고 이용하는 방향으로 상호 협력을 강화해야 한다.

4장 ‖ 안보 범주의 확대와 환경안보

국가들은 예외 없이 환경 문제로부터 자유, 능력, 기능을 위협받고 있다. 그렇다면 환경 문제로부터의 위협을 '국가안보'(national security)에 대한 위협으로 간주하고 안보 차원에서 대응해야 한다. 초국가성이 잠재된 환경 문제가 국가주권을 침해하면서, 국제정치학의 이론적 전제로 깊이 뿌리를 내렸던 국내·외 정책의 구분은 퇴색되었다. 탈냉전 시대의 국제관계에서는 이런 변화에 바탕을 두고 안보 개념과 범주의 재정립을 요구하는 주장이 제기되었다. 국제관계의 변화는 비군사 문제와 비국가 행위주체를 포함하는 방향으로 안보 범주의 확대를 요구한다. 근대 국제관계의 압도적 행위주체로 기능하여 왔던 것은 국가였지만, 최근 지구환경 영역에서는 비국가 행위주체들 사이의 관계에 국가가 직접 개입하지 않는 상호 작용이 증가하고 있다. 이것은 기왕 국제관계의 주류를 형성해 왔던 국가간 상호 작용을 상쇄하거나, 이에 도전하는 색다른 차원의 안보 문제가 국제관계 영역에 등장했음을 의미한다.

환경 문제가 이미 국제관계에 새로운 구조와 과정을 이식하여 안보 범주 전반에 변화가 깃들고 있다. 냉전 시대까지만 해도 환경 문제는 '주변 정치'(low politics) 영역에 속하는 문제로 간주되곤 했다. 그러나 인간을 부양해 온 환경이 위기에 처하는가 하면, 격렬한 획득 경쟁의 대상이 되고, 사회 제도가 환경 문제에 대응하는 방식이 정치에 점점 더 심각한 영향을 미치기 때문에, 환경 문제를 안보의 시각에서 다루어야 한다는 주장이 강화되고 있다. 탈냉전과 더불어 '환경안보'(environmental security)가 국제관계의 주요 안보 의제로 등장한다.

1. 탈냉전과 안보 범주의 확대

국가의 안전을 확보하고 힘을 추구하며 적으로부터의 위협에 대처하는 역할을 주로 군사력에 의존한 것이 근대 이후 국제관계의 일상이어서, 우리는 흔히 안보를 군대의 역할로 간주하곤 했다. 국가이익을 수호하려는 의지가 결국 군사안보 관념을 강화하는 데 촉매제 역할을 한 것도 이런 전통 때문이었다.[1)] 더구나 냉전기에는 양 초강대국 간의 군사적 · 이념적 대립으로 말미암아 전쟁의 위협이 상존했다. 이에 따라 정치적 · 군사적 고려가 '안보 의제'를 지배하다시피 해서, 냉전 시대의 국가안보는 으레 '군사안보'를 의미했다.

그러나 탈냉전기의 세계질서에서는, 강대국 간 안보 의제가 과거와는 달리 탈정치화 · 탈군사화될 조짐이 엿보인다. 1990년대 초엽

1) Miriam R. Lowi & Brian R. Shaw, "Introduction and Overview", in Lowi & Shaw (eds.), *Environment and Security: Discourses and Practices*, London: Macmillan, 2000, p.3.

공산권의 붕괴를 계기로 미 · 소 간의 무장 대립이 해소되어, 경제 · 사회 · 환경 문제가 국제안보 의제의 전면으로 부상한다.[2] 강대국 간 관계의 변화는 안보 의제 구성에도 영향을 미쳤는데, 탈냉전은 비전통적 안보 문제도 국가전략의 중심 요인으로 자리 잡게 하는 변화를 초래했다. 세계 무역의 증가, 정보 기술의 도약, 환경 문제의 심화로 말미암아 국가안보의 범주를 확대할 필요가 어느 때보다도 크게 제기되고 있다. 탈냉전 시대 국제관계의 주요 특징 중 하나는, 초강대국의 영향력과 통제력이 약화되고 세계대전의 위협이 감소한 반면, 지역 차원의 안보에 대한 위협은 증가한 것이다. 안보에 대한 이런 위협은 '지역'(international region)이나 '국가 내부 차원' (sub-national level)에서 주로 발생한다. 지역분쟁은 수세기 동안 곪아온 요인들에 기초를 두고 있기 때문에 냉전 시대의 그것들보다 통제하기가 더 까다롭다.

종교 · 종족 분쟁의 부활, 개도권의 인구 폭발과 선진권으로의 대량 이주, 테러와 마약 밀수, 조직화된 범죄의 증가 그리고 공해의 확산은 냉전 시대의 안보 범주 – 국가안보, 군사안보 – 를 위협한다. 예컨대 공산권의 붕괴는 그동안 억압되었던 종족적 · 종교적 정체성이 부활되는 계기로 작용해서 구 유고슬라비아, 구소련 및 동구권, 아프리카에서는 종족과 종교의 차이가 자주 폭력분쟁의 도화선이 되

---

2) Barry Buzan, "New Patterns of Global Security in the Twenty-First Century", *International Affairs*, Vol.67, No.3, 1991, p.433. Buzan에 의하면 군사안보는 국가의 무력 공격과 방어 능력의 상호 작용, 타국의 의도 인식이 주조를 이룬다. 정치안보는 국가의 조직적 안정성, 정부 체제, 그리고 이것들에 정당성을 부여하는 이데올로기로 구성된다. 경제안보는 자원에의 접근, 적절한 수준의 복지와 국가권력을 유지하는 데 필요한 재정과 시장이 핵심을 이룬다. 사회안보는 전통적 언어와 문화 그리고 결사, 종교적 민족적 정체성, 관습을 진보적으로 재생산할 수 있는 사회적 능력을 의미한다. 환경안보는 인류의 필수적 부양 체계인 환경을 유지하는 것이다.

었다. 개도권의 급속한 인구 증가는 자원 기반에의 압박, 환경 문제와 식량 부족, 정치 불안정을 연쇄적으로 초래하여 결국 선진권으로의 대량 이주를 초래했다. 인구 증가와 환경 문제로 인한 대량 이주는 선진권 국가들에게는 안보를 위협하는 중요한 요인 중의 하나로 인식된다.

이제 환경, 정치, 경제, 문화, 인구 변수는 안보 범주의 선택적이거나 가변적인 일부가 아니라 필수적이거나 고정적인 일부라고 해도 지나치지 않다. 세계질서의 변동은 우리에게 이 변수들이 안보에 영향을 미치거나 안보를 변화시키는 방식이 중요함을 일깨운다.

첫째, 국가안보 정책과 국제정치 의제의 재정립이 불가피하다. 국가의 정책과 가치를 위협하는 문제가 안보 의제라면 기후 변화, 물 문제 등의 환경 문제에 높은 우선순위를 부여하는 것은 당연하다. 기후 변화는 개도권에 다중적인 문제를, 예를 들면 자원 획득 경쟁 격화, 심각한 환경 위기, 전염성 질병의 창궐, 빈부 격차의 확대, 일자리 상실, 생계 불안정 등의 사태를 초래한다. 이로 말미암아 개도권 국가들이 국제난민으로 대변되는 대규모 인구 이동, 빈번한 자연재해, 격렬한 자원분쟁을 피할 수 없다. 이 점은 기후 변화가 탈냉전 시대의 국제관계에서 안보 문제의 일부가 되었음을 의미한다.[3)]

둘째, 국제관계에 새로운 행위주체들이 대거 등장했기 때문에, 국가안보 정책을 결정하는 과정에서 이들의 전략, 행동, 의도를 고려해야 한다.

셋째, 비군사 안보 문제는 전통적 안보 문제와 속성이 상이한 것이어서, 비군사적 위협에 대처하는 데는 모든 당사자들의 협력이 최선

---

3) Michael Renner, "Climate Warming Demands Fresh Thinking About Security Policy", *World Watch*, Vol.23, Issue 1, January/February 2010.

책으로 요청된다. 이른바 '외교 혁신'(Revolution in Diplomatic Affairs: RDA)과 궤를 같이 하는 '안보 혁신'(Revolution in Security Affairs: RSA)은 이러한 변화들에 대응하는 것이다.[4]

탈냉전, 초강대국 간 대립의 종식, 종족·환경 분쟁의 분출 등은 분명히 안보 관념의 변화를 촉구한다. 안보에 대한 비군사적 위협 요인의 증가와 비국가 행위주체의 활동이 새로운 안보 관념의 한 축으로 자리 잡아야 할 이유가 여기서 단초를 드러낸다. 국가가 타국의 군사적 위협에 대비하려면 군사력을 확보해야 한다고 강조한, 현실주의의 안보 관념이 국제정치학계와 정부를 압도해 온 것은 부인할 수 없는 사실이다.

그러나 현실주의가 냉전기를 일관하여 안보 관념을 독점적으로 지배한 것은 아니었다. 냉전기에도, 특히 1970년대 초엽의 석유 위기가 서구의 취약성을 폭로한 이후, 경제 문제에 내포된 안보 함의와 초국가적 행위주체들의 국가안보에 대한 영향은 국제정치학계의 주요 분석 표적 중 하나가 되었다.[5] 우리는 이로부터 '안보에 대한 새로운 위협'(new security threats)이 과거의 안보 패러다임에 포착되지 않은 것이 아님을 터득할 수 있다.

자연자원은 오래 전부터 국제분쟁의 핵심 요인으로 작용했고, 전통적으로도 그렇게 인식되어 왔다. 국제관계에서 가장 오래된 환경 문제도 자연자원의 소유를 둘러싼 투쟁이었다. 국가들이 상대적 위상을 중시하는 서계적 근대 국제관계가 등장한 이후, 각국은 힘을

---

4) 헬즈는, '안보 딜레마'는 협력을 통하여 해소할 수 있다고 일찍이 주장했다. John H. Herz, *Political Realism and Political Idealism*, Chicago IL: University of Chicago Press, 1951.

5) Joseph Romm, *Defining National Security: The Nonmilitary Aspects*, New York: Council on Foreign Relations Press, 1993.

안보의 핵심 수단으로 간주하고 그 수준을 고양하기 위하여 부단히 노력해 왔다. 현실주의의 시각에서 보면 국력의 주요 구성 요소는 국민의 기본적 욕구 충족, 경제·산업 기반 증강, 전쟁 준비에 동원될 수 있는 자연자원의 보유량 등이다. 1932~1935년 볼리비아와 파라과이간의 '차코전쟁'(Chaco war)이나 1991년의 '걸프전'은 석유가 국제분쟁의 중심 요인이었고, 이스라엘과 요르단 그리고 시리아의 관계에서 보듯이 물 문제 또한 국제분쟁의 무시 못 할 요인이다.[6] 그러나 전통적 안보 관념은 자연자원의 분배가 원인이 된 분쟁을 환경분쟁이 아닌 군사분쟁으로 간주했고, 나아가서 안보에 대한 새로운 위협으로도 인식하지 않았다.

그런데 인간 활동에 의하여 발생하는 환경 문제가 국가 간, 종족 간, 개인 간 관계의 변화 요인으로 작용하는 탈냉전 질서에서는, 비군사 문제에 대한 대응 수단과 방법의 근본적 변화 요구를 외면할 수 없다. 비군사 문제는, 군사 제도나 힘의 사용에 의존해서는 해결이 불가능하기 때문이다. 비군사 문제로부터 파생되는 안보에 대한 새로운 위협은 새로운 안보 범주의 필요성을 제기한다. 그 일환으로 규모와 복합성을 내포한 환경 문제가 국가 및 국제 안보에 대하여 가지는 함의가 점차 더 중요해지면서, 환경안보 개념을 확립해야 할 필요도 제기된다.

인류의 풍요를 목표로 한 경제 개발이 역으로 인류의 생존 자체를 위협하기도 한다. 인도의 경우를 보면 식량안보를 위하여 대규모 댐

6) Jessica T. Mathews, "Redefining Security", *Foreign Affairs*, Vol.68, No.2, Spring 1989 ; Sandra Postel, *Last Oasis: Facing Water Scarcity*, New York: W. W. Norton, 1992 ; Peter H. Gleick, "Water and Conflict: Fresh Water Resources and International Security", *International Security*, Vol.18, No.1, 1993.

과 관개 시설을 건설했으나, 오히려 이것이 환경 문제의 발생은 물론 주민 추방이라는 역효과를 초래했다. 나아가 히말라야 개발은 각종 환경 문제 – 토양 부식, 삼림 파괴 등 – 와 아울러 연료 및 사료 부족, 농업 쇠퇴, 빈곤 심화를 불러 일으켜 해당 지역 주민의 안보를 위협했다.[7)]

환경 문제는 전통적 국제관계의 범주를 넘어서는 독특한 문제이다. 그것은 각국의 전략적 이해관계에 적지 않은 영향을 미치는 반면, 군사적 위협으로부터는 크게 영향 받지 않는 특수성을 내포한다.[8)] 그것은 국제관계의 변화를 반영하는 종속변수이자, 그것에 영향을 미치는 독립변수이기도 하다. 한 국가에 의한 환경의 파괴적 이용은 무력 침공과 다를 바 없이 다른 국가에도 타격을 가한다. 환경과 안보를 별개의 범주로 분리하려는 노력은 이 점에서 비현실적이다. 안보를 유지하려면 인류의 복지와 생명에 대한 환경의 위협에, 그리하여 인간 간의 전쟁은 물론 환경과의 전쟁에도 관심을 돌려야 한다는 주장은 그런 면에서 설득력이 있다.

환경 문제는 또한 각국의 국내·외 정책과는 물론 남·북 문제와

---

7) Kamla Chowdhry, “Poverty, Environment, Development”, *Daedalus*, Vol.118, No.1, Winter 1989, pp.143~144.

8) Norman Myers, *Ultimate Security: The Environmental Basis of Political Instability*, New York: W. W. Norton, 1993, p.24. 그러나 환경 문제가 군사적 위협과 전혀 무관하다고 단정할 수는 없다. 환경 문제는 폭력분쟁의 원인이자 결과이기도 하다. 환경 문제가 분쟁의 결과로 발생하여 환경을 급속하게 거대한 규모로 파괴하면서, 동시에 이미 발생한 분쟁을 가속화한 사례는 다수 있다. 걸프전, 아프리카 지역의 분쟁들이 그 대표적 예라고 할 수 있다. 또 핵전쟁이 초래할 영향은 환경 영역에서 가장 참혹하게 나타날 것으로 예상된다. 전쟁과 난민의 대대적 이주에 따라 생산이 중단되고, 사회조직이 교란되면서 참혹한 결과가 빚어질 수 있는 것이다. WCED(1987), p.290 참조. 전쟁이 아닌 평화 상태에서의 군사 활동도 환경 문제를 초래한다. 사격.폭격 연습으로 인한 산지 파괴, 유류 누출로 인한 토양 오염, 작전 도로 개설로 인한 삼림 훼손 등이 그것이다.

도 밀접한 관계가 있다. 그것은 '하나 뿐인 지구'(only one earth) 관념, 즉 '지구 공동체' 관념을 강화하면서 동시에 국제분쟁의 원인으로 작용한다. 자원 기반이 감소하고 환경에 대한 위협이 증가하는 추세를 고려하면 환경 문제가 분쟁의 주요 요인이 될 가능성을 배제할 수는 없다.[9] 탈냉전 시대의 국제관계는 환경 문제가 안보에 대한 주요 위협으로 작용하고, 자원 기반은 감소하는데 인간의 수요는 커지는 변화에 당면하고 있다. 국제관계의 이런 변화로 말미암아 군사력만으로 국가이익을 수호하려는 전략이 그 적실성을 상당 부분 상실한 터여서, 냉전의 종식은 안보에 대한 새로운 접근 통로를 열어 주었다.[10]

환경 문제는 정치적 갈등이나 폭력분쟁의 원인이자 결과로 작용한다. 국가들은 오래전부터 원료와 에너지 공급권, 토지와 하천 유역 점유권, 해양의 항행권 그리고 다른 핵심적 환경 자원 통제권을 확보하기 위해서라면 투쟁도 마다하지 않았다. 자원이 희귀해지면서 자원 획득 경쟁이 치열해지고 분쟁의 발발 가능성이 증가하는 것은 자연스러운 일이다. 그뿐만 아니라 경제 성장 위주의 개발 정책, 국제경제질서의 불평등성, 다인종·다종족 사회의 구조적 불평등, 그리고 인구 증가 등 일련의 요소들이 환경과 안보 간의 관계에 영향을 미친다. 환경과 개발 그리고 분쟁 간의 복잡한 연결 고리를 정확히 파악하기란 매우 어려운 일이기는 하지만, 국가안보나 국제안

---

9) Ken Booth, "War, Security, and Strategy: Towards a Doctrine for Peace", in Booth (ed.), *New Thinking about Strategy and International Security*, London: Harper and Collins, 1991, p.348.

10) T. C. Sorenson, "Rethinking National Security", *Foreign Affairs*, Vol.69, 1990, p.1. 소렌슨은 냉전 구조, 양극 체제, 그리고 군사적 위협의 종식은 국가안보 개념의 종식을 의미할 수도 있으므로, 장기적으로 외교정책과 군사전략을 이끌 새로운 국가안보 목표가 필요하다고 주장한다.

보에 포괄적으로 접근하려면 군사력과 군비경쟁을 강조하는 전통적 접근법의 한계를 극복할 수 있어야 한다.[11]

환경 문제는 다른 영역의 문제들과 다양한 상호 관계를 맺고 있다는 점에서 포괄성을 내포하므로, 국제관계의 어느 차원에서건 분쟁의 유일한 원인으로 작용하는 경우는 거의 없다고 해도 과언이 아니다. 빈곤, 사회 불의, 환경 문제, 분쟁은 복잡한 상호 의존 관계 속에서 영향을 주고받는다. '환경난민'(environmental refugees)은 그 수가 급증하면서 국제사회의 새로운 분쟁 요인으로 등장했다. 난민이 빈번하게 대량으로 발생하는 직접적인 이유는 정치적 격변이나 폭력 분쟁에서 찾아볼 수도 있지만, 환경난민의 발생 근저에는 인간 부양 능력이 급격히 위축된 환경 기반의 약화가 자리 잡고 있다. 예를 들어 1970년대 초 에티오피아의 기근과 기아의 근본 원인은 전례 없는 가뭄이 아니라 장기간의 토지 남용과 인구 급증이었다. 1984년~1985년, 아프리카에서 발생한 난민은 약 천만 명으로서 전 세계 난민의 2/3 가량을 차지했다. 이들 대부분은 도시나 타국으로 이주하여 국내 · 국제 분쟁을 촉발했다.

아이티는 세계에서 토양 침식이 가장 심각한 국가 중 하나여서, 일부 지역의 경우 대규모 토지를 소유한 농민조차 생계를 유지할 수 없는 지경이라고 보고되었다. 환경 문제가 악화된 결과, 아이티에서는 전체 인구의 1/6에 해당하는 백여만 명의 '보트 피플'이 발생하여, 인접한 카리브해 국가나 미국으로 이주했다. 환경난민의 대규모 이주는 환경 문제가 심화되면서 광범위한 지역으로 불길처럼 번져 나아갔다. 엘살바도르도 환경이 극심하게 파괴된 국가로서, 일부 지방의

11) 이신화, "21세기 글로벌 이슈와 국제정치학," 『국제정치논총』, 46집 특별호, 2007, p.214.

토양 침식은 중남미 최고 수준을 기록할 정도였다. 현재 이 나라에서 벌어진 분쟁의 원인은, 넓게는 정치 불안정과 환경 문제로부터, 좁게는 인구가 조밀한 농촌 지역의 자원 분배 문제로부터 잉태되었다.

재생 불가능한 자원과 에너지를 둘러싼 경쟁 또한 분쟁을 유발하는 주요 요인이다. 1940년부터 1980년 사이에 지구 전체의 물 사용량은 두 배로 증가했고, 2000년에는 다시 2배로 증가할 것이라고 예측되었다. UN은, 2025년이 되면 인류의 60% 이상이 물 부족 문제에 직면할 것이라는 전망을 내놓았다. 이런 전망이 현실화된다면 농업용수와 공업용수 그리고 음용수를 확보하기 위한 쟁탈전이 심화되리라고 예상해도 지나칠 것이 없다. 특히 276개의 국제하천 유역에 세계 인구의 35~40%가 거주하고 있어서, 유량 통제와 분배를 둘러싼 분규가 유역국들 사이에서 빈번히 일어나고 있다. 구체적으로 남아메리카의 리오데라플라타강과 파라나강, 남아시아의 갠지스강, 아프리카의 나일강, 중동의 요르단강과 리타니강 그리고 유프라테스강과 티그리스강에서 국제하천수의 분배를 둘러싼 분쟁이 벌어졌거나 벌어지고 있다. 20 세기에 세차례 – 1958~1961, 1972~1973, 1975~1976 – 나 일어난 영국과 아이슬란드의 대구 전쟁(cod war), 1986년 영국과 아르헨티나의 포클랜드 분쟁은 인류의 주요 식량원인 어족 자원도 폭력분쟁의 원인이 될 수 있음을 예증한다.[12)]

기후 변화는 안보에 대한 위협 요인이다. 첫째, 그것은 군사력의 운용 방법과 공간에 영향을 미친다. 예를 들어 기후 변화로 인한 해빙은 아시아와 유럽을 연결하는 최단 항로인 북극해 항로의 개설을 가능하게 하는 긍정적 변화를 초래한다. 동시에 북극해 항로의 개설

12) WCED(1987), pp.290~294.

은 운항 선박을 보호하고 자원분쟁에 대비하기 위하여 군사력을 새로 배치할 필요를 제기한다. 둘째, 기후 변화는 국가마다 사정이 다르기는 하지만 폭력분쟁의 증가를 자극한다. 예컨대 기후 변화의 영향으로 지속된 가뭄은 시리아 내전의 한 원인으로 지목된다.[13] 셋째, 기후 변화 자체가 안보에 대한 위협이다. 이제 사망자 · 부상자 · 난민의 발생과 빈곤과 질병의 증가, 경기 후퇴 등을 전쟁의 산물로만 간주할 수는 없다. 기후 재해 – 가뭄, 홍수, 폭풍 등 – 의 산물이기도 한 것이다. 기후 변화는 이런 점에서 국가들에 대한 새롭고 심각한 위협원이다.[14]

기후 변화는 지구 차원의 위협임에 틀림없지만, 그 영향은 각국에 불평등하게 분배된다. 그것은 특히 세계 식량의 대부분을 생산하는 지역의 농업 체계를 붕괴시켜, 기근이 만연된 지역으로부터 대대적인 인구 이동을 촉발한다. 기후 변화로 인한 해수면의 지속적 상승은, 연안국 간 경계선을 변경시키고 국제 수로의 전략적 가치를 근본적으로 변화시켜, 국제분쟁을 야기하는가 하면 중요한 어류의 산란장을 파괴할 수도 있다. 기후 변화를 통제하면 분쟁의 가능성을

13) Henry Fountain, “Researchers Link Syrian Conflict to a Drought Made Worse by Climate Change”, *New York Times*, March 2, 2015. 이에 대한 반론은 Andrew M. Linke et al., “Rainfall Variability and Violence in Rural Kenya: Investigating the Effects of Drought and the Role of Local Institutions with Survey Data”, *Global Environmental Change*, Vol.34, September 2015, pp.35~47 ; David O. Williams, “Conflict Experts Dispute Impact of Global Climate Change on National Security,” *Real Vail*, March 11, 2015 in http://www.realvail.com/conflict-experts-dispute-impact-of-global-climate-changeon-national-security/a1812. (검색일: 2015. 12. 18).

14) Joshua S. Goldstein, “Climate Change as a Global Security Issue”, *Journal of Global Security Studies*, Vol.1, Issue 1, February 2016, pp.95~97 ; Robert O. Keohane, “The Global Politics of Climate Change: Challenge for Political Science”, *PS: Political Science & Politics*, Vol.48, Issue 1, 2015, pp.19~26 ; United Nations Human Settlements Programme, *Global Report on Human Settlements* 2011, 2011.

억지할 수 있지만, 역으로 방치하면 국제분쟁의 가능성을 고조시켜 지구안보를 위협하게 된다는 점은, 환경 문제와 안보가 밀접한 관계를 가지고 있음을 말한다.

탈냉전기 국제관계의 특징 중 하나는 국제전의 발발 가능성이 감소된 반면 내전이 빈발한다는 것이다. 특히 자원이 부족하고 환경 문제의 부정적 영향이 크게 나타나는 개도권에서는 이런 현상이 광범위하게 발생한다.15) 내전의 주요 원인은 사회 혼란과 분열 – 빈곤, 이민, 종족 간 갈등, 제도 붕괴 등 – 이지만, 재생 가능한 자원 – 물, 연료목, 경작지, 어류 – 의 부족이 내전을 악화시킨다는 데서, 환경 문제가 안보에 대한 잠재적 위협 요인임을, 그리하여 다수의 국면에서 환경 문제와 안보의 관계는 불가분의 것임을 간파할 수 있다.16)

2. 환경안보의 개념

안보 개념의 재정립 필요는 탈냉전 시대 이전부터 제기되기 시작했다. 중남미 국가들이 2차대전 직후부터 '경제안보' 개념을 사용하기 시작한 이후, 1970년대에는 선진국들도 신국제경제질서(NIEO) 요구에 맞서 기존의 국제경제질서를 옹호하는 데 이 개념을 이용했다.17) 스톡홀름 회의에서 환경안보 개념의 토대가 마련된 이후, '브

15) Peter H. Gleick, "Environment and Security: The Clear Connections", *Bulletin of Atomic Scientists*, April 1991 ; Thomas F. Homer-Dixon, "Environmental Scarcities and Violent Conflict", *International Security*, Vol.19, No.1, 1994 ; Robert D. Kaplan, "The Coming Anarchy", *Atlantic Monthly*, Vol.273, No.2, 1994.

16) Thomas F. Homer-Dixon & Valerie Percival, "Environmental Scarcity and Violent Conflict: Briefing Book", *The Project on Environment, Population and Security*, University of Toronto, Canada, 1996.

라운'(Brown)과 '울만'(Ullman)은 그런 상황에서 일찍부터 안보 도전 요인에 대한 시각을 확대하도록 요구했다.

1977년 브라운(Brown)은 환경 보전을 위하여 인류에게 요구되는 당위와 실존하는 현실 사이의 간극이 매우 크다고 주장하면서, 안보와 비군사적 위협의 연계를 최초로 시도했다고 평가받는다. 그는 인류의 미래에 대한 주요 위협이, 국가 간의 관계로부터가 아니라 인간과 자연 및 자원 간 관계의 악화로부터 발원된다는 인식을 단서로 안보 개념의 재정립 필요를 주장했다. 그런데도 인류가 신속히 행동하지 않으면, 환경 문제와 사회 붕괴가 상승 작용을 불러일으킬 위험이 있다고 역설한 것에서 드러나듯이, 그는 안보 범주의 확대 기반을 마련했다고 여겨진다. 그러나 그가 인간과 지구에 대한 환경의 다양한 위협을 설명하며 환경안보의 정립이 시급한 과제임을 일깨우긴 했어도, 안보 규준을 도외시함으로써 설득력을 감소시켰다는 전통적 안보론자들의 비판을 비켜 갈 수는 없다.[18]

1983년, 울만(Ullman) 역시 전통적 안보 범주가 비군사적 위협 요소들까지도 포괄해야 할 필요를 제기했다. 그에 의하면 '국가안보에 대한 위협은 상대적으로 짧은 시간에 국민 생활의 질을 저하시키거나 또는, 국가나 국가 내부의 사적이고 비정부적인 주체들 – 개인, 집단, 기업 – 의 선택 범위를 현저히 축소시키는 일련의 행위나 사건들이다'.[19] 환경 문제가 사회에 초래하는 타격, 즉 사회의 자원 이용

17) Lothar Brock, "Peace Through Parks: The Environment on the Peace Research Agenda", *Journal of Peace Proposals*, Vol.28, No.4, 1991, p.418.

18) Lester Brown, "Redefining National Security", *Worldwatch Paper*, No.14, Washington, DC : Worldwatch Institute, 1977. 브라운의 안보 개념에 대한 비판은 Stephen J. Del Rosso, "The Insecure State: Reflections on the State and Security in a Changing World", *Daedalus*, Vol.124, No.2, 1995, pp.185~186 참조.

19) R. H. Ullman, "Redefining Security", *International Security*, Summer 1983, p.133.

가능성의 제한이라는 새로운 시각에서 규정된 그의 안보 개념은 이후 환경안보에 관한 연구에 오랫동안 영향을 미쳤다. 울만의 개념은 비군사적 위협을 포용하여 안보의 범주를 확대시켰지만, 전통적 안보연구자들에게는 여전히 낯선 것이어서 비판을 피할 수 없기는 마찬가지였다.[20]

1989년 환경, 인구, 기타 요인들을 안보 관념에 흡수하는 것이 더 현실적이고 타당하다는 매튜스(Mathews)의 연구는 환경안보 개념의 확산에 중요한 전기를 마련한 것으로 여겨진다.[21] 환경안보 개념의 선구자들은 이처럼 안보를 군사적 현상으로만 국한시키지 않은 채 보다 넓은 시각에서 종합적 의제로 파악할 필요를 제기했다. 즉, 국민 생활의 질을 저하시키거나 비국가 행위주체들의 선택 범위를 제약하는 일련의 행동과 현상을 안보 범주에 포함시키도록 요구했던 것이다. 이러한 연구 동향과 환경 문제의 가속화에 단서를 두고, 환경안보 개념은 탈냉전과 더불어 독자적 연구 의제로 뿌리를 내리기 시작했다. 1980년대 후반부터 환경 문제는 '안보에 대한 새로운 위협'이라는 주장에 무게가 실리되 이에 대한 반론이 수그러 들면서, 환경안보 개념이 더욱 더 주목을 받게 되었다.[22]

환경 문제가 안보에 대한 새로운 위협 요인이라는 주장은 나름대로의 타당성을 갖추고 있다. 범위 면에서 지구적이라는 점에서 그리고 행위 주체 면에서 외세가 의도적으로 위협하는 것이 아니라는 점

---

20) 울만의 개념에 의존한 예로는 Gleick(1991), pp.17~21 ; Romm(1993), p.36. 울만의 안보 개념에 대한 비판은 Marc A. Levy, "Is the Environment a National Security Issue?" *International Security*, Vol.20, No.2, Fall 1995, p.40.

21) Mathews(1989).

22) 환경안보 개념의 진화 과정에 관한 논의는 Cornel Zwierlein, "Historicizing Environmental Security", *European Journal for Security Research*, Vol.3, No.1, 2018, pp.1~13.

에서, 그것은 여타 안보 문제와 구분되는 특수성을 지닌다. 그러나 환경 문제가 경우에 따라서 다른 국가에 타격을 가할 수 있는 영향력과 동일시되기도 한다는 점은, 환경안보가 전통적 안보와 유사한 면도 지니고 있음을 말해준다. 예컨대 환경이 파괴되어 농업 생산이 감소하면 A국은 자국의 농업 생산 증가를 목적으로 B국에의 물 공급을 중단하겠다고 위협할 수도 있어서, 이 사태는 결국 B국에서 대규모 환경난민을 발생시키는 요인으로 작용할 수 있는 것이다. 국가들이 이런 문제를 통제하기 어려울수록 환경 문제는 안보에 매우 위협적이다.

냉전기에는 주로 군사력을 안보의 필수 수단으로 하는 군사안보가 사실상 독점적 지위를 누렸으나, 탈냉전기에는 환경 문제 등 비군사 문제의 영향이 증가하면서 안보 범주의 확대가 요구되고 있다. 세계질서의 변화와 함께 아시아·태평양 지역에서는 1990년대 초부터 환경 문제가 지역안보를 위협하는 요인으로 인식되기 시작했다. 오염의 확산, 수자원·식량·에너지 부족, 난민의 대량 이주로 인한 분쟁이 이 지역의 안정을 위협한다.[23]

환경 문제는, 특히 개도권 국가들에게 능력과 제도의 약화, 자원 부족 사태를 불러 일으킨다. 환경 문제가 국제분쟁의 제1 요인은 아니지만, 특정 분쟁에서는 보다 중요한 원인이 될 수 있다는 주장의 근거를, 인도네시아 밀림 화재가 ASEAN 국가들과의 갈등을 불러

---

23) 동북아 지역 차원에서 다자협력 체제의 구축에 기반을 두고 환경안보의 중요성을 강조한 것으로는 박은주, "동북아 환경안보를 위한 협력 체계 구축 방안 - 월경성 대기오염 해결 방안을 중심으로", 13차 한국평화연구학회 국제학술세미나, 2016, pp.15, 22 ; Miko Maekawa, "Effective Environmental Regimes in East Asia for Climate Change and Environmental Security", *Journal of Peace Studies*(『평화학연구』), Vol.15, No.6, December 2014, pp.8~25.

일으킨 사례에서 찾아볼 수 있다. 환경 변수는 이처럼 국가안보와 지역안보에서 중요한 역할을 할 수 있다. 전쟁이 오로지 환경 문제에 의해서만 발생하는 것은 아니라고 하더라도, 환경 문제 때문에 다수의 갈등을 경험한 아시아·태평양 지역의 사례는 안보를 이해하려면 환경 문제를 이해해야 한다는 주장의 타당성을 강화한다.[24)]

탈냉전기의 세계질서에서는 국가의 생존과 국민의 생활양식 그리고 복지 등이 군사력에 의해서만 위협되는 것이 아니라, 비군사적 요인에 의해서도 얼마든지 위협받을 수 있다는 현실이 점차 실체를 드러내고 있다. 그렇다면 안보를 주로 군사력에 의존하는 전통적 안보 관념의 유효성은, 탈냉전기 국제관계에서는 과거와 동등하게 관철되기 어렵다. 안보는 인간 복지의 근간인 환경을 고려하는 방향으로, 범주를 확대해야 한다는 압력이 거세게 일고 있다. 환경과 자원이 고갈되면 각국의 경제가 쇠퇴하고 사회·정치 구조는 붕괴 위기에 휩싸인다. 기후 변화가 대다수의 국가에 큰 변화를 초래하는 사례에 비추어 보더라도, 환경 문제는 분쟁의 발생 요인으로 작용한다.

전통적 안보 개념에 내포된 의미가 더 이상 타당성을 유지하기는 어렵게 되었다. 과거에 무시했던 요인들까지도 포함하는 새로운 안보 개념을 요구하되, 환경 요인이 국가와 인간의 안보를 위협하는 방식이 주목받으면서 환경안보야말로 국가안보의 필수적 일부라고 하는 주장이 힘을 얻는다. 환경안보 개념이 비록 통일성과 명료성을 결여하고 있기는 하지만, '환경'과 '안보'를 연계해야 할 이유는 이론과 현실의 면에서 다양하다.

---

24) Alan Dupont, "The Environment and Security in Pacific Asia", *Adelphi Paper* 319, London: International Institute for Strategic Studies, 1998.

첫째, 환경 문제는 인간과 생물의 생존에 대한 심각한 위협 요인이다. 대기 오염, 수량 부족과 수질 오염, 삼림 파괴, 생물종의 다양성 감소 등은 인류의 생활 조건을 급격히 변동시킨다.

둘째, 이미 앞에서 지적했듯이 환경의 문제나 변화는 폭력분쟁의 원인이자 결과이다. 환경 문제 뿐만 아니라, 환경 친화적 자원 관리의 결여도 내전과 국제전의 주요 원인이 된다. 환경 문제가 어떤 상황에서 폭력분쟁이나 인구 이동을 야기하는지에 관한 이론적 분석이 부족하기는 하지만, 그것이 의도적인 폭력 행사의 결과로 발생했을 때 분쟁을 가속화하는 요인으로 작용한다는 것에는 의문의 여지가 없다. 환경 문제는 또한 다른 요인들 – 인종 및 종교 갈등, 사회·경제적 불평등 – 에 의하여 발발된 분쟁을 더욱 악화시키기도 한다. 핵실험, 방사능 물질의 해양 투기 등은 장기간에 걸친 비전투적 군사 활동도 환경에 부정적 영향을 남긴다는 것을 입증한다.[25]

셋째, 군사안보와 환경안보가 모두 예측과 통제를 중시한다는 점은, 양자 사이에 존재하는 개념적 연계를 뒷받침한다. 아직 그 연계 기제를 밝혀내지는 못했지만, 세계사는 환경 문제가 특정 상황에서 폭력분쟁을 일으킬 수 있다는 것을 증언한다. 어느 면에서 환경안보는 '환경의 지속 가능한 이용 및 보전을, 그리고 위험의 최소화를 추구하는 것'이라고 할 수 있다.[26] 예컨대 동·서구 간 정치 관계의 개선은 국제환경협력의 범주를 넓혔다. 정치환경과 안보 간의 상호 작용, 그리고 이것이 종합적 인간안보에 미치는 긍정적 영향을 매개로

---

25) 환경과 안보의 연계 근거에 관한 설명은 Nina Graeger, "Environmental Security?" *Journal of Peace Research*, Vol.33, No.1, 1996, pp.109~111 참조.

26) Sverre Lodgaard, "Environment, Confidence-Building, and Security", in Lodgaard & af Ornas (eds.), *The Environment and International Security*, PRIO Report No.3, Oslo: International Peace Research Institute, 1992, p.20.

국제적 신뢰를 구축하고 군사적 불안정 요인을 감축함으로써, 환경안보는 정치안보의 개선에도 기여할 수 있다.

냉전의 기운이 고조되던 시기에도 협력 관계를 유지하여, '유럽안보협력회의'(CSCE)의 발족에 일정한 기여를 했던, '발트해 환경협력'은 그 대표적 사례이다.[27] 환경 문제의 해결이 곧 안보정책이라는 주장을 수용한다면, 국내의 사회적 갈등과 정치 불안정의 요인 그리고 국제분쟁의 원인인 '환경난민'의 발생 · 이동을 예측하고 통제하는 것도 중요한 안보 문제로 간주해야 한다.

넷째, 일부 국가에서는 환경과 안보 간 연계가 이미 정립되었다. 구미는 물론 일부 개도권의 정치지도자들마저 환경안보 정책을 지지함으로써, 환경안보는 구호의 단계를 지나 '중심정치 의제'(high politics agenda)의 일부로 편입되었다. 우리가 환경안보에 관심을 가져야 할 이유는 적지 않다. 환경 문제가 전쟁을 포함한 폭력분쟁을 초래할 수 있다는 것, 국가 간 관계에서 적대적 목표에 이용될 수 있다는 것, 특정 폭력의 구성 부분이 된다는 것, 환경 협력은 국제관계에서의 신뢰 구축에 기여할 수 있다는 것, 국가나 국제기구는 환경기준을 강제하거나 '환경 위험'(environmental risks)을 회피하기 위하여 군사적 행위에 의존할 수도 있다는 것, 건강한 환경은 '종합안보'(comprehensive security)의 일부라는 것이 그것이다.

전통적 관념을 따르면, 국가안보는 '외세의 군사적 위협에 대응하여 국가의 영토를 보전하고 국제적 위상을 유지'하는 것이다. 그런데 환경 문제를 비롯한 비군사적 요인들이 국가의 영토 보전, 자결권, 경제적 부를 위협하는 탈냉전기의 변화는,[28] 환경과 안보의 연

---

27) Arthur H. Westing (ed.), *Comprehensive Security for the Baltic: An Environmental Approach*, London: Sage, 1989, p.117.

계를 요청한다. 그러나 문제는 '환경'과 '안보' 개념이 모두 탄력적인 것이기 때문에 환경안보의 개념도 모호하다는 것이다. 일반적으로 환경은 정치, 경제, 사회 체계와 구분되는 물리계와 생물계를 의미하는 것으로, 따라서 물리계 및 생물계와 깊이 관련되는 문제가 환경 문제라고 인식되어 왔다. 환경안보론자들은 이런 개념에 입각하여 자연자원을 환경과 동일시하는 경향이 있기 때문에,[29] 모든 전쟁은 환경전쟁이라는 환원론의 함정에 빠지기 쉽다. 전쟁 목적에 자연자원이 부분적으로라도 관계된다고 해서 모든 전쟁을 환경전쟁이라고 할 수 있는가?

'생태학적 환류 체계(ecological feedbacks)와 균형(equilibria)'이 존재하는 경우에만 환경 개념을 사용하자는 주장에 유의할 필요가 있다. 우리가 이런 주장을 수용할 경우 총량은 고정되었으나 점차 고갈되는 자연자원과 환류가 엄격히 제한되는 자원은 환경자원이 아닐 수 있어서,[30] 상식에도 부합되고 안보 문제와도 연계가 가능한 장점이 있다. 게다가 레비(Levy)의 견해를 따르자면 환경이 생명 부양 체계를 포함하는 것인 한, 그것은 '생태학적 환류 체계나 인간의 생존에서 차지하는 중요성에 의하여 규정되면서 생물계 · 물리계와 관련되는 문제'라고 하는 것이 적절하다.

우리는 안보를 '국가의 이익과 가치를 외부의 위협으로부터 수호

---

28) P. M. Mische, "Ecological Security in an Inter-dependent World", *Breakthrough*, Summer/Fall 1989 ; Michael Renner, *Fighting for Survival: Environmental Decline, Social Conflict, and the New Age of Insecurity*, New York: Norton for Worldwatch Institute, 1996.

29) 그 예로 Arthur H. Westing (ed.), *Global Resources and International Conflict: Environmental Factors in Strategic Policy and Action*, New York: Oxford University Press, 1986.

30) Stephan Libiszewski, "What is an Environmental Conflict?" *Occasional Paper No.1, Environment and Conflicts Project*, Bern: Swiss Peace Foundation, 1992, p.3.

하는 것'과 동일시해 왔다. 바꾸어 말하자면, 전통적으로 안보는 군사적 위협이 부재하거나 또는 외세의 전복과 공격으로부터 국가를 수호하는 것으로 인식되어 왔다. 그러나 이런 부류의 전통적 안보 개념을 고수하면, 점증하는 비군사적 위협을 외면하게 되어 국제관계의 변화가 요구하는 안보 개념의 재정립은 불가능하게 된다. 중요한 것은 전통적 안보론자들이 새로운 비군사적 위협들을 안보에 대한 위협 요소로 인정하는 것이다. 앞에서 살펴 본 것처럼 '울만' 등이 안보 범주의 확대에 기여했지만, 현재까지 제시된 환경안보 개념은 전통적 안보론자의 지지를 획득하는 데 실패했다고 보여진다.

레비는 그 대안으로 전통적 안보론의 시각에서 '국가안보에 대한 위협은, 외세의 행위에 의하여 국가의 가장 중요한 가치가 파괴되는 것'이라고 정의한다. 이 개념은 울만의 영향을 받았으나, 그가 놓친 '외세의 행위'를 포함하는 강점을 지닌다. 그렇다고 해서 외세의 위협이 늘 국내의 그것보다 더 심각하다는 의미가 아니라, 단지 외세의 행위에 초점을 맞추는 안보 연구의 전통적 규정 방식에 따라 개념의 타당성을 보충한 것이라고 그는 주장한다. 그의 안보 개념에 내포된 함의는, 국내 행위가 국가의 가치에 타격을 가하든 말든 외세의 참여가 핵심적 행위임을 함축하고 있다. 안보 연구의 역사에서는 늘 무엇이 가장 중요한 국가 가치의 구성 요소이고, 심각한 파괴 수준은 어떤 것이냐는 문제가 논쟁의 핵심이었다는 그의 주장도 이러한 해석을 뒷받침한다.[31)]

레비의 개념을 액면 그대로 받아들이면, 환경 문제를 비롯한 국내 행위가 안보에 대한 위협으로 해석될 여지는 없다. 그는 국내 행위

31) Levy(1995), pp.40~41.

가 국가안보에 대한 위협이 될 수 있음을 인정하지만, 이것은 보편적인 개념 규정 방식을 이탈한 것이다. 내전이 분쟁의 주요 형태일 뿐만 아니라, 그 주요 요인 중 하나가 환경 문제인 개도권의 현실을 고려하면, 국내 행위의 국가안보에 대한 위협 가능성을 명시적으로 규정한 개념이라야 타당성을 확보할 수 있다. 달리 말하자면 환경의 상호 의존성은 한 국가의 국내 행위가 타국의 그것에 영향을 미친다는 것을, 즉 국제 문제가 국내 문제로부터 비롯될 수 있다는 것을 확증하는 것으로서, 현실주의의 billiard-ball model과 전통적 안보이론에 수정을 요구한다.[32)]

대부분의 국가는 환경 문제로 말미암아 자유, 정체성, 기능을 위협받고 있으며, 그러한 위협은 당연히 국가안보에 대한 위협으로 연결된다. 예컨대 기후 변화, 물 문제, 삼림 파괴 등의 환경 문제는 국가는 물론 국제 안보의 문제이기도 하다. 유독성 물질의 국제교역도 결국 수입국의 식량 및 산업 생산을 감소시키고, 생활수준의 저하를 초래하여 국가안보를 위협한다. 탈냉전기 세계질서의 이러한 현실은, 환경 문제를 안보의 관점에서 다루어야 할 필요를 역설한다.

일반적으로 환경안보는 환경의 직접적이거나 간접적인 위협으로부터 국가와 국민의 안전을 수호하는 것이다.[33)] 바꾸어 말하자면 인간 활동에 의한 환경 오염이나 파괴가 인간과 국가에 대한 위협의 지배적 원천이므로, 궁극적으로 그들의 필수적 '부양 체계'(support

32) Ian H. Rowlands, "Environmental Issues in World Politics", in Baylis, John & N. J. Rengger (eds.), *Dilemmas of World Politics: International Issues in a Changing World*, Oxford: Clarendon Press, 1992, p.295.

33) Astrid Carrapatoso, "Security and the Environment: What is at Stake?" Christoph Schuck (ed.), *Security in a Changing Global Environment: Challenging the Human Security Approach*, Baden-Baden: Nomos, 2011, p.211.

system)인 환경을 유지하려는 노력을 '환경안보'라고 할 수 있다. 환경안보는 더 적극적인 의미에서 '모든 국가의 안정적 발전을 위하여 환경을 유지하고, 합리적으로 사용하면서 재생산하며 질적 개선을 하되, 모든 인간에게 유익한 조건을 보장하는 인간안보'와 밀접한 관계가 있다.[34] 즉, 환경안보는 지구환경정치의 필요성과 각국의 국가이익 실현 욕구를 조화시켜 위기에 처한 인류의 생존을 수호하는 것이다.

다만, 환경안보는 나름대로의 특수성과 우선순위를 가진 채 군사안보, 정치안보, 경제안보, 사회안보, 인간안보와 밀접히 관련된 것임에 주의를 기울일 필요가 있다.[35] 냉전 시대의 안보는 군사력을 수단으로 대외적 위협으로부터 국가를 수호하려는 것이었지만, 탈냉전 시대에는 기왕의 군사 중심적 시각에서 벗어나 포괄적 · 복합적 시각에서 안보 문제를 새롭게 천착해야 할 이유를 여기서 찾을 수 있다. '세계환경개발위원회'가 환경안보에 대한 종합적 접근법을 권유한 이유도 이것과 다르지 않다. 다만 안보 개념은 기존의 이익 보호를 위하여 폭력을 최후 수단으로 사용하는 것을 정당화한다. 환경 문제가 국가안보에 위협이 된다면 폭력의 사용을 정당화할 수 있다. 그렇다면 환경과 안보의 연계는 환경 문제의 군사주의화를 초래할 가능성이 있기 때문에, 환경안보 개념이 신중히 사용되어야 할

34) Carrapatoso(2011), pp. 212 ; P. Owens, "Human Security and the Rise of the Social", *Review of International Studies*, Vol.38, Issue 3, 2012, p.549.

35) 정치안보, 경제안보, 환경안보, 식량안보, 건강안보, 공동체안보 등을 그 구성 요소로 하는 인간안보는 포괄적 속성을 내포한다. 그런 점에서 인간안보 규범 – 지뢰, 집속탄, 핵무기 금지 – 의 구축은 새로운 기후 거버넌스를 기반으로 보다 더 효과적인 대응을 가능하게 함으로써, 환경안보의 확립에 기여할 수 있다. Ronald B. Mitchell & Charli Carpenter, "Norms for the Earth: Changing the Climate on "Climate Change," *Journal of Global Security Studies*, Vol.4, Issue 4, October 2019, pp.413~429.

필요도 인정해야 한다.[36)]

3. 환경 문제와 국가안보, 종합안보, 인간안보

이미 살펴보았듯이 국가안보가 폭력의 사용과 그것에의 대처 뿐만 아니라 환경 문제들과도 관계가 깊다는 것은, 환경 문제가 군사력만큼이나 국가안보에 중요한 요인임을 시사한다.[37)] 환경 문제는 경제 붕괴, 사회적 갈등, 정치적 대립에 영향을 미친다. 환경 문제가 분쟁을 즉시 초래하는 것은 아니지만, 그것은 이미 안정성을 상실한 지역에서 사회 붕괴 요인으로 작용한다. 더구나 증가하는 인구가 한정된 환경 자원에 대하여 요구를 증폭시키며 자신의 몫을 점차 더 확보하기 위하여 폭력에 호소하는 경향이 강화되고 있다. 세계적으로 결핍이 증가하고 있기 때문에 폭력분쟁의 요인들 중에서 환경 문제가 차지하는 비중은 더 이상 무시하기 어렵다.

환경 문제가 세계적으로 더 악화된다면 분쟁의 주요 요인이 될 가능성이 농후하다는 데서, 환경이 안보의 기본적 요소이자 국가안보의 핵심이라는 주장의 단서가 발견된다. 우리는 인구 증가와 개발로

---

36) Daniel Deudney, "The Case Against Linking Environmental Degradation and National Security", *Millenium*, Vol.19, No.3, Winter 1990.

37) 환경안보와 국가안보의 관계에 관해서는 윤이숙, "환경적 쟁점과 한국의 안보," 『국방연구』, 제52권, 제1호, 2009, pp.78~82 ; P. R. Ehrlich & A. H. Ehrlich, *The Environmental Dimension of National Security*, Stanford, CA: Stanford Institute for Population and Resource Studies, 1988 ; Johan Galtung, *Environment, Development, and Military Activity: Towards Alternative Security Doctrines*, Oslo: Norwegian University Press, 1982 ; Peter H. Gleick, *Environment, Resources, and Security: Arenas for Conflict, Areas for Cooperation*, Berkeley, CA: Pacific Institute for Studies in Development, 1990.

인한 자원 수요 증가, 자원 기반 파괴로 인한 공급 감소, 자원에의 접근 제한이나 빈곤으로 인한 분배 구조의 불평등성이 환경 문제를 악화시키는 현실을 자주 목격한다.[38] 환경 문제로 말미암아 심화된 빈곤은, 국가안보에 대한 잠재적 위협의 원천이다. 환경의 상황이 그러하다면 취약한 정치 제도, 부패, 빈곤, 불평등, 군사 활동 등이 안보 문제의 필요 · 충분 조건이라고 하여도 지나치지 않다.

환경 문제가 국가 내부에서 그리고 국가 간의 관계에서 불안정을 야기하는 주요 변수 중의 하나임은 이미 부정할 수 없게 되었다. 개도권에서는 인구 급증과 경제 개발 과정에 수반되기 마련인 부패, 빈곤, 분배의 불평등성이 주로 계층 간, 지역 간, 집단 간 갈등을 심화시키는 역할을 한다. 환경 문제와 그로 인한 결핍이 개도권에서 내전을 격화시키고 공적 제도를 약화시키는 것이다.[39] 개도권에서는 대체로 환경 문제 → 농업 기반 약화 → 식량 부족, 식량 가격 상승 → 정국 불안 → 내란 또는 쿠데타 유발로 이어지는 악순환이 거듭되어 왔다. 이집트, 잠비아, 이란, 방글라데시, 콜럼비아, 볼리비아, 아이티 등지에서는 불공정한 경작지 분배, 부적절한 농업 정책, 인구 증가와 함께 환경 문제가 이런 악순환의 고리를 만들어 냈다.

1997~1998년, 에티오피아와 소말리아 간 전쟁의 궁극적 원인은 에티오피아의 주요 농업 지대인 고지대의 표토(topsoil) 유실에 따른 토지 비옥도 감소라고 파악된다. 이에 따라 농촌의 부양 능력은 감

38) Matthew(2000), p.40.

39) Homer-Dixon(1994) ; Robert D. Kaplan(1994). 다른 변수들이 작용하더라도 20세기 개도권 분쟁의 대부분은 국제전이기보다는 내전이었다. 1996년의 경우를 보면, 발생한 분쟁 중 국제전은 하나뿐이었고, 나머지는 모두 내전이었다. Magareta Sollenberg & Peter Wallensteen, "Major Armed Conflicts", in *SIPRI Yearbook 1997*, Oxford: Oxford University Press for Stockholm International Peace Research Institute, 1997, p.9.

소한 반면 인구는 증가하는 위기를 맞이하여, 에티오피아의 농민들이 고지대로부터 소말리아와의 접경 지대인 오가덴(Ogaden)으로 대거 이동했다. 그런데 오가덴은 오랫동안 양국이 종족분쟁을 벌였던 지역이어서, 소말리아가 에티오피아인의 이주를 국경 지대에 대한 위협으로 간주함으로써 전쟁이 일어났다. 이 전쟁은 현재의 환경 문제가 미래의 전쟁 문제 – trees now, tanks later – 가 될 수 있음을 보여주는 대표적 사례라고 할 만하다.

1967년 3차 중동전쟁은 시리아와 요르단의 하천 흐름 변경 시도와 이에 대항하는 이스라엘의 선제공격이 전쟁의 원인 중 하나였다는 사실에 착안하여, 이 전쟁이 물전쟁이었다고 하는 주장이 제기되었다. 인구의 급증과 물 수요의 증가 때문에 여타 지역 – 인더스강, 갠지스강, 메콩강, 나일강 등 – 에서도 물이 잠재적 지역분쟁의 주요 원인으로 작용한다는 견해도 있다.[40] 아이티와 사하라 사막 이남 지역의 아프리카에서는 환경 문제가 경제 구조 조정을 가로막는 걸림돌로 작용했다. 후자의 경우, 환경 문제 → 농업 생산 감소 → 경제 상황 악화 → 정세 불안정 → 내전 또는 인접국으로의 대규모 이주 → 환경난민 으로 이어지는 악순환의 대표적 사례라고 할 수 있다. 인구 증가와 환경 문제로 인한 환경난민의 증가는 인접 개도국의 환경 결핍을 더욱 심화시켜, 결국 분쟁을 일으킬 수 있다는 것을 우리는 르완다와 탄자니아, 나이지리아와 인접국, 인도와 방글라데시, 엘살바도르와 온두라스의 사례에서 확인할 수 있다.

선진권도 환경난민 등의 불법 대량 이민으로 말미암아 이미 일부

---

40) Myers(1993), pp.9, 18. 자원 공급을 둘러싼 분쟁은 선진권에서도 발생한다. 영국과 아이슬랜드의 북해 대구분쟁, 영국과 아르헨티나의 포클랜드분쟁, 구소련과 일본의 어업분쟁이 그 예이다.

영토 통제권의 실효성을 상실했다. 선진국들의 경제 번영, 무역, 민주주의적 가치, 인도주의적 이상도 토양 침식, 산성비, 물 부족, 인구 및 빈곤 증가, 오존층 고갈, 생물종 감소, 기후 변화 등의 환경 문제로부터 위협받는다. 미국도 예외는 아니어서, 전통적 외교정책 목표에 환경 보전이라는 새로운 목표를 추가했다.[41] 외교정책의 이러한 변화는, 미국이 유일한 초강대국으로서 자국의 경제 번영은 물론 지구환경의 건강에 중대한 이해관계를 가지게 됐음을, 그리하여 환경 안보가 국가안보의 일부로 수용됐음을 시사하는 것이다.

선·후진국을 막론하고 환경 문제는 분쟁을 촉발하거나 강화하는 데 중요한 역할을 담당한다. 환경 문제, 경제 위기, 인구의 대규모 이동, 폭력이 상승 작용을 일으켜 자원을 둘러싼 분쟁이 빈발하게 된다.[42] 그렇다면 환경 문제가 국가이익을 위협하여 폭력분쟁을 초래할 수 있다는 주장이 더욱 더 힘을 얻게 된다. 환경 문제가 구체적으로 어떤 상황에서 국가안보에 영향을 미치는가는 아직도 불확실하지만, 양자의 연계를 증명하는 사례와 정보는 어렵지 않게 찾아볼 수 있다.

탈냉전기의 새로운 안보 범주에서는 전통적 안보 변수가 과거에 비하여 제한적인 의미를 갖게 되지만, 환경 변수는 전통적 안보 의제 이상의 중요성을 내포한다. 말하자면 환경 변수의 수용이 새로운 안보 관념의 수립에 매우 중요함에도 불구하고, 군사적 안보 관념은

41) https://www.state.gov/e/oes/eqt/index.htm (검색일: 2018. 09. 09).

42) 개도권에서는 이런 악순환 때문에, 점차 환경 문제가 내전 발발의 중심 요인 중 하나로 자리 잡아가고 있다. 그런가 하면 냉전기 구소련의 산업 군사 활동–방사성 물질의 해양 폐기, 화학탄의 발틱해 투기, 체르노빌 원전 사고 등–의 여파로 중동구에서도 환경 문제가 심각한 국가안보 문제가 되고 있다. Mary M. Evans et al., "The Changing Definition of National Security", in Lowi & Shaw(2000), p.23.

탄력성을 결여한 탓에 변화를 수용하는 데 꽤나 인색하다. 환경 문제가 기존의 전통적 안보 관념과 제도에 적실성 있게 연계될 수 있는데도, 안보 정책의 수립 과정에서 여전히 군사 요소만을 반영한다면 결함의 내포는 불가피하다. 탈냉전기의 국제관계에서 환경 문제와 안보 간의 관계에 관한 관심도 이와 더불어 고조되고 있다. 국가이익과 인간안보의 상당 부분은 힘의 사용이 필요할 정도로 환경 문제로부터 위협받고 있으며, 역으로 안보 기구가 자신의 자원과 기술을 이용하여 환경안보에 기여할 수도 있다.[43] 그렇다면 탈냉전기 세계질서에서는 환경안보가 새로운 안보 범주의 중요한 일부로 수용되어야 마땅하다. 선진권이 환경 문제에 내포된 광범위한 정치적·경제적·사회적 함의를 포착하여 환경외교를 자국 외교정책의 필수적 구성 요소로 정립한 것,[44] 얼마 전까지도 전통적인 시각에서만 안보를 평가하던 한국이 탈냉전을 계기로 비전통적 안보 범주도 국가전략에 포함시킨 것은,[45] 탈냉전 질서의 핵심 요소 중 하나인 환경안보의 필요성에 대응한 결과로 보인다.

환경 문제가 어떤 상황에서 어떻게 다른 변수들과 상호 작용하여 기존의 분쟁과 국가안보를 악화시키고 복잡하게 하는가? 전통적으로 분쟁은 세력균형의 변화, 신념 체계 간 경쟁, 주권의 보전과 침해를 중심으로 설명되어 왔다. 그러나 분쟁의 발생과 전개에는 이외에도 환경 변수를 포함한 여타 변수들이 얼마든지 개입하며, 특히 탈

43) Matthew(2000), p.46. CIA 등의 일부 안보 기구는 환경 담당 부서를 만들어, 환경안보가 국가안보 문제의 일부임을 인정하고 어떤 상황에서 힘의 사용을 요구하는가에 관한 연구를 진행하고 있다.

44) 예컨대 미국은 1991년 환경안보를 자국의 안보전략에 포함시켰다. Matthew (2000), p.33.

45) Robert E. Bedeski, “Integration of Non-Traditional Security Issues: A Preliminary Application to South Korea”, in Lowi & Brown(2000), pp.6~7.

냉전기의 국제관계에서는 더욱 그러하다. 아시아·태평양 지역이 경우, 환경의 압력이 무력분쟁의 유일하거나 직접적인 원인이 아닐 수 있지만, 이 지역의 안보에 상당한 영향을 주기는 한다.46) 환경 문제는 앞에서도 지적한 것처럼 분쟁의 유일한 원인은 아니다. 그러나 환경 문제가 정치·경제·사회 요인과 강도 높게 상호 작용할 때 분쟁이 발생하곤 한다. 이런 분쟁은 환경 문제와 인구 압력이 증가 추세를 보이는 개도권에서 자주 발생한다. 환경 문제는 회피할 수 없다는 것만으로도 국가가 결코 소홀히 할 수 없는 위협이지만, 특히 개도권은 환경 문제에의 대응 능력 - 시장 기제, 법제 개혁, 기술 혁신 - 이 부족해서 환경 문제가 더욱 더 국가안보를 위협하게 된다.

그렇다고 해서 모든 환경 문제가 국가안보에 대하여 중요한 함의를 갖는 것은 아니다. 기후 변화 등이 초국가적인 의제임에는 틀림이 없지만, 모든 환경 문제가 국가안보 의제가 되는 것은 아니다. 국가안보 의제에의 포함 여부는 국가 또는 지역의 이해관계에 달려 있다. 예를 들어 장거리 월경성 대기 오염, 물분쟁, 유해 폐기물 교역은 국가나 지역의 안보와 밀접히 관련될 때에만 안보의제군에 진입할 수 있다.

지구환경의 특정 국면들은 국가의 이익 및 가치와 밀접한 관계가 있기 때문에 안보의 핵심 구성 요소가 될 수 있다. 따라서 환경 문제로 인한 간접적인 정치적 위협 - 환경난민, 자원분쟁 등 - 마저도 국가 안보에 대한 위협으로 인식되어야 한다. 이러한 요구를 수용하여 국가안보의 시각에서 환경 문제에 접근하되, 그 전제로 환경 문제에 내포된 함의를 선별적으로 파악해야 한다. 일부 환경 문제는 국가안

46) Dupont(1998), p.9.

보에 대한 위협 - 불안정, 분쟁 등 - 과 깊은 관계가 있으므로, 안보 의제로 대처해야 한다는 요구와 인식에 대응할 수 있어야 한다.

냉전의 종식과 함께 환경 문제에 대한 지식의 증가에 바탕을 두고 보다 더 종합적인 안보 개념의 정립이 추구되었다. 우리는 환경을 고려하지 않고서는, 국가의 것이든 인간의 것이든 안전을 보장할 수 없는 단계에 이미 와 있다. 안보에 대한 새로운 도전 요인들이 안보 개념의 수정과 확대를 요구하고 있는 것이다. 안보 관념은 국가안보 일변도에서 벗어나 '인간안보'(human security)에도 눈길을 돌리는 변화를 보여 준다. 1989년 매튜스(Mathews)는 미국의 정책결정자들에게 인간의 시각에서 안보를 파악할 필요를 제기했다. 매튜스는 인간안보의 연원은 국가안보가 아니기 때문에, 오히려 그것은 국가의 대외관계와 군사력보다는 일상생활의 여건이라는 시각에서 규정되어야 한다고 주장했다.[47] 사실 인간안보에 대한 관심은 인류 역사만큼이나 오래 되었다고 해야 맞지만, 그것은 전례 없는 환경 문제, 심화된 빈부 격차, 지구 전체에 대한 사회 · 경제 환경의 위협에 의하여 탈냉전기에 들어와서야 본격적으로 주목받았다.[48]

---

47) Jessica T. Mathews, "Power Shift: The Rise of Global Civil Society", *Foreign Affairs*, Vol.76, No.1, 1997, p.51.

48) Richard A. Matthew, "Environmental Change, Human Security, and Regional Governance: The Case of the Hindu Kush/Himalaya Region", *Global Environmental Politics*, Vol.12, Issue 3, August 2012, pp.100~101. 그러나 이런 광의의 인간안보 관념은 상충되는 문제들 - 환경 보전, 평화, 민주화, 인권, 사회 통합 - 을 포괄한 것이라는 비판을 피할 수 없다. Michael Renner, "Transforming Security", in *State of the World 1997*, New York: W. W. Norton, 1997, p.116 참조. Mathews의 인간안보 개념이 매우 넓은 의미의 것이지만, 'UN개발계획'(UNDP)은 이보다 더 광범위한 개념을 제시한다. UNDP에 의하면 경제안보, 식량안보, 건강안보, 환경안보, 개인안보, 공동체안보 등이 인간안보의 구성 요소여서 인구 증가, 경제적 기회의 불평등, 이민 압력, 환경 파괴, 마약 밀수, 국제 테러 등에 대처하는 것이 인간안보라고 한다. UNDP, "Redefining Security: The Human Dimension", *Human Development Report 1994*, Oxford:

우리는 환경 · 정치 · 군사 · 경제 · 사회 문제가 상호 연계되어 있다는 사실로부터, 환경 문제에 내포된 속성 중 하나가 '포괄성'이라는 것을 짐작할 수 있다.[49] 포괄성은, 환경 문제의 해결이 여타 문제의 해결과 밀접히 연결되어 있음을, 그리하여 '종합안보'(comprehensive security) 전략이 절실히 요구되고 있음을 암시한다.[50] 종합안보 전략을 수립하는 경우에도, 가장 우선적인 안보 의제는 인류의 생존에 결정적 영향을 미치는 정치 · 군사안보와 환경안보이다.

그런데 일각에서는 한 걸음 더 나아가 군사 분야에 대한 관심과 지원을 환경 분야로 돌릴 필요를 강력히 제기한다. 건강, 주택, 교육, 빈곤 퇴치, 환경의 지속 가능성에 자원을 투입하면 폭력분쟁의 잠재적 가능성을 감소시킬 수 있다. 그런데도 여전히 그 자원을 군사 부문이 적지 않게 소모한다. 바꾸어 말하자면 군사 제도와 개발에 투입되는 자원의 상당 부분을 전용하여 환경 문제 해결에 투입할 필요가 있는 것이다. 게다가 환경의 상호 의존성은 초국가적 협력을 요구한다. 국제협력은 다수의 비군사적 위협을 해결할 수 있는 유효한 수단이다. 환경 문제가 국제 협력의 확대에 기여한다면, 국제분쟁의 해결 과정에서 힘의 사용 가능성 감소와 국가안보에 기여할 수 있다.

국제관계의 변화는 안보에 대한 도전에 총체적으로 대응하도록, 즉 안보를 군사적 차원에 국한하는 것이 아니라 보다 다양한 차원에서 종합적으로 파악하도록 요구한다. 안보의 범주는, 수직적으로 국

Oxford University Press, 1994.

49) 포괄성은, 환경 문제가 여타 문제들 – 정치, 경제, 안보 등 – 과 그리고 인간 생활의 핵심적인 가치들 – 복지, 자유, 참여 등 – 과 다양하고 폭넓은 관계가 있다는 것을 의미한다. 환경 문제의 포괄성에 관해서는 정준금, 신연재, 최병철, 한상진, 『환경과 사회』, 대영문화사(1999), pp.33~34 참조.

50) Brock(1991), p.419.

가 차원에 고정될 것이 아니라 낮게는 개인 차원으로, 높게는 지구의 차원으로, 수평적으로는 군사안보에서 환경안보를 포함한 비군사안보로 확대되어야 한다. 안보를 다양한 차원에서 분석하면 국가 중심주의와 특정 지역 중심주의의 한계를 극복하는 효과를 거둘 수 있다. 탈냉전기의 국제관계는 인간, 국가, 세계에게 포괄적 안보 없이는 정의나 평화의 실현이 불가능하다는 주장에 무게를 실어준다.

4. 환경 문제와 지역안보, 공동안보

현재 세대의 지속 불가능한 행동 양식으로 말미암은 지구의 생존 위기와 미래 세대의 유산 상실은 환경 문제에 대한 관심을 북돋는다. 지구환경 문제는 인류의 생존에 대하여 거대한 위협의 그림자를 드리운다. 환경 문제가 인류의 생존을 위협하는 마당에, 국제사회는 이를 안보 차원에서 대처해야 할 필요를 더 이상 외면할 수 없게 되었다. 환경의식과 환경안보의 요구를 바탕으로 환경 문제는 탈냉전기 세계질서의 핵심 의제 중 하나가 되었다.[51] 그런데 대부분의 환경 문제는 특정 국가 단독의 노력으로는 해결이 불가능하기 때문에, 국제사회의 공동 노력이 필수적으로 요구된다는 점에서 환경안보가 '공동안보'(common security)이어야 할 근거를 찾을 수 있다.

공동안보 개념을 최초로 제시한 것은, 1982년 팔머위원회(Independent Commission on Disarmament and Security Issue: ICDSI)였다. 팔머위원

51) Kofi A. Anan, "We the Peoples: The Role of the United Nations in the 21st Century", *Environment*, Vol.42, No.8, October 2000, pp.21~24.

회는 기존의 핵억지 정책이 진정한 세계 평화와 안보를 가져다 줄 수 없다고 인식하여, 새로운 안보 체제로의 이행을 주장하면서 공동안보 개념을 제시했다. 공동안보 개념은 국가 간 정치, 경제, 문화, 군사의 상호 의존이 증가하고 경제 위기, 환경 문제, 핵전쟁의 위협이 새롭게 대두하는 세계질서의 변화 과정에서, 평화와 안보에 대한 국가들의 공동 이해와 협력을 요청하는 것이었다. 그것은 국가 간 상호 의존이 심화되고 국제협력의 필요성이 증가하는 변화를 맞이하여, 각국의 군사력에만 의존하는 배타적 안보 관념에서 벗어난 새로운 안보 관념의 필요성을 제기한 것이었다.[52)]

공동안보로서의 환경안보 개념은 안보 개념의 이 같은 진화로부터 영향 받았다. 공동안보론자들에 의하면 전통적 안보 정책은 불안정을 고양시키는 모순, 즉 군사력을 강화할수록 국가안보가 위협받는 '안보 딜레마'(security dilemma)를 내면화하고 있다. 그들은 이 모순을 극복하려면, 모든 국가의 안보가 필수적으로 고려되어야 한다는 시각에서 각국의 안보 정책을 규정해야 한다고 주장한다.

환경안보론은 생태계가 상호 의존하는 환경 영역에, 협력과 상호

---

52) 그러나 이 보고서에서 공동안보 개념이 구체화된 것은 아니었다. 그 개념의 구체적 정립은 1983년 SIPRI 회의에서 이루어졌다. 안보가 잠재적 적국의 작용과 반작용에도 의존하기 때문에, 장기적으로 어느 국가도 자신의 군사력에 대한 일방적 결정으로 안보를 성취할 수 없다는 인식에 공동안보의 단서가 있다. 따라서 안보는 '적에 대항해서'(against)가 아니라 '적과 함께'(together) 추구하는 '공동안보'이어야 한다는 것이다. 공동안보에 관해서는 Independent Commission on Disarmament and Security Issue, *Common Security: A Programme for Disarmament*, New York, 1982 ; R. Varynen, "The Concept of Common Security", *Bulletin of Peace Proposals*, Vol.17, No.3~4, 1986 ; Stanley Hoffmann, "Thoughts on the Concepts of Common Security", in SIPRI, Policies of Common Security, London: Taylor & Francis, 1985 ; 김면, "공동안보에 대한 연구: 팔머보고서를 중심으로," 서울대학교 대학원 외교학과 석사 학위논문, 1991. 2 참조.

성을 핵심으로 하는 공동안보 개념을 도입하여, 국가 차원에서만 안보를 확보할 수 있다는 사고를 벗어나 지구 차원에서 사고하도록 하는 변화를 촉진했다. 전통적으로 국가는 자신을 스스로 방어해야 하는 존재였다. 그러나 오늘의 세계에서는 어느 국가도 자신의 안전을 스스로의 결정만으로 확보하기는 어려워서, 안보에 관한 중요한 결정이 개별 국가 차원을 넘어서 이루어진다. 대부분의 환경 문제 또한 세계 차원에서 비로소 실효적으로 대처할 수 있기 때문에, 한 국가의 결정만으로 이 문제에 대처할 수 없기는 마찬가지이다.[53] 환경의 상호 의존성은 각 국가로 하여금 타국의 환경정책에 직·간접적 이해관계를 갖게 한다.

환경 문제에 관한 한 현재의 국제관계에서는 국제주의적인 시각이 강조되는 탓에, 주권과 불간섭에 기초한 전통적 국가안보 관념이 위협받는다. 장기적으로 환경의 상호 의존성은 각국의 국가이익에 심대한 영향을 미칠 수 있다. 아프리카와 아마존의 열대우림이 계속 파괴되어 이산화탄소 등 온실가스가 거대한 규모로 방출된다면 어떻게 될 것인가? 사하라 이남 지역이 사막화되고, 기후 변화의 영향으로 지구 도처에서 사막화가 촉진된다면 어떻게 될 것인가? 결국 대부분의 국가에 그 영향이 파급되어 공동안보 체제의 구축을 재촉할 것으로 여겨진다.

근대 국제관계는 영토와 주권 원리에 토대를 둔 것이다. 그러나 한 국가 이상이 공동으로 관리해야 하는 영역이 존재한다. 공해(high sea), 대기, 국제하천 등이 그것이다. 이것들은 한 행위주체의 소비가 여타 행위주체들의 소비를 감소시키지 않는, 즉 모두가 접근하여 공

53) Evan Luard, *The Globalization of Politics: The Changed Focus of Political Action in the Modern World*, London: Macmillan, 1990, pp.viii, ix.

유할 수 있는 재화라는 점에서 집단재(collective goods)이다. 환경이 집단재라면 환경 문제 또한 집단재의 시각에서 접근해야 한다. 집단재로서의 환경은 국제협력이 상호 이익임을 국제정치에 환기시키고, 각국의 안보와 번영을 결정하는 것은 자국의 일방적 행위라는 현실주의의 가정에 도전하여, 국가안보가 공동안보로 확대되어야 할 필요를 정당화한다.54)

환경 문제가 날이 갈수록 악화되고 있어서, 환경 문제가 국제분쟁의 촉진 요인으로 작용하는 경향도 속도를 내고 있다. 환경 문제의 초국가성에 비추어 보면 환경분쟁은 공동안보로서의 환경안보를 요구한다. 지역 차원의 환경 문제는 당연히 지역 차원의 해결책을 요구한다. 특히 대부분의 개도국은 환경 문제가 빈발함에도 사전 예방과 사후 해결 능력이 부족하기 때문에, 개도권에게는 환경 문제 해결을 위한 지역협력이 필수적이라고 할 수 있다. 지역 차원의 환경 문제는 특정 국가의 힘만으로는 해결이 불가능하기 때문에, 그리하여 어느 국가도 타국의 의도적이거나 우발적인 행위로부터 자신을 보호할 수 없기 때문에, 공동안보의 필요성이 부각된다. 국가가 지역 환경 문제에 단독으로 대처할 수 없다면, 지역안보를 어떻게 확보할 수 있는가?

이 문제의 해결 실마리는 '유럽연합'(EU)의 운영 원리인 '보완성

---

54) Rowlands(1992), pp.290~291. 어느 국가에도 속하지 않지만 환경 보전에 매우 중요한 지역이 있다는 것은, 공동안보의 중요한 근거이다. 예컨대 풍부한 자원을 부존하고 있으되 훼손에 취약한 남극 같은 지역은 훼손을 규제할 국제협력을 요구한다. 지표면 면적의 2/3를 차지하는 해양은 석유, 가스, 광물 자원 개발과 기계화된 어업으로 말미암아 심각하게 오염되고 있다. 개별 국가가 해양 오염 문제를 해결하기는 사실상 불가능해서, 국가의 관할권을 초월한 국제기구가 이 문제를 다루도록 요구되고 있다. Luard(1990), pp.76~78.

의 원칙'(subsidiarity principle)에서 찾아진다. 보완성의 원칙은, 어떠한 문제이든 적절한 차원에서 다루어져야 한다는 전제 위에서, EU와 회원국 그리고 지방이 권력과 일을 분담하는 것이다. 말하자면 EU는 구성국이나 지방이 대처할 수 없는 일에만 관여함으로써 국가와 지방의 역할을 보완한다는 것이다.[55] 어떤 지역의 환경 문제에 관한 최선의 지식과 경험은, 그리고 미래 세대의 생존을 보장하려는 욕구는 해당 지역 주민이 가장 크게 가지고 있다는 점에서, 보완성의 원칙을 적용하면 다층적 정치 활동 구조의 활성화를 통하여 환경안보에 지역안보와 지방안보를 포용할 수 있다.

기후 변화, 오존층 파괴 등 일부 문제를 제외하면, 환경 문제는 주로 개도권에서 발생하지만 그 부정적 영향은 세계적으로 확산된다. 지구 전체에 영향을 미치는 환경 문제가 개도권에서 집중적으로 발생하더라도, 대부분의 국가와 인간이 위험을 공유하게 된다. 이미 임계치를 넘어선 일부 환경 문제들－예컨대 사막화, 삼림 파괴, 산성비 등－은 지역 차원에서 적절히 대처할 수 있다. 반면 기후 변화, 오존층 파괴, 생물종의 다양성 감소 등의 문제는 지구 차원에서만 적절히 대처할 수 있다. 환경은 물론 환경 문제도 국경을 넘어 상호의존하고 있어서 지방, 국가, 세계의 전통적 구분은 더 이상 의미를 가질 수 없게 되었다. 국제하천의 오염은 유역국들에게, 대기 오염은 멀리 떨어진 국가에게까지 초국가적으로 영향을 미친다. 안보 범

55) 그러나 EU와 회원국의 이해관계가 항상 일치하는 것은 아니기 때문에, 비록 EU가 이를 '가능한 최저' 수준(lowest possible)으로 해석한다고 하여도, 적절한 대처 수준에 관하여 늘 합의가 도출되는 것은 아니다. 그리고 EU는 자신의 관할 범위 밖에 있는 정치 단위들에게는 역할을 부여할 수 없는 한계도 안고 있다. Graeger(1996), p.115 ; 이용희, 『미래의 세계정치』, 민음사, 1994, p.215 참조.

주가 환경안보, 공동안보로 확대되어야 할 당위를 여기서 발견할 수 있다.

탈냉전기의 세계질서에서는, 환경 문제야말로 전 지구적 차원에서 공동으로 대응해야 해결이 가능한 문제라는 인식이 고조되고 있다. 단적인 예로 기후 변화는, 한 국가의 무책임한 환경 이용이 다른 국가와 그 구성원들에게 심각한 손실을 초래하는 문제여서, 환경 문제의 공동안보 의제로의 전환을 촉구한다. IPCC의 보고서가 지적한 것처럼 지구안보에 대한 기후 변화의 위협이 가속화되고 있다면, 국가 중심적 세계질서가 유지되더라도 공동안보 관념이 고양되어야 한다.

기후 변화의 예에서 보듯이 초국가적 환경 문제는 모든 국가의 안보와 복지를 동시에 위협한다. 환경 문제는 지구 전체를 위기로 몰아넣을 수 있기 때문에, 지구 차원의 공동안보 필요성을 제기한다. 일본이 환경 문제를 인류 전체의 안보와 관련을 갖는 사활적 문제로 규정하고 지구환경 문제의 해결을 위한 국제협력을 외교정책의 우선과제 중 하나로 설정한 것[56] 그리고, 미국이 환경 문제를 비롯한 지구 차원의 문제 - 전염병 확산, 테러, 핵무기 밀수 등 - 에 대한 각국의 협력 유도를 외교정책의 핵심 과제 중 하나로 설정한 것도[57] 환경 문제가 국가안보 문제이자 공동안보 문제임을 인식한 결과이다.

---

56) https://www.mofa.go.jp/policy/environment/pdfs/jp_initiative_pamph.pdf (검색일: 2018. 8. 9)

57) https://www.state.gov/e/oes/index.htm(검색일: 2018. 8. 9)

5. 환경안보의 한계

1) 개념의 모호성과 다의성

환경 문제가 안보를 위협하고 안보의 주요 행위주체인 군사 부문의 역할에까지 영향을 미친다면, 그것은 당연히 안보 범주에 통합되어야 한다. 환경 문제를 안보 문제로 다루는 경향의 확산은 이러한 요구에 힘을 싣지만 적지 않은 위험도 동반한다.[58] 환경안보 개념의 자의적 사용으로 인한 개념의 정교성 결여는 우선적으로 풀어야 할 과제이다. 수많은 환경 문제가 환경안보 의제에 포함된 결과, 환경안보 개념이 다양한 규준(discipline)에 따라 다양한 방식으로 사용되어[59] 개념의 혼란이 가중되고 있다.

환경안보 개념은 이처럼 정교성과 구체성을 결여하고 있어서 가장 느슨한 형태의 안보 개념이라는 평가를 면치 못한다.[60] 환경과

---

58) 환경안보 개념을 비판적인 시각에서 다룬 것은 Daniel Deudney, "The Case Against Linking Environmental Degradation and National Security", *Millenium*, Vol.19, No.3, Winter 1990 ; Michael Mason & Mark Zeitoun, "Questioning Environmental Security", *Geographical Journal*, Vol.179, No.4, December 2013 ; Richard A. Matthew, "Environmental Security: Demystifying the Concept, Clarifying the Stakes", *Environmental Change and Security Project Report*, No.1, Spring 1995.

59) Deudney & Matthew(1999) ; Franklyn Griffiths, "Environment in the U.S. Security Debate: The Case of Missing Arctic Waters", *Environmental Change and Security Project Report*, Issue 3, The Woodrow Wilson Center, Spring 1997 ; Marc A. Levy, "Time for a Third Wave of Environment and Security Scholarship?" *The Environmental Change and Security Project Report, Washington*, DC: Woodrow Wilson International Center for Scholars, 1995.

60) 환경안보 개념의 다의성과 광의성을 비판한 것으로는 S. W. Lautensach & A. K. Lautensach, "Environmental Security : International, National, and Human", in P. G. Harris (ed.), *Routledge Handbook of Global Environmental Politics*, London: Routledge, 2014, pp.246~258. 다른 논자들은 환경안보 개념이 정교하지 못한 또 다른 이유가, 안보 개념을 지구환경 보전에 대한 지지 동원의 도구

안보의 연계로 말미암은 안보 개념의 광역화가 이런 혼란을 부채질하기 때문에, 자칫 지나친 광역화는 안보 개념을 무의미한 것으로 전락시킬 가능성마저 있다. 전통적 의미의 안보 문제를 초래하거나 번영에 대한 위협이기는 하되, 군사 조직으로 가장 잘 대처할 수 있는 위협만을 안보에 대한 위협으로 한정하자는 주장은,[61] 기존의 안보 규준을 만족시킬 경우에만 제한적으로 환경안보를 안보 범주에 편입시키자는 것과 같다.

환경안보의 개념은 이렇듯 광의나 협의로의 개념 규정이 모두 가능할 정도로 매우 가변적이다. 국가 중심주의적 시각에 의존하면 국가 안보와 이익에 중심을 둔 협의의 개념 - 국가의 핵심 가치, 즉 영토, 국민, 문화를 수호하는 것 - 이 가능하다. 반면, 인간 중심주의적 시각을 따르면 안보는 개인의 복지를 증진하는 것이라는 광의의 개념이 가능하고, 생태주의적 시각을 수용하면 안보는 환경을 수호하는 것이라는 포괄적 개념도 가능하다.[62] 이런 가변성이 반영된 탓에 환경안보 개념에는 양자 간의 연계는 물론, 이에 대한 도전이 모두 가능한 모순이 도사리고 있다. 안보 개념의 재정립에 비판적인 논자들도 환경 · 건강 · 경제의 연계에는 동의하지만 환경 · 사회 · 경제 문제를 안보 범주에 편입시키는 것에는 반대한다. 그들이 반대하는 이유는, 이 문제들이 기본적으로 군사적 위협과 성격을 달리 한다는 데 있다. 듀드니(Deudney)는 환경과 안보의 연계가 패러다임이나 세

로, 그리고 환경 문제에 대한 관심 집중의 수사학적 도구로 이용하는 것에 있다고 주장한다. Deudney(1990), pp.465~469 ; Levy(1995), p.44.

61) Keller(1996), p.11.

62) 국가 중심주의적 개념의 예로는 Homer-Dixon(1994). 인간 중심주의적 개념은 Myers(1993) 참조. 생태주의적 개념은 George Sessions (ed.), *Deep Ecology for the Twenty-First Century*, New York: Random House, 1995 참조.

계관의 전환보다는 개념의 혼란을 초래할 뿐만 아니라, 생명 · 재산 · 번영을 위협하는 모든 요인을 국가안보에 대한 위협으로 간주하면, 안보 개념의 재정립보다는 해체를 초래한다고 주장한다.[63)]

환경안보 개념에 내재된 가변성과 다양성을 근거로 환경이 안보의 필수적 구성 요소라는 주장에 반대하는 논자들도 있다. 이들은 환경 문제가 분쟁의 한 원인임을 인정하면서도, 이 문제와 안보에 대한 주요 위협 간의 특수한 관계를 식별해 줄 방법론의 부재를 이유로 환경안보 개념의 타당성을 평가 절하한다. 탈냉전기의 국제관계에서 정치 · 군사 요인의 중요성이 상대적으로 감소했다고 하더라도, 아시아 · 태평양 지역의 사례를 보면 역내 국가들이 환경분쟁의 가능성보다는 전통적 영토분쟁과 세력균형을 더 중시하는 경향은, 환경안보 개념에 대한 회의론에 무게를 실어준다.

많은 지역에서 새롭고 다양한 안보 문제들이 점차 더 관심의 대상이 되고 있기는 하나, 이것이 안보에 대한 위협으로 인식된 결과가 아니라는 주장에도 유의할 필요가 있다. 개도권이나 구소련과 동구 공산권 국가들의 경우를 보면 환경 문제, 자원 부족, 인구 증가 등의 문제를 경제 성장과 정치 안정에 대한 심각한 도전으로 인식하되, 안보에 대한 위협으로는 거의 인식하지 않았다. 북아메리카와 유럽을 제외한 지역에서는 안보 개념의 재정립 시도가 부진한 현실도 주목해야 한다. 더구나 환경안보를 확립할 목적으로 국가가 환경 문제 해결에 적극적으로 개입하더라도 제도와 인간의 능력 개발, 정치와 제도의 개혁이 부족한 상태에서 맹목적으로 개입하는 것은 오히려 안보에 대한 위협이 될 수도 있다. 환경안보 개념에는 아직도 현실

63) Deudney(1990), p.465.

적으로나 방법론적으로 보완되어야 할 부분이 상당히 남아있다는 것을 이러한 비판으로부터 유추할 수 있다.

2) 방법론의 취약성

환경 문제는 다양한 방식으로 사회 체제에 영향을 미치는 포괄적이고 복합적인 문제이다. 정책 대안이 매우 제한된 지역에서는 환경 문제가 분쟁에 영향을 미칠 수 있지만, 다른 지역에서는 기술 혁신 자극, 국제협력 촉진, 행동 변화를 초래할 수도 있다. 환경 문제가 국가 내부에서 그리고 국가 간 관계에서 불안정을 야기하는 변수 중 하나임은 분명하지만, 어느 상황에서 어느 기제에 따라 결정적 역할을 하는지가 불분명한 것이 문제이다. 인간의 활동이 환경에 미치는 영향과 이것이 인류와 자연에 대하여 가지는 함의의 평가는 사회적 가치 체계의 영향을 받기 마련이다. 시공을 막론하고 인간사회의 제반 가치 중에서 일부는 보편적인 것이고 여타는 특수한 것이다. 정치·사회 차원에서 환경 문제를 평가하고 환경 문제와 안보 간의 관계를 분석하는 데도 이 점이 중요하다.

안보는 공동의 목적을 달성하기 위하여 인간과 자원을 동원하고 다른 가치들을 조정하는 통합적 가치로 인식되어 왔다. 가치의 경쟁성과 안보의 통합성을 동시에 고려해야 한다면, 안보와 환경 문제 사이의 관계에 관한 분석은 매우 복잡한 과제이다. 환경론자들이 환경 문제에 대한 관심과 자원을 확보하기 위하여 안보와 환경 간의 연계를 시도한 반면, 안보론자들은 예산 확보 및 안보에 대한 새로운 위협의 부각을 위하여 양자의 연계를 모색한다.

환경안보 개념에 내포된 가장 근본적인 문제는 안보의 모든 측면을 포괄하려는 경향이다. 환경안보론자들이 주장하듯이 전쟁의 부정적 영향, 평화 시기의 군사 작전, 산업 활동과 기술의 영향, 지속가능한 개발 전략이 포괄된다면 정책 도구로서의 그리고 개념틀로서의 환경안보 개념의 가치는 희석이 불가피하다. 환경안보가 광범위하게 규정된다면, 모든 목표를 달성하기 위한 모든 운동을 지칭하는 것이 되어 버린 '지속 가능한 개발'(sustainable development)과 마찬가지의 운명을 겪을 수밖에 없다.

지속 가능한 개발의 골격이 다수의 원칙들로 구성된 결과, 개념의 다의성이 유발되는가 하면 대안 개발 전략으로서의 적실성에 차질이 생긴 것과 마찬가지로, 새로운 국가안보 의제로서 우선순위를 다투는 문제는 한 둘이 아니다. 국가이익과 관련 있는 문제가 모두 국가안보 문제라고 규정한다면, 환경안보 개념은 지속 가능한 개발 개념이 겪었던 혼란의 전철을 다시 밟게 된다. 모든 문제의 해결에 국력을 사용하려 든다면, 국가안보로 수호하려는 가치와 제도를 파괴할 수 있다는 점에도 주목해야 한다.

환경안보론은 이렇게 개념과 방법론의 면에서 결함을 내포하고 있는 관계로, 개념의 분석적 가치에 대한 회의를 극복해야 안보의 한 범주로 확립될 수 있다. 환경과 안보의 연계는 국내·외 정치 차원에서 그 긴요성이 인정될 뿐만 아니라, 환경 문제의 해결과 안보의 증진에도 기여할 수 있다. 비군사 문제를 중시하는 '신안보론'은, 그런 점에서 탈냉전의 유산인 개념의 공백을 메우려는 시도로서 중요하기는 하다. 이들 간의 상호 연계성을 고려하면 정치·군사·경제·환경·사회 문제야말로 '포괄적 안보' 개념에 통합해야 할 필요도 있다. 그러나 가장 우선적인 안보 의제는 정치 · 군사 안보와 인류의 생존이 걸린 환경안보이어야 할 뿐더러, 군사 분야에 대한 관심과 지원마저 환경 분야로 옮겨져야 한다는 주장은 반론에 부딪힌다. 인간사회의 각 분야는 상호 연계되어 있어서 특정 분야만을 고립적으로 다룰 수는 없다. 환경 문제의 해결이 사회 · 경제 문제의 해결과 밀접히 연결되는 것은 이런 이유 때문이다.

게다가 환경 문제가 각국의 안보 의제에서 높은 우선순위를 부여받지 못하는 것이 현실이고 보면, 환경 문제 해결에 우선권을 부여하는 것은 당위의 차원에서나 가능한 일이다. 실제로 개도국들은 생존을 위하여 자원 기반을 고갈시키고 있지만, 자원 보전은 단기적인 면에서 이들의 생존 기반을 더욱 파괴한다. 환경안보를 국가안보의 범주에 포용하려는 안보 개념의 재정립 작업은, 이런 사정을 반영하여 우선 목적과 범위를 명백히 할 필요가 있다. 그러나 안보 개념의 재정립이 널리 수용되고 있음에도, 환경안보와 관련하여 독자적이되 보편적으로 인정되는 새로운 방법론을 찾기 어렵다는 것이 문제이다. 환경안보론자들이 환경과 안보의 연계를 시도하면서도 수사만 남발할 뿐 객관적 연계 기제를 제시하지 못한다는 비판은, 환경안보론의 방법론적 취약성을 폭로하는 것이다.[64)]

비군사적이고 비전통적인 시각은 안보에 대한 새로운 위협을 독특한 현상으로 파악하되, 복잡한 인과 관계를 경시한다. 비군사적 안보 문제가 국내 · 국제 분쟁에 영향을 미치는 방식은 보다 엄정한 경험적 · 개념적 분석을 요구하는 문제임에도 환경 문제, 테러, 조직

---

64) Karen Dokken & Nina Graeger, "The Concept of Environmental Security: Political Slogan or Analytical Tool?" *Report 2*, International Peace Research Institute, Oslo, 1995.

범죄, 이민, 자원 부족과 분쟁 간의 인과 관계 분석이 엄밀성을 결여한다.[65] 환경 문제가 국가안보에 대한 위협이 되기 위해서는 사활적 국가이익과의 연계 기제가 입증되어야 한다. 예를 들어 오존층 파괴가 인간의 생명 및 건강과 연계되는 환경 문제라고 하더라도, 국가이익이 영향 받는 구체적 정도에 따라 적절한 해결책 – CFCs 생산 규제 등 – 의 수준과 형태가 결정되어야 한다.

국제관계의 변화에 따라 환경안보가 안보의 한 범주가 되었다면, 환경과 안보의 연계는 정치적인 면에서 긍정적 효과가 있다고 인정해야 한다. 그러나 환경 문제의 '안보 의제화'(securitization) 경향에 대해서는 경계를 소홀히 해서는 안 된다. 환경 문제가 국가이익에 미치는 영향, 국가안보에 대한 위협, 구체적 규제 조치 간의 정교한 기제를 유기적으로 설명할 수 있어야 비로소 환경안보는 안보 범주에 편입될 수 있다. 설령 이런 기제를 체계적으로 설명할 수 있다손 치더라도, 환경 문제가 국가안보에 직접적인 물리적 위협이 되기 위해서는 국민의 생명과 복지, 환경의 건강, 농업 생산성 등에 상당한 타격을 입히거나 중요한 국가 가치에 심각한 손상을 직접 초래해야 한다. 예를 들면 오존층 파괴는 미국인 수만 명의 사망이나 시력 상실의 직접적 원인으로 작용해야 미국의 안보에 대한 위협이 될 수 있고, 그리하여 중요한 군사적 위협에 대응하는 정도의 노력을 기울일 수 있는 것이다.

환경안보론이 이러한 설명을 할 수 있다면, 환경안보는 전통적 안보 관념의 그물을 통과하여 안보 범주의 중요한 일부로 자리 잡을 수 있다. 기후 변화 문제의 해결을 위한 국제협상 과정과 비교하여

65) Mason & Zeitoun(2013).

보면, 오존층 파괴 물질 규제의 역사는 성공의 역사라고 해도 과언이 아니다.[66] 그러나 오존층 파괴 문제를 안보 문제보다는 세속적인 문제 – 대중의 건강, 유해 화학물질 문제 – 로 취급한 것이야말로, 이 문제에 대한 정치적 대응이 효율적일 수 있었던 이유라고 주장하는 레비의 분석은,[67] 환경 문제를 안보에 대한 위협보다는 공중 건강에 대한 위협으로 인식해야 할 필요를 제기한다.

기후 변화 문제는 그 잠재적 영향의 심각성에 비추어 보면 안보에 대한 위협 요소로 인정하기에 충분하다. 그런데 기후 변화의 심각성과 대응책의 타당성 평가는 그 영향의 범위가 매우 광범위하기 때문에, 오존층 문제의 그것보다 훨씬 더 어렵다는 것이 중론이다. 기후 변화는 다양한 문제 – 해수면 상승, 경작지와 습지 상실, 농업 생산성 하락, 생물종의 다양성 감소 등 – 에 영향을 미침으로써 국가 및 국제 안보에 대한 위협 요인으로 작용한다.[68] 그렇다면 국가안보에 대한 부정적 영향은 차치하더라도 인간의 건강에 대하여 위협 요인이 된다는 것만으로도, 기후 변화에 대한 대응 조치를 정당화할 수

---

66) 기후 변화의 경우, '교토 체제'의 뒤를 잇는 '포스트 교토 체제'의 구축은, 각국의 이해관계의 상충 때문에 합의를 도출하는 데 상당히 오랜 시간이 필요했다. 반면 오존층 파괴 문제와 관련하여, CFCs의 생산과 사용을 50% 감축하기로 규정한 1987년의 '몬트리올의정서'에는 일부 국가 – 중국, 인도 등 – 를 제외한 주요 배출국들이 서명했다. 1990년 이후, 5차례에 걸쳐 규제의 강도를 높인 수정의정서를 채택했다. 중국과 인도 등 기타 개도국들도 수정의정서를 지지했다. 오존층 파괴 문제에 관해서는 Richard E. Benedick, *Ozone Diplomacy: New Directions in Safeguarding the Planet*, Cambridge, MA: Harvard University Press, 1991 ; Edward A. Parson, "Protecting the Ozone Layer", in Peter M. Haas, Robert O. Keohane, and Marc A. Levy (eds.), *Institutions for the Earth: Sources of Effective International Environmental Protection*, Cambridge, MA: MIT Press, 1993.

67) Levy(1995), p.47.

68) Joshua S. Goldstein, "Climate Change as a Global Security Issue", *Journal of Global Security Studies*, Vol.1, Issue 1, February 2016, pp.95~96.

있기는 하다.

그러나 환경 문제의 '안보 의제화'에 대한 반론이 그렇다고 하더라도, 국민의 사기와 질이 국력의 주요 구성 요소라면,69) 국민 다수의 건강을 위협하는 문제를 국가안보 문제로 간주하고 국가안보 차원에서 대처할 필요는 없는가? 환경안보론자들은 환경 문제 등 비군사적 위협을 포괄한 환경안보는, 안보 관념의 탈군사화를 대변할 뿐만 아니라 보다 광범위한 안보 개념으로 정당한 정책 선택 여지를 확대한다고 주장한다. 전통적 안보론자들도 대부분 환경과 안보의 연계 사유를 긍정하기는 한다.

그러면서도 그들은 환경안보와 군사안보 – 전통적 국가안보 – 의 속성이 다르다고 지적한다. 그들은 환경안보와 국가안보는 상이한 세계관에 바탕을 둔 별개의 안보 범주라고 주장한다. 지구 차원에서 보면 환경안보는 보편적 가치 체계이지만, 국가 차원에서 보면 환경안보는 전통적 안보의 부록에 불과하다. 그런데도 환경안보 개념을 고집하면, 환경과 안보의 연계는 '환경 문제의 안보 의제화'라는 예기치 못한 난관에 부딪히게 된다. 환경과 안보의 동일화는, 그리고 이로 인한 환경안보의 군사주의화 경향은 환경 문제 해결에 가용한 수단의 범위를 제한한다.

전통적 안보론자들은 흔히 국가에 대한 위협을 민족주의나 이데올로기의 시각에서 파악하고, 타자에의 대항과 타자의 시각에서 안보를 개념화하는 경향이 있다.70) 국가가 능력에 따라 환경 문제에 대응하거나 회피하는 것이 현실이라면, 환경 문제와 안보 문제의 동

---

69) Hans J. Morgenthau, *Politics Among Nations*, New York: Alfred A. Knopf, 1973, pp.135~140.

70) Waever(1993), pp.13~14.

일화는 오히려 국가 중심적 안보 관념을 강화하는 부작용을 초래할 수 있다. 환경 문제가 안보 의제에 편입되더라도, 정책 선택의 범위는 증가하는 것이 아니라 감소할 수도 있다. 환경 문제의 안보 문제와의 동일화는 환경에 대한 위협이 긴박해서 중심 정치 수준에서 긴급한 대응이 필요할 경우, 환경 문제에 대처하는 방식을 지정한다. 따라서 정책결정자들이 환경안보에 헌신하도록 하기 위해서는, 국가 차원에서 환경 문제가 중심 정치 영역에 진입해야 한다.

전통적 안보론자들은 환경과 안보의 연계 필요에는 동의할 수 있으나, 개념의 모호성과 방법론의 취약성이 문제라고 주장한다. 그래거(Graeger)는 이 점과 관련하여 환경안보에 관한 다차원적 접근법(multi-level approach)을 대안으로 제시한다. 즉, 지구 · 지역 · 국가 · 지방의 정책 결정 차원을 '보완성의 원칙'에 따라 환경 문제와 결부시키는 것이, 기왕의 안보 관념과 정책을 지배해 온 국가 중심적 접근법보다 더 역동적인 행동 준거를 제공할 것이라고 주장한다.[71] 호머 딕슨(Homer-Dixon)은, 환경안보 개념의 방법론적 한계는 환경과 안보 대신 환경과 분쟁 간의 관계를 분석함으로써 극복할 수 있다고 주장한다. 그는, 이 접근법을 이용하면 사례연구 자료가 풍부해지고, 환경안보 개념이 보다 더 경험적인 것이 되어 현실정치에의 적용 가능성이 더 커진다고 역설한다. 즉, 환경안보는 '환경 불안전'(environmental insecurity) – 환경 문제가 폭력분쟁으로 전환될 가능성이 있는 상황 – 의 시각에서 규정되는 것이 최선이라는 것이다.[72]

환경 문제가 내전, 지역분쟁, 대규모 난민을 유발하는 주요 원천

71) Graeger(1996), p.109.
72) Homer-Dixon(1994).

이라면, 그것은 관계국의 안보 이익에 대한 간접적·잠재적 위협 요인이다. 환경 문제는 정치 변동을 초래하고 국가의 가치를 파괴한다는 점에서 안보 문제이다. 미국 CIA는 이미 1970년대에, 비정상적인 기후가 계속되면 다수 국가의 정치가 불안정해져 미국의 국가이익에 위협이 될 것이라고 판단했다. 필리핀의 무토지 농민이 게릴라를 지지하고, 방글라데시의 인구 증가로 말미암아 환경이 파괴된 결과, 인도의 아샘(Assam)과 서뱅갈(West Bengal) 지역으로의 대량 이민이 발생하여 고수준의 정치분쟁을 촉발한 사례에서 드러나듯이, 환경 문제는 개도권에서 발생한 폭력분쟁의 주요 요인이 된 듯하다. 그러나 환경 문제가 분쟁의 가장 직접적이고 중요한 요인이라고 주장하는 것은 무리에 가깝다. 종족분쟁을 비교 분석한 한 논자는, 그 가장 중요한 요인은 환경 문제가 아니라 국가권력 장악 투쟁이라고 결론을 내리면서, 환경 문제와 인구 증가가 분쟁의 부분적 원인이기는 하여도 그 중요성이 점차 감소하고 있다고 주장한다.[73)]

일부 논자들은 자연자원에 대한 경쟁적 요구가 분쟁의 유일하고 가장 중요한 원인이라고 주장한다.[74)] 그러나 특정 자원에 대한 요구가 전쟁의 실질적 요인이라기보다는 국가의 호전적 행위를 합리화하는 도구로 이용된 사례들은, 환경안보론자들의 주장을 전폭적으로 지지할 수 없게 만든다. 토지에 대한 정당한 요구로 침공을 합리

---

73) Ted R. Gurr, "Peoples Against States: Ethnopolitical Conflict and the Changing World System", *International Studies Quarterly*, Vol.38, No.3, September 1994, pp.347~378.

74) Marcel Leroy, "Human Population as a Factor in Strategic Policy and Action", in Arthur H. Westing (ed.), *Global Resources and International Conflict*, Oxford: Oxford University Press, 1986 ; Robert C. North, "Integrating the Perspectives: From Population to Conflict and War", in Nazli Choucri (ed.), *Multidisciplinary Perspectives on Population and Conflict*, Syracuse, NY: Syracuse University Press, 1984.

화하고, 자원 부족을 이유로 정치적 야망을 합리화한 히틀러의 이른바 '생존권'(Lebensraum) 요구가 대표적 예이다.

사회 간 갈등이 분쟁으로 전환되는 과정에서 중요한 역할을 하는 것은, 자연자원의 부족이 아니라 '분배 정의'의 결여라는 주장에도 설득력이 있다. 환경의 상호 의존성에도 불구하고 각국의 경제력에는 차이가 있기 때문에 환경 문제에의 대응 능력도 국가별로 차이가 있을 수밖에 없다. 경제력과 대응 능력의 불균형이 자원 부족보다도 환경분쟁의 원인으로서 더 중요하다는 평가도,[75] 자연자원 획득 경쟁과 분쟁의 원인을 동일시하는 주장이 어느 면에서는 역사적 경험에 상충되는 것임을 보여준다.

국제관계의 변화와 함께 국가에 대한 비군사적 위협이 증가한다고 해서, 이것에 비례하여 군사적 위협의 중요성이 자동적으로 감소하는 것은 아니다. 오히려 환경 문제는 분쟁의 새로운 원천이 되어 폭력분쟁을 가중시키는 요인으로 작용할 수도 있다. 군사적 위협은 환경 문제를 가중시키고 환경 문제는 군사적 위협을 초래하는 악순환이 거듭될 수 있다. 듀드니(Deudney)는 철저히 현실주의적인 시각에서 환경안보 개념에 근본적인 의문을 제기한다. 그는 전통적 국가안보의 핵심 문제인 폭력분쟁과 환경 문제는 원인과 해법 면에서 공통성이 거의 없기 때문에, 환경 문제를 국가안보에 대한 위협으로 간주하는 것은 오류를 범하는 것에 지나지 않는다고 주장한다.[76]

그렇다고 환경 문제가 세계 도처에서 심각한 문제를 야기하지 않는다거나 문제의 해결을 포기해야 한다고 주장할 수는 없다. 기후변화, 오존층 고갈은 각국의 국가이익에 직접적으로 물리적 손상을

75) Brock(1991), p.410.
76) Deudney(1990), pp.461, 474.

가할 수 있는 문제라는 평가를 수용할 경우, 환경 문제는 안보에 대하여 무시할 수 없는 위협을 내재하고 있다고 해야 맞다. 대부분의 논자들은 두 환경 문제와 안보 간의 연계를 수긍하고, 다른 일부 환경 문제들도 개도권의 지역·국내 분쟁에 대하여 간접적 안보 함의를 가진다는 것을 인정한다.[77] 다만 문제는, 환경 문제가 분쟁의 한 요소이자 과정임에는 틀림없지만, 오로지 환경 문제에 초점을 맞추다 보면 폭력분쟁 문제의 해결을 오도할 수 있다는 것이다.

과거에는 환경 문제가 분쟁의 가장 중요한 변수가 아니었다고 하더라도, 환경 문제의 심각성이 나날이 커지는 동향을 결코 무시할 수 없는 한, 미래에는 양상이 다르게 전개될 것이라고 추론할 수는 있다. 장기적으로 환경 문제는 정치 · 경제의 불안정과 폭력분쟁을 빈번히 유발할 것이라고 예견할 수도 있다. 그렇다면 환경 문제가 분쟁의 유일하고 근본적 원인은 아니라고 하더라도, 그리고 환경 문제와 안보를 연계하는 방법론의 미숙성이 문제라고 하더라도, 환경 문제가 분쟁과 불안정에서 담당하는 일정한 역할을 무시하는 주장에도 한계가 있다.

3) 국가안보의 존속과 공동안보의 한계

탈냉전 질서는 국가안보의 종말을 가져왔다고 주장하는 논자들이 있다. 본래 환경 영역에서는 국제사회 구성원들의 운명이 상호 교직되고 있는 마당에, 세계화 · 정보화로 인하여 국가 간의 상호 의존성이 더욱 증대되고 있어서, 각국의 이해관계에만 기반을 둔 안보 정

77) 예컨대 Levy(1995), p.61.

책은 실효성을 확보하는 데 한계가 있다. 국제관계의 이러한 변화는 국가가 국제 차원에서 단독으로 해결할 수 있는 문제의 존속 여지를 크게 축소시켰다. 이에 따라 국가주권이 과거에 가졌던 의미와 실효성이 상당 부분 상실되어, 탈냉전 시대의 국제관계는 환경 변수와 전통적 안보 범주의 연계를 자연스럽게 요구한다.

환경 문제의 원인과 영향 그리고 그 해결 수단의 초국가성이 국가 중심적 사고의 초월을 요구하면서, 일부 국가들이 참여하는 집단안보와 대다수 국가가 참여하는 지구안보로서의 공동안보의 중요성이 과거보다 훨씬 더 크게 부각되고 있다. 그러나 중무장 대립으로 인한 불안정이 존속하는 세계에서 국민의 생존을 보장하려면, 국가의 자유와 정체성 그리고 기능의 유지를 소홀히 할 수 없기 때문에, 국가는 여전히 인간들에게 가장 특수한 의미를 가지는 행위주체이다. 국가는 이처럼 자기 안보를 우선적으로 추구해야 하는 존재여서 '공동안보'를 추진하는 데 일정한 제약이 있다.

국가 간 협상을 통하여 지구환경 문제를 해결하려는 노력은, 국가의 역할을 압도적으로 중시하는 '현실주의'의 시각에 근거를 두고 있다. 현실주의에 따르면, 국가안보의 목표는 영토를 수호하고 국민이 선호하는 형태의 정부를 유지하는 것이다. 현실주의의 기조가 그렇다면 그것이 환경 문제의 초국가성을 경시하는 것은 당연한 귀결이지만, 이런 시각이 환경과 전통적 안보 개념을 결합하는 데 장애요인으로 작용한다.[78)]

환경 문제의 초국가성은 공동안보를 요구하지만, 이런 요구는 국가 중심적 안보 관념과 부정합 관계를 이룬다. 국가주권에만 의존해

---

78) Graeger(1996), p.112.

서는 환경 문제를 충분히 해결할 수 없기 때문에, 환경안보는 국가안보 위주의 관념과 제도에서 벗어나 공동안보를 지향하지 않을 수 없다. '주권'의 '통합'이나 '공유'가 이를 위해서 필수적으로 요구되지만, 현실적으로는 그것이 불가능하다는 점은, 공동안보로서의 환경안보의 한계를 노출한다. 공해, 남극, 외계, 오존층, 대기는 인류의 '공동 자산'(commons)이라는 점에서 '집단재'로 간주해도 이상할 것이 없다.

그러나 국제관계에는 국가 간 협력은 물론 경쟁도 상존하기 때문에, 집단재이론이 현실주의이론을 쉽사리 대치하기는 어렵다. 바꾸어 말하자면 집단재의 획득은 여타국의 협력 행위에 의존하지만 상호 불신이나 무대가성 때문에 협력을 거부할 수 있다. 그리하여 국가는 집단재 추구를 포기하거나 단독으로 추구할 수도 있으며, 또한 무임승차를 시도하는 국가가 존재하기 때문에 타국과 협력하더라도 이익이 돌아온다는 보장은 없다.[79] 그리하여 집단재이론이 부분적 타당성만을 가진다면 공동안보의 앞길은 험난하다고 보아야 한다.

초국가적 환경 문제는 그 해결책으로 공동안보를 요구한다. 그렇다고 해서 공동의 조치를 기다리는 것은 대가를 더 키울 수도 있어서, 반드시 합리적인 것만은 아니다. 동일한 환경 문제로부터 영향을 받더라도, 한 지역의 환경 보전 조치가 반드시 다른 지역의 그것에 의존할 필요는 없다는 데서 우리는 공동안보의 또 다른 장애를 만난다. 우리는 환경 문제의 안보 의제화에 대한 가장 강력한 반론의 근거를 국가와 안보 간의 밀접한 관계에서 찾을 수 있다. 근대 국제관계는 국가주권을 정치적으로나 법적으로 존중하는 토대 위에

79) Rowlands(1992), pp.291~292.

서 구축되었고, 이것이 오랫동안 국가들의 행동을 제약했다. 환경에 관한 한 국제적 상호 의존의 정도는 매우 커서, 지구 '공동 자산'을 독점하거나 파괴하려는 어떤 국가의 결정은 다른 국가에도 영향을 미치곤 한다. 환경안보는 이렇게 지역이나 지구 차원의 속성을 보유하게 되므로 재산권을 국민국가에 돌린 전통적 해법은 환경안보에 적용되기 어렵다.

강제적 제재력을 갖춘 국제법이 존재하지 않는 상태에서, 국가가 외부에서 발생한 환경 문제의 부정적 영향으로부터 단독으로 자신을 보호한다는 것은 사실상 불가능하다. 기존의 국제환경조약은 주권에 기반을 둔 국가 간 타협의 산물이라서 강제적 제재력을 결여하기는 여타 국제조약과 다를 바 없다. 환경조약이든 비환경조약이든 강제 조치에 취약성을 내포하기는 마찬가지여서 기존의 조약들은 주로 국가들의 자발적 이행에 의존하는 형편이다. 따라서 국가가 환경 문제 해결을 목적으로 한 공동안보에 자발적으로 참여하지 않을 경우, 그것을 강제할 방법이 없다는 데 공동안보론의 함정이 도사리고 있다.80)

국가가 국제관계의 중심적 행위주체인 한, 환경을 파괴 행위로부터 보호할 목적으로 대중의 민족주의 정서에 호소하는 것은 한편으로 당연한 일이지만, 다른 한편으로는 환경 문제가 요구하는 국제주

---

80) 환경 보전에 국가의 참여를 유도할 수 있는 가장 중요한 요인은, 국제조약보다는 특정 환경 문제에 대한 해당 국가의 취약성이다. 예를 들어 네델란드와 맬다이브는 기후 변화 협상에 적극적으로 참여할 강력한 유인을 스스로 갖추고 있다. 이들에게 기후 변화로 인한 해수면 상승은 국가 생존에 치명적인 위협이 되기 때문이다. 게다가 국제환경조약의 협상과 발효에 긴 시간이 소요되기 때문에, 행동의 실질적 변화를 가져오는 데도 상당한 시간이 걸리고, 이 동안 조약으로 해결할 수 없는 심각한 환경 문제가 발생할 수도 있다. Mathews(1989), p.176.

의적 정서의 확대와 상충된다. 역으로 환경주의자들의 공동안보 관념은 민족주의에 뿌리를 둔 국가안보 관념과 상충된다. 현실주의자들은 환경 문제가 국가안보에 대한 위협이 아니라, 차라리 국제주의적 환경주의가 국가안보 심리와 제도에 대한 위협이라고 파악한다. 현실주의의 시각에서 보면 공동안보의 요구는 민족주의에 대한 비현실적 도전으로 여겨질 수 있다. 국가안보 관념이 민족주의에 깊이 뿌리내린 세계에서 안보 관념의 혁명적 변화가 급격히 실현되기는 어렵다. 전통적 안보 관념이 자원 분배와 우선순위 결정 과정에서 여전히 강력한 영향력을 발휘하듯이, 현실주의가 국가와 지역의 안보의제 설정에 가장 중요한 역할을 담당하고 있기 때문이다.

미국과 유럽은 탈냉전 이후 '새로운 안보 위협' 개념을 수용하여 안보 정책과 제도에 부분적 변경을 가했다. 미국의 경우 국무성에는 환경 담당 부차관보를, 국방부에는 환경안보 담당 부차관보를 신설한 적이 있다. 그러나 이런 변경이 실질적인 것이라기보다는 수사적이고 선언적인 것이라는 해석은[81] '새로운 안보 위협'이 전통적 국가안보 관념에 대하여 부차적이거나 주변적인 위치를 차지한다는 의미를 지닌다. 탈냉전 시대 미국의 주요 안보 관심사가 테러와의 전쟁, 대량살상무기의 확산 방지, 중국의 굴기 억지라는 것도 이러한 해석의 타당성을 뒷받침한다. 미국, 유럽, 카나다에서 조차도 탈냉전 초기의 낙관론이 퇴조하면서 안보 개념의 확대 시도가 퇴조한 반면, '합리적 현실주의'(enlightened realism)가 안보 패러다임을 지배하고 있는 동향은, 국가안보가 환경안보는 물론 공동안보에 대해서도 여러 국면에서 상대적 우위를 유지하고 있음을 암시한다.

81) Goldstein(2016), p.95.

제3세계가 환경 문제 해결에 자원을 우선적으로 투입하는 대신, 군사화와 군사비 증대에 더 힘을 쏟고 있는 현실도, 국가안보의 주축을 이루는 군사안보 관념이 퇴조하기는커녕 오히려 여러 지역에서 강화되고 있음을, 그리하여 국가들이 환경안보와 함께 공동안보에 대해서도 그만큼 소극적임을 입증한다. 중동 지역에서는 아랍과 이스라엘 간의 분쟁이 악화되고, 인도와 파키스탄의 중무장 대치는 핵무기와 장거리 미사일 배치로 더 심화되고 있으며, 아시아에서는 중국, 일본, 인도가 경쟁적으로 군사력을 증강하고 있다.[82] 이런 사태는 여전히 현실주의가 안보 관념을 지배함에 따라, 국가안보가 공동안보보다 안보 의제에서 보다 더 확고한 위치를 차지하고 있다는 것을 예증한다.

군사·국가 안보 관념이 지배적이지 않은 지역에서도 전통적 안보 문제가 여전히 압도적 위치를 차지한다. 중남미의 경우 국제분쟁은 감소했지만 분쟁으로부터의 정치 체제 수호가 주요 관심사인바,[83] 개도국 대부분의 현실도 이와 크게 다르지 않다. 자원 부족과 환경 문제로부터의 위협은 대부분 지역에서는 안보에 대한 새로운 위협이지만, 남서 태평양 지역의 '군소 도서 개도국'들에게는 새로운 위협이 아니라 전통적 위협일 뿐이다.[84] 중동에서는 물 부족, 테러, 환경난민 문제가 가장 중요한 문제의 일부이기는 하지만 새로운 안보 문제는 아니다.[85]

미국은 이미 환경안보를 국가안보와 외교정책의 주요 의제로 편

82) Akenaya Tatsuo, "Japan", in Stares(1998), pp.203~221 ; Julaporn, "The Asian Region", in Stares(1998), pp.248~271.
83) Monica Serrano, "Latin America", in Stares(1998), pp.152~176.
84) Jim Rolfe, "Southwest Pacific", in Stares(1998), pp.291~320.
85) Shehadi, "Middle East", in Stares(1998), pp.134~151.

입시켰다. 그러나 환경안보 논의가 활발한 미국에서조차도 환경안보론자들은 관료 사회의 저항과 회의의 벽을 쉽게 넘지 못한다. 관료들은 희귀 자원 확보에 높은 우선순위를 부여하는 전통적 사고를 고수하는 경향이 있다. 예를 들어 크리스토퍼(Christopher) 전 국무장관 시절의 환경 우선 정책 선언이 국무부 구성원들의 환경 의식과 정서를 제고한 것은 사실이다. 그러나 국무부의 지역 담당 관료 대부분은, 이 정책에 대하여 구두로만 지지했을 뿐 실제로는 자신들이 설정해 놓은 기존의 우선순위에 거의 변경을 가하지 않았다. 국무부 환경안보 담당 부차관보가 환경은 '예방 방위'(preventive defense)의 핵심 요소라고 선언했지만, 예산 지출에 의미 있는 변화가 거의 없었고, 군사안보의 책임자인 국방부 장관이 '환경 문제 해결이 분쟁 예방 전략의 한 부분'이라는 언급으로 뒷받침해 준 적은 더 더욱 없었다.[86] 우방들과의 마찰에도 불구하고 '교토의정서'의 비준은 거부하면서 'MD'는 추진한 아들 부시 정부의 정책은, 환경안보가 미국의 국가안보 의제에서 차지하는 비중이 낮거나 공동안보의 추진이 안보 의제에서 우선권을 부여받지 못했음을 시사한다.

86) Ann M. Florini & P. J. Simmons, "North America", in Stares(1998), p.64.

5장 ‖ 환경분쟁의 증가

1. 환경분쟁의 개념과 영향

환경 문제로 인한 재해가, 그리고 환경 문제의 발생처와 피해처의 분리로 인한 국가들의 무책임한 환경 이용이 타국에 피해를 입히는 사태가 국제분쟁의 유발 요인으로 작용해 왔다. 환경 기반의 파괴가 국제 긴장을 촉발하는 원천이 되면, 환경 문제는 자원 확보 경쟁 못지않게 중요한 국제분쟁의 원인이 된다. 초국가적 환경 문제의 해결을 위한 국제환경협력이 분쟁의 원인을 제거할 수 있지만, 현실적으로 환경 문제는 일부 지역에서 분쟁의 직접적 원인이 되고 있다.[1] 환경 문제는 국가 및 국제사회의 대립 수준을 고조시켜 협력을 통한 해결 방식의 필요를 강화하기도 하고,[2] 분쟁의 발생 가능성을 증대

1) Ronnie D. Lipschutz & John P. Holdren, "Crossing Borders: Resource Flows, the Global Environment and International Security", *Bulletin of Peace Proposals*, Vol.21, No.2, 1990, p.128 ; Reidulf K. Molvaer, "Environmental Cooperation in the Horn of Africa: A UNEP Perspective", *Bulletin of Peace Proposals*, Vol.21, No.2, 1990, p.135.

2) 국제환경협력이 분쟁 요인 제거, 평화 구축에 미치는 영향에 관해서는 Tobias

시키기도 한다. 환경 문제는 남·북 간의 불균형을 심화시켜 빈·부국 간의 군사적 충돌을 야기할 수도 있다. 나아가 인구 증가, 토양 오염은 환경난민을 창출하여 국제적 안정과 난민 수용국의 국내 질서에 부정적 영향을 미칠 수도 있다. 환경 문제는 남·북 모두에게 빈곤을 가중시켜 계급 간·종족 간 갈등을 악화시키기도 한다. 특히 개도국은 재정·자원·지식의 부족과 사회·정치 제도의 취약성 때문에 선진국보다 환경 문제에 더 취약하다.

환경 문제로 인한 분쟁은 이런 사정 때문에 개도권 지역에서 주로 발생했고 앞으로도 그럴 것이라고 예측된다. 환경 문제는 농업 생산 감소, 경제력 쇠퇴, 인구 이동, 그리고 사회 관계의 붕괴를 초래하여 다양한 유형의 분쟁을 유발할 수 있다. 희귀 자원의 확보를 둘러싼 국가 간 분쟁, 종족 간 충돌, 내전과 반란이 그것이다.[3] 환경 문제는 이렇듯 개도국 내부는 물론 개도국들 사이에서 '환경분쟁'(environmental conflict)의 발생에 영향을 미칠 수 있다.[4]

2. 환경분쟁의 유형

1) 자원 분쟁(resource conflict)

국가들이 자원 부족 상태에서 자신들의 이해관계를 zero-sum

Ide & Adrien Detges, "International Water Cooperation and Environmental Peacemaking", *Global Environmental Politics*, Vol.18, Issue 4, November 2018 참조.

3) T. Homer-Dixon, "On the Threshold: Environmental Change as Causes of Acute Conflict" *International Security*, Vol.16, No.2, Fall 1991, pp.77~78.

4) 환경분쟁의 유형에 관해서는 Homer-Dixon(1991), p.100~109 참조.

game 또는 negative-sum game으로 이해할 경우 분쟁의 발생 가능성은 당연히 높아진다. 자원 부족은, 첫째 선·후진국을 막론하고 오염된 토지와 물 그리고 증가된 자외선 등으로부터 복합적 영향을 받는다. 둘째, 과거보다 인구가 더 빨리 증가하면서 급속히 진행된다. 셋째, 현재의 자원 소비가 과거보다 훨씬 더 큰 규모로 이루어지면서 가중되는 특징을 보인다. 세 요인이 상호 작용하면 예측할 수 없는 자원 부족과 국제분쟁을 초래할 수 있다. 더 심각한 문제는, 환경은 인류의 공동 유산이라는 원칙에 바탕을 두고 자원 갈등을 해결해야 하는 데도, 최근 일부 국가들이 자기 영토 내의 중요 자원에 대하여 배타적 주권을 주장하는 것이다. 이것은 환경이 단일의 자연 체계라는 원리에 도전하는 것이나 다름없지만, 개도권은 자원 보유국의 이익보다는 사적 이익을 위하여 자원을 착취하는 외국기업들의 관행에 대한 반발이라고 강변한다.

'자원 분쟁'은 인류의 생존에 필수적인 물, 어족 자원, 농업용 토지의 부족 등으로부터 비롯된다. 자원이 크게 부족한 일부 국가들이 선점과 선통제를 시도하면서 분쟁이 간헐적으로 발생했다. 대표적인 예로 물 쟁탈전이 치열한 중동 지역이 흔히 인용된다. 이스라엘은 인접국보다 5배의 물을 소비하며 필요한 물의 60% 정도를 요르단강에서 공급받았으나, 1967년 이전에는 그 유역의 3% 만을 자국 영내에 두고 있을 뿐이었다. 그런 상황에서 시리아와 요르단이 요르단강의 흐름을 바꾸려 했던 것이, 1967년 3차 중동전쟁을 일으킨 원인 중의 하나였다는 주장이 있다. 두 지역을 장악하면 요르단강의 중요한 부분을 자국의 통제 아래 둘 수 있어서 이스라엘은 이 전쟁 이후 아랍 국가들의 강력한 반발에도 불구하고 골란 고원(Golan

Heights)과 서안(West Bank) 지역을 계속 점령하고 있다.

요르단은 관개용수 공급 문제 때문에 요르단강에 큰 이해관계가 걸려있을 뿐만 아니라, 2000년까지 물 수요가 20% 정도 증가할 것으로 예상되었다. 이 경우 이스라엘의 몫이 30% 정도 감소하게 된다. 시리아는 요르단강의 주요 지류인 야르무크(Yarmuk)강에 마카린(Maqarin) 댐 건설을 추진했다. 이 계획이 완료되면 강 흐름의 40%가 바뀌게 되어, 이스라엘과 요르단은 심각한 용수 부족 사태에 직면하게 된다. 예나 지금이나 물 부족은 중동 지역 국제분쟁의 주요 원인으로 지적된다.

터키의 '아나톨리아 개발 사업'(Great Anatolia Project: GAP)은 13개 수력 발전 및 관개 시설, 22개 댐, 19개 수력발전소를 유프라테스(Euphrates)강과 티그리스(Tigris)강 상류에 건설하는 것이다.[5] 이 사업이 완성되면 터키의 전력 생산은 25% 증가하고 농업 생산량은 2배로 증가하지만, 시리아로 흘러 들어가는 유프라테스강 유량의 1/2이 이라크로 흘러 들어가는 유량의 2/3가 감소하게 된다. 이로 말미암아 시리아와 이라크의 담수 공급과 식량안보가 심각한 위협을 받을 것으로 예상되었다. 1975년 시리아가 유프라테스강에 댐을 건설한 이후 이라크와 시리아 관계가 더 악화된 터에, 아나톨리아 개발 사업이 지속되면 터키, 이라크, 시리아의 관계는 극도로 경색될 수밖에 없다. 중동에서는 앞으로 풍부한 자원 – 원유 – 보다는 희귀 자원 – 물 – 의 부족이 단서가 되어 환경분쟁이 발생할 가능성이 매우

5) Ilektra Tsakalidou, "The Great Anatolia Project: Is Water Management a Panacea or Crisis Multiplier for Turkey's Kurds?" *New Security Beat*, August 5, 2013 in www.newsecuritybeat.org/2013/08/great-anatolian-project-water-management-panacea-crisis-multiplier-turkeys-kurds (검색일: 2021. 02. 22).

크다고 점쳐진다.[6]

2) 집단 정체성 분쟁(group-identity conflict)

개도권에서는 환경 문제로 인한 환경의 인간 부양 능력 상실이 자주 대규모 인구 이동을 초래했다. 환경 문제로 말미암아 본래의 거주지를 떠난 난민들은, 긴장과 박탈의 상황 속에서 종족과 문화가 다른 집단과 혼거하게 된다. 상당수의 국가에서 환경난민의 유입은 집단 간 균형을 변화시키고, 원주민들에게 자원의 희소성 관념과 박탈감을 심화시킨다. 이로부터 집단 간 긴장과 종족 내부의 갈등이 고조되어, 자신의 정체성을 강조하면서 외부 집단을 차별적으로 공격하는 '집단 정체성 분쟁'이 야기된다.

방글라데시로부터 아셈 지역으로의, 남아메리카로부터 북아메리카로의, 동남아로부터 오스트레일리아로의 대규모 인구 이동은 집단 정체성 분쟁의 발발 가능성을 높인다. 1969년의 '축구전쟁'은 단순히 인구 증가 → 경작지 부족 → 인구 이동으로 이어지는 연쇄 과정이 그 원인으로 알려져 왔다. 그러나 환경 문제 → 환경의 부양 능력 결여 → 엘살바도르의 인구 이동 → 온두라스의 추방이 진정한 원인이었다는 점에서 이 전쟁은 집단 정체성 분쟁의 한 사례로 인용된다.[7] 영국의 식민지였던 시절에 스리랑카로 이동한 인도 본토 출

---

6) Norman Myers, "Environment and Security", *Foreign Policy*, No.74, Spring 1989, p.29.

7) 엘살바도르와 온두라스는 19세기 전반에 독립한 이후 오랫동안 분쟁 상태를 지속해 왔다. 그러나 1980년대 이후 양국 간 환경 협력의 강화가 상호 작용과 공동의 문제 해결을 촉진하여, 1990년대에는 분쟁의 위험이 현저히 감소했다. Ide & Detges(2018), p.63.

신의 타밀족이, 최근 스리랑카 정부군을 상대로 벌이고 있는 내전도 마찬가지 이유에서 집단 정체성 분쟁에 해당된다.

3) 상대적 박탈형 분쟁(relative-deprivation conflicts)

개도국이 선진국보다 환경 문제에 더 취약하기 때문에 환경 문제는 개도권에서 더 빈번히 발생한다. 자주 발생하는 환경 문제가 개도국의 경제에 타격을 가함에 따라, 기대 수준과 현재 수준 간의 간극이 확대되어 국민, 특히 도시민 의 불만이 증가한다. 그런데 엘리트층은 경제 쇠퇴에도 불구하고 생활수준을 유지할 수 있지만, 사회적 약자 계층의 경우 그렇지 못하므로 좌절이 더 클 수밖에 없다. 부를 분배하는 과정에서 계층 간 불균형이 심화되면 분쟁의 발생 가능성도 높아진다. 후자가 계급적 시각에 기초를 두고 경제 쇠퇴의 주범이면서도 경제재 분배에서 특혜를 받는다고 추정되는 집단에, 폭력으로 대항하는 과정에서 '상대적 박탈형 분쟁'이 발생한다.

• 요르단강 물분쟁

이스라엘은 1995년 요르단과 평화조약을 체결하면서 이스라엘 북동부 갈릴리 호수의 물을 매년 5천 5백만 ㎥씩 공급하기로 약속했다. 갈릴리 호수의 수원인 야르무크강은 시리아에서 발원하여 시리아와 요르단 간의 국경 및 이스라엘과 요르단 간의 국경을 지나 이스라엘 북동부 갈릴리 호수로 흘러드는 국제하천이므로, 요르단도 갈릴리 호수의 물을 이용할 권리가 있다고 인정한 결과였다. 그러나 1999년, 가뭄으로 갈릴리 호수로 흘러 들어오는 수량이 예년의 60% 수준으로 줄어들어 농업용수를 원활히 공급할 수 없는 상황에 직면하게 되었다. 이스라엘이 요르단도 고통을 분담해야 한다고 물 공급량 감축을 선언하자 요르단은 당연히 반발했다. 이러한 물 분쟁이 양국 간 관계는 물론 인접 국가들을 긴장시켜 환경분쟁이 발화될 가능성이 고조되었다.(중앙일보, 1999. 3. 16)

---

3. 환경 문제와 폭력분쟁

환경 문제가 인간의 생존을 위협하고 국가 간 상호 관계를 교란할 가능성이 존재한다면, 국제 폭력분쟁의 중요한 원인 중 하나로 작용할 가능성도 부인할 수 없다. 환경 문제가 다양한 집단들 사이의 관계에서 폭력분쟁을 유발하거나 악화시킨다는 연구는 이미 다수 제기되었다. 이들은 공통적으로 환경 문제가 각국의 사정을 급속히 악화시켜 앞으로 수십 년 간 환경 문제 기인형 분쟁 - 환경분쟁 - 이 증가할 것이라고 예상한다.[8] 그러나 환경 문제의 악화가 반드시 폭력분쟁의 발화를 의미하는 것은 아니다. 국가는 안전과 질서의 확보라는 책무를 가장 우선적으로 이행해야 하는 행위주체여서 분쟁의 회피를 위해서도 노력하기 때문이다.

환경의 상호 의존성은 본원적으로 평화적 협력과 인간안보의 동시 추구를 요구하기 때문에 국제협력의 유인을 제공하기도 한다. 국제환경협력은 공동의 문제 해결, 상호 의존 증대, 상호 신뢰와 이해 조성을 통하여 국가 간 관계를 개선할 수 있다. 지난 수십 년 간의 국

---

8) 예컨대 Stephan Libiszewski, "Integrating Political and Technical Approaches: Lessons from Israeli-Jordanian Water Negotiations", Gleiditsch (ed.), *Conflict and the Environment*, Dordrecht: Kluwer, 1997 ; Rodger A. Payne, "The Limits and Promise of Environmental Conflict Prevention", in Diehl & Gleditsch (eds.), *Environmental Conflict*, Boulder, CO: Westview Press, 2001.

제환경조약 체결 증가, 국제기구의 환경 친화적 개혁, NGOs와 각종 사회운동(social movements)의 초국가적 네트워크 급증 등은 환경 문제 영역에서의 국제협력의 증대를 대변한다.[9] 환경 문제는 폭력분쟁을 야기할 수 있지만 국제환경협력은 분쟁 회피의 촉매제로 작용한다. 국제환경협력의 증진에 고무된 일부 논자들은 환경분쟁론자들이 국제협력의 평화적 성취를 간과한다고 주장한다. 탈냉전기 국제관계에서는 환경 문제와 폭력분쟁의 상호관계를 둘러싸고 이처럼 격론이 벌어지고 있다.

1) 자원분쟁과 물분쟁

자원 통제를 둘러싼 경쟁은 동서고금을 막론하고 흔히 있었던 일이지만, 근대 주권국가의 출현 이후에는 다양한 집단 간의 긴장과 갈등의 근인으로 작용했다. 환경 문제는 자원 부족, 기근, 이민, 반란 등을 촉발하여 국내정치와 국제관계의 안정성을 수시로 위협하곤 했다. 1980년대 이후 일부 논자들은 국제관계의 이러한 추세에 주목하여, 자원 고갈과 환경 문제는 오래 전부터 폭력분쟁의 주요 요인으로 작용해 왔다고 주장한다.[10] 그들은 환경 문제, 인구 증가, 1인당 자원 소비 증대 → 자원의 질 저하와 양 감소 → 자원 부족 → 자

9) Ken Conca, "Environmental Cooperation and International Peace", in Diehl & Gleditsch(2001) ; Ide & Detges(2018).

10) A. J. Fairclough, "Global Environmental and Natural Resource Problems: Their Economic, Political and Security Implications", *Washington Quarterly*, Vol.14, No.1, 1991 ; Johan Galtung, *Environment, Development and Military Activity*, Oslo: Norwegian University Press, 1982 ; Jessica T. Mathews, "Redefining Security", *Foreign Affairs*, Vol.68, No.2, 1989 ; Norman Myers, *Ultimate Security*, New York: Norton, 1993.

원 획득 경쟁 격화로 이어지는 연쇄가 국내·외 폭력분쟁을 야기했다고 주장한다.

(1) 자원분쟁

그들은 또한 가속화되는 자원 획득 경쟁은 환경 문제와 더불어 현재와 미래의 주요 분쟁 요인이라고 지적한다. 더구나 환경 문제가 국제관계의 중심 의제로 부각된 탈냉전 시대에 이르면, 자원분쟁으로서의 환경분쟁의 빈발 가능성을 점치는 주장이 크게 확산된다.[11] 국제분쟁의 요인으로 주목받는 자원은 전략적 광물 자원(주석, 텅스텐, 고무 등), 에너지(석유 등), 물(국제하천), 식량(양곡, 어족 자원 등), 영토(남사군도, 서사군도, 첨각열도 등)이다.[12] 호머-딕슨(Homer-Dixon)은 자원의 부족이 세 유형의 분쟁을 초래한다고 분석한다.

첫째는, '단순 결핍형 분쟁'(simple scarcity conflict), 즉 자원 분쟁으로 자원 부족이 두 국가나 집단 간의 국제분쟁을 초래한다.

둘째는, '집단 정체성 분쟁'으로 자원 결핍 지역을 이탈한 집단-환경난민-이 다른 지역으로 이주하여 긴장과 분쟁을 초래한다.

셋째는, '상대적 박탈형 분쟁'으로 한 집단이 다른 집단에 대하여 자원 면에서 상대적 박탈감을 가지게 되면서 발생하는 분쟁이다.[13]

---

11) Kurt M. Lietzmann & Gray D. Vest, *Environment and Security in an International Context*, Report 232, Brussels: Committee on the Challenges of Modern Society, NATO, 2000 ; Carsten Ronnfeldt, "Three Generations of Environment and Security Research", *Journal of Peace Research*, Vol.34, No.4, 1997 ; Dan Smith & Willy Ostreng (eds.), *Research on Environment, Poverty and Conflict*, Oslo: International Peace Research Institute, Oslo and Fridtjof Nansen Institute, 1997.

12) 일반적으로 분쟁 연구자들은 영토를 가장 중요한 자원 중 하나로 인정한다. 최근 영토분쟁에서 가장 문제가 되고 있는 것이 대륙붕의 경제수역이라는 점은 영토가 자원의 중요한 일부임을 말해 준다. Nils P. Gleditsch, "Armed Conflict and the Environment", in Diehl & Gleditsch(2001), p.252.

자원을 포괄적으로 지속 가능하게 관리하면 분쟁의 발생을 회피할 가능성이 크다. 그러나 토지, 물, 삼림 등의 자원을 둘러싼 긴장이 고조되거나 그 혜택이 불공평하게 분배되면 폭력분쟁의 발생 가능성이 커진다. 나아가 주변 지역이나 국가의 이해관계를 무시하고 환경을 지속 불가능한 방식으로 착취하면 인간안보의 약화와 폭력 저항을 초래한다.[14)]

자원 기반 고갈과 환경 문제의 가속화로 환경분쟁이 빈발하더라도 개도권에서의 발생 빈도가 더 높을 뿐만 아니라 그 영향도 개도국에게 더 크게 돌아갈 것이라는 데는 이견이 별로 없다. 개도국들은 자신의 원인 제공 여부와 관계없이 환경 문제와 이로 인한 위기로부터 자신을 보호할 능력이 부국보다 상대적으로 매우 적다. 개도권 국가들의 위기 대응 및 충격 흡수 능력이 부족한 상태에서, 환경 문제는 그들 내 · 외부에서 폭력분쟁의 발발을 자극해 왔다. 일단의 논자들은 이처럼 환경 문제와 자원 부족이 상호 작용하면서 국가의 존속을 위협한다는 점에 주목하여, 국가안보 개념을 비군사적 범주로 확대해야 한다고 주장하는 한편, 다른 한편으로 미래의 국제관계에서 환경 문제 기인형 국제분쟁이 고조될 가능성을 환기시켰다.

환경 문제는 자원의 질적 하락과 양적 감소를 매개로, 자원을 둘러싼 국가 간 이익 갈등을 악화시킬 수 있다. 기후 변화 그리고 국제하천의 수량 부족과 수질 오염이 공공재인 환경을 희귀재로 전락시켜, 국제분쟁을 촉발하는 요인으로 작용할 수도 있는 것이다. 환경

13) Homer-Dixon(1991).

14) Tobias Ide, "Why Do Conflicts over Scarce Renewable Resources Turn Violent? A Qualitative Comparative Analysis", *Global Environmental Change*, Vol.33, Issue 1, 2015, pp.61~70 ; Philippe Le Billon, *Fuelling war: natural resources and armed conflict*, Abingdon: Routledge, 2013.

문제로 말미암아 장기간의 내전을 겪는 국가들은 더 파편화되거나 더 권위주의화되면서 적응 능력이 저하될 가능성이 크다. 이런 변모를 겪은 국가들은 환경난민의 대규모 발생원으로 전락하여, 국제 차원에서의 상호 작용－예컨대 안보, 무역, 환경조약－을 효과적으로 협상하거나 이행할 수 없게 될 것으로 평가된다. 이들의 이런 사정은 국제 평화를 교란하고 분쟁의 발발 가능성을 고조시킨다.

환경 문제는 이처럼 국제 폭력분쟁 발생에 영향을 미칠 가능성이 다분히 있다. 환경 문제가 세계 도처에서 빠르게 악화되면서, 환경 문제 기인형 폭력분쟁은 앞으로 그 발생 빈도가 증가할 것이라는 예측이 점차 확산되고 있다. 그러나 환경 문제와 국제 폭력분쟁 간의 관계는 신중한 판단을 요한다. 1990년대 이후의 안보 담론에서는 환경 문제가 폭력분쟁의 주요 요인인가에 관한 논쟁이 이어져 왔다. 한편에서는 환경 문제를 폭력분쟁의 발생원으로 중시한다. 다른 한편에서는 환경 및 자원 문제가 국가·국제 차원의 분쟁 발생에 일정한 역할을 한다고 인정하면서도, 양자의 영향은 실제보다 과장된 것일 수도 있기 때문에[15] 양자의 연계는 그리 설득력이 없다고 반박하기도 한다.

(2) 물분쟁

물분쟁은 자원분쟁이자 환경분쟁이라는 이중성을 내포한다. UNEP는 기후 변화와 더불어 물 문제를 21세기의 2대 환경 문제로 지적한다. 물 문제가 점차 심각해지면서 물분쟁이 가장 심각한 자원분쟁으로 부각되고 있다. 역사적으로 물－담수, freshwater－은 국제관계

15) Gleditsch(2001), p.257.

에서 전략적 위협 도구이자 공격 목표가 되어 왔다. 물 공급 시설은 전시에 제일 먼저 파괴되는 기간 시설 중 하나이자 테러리스트의 주요 공격 목표였다. 예를 들어 1948년의 1차 중동전에서 아랍국들의 이스라엘에 대한 최초 공격은 예루살렘으로 향하는 물 공급망에 가해졌다. 1964년에 창설된 PLO의 최초 테러 활동은 이스라엘의 '국가 물 공급망'을 파괴하는 것이었고, 이라크는 걸프전 초기에 쿠웨이트의 담수화 시설을 폭격했다. 물은 전략적 위협 도구로도 쓰였다. 1970년대 초 터키는 시리아를 상대로 자국 영내의 쿠르드 분리주의자에 대한 지원 중단을 요구하며, 유프라테스강의 흐름을 차단하겠다고 위협함으로써[16] 물을 시리아에 대한 전략적 도구로 이용하겠다는 의사를 분명히 했다.

물이 전략적 공격 목표이자 위협 도구로 작용해 왔음은 이런 사례들로 입증된다. 물은 특히 중동 지역에서 오랜 기간 안보를 위협하고 분쟁을 자극하는 요인으로 작용해 왔다. 요르단강물의 적절한 분배와 공급을 둘러싼 갈등은 이스라엘, 팔레스타인, 인접 아랍 국가들 사이의 관계에서 긴장을 고조시키는 요인이었다. 요르단강 유역에서는 그 결과로 물분쟁이 일어났고, 미래에도 일어날 가능성이 크다고 여겨진다.[17] 1960년대 초에 이미 이스라엘은, 요르단강의 물 흐름을 변경하여 더 많은 물을 자국으로 끌어가려는 시리아의 공사에 타격을 가했다. 반대로 이스라엘이 휴전 지대에 국가 물 공급망을 건설하려 하자, 시리아는 국경에 군대를 배치한 후 약간의 총격

16) Pritt Vesilind, "Middle East Water: Critical Resource," *National Geographic*, Vol.183, No.5, 1993.

17) 요르단의 후세인 국왕은, 이스라엘과의 전쟁으로 이끄는 유일한 요인은 물이라고 주장했다. Myers, (1993).

을 감행했다.[18]

1967년에 발발한 3차 중동전의 주요 원인으로 물 문제를 지목하는 논자들은, 이스라엘이 전쟁 수행 과정에서 세 지역 – 서안(West Bank), 가자 지구(Gaza Strip), 골란 고원(Golan Heights) – 을 점령한 이후의 변화에 주목한다. 이스라엘은 이 전쟁으로 특히 서안 통제권을 확보한 이후, 물 공급량의 약 40%를 서안에서 얻었고 이 지역 물의 95.5%를 사용한다.[19] 이스라엘이 서안 통제권을 상실할 경우, 즉각 물 부족 사태와 농업 · 경제 발전을 위협받을 가능성이 있다. 이스라엘은 이런 가능성에 반응하여 서안 지역 전체에 대한 통제권을 강화하면서 팔레스타인계 주민의 물 개발과 이용에는 제약을 가한 반면, 이스라엘계 주민의 서안 물 이용은 확대하는 노선을 걸어왔다.

중동 지역의 역사에서 물의 분배를 둘러싼 이런 부류의 갈등을 찾아보기는 어렵지 않다. 이 지역을 통과하는 국제하천으로는 요르단강 이외에도 유프라테스강, 티그리스강이 있다. 중동에서 수량 부족은 늘 심각한 문제여서 국가 간 불공평한 물 분배가 분노를 자아내고 긴장을 고조시킬 여지는 충분히 있다. 그렇다면 중동 지역에서는 국제하천수의 분배를 둘러싼 갈등이 국제 폭력분쟁으로 격화될 가능성이 매우 크다고 할 수 있다.[20]

---

18) Steve C. Lonergan, "Water and Conflict: Rhetoric and Reality", in Diehl & Gleditsch (2001), p.119.

19) 서안 인구의 90%를 차지하는 팔레스타인이 나머지 4.5%를 소비한다. 'UN 팔레스타인 권리위원회'(UN Committee of Palestinian Rights)는 이러한 현실에 주목하여, 이스라엘은 팔레스타인 인을 희생시키면서 물을 우선적으로 이용한다고 비판했다. 이스라엘의 서안 정착촌 증가도 이 지역 물 문제를 악화시키는 또 하나의 요인이다.

20) Asit Biswas et al., *Core and Periphery: A Comprehensive Approach to Middle Eastern Water*, Delhi: Oxford University Press, 1997 ; Daniel Hillel, *River of Eden*, New York: Oxford University Press, 1994.

물은 오랫 동안 전략적 공격 목표이자 위협 도구로 작용하며 국제분쟁을 부추기곤 했다. 지난 5,000여 년간 수량 부족, 공급 감소, 수요 증대, 강우의 변동성 증가, 가뭄의 장기화와 강도 증가, 물 이용과 관리를 둘러싼 갈등이 지속되어 분쟁을 수시로 자극했다. 지역에 따라서는 물 문제가 미래 분쟁의 주요 원인이 되리라는 예측마저 제기된다. 그러나 물 문제를 둘러싼 갈등은 끊이지 않았지만 물전쟁은 거의 발생하지 않았다는 주장에도 유의할 필요가 있다. 일부에서는 이러한 물분쟁의 발생 빈도는 국제협력의 그것에 비하면 사소한 것이고, 심지어 국제하천의 공유는 국제분쟁의 요인이기보다는 국제협력의 요인으로 더 크게 작용했다고 주장한다. 미래는 과거를 답습할 것인가 아니면 탈피할 것인가?

2) 기후분쟁

기후 변화의 추세가 현재와 같이 계속된다면 국제사회에 심각한 결과를 초래할 수 있다. 기후 변화는 식량과 수량 부족, 가공할 만한 자연 재해, 치명적 질병 등을 초래하되, 그 영향은 어떤 정치적·기술적 대응을 해도 전면적으로 회피할 수는 없다고 분석된다. '정부간 기후 변화 위원회'(IPCC)는 기후 변화가 긍정적 순환을 가져올 가능성은 없고, 오히려 국제사회에 지금보다 훨씬 더 적대적인 환경을 초래할 것이라고 지적했다.[21] 기후 변화의 심각성이 자주 경종을 울

21) IPCC, "Summary for Policy Makers," in IPCC Working Group II, *Climate Change 2007: Impacts, Adaptation and Vulnerability*, Cambridge: Cambridge University Press, 2007, p.8 ; Mark Maslin, *Climate Change: A Very Short Introduction*, Oxford: Oxford University Press, 2014, p.xviii.

리며 환경 문제 담론을 지배하고 있어서 학자, 정책 결정자, 미디어 등은 이 문제가 국제 안보와 분쟁에 미치는 영향에 비상한 관심을 표명해 왔다.

기후 변화는 자원 획득 경쟁을 더욱 치열하게 만들어 폭력분쟁을 야기할 것인가? 기후 변화가 국제분쟁에 미치는 영향에 관해서는 긍정론이 부정론과 대립해 왔다. 마이어스(Myers)가 1990년대 중엽의 환경난민 숫자가 2,500만 명에 달할 것이고, 15년 후에는 배증할 것이며, 21세기 중엽에는 2억으로 증가할 수 있다고 예측한 이후, 다수의 저작이 이를 타당한 것으로 인용했다. 2007~2050년 기간에 환경난민이 약 10억 명에 달하고, 이 중에서 기후난민이 2.5억 명 정도 될 것이라는 비정부기구 Christian Aid의 예측도 널리 인용되었다. 스턴(Stern)은 지구의 평균 기온이 5도 상승하면 수 십 억의 난민이 발생할 것인 바, 적절히 대응하지 못하면 세계대전이 초래될 것이라고 경고했다.[22)]

기후 변화에 관한 다수의 연구는 기후 기인 인구 이동이 자원 부족 상황을 악화시켜 각종 집단 간의 긴장을 고조시키는 요인으로 작용한다고 분석한다. 기후 변화는 국가·국제 차원에서 중심부와 주변부 사이의 기존 불안정 요인을 강화한다. 꼬리를 물 듯 이어지는 환경난민 행렬은 그 피할 수 없는 결과이다. 환경난민의 초국가적 이동과 자원 부족은 국가들 사이의 불안정과 긴장을 강화하여 폭력

---

22) Norman Myers, "Environmental Refugees," *Population and Environment*, Vol.19, No.2, November 1997, pp.167~182 ; Christian Aid, "Human Tide," May 27, http://www.christianaid.org.uk/Images/human-tide.pdf(검색일: 2019. 07. 21) ; Charles J. Hanley, "Lord Nicholas Stern Paints Dire Climate Change Scenario," *The Huffington Post*, February 21, 2009 in http://www.huffingtonpost.com/2009/02/21lord-nicholas-stern-paint_n_168865.html(검색일: 2009. 05. 17).

분쟁 형태의 국제 환경분쟁을 초래할 수 있다.[23] 기후 변화는 지구 차원의 환경 문제여서 모든 국가에 영향을 미치지만, 그 영향이 평균적으로 분배되는 것은 아니어서, 대응 능력이 상대적으로 적은 개도국들이 상대적으로 더 큰 부정적 영향을 받기 마련이다. 개도권에서는 적은 규모의 기후 변화가 발생하더라도 물과 식량 부족, 질병 확산, 인구의 대규모 이동, 자연자원 획득 경쟁이 더 악화될 가능성이 크다. 문제는 이런 위기들이 상호 연쇄되어 있는데다가 그 연쇄가 영속적인 것인데도, 억지할 방법이 별로 없다는 것이다.

일부에서는 기후 기인 자원 부족의 결과로 자원분쟁이 일어날 가능성이 큰 지역으로 아프리카, 특히 사하라 이남 지역을 꼽는다. 나이지리아, 수단, 케냐 등지에서는 이미 기후 변화로 인한 환경난민의 이동이 정주농민과 유목민 사이에서 자원 획득 경쟁을 악화시켰다. 이와 관련하여 수단의 '다르푸르'(Darfur) 지역분쟁이 기후분쟁의 전형인가의 여부를 둘러싸고 논쟁이 전개되었다. 일부 논자들은 자원 부족이 기후 변화에 연쇄된 상태에서 심화된 것으로 보고, '다르푸르 분쟁'이 장차 확산될 기후분쟁의 전조라고 주장한다.

다르푸르 분쟁은 일각에서 주장하는 것처럼 기후분쟁의 전형적 사례인가? 기후 변화로 인한 물 부족은 물 분배를 둘러싼 국가 간 지역 간 갈등을 가중시킨다. 서부 수단의 기후 변화가 이 지역에서 발생한 집단 간 폭력 행사의 한 원인이 된 것은 사실이다. 다르푸르 분쟁의 기원은 기후 변화로 인한 사막화의 확대, 강우량 감소와 가뭄 및 난민의 이동, 인구 폭발과 농지·초지의 과다 이용에서 찾을 수

---

23) 벨처, 『기후 전쟁』, 영림카디널, 2010, p.142 ; John Podesta & Peter Ogden, "The Security Implications of Climate Change," *Washington Quarterly*, Winter 2007-08.

있다.[24)] 이들의 상호 작용으로 농지와 수자원이 감소한 결과, 양자의 확보 경쟁이 치열해지면서 분쟁이 발생했다는 것이다. 구체적으로 북부 다르푸르 지역의 장기화된 가뭄과 사막화가 아랍계 유목 종족들을 남부 지역으로 이동하게 한 것이, 중부 지역의 아프리카계 정주 농민 종족과의 농지 및 수자원 획득 분쟁을 유발했다. 카르툼의 아랍계 중앙 정부는 아랍계를 위해 아프리카계 흑인 종족을 탄압하는 데 그치지 않고, 아랍계 민병대인 잔자위드(Janjaweed)를 지원하여 다르푸르의 상당 수 지역에서 아프리카계 흑인 종족을 살육하고 축출하도록 했다.[25)] UN의 추정에 의하면, 다르푸르 분쟁으로 2003년에서 2006년까지 최소 40만여 명이 숨지고 250여만 명의 난민이 발생했다.

벨처는 이런 상황에 주목하여 다르푸르 분쟁은 기후분쟁의 전형적 사례이자 최초의 기후전쟁이라고 규정하기도 한다. 기후변화가 종족 간 갈등을, 종족 간 갈등이 종족분쟁을 야기했기 때문에 현재의 추세가 계속되는 한, 이 지역에서 평화의 회복은 불가능할 뿐만 아니라 더 악화될 것이라는 UNEP의 예측도 벨처의 주장을 뒷받침했다.[26)] 기후 변화가 2011년 '아랍의 봄'(Arab Spring) 사태에서 중요한 역할을 했다는 존스톤(Johnstone) 등의 주장도 기후분쟁의 현실화 가능성을 지지한다. 카나다의 기록적 강우, 구소련의 가뭄, 오스트레일리아의 사이클론으로 대변되는 2010년의 극단적 기후가 식량

24) 지난 20여 년 간 강우량은 1/3 이상 감소했고, 인구 증가율은 2.6%에 달했다. 벨처(2010), p.131.

25) Tim Youngs, *Sudan: Conflict in Darfur*, Research Paper 04/51, 23 June 2004, International Affairs and Defence Section, House of Common Library, United Kingdom.

26) 벨처(2010), pp.128, 133~135. 반기문 전 UN 사무총장도 기후 변화가 다르푸르 분쟁의 핵심 요인 중 하나라고 선언했다.

가격 상승을 초래했고, 이것이 중동 지역 주민들의 불만을 고조시켜 정치적 격변을 초래했다는 것이다.[27)]

기후 변화는 인간안보와 평화를 증진하려는 국가의 능력을 약화시켜 국가의 생존을 직접 위협하거나, 국가의 여타 기능에 대한 간접적 영향을 통하여 폭력분쟁의 가능성을 증폭시킬 수 있다. 기후 변화 기인 자원 부족이 환경난민 이동과 국가의 불안정을 자극하여 국제평화 전반을 위협할 수 있다는 데서 우리는 기후분쟁의 발발 가능성을 엿볼 수 있다. 기후 변화가 인간사회의 여러 차원에 불안정을 초래하는 한, 그것이 폭력분쟁으로 이어지리라는 것을 부인하기는 어렵다.

그러나 다른 논자들은 기후 변화가 국제 폭력분쟁을 초래할 것이라는 우울한 주장에 동의하지 않는다. 그들은 기후 변화가 자원분쟁의 잠재적·간접적 요인이 될 수 있을지언정, 결정적·필수적 요인이 될 수는 없다고 반박한다. 그들은, 기후 변화로 말미암은 자원 부족은 대부분의 경우 새로운 긴장을 야기하기보다는 기존의 긴장을 강화하고, 국제 차원보다는 국가 하부 차원에서 자원분쟁을 '잠재적'으로 점화한다고 주장한다.[28)]

---

27) Sarah Johnstone & Jeffrey Mazo, "Global Warming and Arab Spring", *Survival 53*, No.2, April-May 2011 ; Bruno Tertrais, "The Climate Wars Myth", *Washington Quarterly*, Summer 2011, p.20.

28) Nicole Detraz, "Threats or Vulnerabilities ? Assessing the Link between Climate Change and Security", *Global Environmental Politics*, Vol.11, No.3, August 2011, p.110. Daoudy는 시리아 분쟁의 주요 요인은, 기후 변화가 아니라 국민의 인간안보를 보장하지 못한 정부의 정책과 이데올로기 그리고 2011년 내전의 발발보다 20여 년 앞선 시점부터 지속된 정권의 정당성 부족이라고 지적한다. 다르푸르 분쟁도 기후 변화보다는 지배층의 선호와 이데올로기를 반영한 정책 결정의 결과이지만, 모로코의 사례는 정부의 건실한 정책이 환경이 분쟁 발생에 미치는 영향을 희석시켰다고 주장한다. Marwa Daoudy, *The Origins of the Syrian Conflict: Climate Change and Human Security*,

3) 환경분쟁의 가능성과 한계

적지 않은 수의 연구자와 정책결정자들이 환경 문제로 인한 폭력 분쟁의 위험성을 상기시킨다. 그들은 환경 문제가 자원 부족을 심화시키고, 자원 부족은 환경난민을 발생시켜 사회집단 간의 긴장을 더 심화시킨다고 주장한다. 그러나 이런 주장에 대한 반론도 꾸준히 제기되어 왔음에 주목할 필요가 있다.

(1) 정치·경제 관계와 환경 문제

기후 변화는, 국가의 대응 능력을 넘어서거나 국가가 그것에 대하여 취약성을 내포할 경우 국가의 능력을 가속적으로 잠식한다. 기후 변화는 자원의 질적 하락과 양적 감소 그리고 접근 기회의 축소를 초래하는가 하면, 국민의 생계 유지를 지원하는 국가의 기회 및 서비스 제공 능력을 약화시킬 가능성이 적지 않다.[29] 기후 변화로 인한 난민 이동은 부족한 자원의 획득 경쟁을 격화시키고, 특정 국가나 지역의 문화와 종족 질서에 예기치 못한 변화를 가져오기도 한다. 아프리카 국가들의 경우, 적은 규모의 기후 변화가 발생하더라도 자원 부족, 난민 이동, 자원 획득 경쟁이 새롭게 야기되거나 더 악화되곤 했다. 문제는 기후 변화의 이런 영향들이 영속적으로 상호 연계되어 있다는 것이다.[30] 아프리카 국가들의 사례는 국가의 불충

Cambridge, UK: Cambridge University Press, 2020, p.15 ; Marwa Daoudy, 'Rethinking the Climate-Conflict Nexus: A Human-Environmental-Climate Security Approach, *Global Environmental Politics*, Vol.21, Issue 3, August 2021, pp.4~25.

29) Jon Barnett & W. Neil Adger, "Climate Change, Human Security and Violent Conflict", *Political Geography*, Vol.26, No.6, 2007.

30) Podesta & Ogden(2007~2008), p.116.

분한 대응, 고도로 한계화된 인구의 증가, 환경난민의 이동으로 인한 사회적 · 정치적 불안정이 폭력분쟁의 발생을 지속적으로 자극한다는 것을 보여준다. 일부 논자들은 이점에 주목하여 환경 문제, 국가의 불안정, 폭력분쟁은 밀접히 연쇄되어 있다고 주장한다.

물의 공급 부족이 국제관계에 긴장과 갈등을 고조시켜 폭력분쟁을 촉발할 수 있다면, 물 문제는 과거에 그랬던 것처럼 미래에도 폭력분쟁의 발생을 자극할 수 있다. 일부 논자들은 물과 관련된 다수의 분쟁이 이미 발생했고 미래에는 더 빈발할 것이라고 주장한다. 이러한 주장에 따르면, 기후 변화와 물 문제로 대표되는 환경 문제는 직 · 간접적으로 폭력분쟁의 발생을 촉진할 수 있다. 그러나 환경 문제와 폭력분쟁의 연계는 설득력이 없다는 반론이 제기되기도 한다. 탈냉전 시대의 안보 담론에서는 이렇듯 환경 문제가 폭력분쟁의 직접적 · 필수적 원인인지를 둘러싸고 논란이 거듭되어 왔다.

우리는 폭력분쟁의 촉발 요인으로 환경 문제를 중시해야 하지만, 정치 · 경제 요인이 국가의 자원 부족과 분쟁 대응을 주로 규정한다는 주장에도 주목해야 한다. 후자의 주장에 따르면, 환경 요인은 분쟁을 자극하는 면에서 정치 · 경제 요인보다 영향의 정도가 약해서, 분쟁의 발발 여부는 환경 요인보다 동맹 관계, 상호 의존 등으로 더 잘 설명할 수 있다고 한다.[31] 환경 문제와 자원 부족이 원인으로 작용한다고 하더라도, 모든 국가에서 늘 폭력분쟁을 야기하는 것은 아니다. '민주주의적 평화론'(democratic peace)은 전쟁에 대한 시민의 반대 여론은 물론이고, 견제와 균형 원리에 입각한 의사 결정권의 분산이 신속한 동원 및 기습 공격을 제약하기 때문에, 민주주의국가

31) Daniel Esty et al., *State Failure Task Force Report*, McLean, VA: Science Applications International, 1998.

일수록 갈등을 전쟁으로 확산시키기보다는 평화적으로 해결하는데 주력했음을 강조한다. 부국과 민주주의국가는 자원 부족에 더 잘 적응하면서 분쟁을 더 회피하는 경향이 있다는 자유주의자들의 주장은,[32] 분쟁의 발생 측면에서는 정치 · 경제 문제가 환경 문제를 압도한다는 것으로 요약된다.

기후 변화가 특정 상황에서 인간안보와 평화를 증진하는 국가의 능력을 약화시킨다면, 안보 불안이 초래되고 폭력분쟁의 위험성이 증가할 수 있다. 그러나 우리는 이런 비관적 예측에 조심스럽게 접근할 필요가 있다. 기후 변화가 집단 폭력, 물분쟁, 기후난민 발생의 필수 요건이 아니라면, 오로지 기후 변화만으로 폭력분쟁이 일어날 것이라는 주장에 섣불리 동조할 수는 없다. 흔히 기후분쟁이라고 일컬어지는 다르푸르 분쟁의 경우를 보더라도, 서부 수단의 기후 및 자연환경 변화가 지역분쟁 발생의 한 원인이라고 할 수는 있어도, 핵심적이거나 근본적 요인이라고 할 수는 없다.[33]

이 지역의 폭력분쟁은 현재까지 지속되고 있는 가뭄이 시작된 지 30년이 지나서야 비로소 발생했다. 1950~60년대에는 이 지역의 강우량이 풍부해서 지방정부는 스텝(Steppe) 지역에서의 농업을 장려했다. 그러나 강우량이 감소하자 과거에 북부로 이동했던 아랍계 목축 농민들이 이 지역으로 남하하여 토지 개간을 추구하는 과정에서, 가뭄과 싸우는 아프리카계 정주 농민들과 충돌하게 되었다. 다르푸르 분쟁은 아랍계 목축 농민과 아프리카계 정주 농민 사이의 전통적

32) Clionadh Raleigh & Henrik Urdal, "Climate Change, Environmental Degradation and Armed Conflict", *Political Geography* 26, 2007, p.675.

33) Michael Kevane & Leslie Gray, "Darfur: Rainfall and Conflict", *Environmental Research Letters 3*, no.3, July-September 2008.

갈등을 저변으로 하되, 중앙정부와 지방정부가 이를 고취한 결과로 발생했다.

1970년대 이후 사헬(Sahel) 지역에서 일어난 분쟁의 대부분은 그 핵심 요인이 정치적 · 인종적인 것이었다. 그런데도 기후 변화가 다르푸르 분쟁을 발생시킨 요인 중 하나라고 해서, 그것을 기후분쟁으로 인정한다면 분쟁의 정치적 · 경제적 요인을 무시하는 오류를 낳고, 나아가 대량 학살을 저지른 카르툼(Khartoum) 정권의 책임을 면제해 주는 반정치적 역효과를 낳는다. 수십 년간 쌓여 곪을 대로 곪은 정치 · 경제 · 종족 문제가 핵심 요인이었음을 인정할 수밖에 없다면, 다르푸르 분쟁이 최초의 기후분쟁 사례라는 주장의 타당성도 박약하다.

말리(Mali) 북부 지역에서 일어난 투아렉(Tuareg) 족의 반란도, 가뭄으로 말미암아 알제리와 리비아로 이주한 청년층의 급진화가 불씨가 되었다는 점에서 기후분쟁이라고 단정할 수 없다. 2011년 '아랍의 봄'(Arab Spring) 사태에서 기후 변화가 중요한 역할을 담당했다는 주장도 다시 음미해 볼 필요가 있다. 2010년의 극단적 기후로 인한 식량 가격 상승이 중동 주민들의 불만 고조로 이어져 아랍의 봄에 불을 댕겼다는 것이다. 그러나 첫째 기후 변화의 영향을 받았다는 2010년의 기후가 전통적 기후 형태에서 벗어났다는 증거가 없고, 둘째 식량 가격 상승에는 다른 요인들 - 투기, 바이오 에너지 수요 - 도 작용했으며, 셋째 식량 가격이 아랍인들의 불만을 고조시키는 데 일익을 담당하기는 했지만 아랍의 봄에서 필수적 역할을 담당했다는 증거가 없다는 점에서[34] 이런 주장에도 문제가 있다.

---

34) Johnstone & Mazo(2011).

오히려 이 일련의 분쟁을 들여다보면 정치 · 경제 · 인종 변수가 기후 · 환경 변수를 압도했음을, 그리하여 기후 변화가 분쟁을 초래할 것이라는 주장은 과대 포장된 것임을 확인할 수 있다. 환경 문제가 인간사회에 미치는 영향이 점차 심각해지고 있으나, 기후 변화가 분쟁의 발생에 미치는 영향은 아직 일각에서 주장하는 것처럼 직접적이거나 필수적이지 않다.[35] 기후 변화는 전쟁을 야기할 수 있는 수많은 요인 중 하나이고, 환경 문제는 분쟁을 야기할 수 있는 다수의 비필수적 요인 중 하나에 불과하다. 탈냉전 시대의 국제환경정치에서 폭력분쟁의 주요 요인은 환경보다는 국가의 정치적 · 경제적 선택과 그 오류에서 찾는 것이 합리적이다.

수자원에의 접근 경쟁이 치열해질수록 물은 군사 활동의 대상이 되어 지역분쟁의 주요 원인이 될 수 있다. 특히 아시아와 아프리카 지역에서 국가들의 수자원 공유 – 터키와 시리아의 유프라테스강, 이집트와 수단의 나일강, 시리아와 이스라엘의 골란 고원 등 – 가 단서가 되어 폭력분쟁이 일어날 수 있다. 그러나 물 이용의 불균형이 폭력분쟁의 요인이 되는 경우는 역사적으로 드문 일이었다. 지난 4,500여 년간 수자원 쟁탈을 둘러싸고 물 전쟁이 발생한 적은 없다.[36] 근대의 경우, 물전쟁은 대가를 치를 만한 것이 아니라는 판단

35) 환경 문제가 폭력분쟁의 발발을 자극하기만 하는 것은 아니며, 오히려 내전을 예방하기도 한다. 2004년 인도네시아 아체(Ache) 지방에 들이닥친 쓰나미는 수십 년 된 분리분쟁을 완화시켜, 2005년 8월 평화협정의 체결을 돕기도 했다. Tertrais(2011), p.21~22.

36) 울프(Wolf)에 의하면 최후이자 유일한 물전쟁은 고대 수메르의 도시국가 Lagash와 Umma 간에서 발생했다. 근대의 경우, 물분쟁은 총 7회 발생했지만 이중 3회는 비폭력 분쟁이었다. 물전쟁은 거의 발생하지 않았다. 물분쟁은 간헐적으로 발생한 반면, 국제협력에 바탕을 둔 국제하천조약은 지난 1,000여 년간(805~1984) 3,600건 이상, 20세기에는 150여 건이 체결되었고, 20세기 마지막 50여 년간의 물 관련 사안 중 2/3는 협력적인 것이었다는 주장도 제기

이 폭력분쟁의 회피를 유도했다.[37] 물과 폭력분쟁의 연계는 특정 상황에서 제한적으로만 가능하다. 나일강을 둘러싸고 이집트와 수단 사이에, 그리고 유프라테스강을 둘러싸고 터키와 시리아 사이에 상당한 긴장이 조성되었지만 관련국들은 폭력분쟁으로의 확대를 자제했다.

가장 널리 인용되는 물전쟁 사례는 이스라엘과 인접국들 간의 것이다. 일부 연구는 쿨리(Cooley)의 견해를 좇아 3차 중동전(1967)과 이스라엘의 레바논 침공(1982)의 한 원인으로 물 문제를 지목한다. 3차 중동전은 아랍국들이 요르단강의 흐름을 바꾸려 하자, 이스라엘이 공격을 개시함으로써 발발했다고 이들은 주장한다.[38] 이스라엘과 시리아가 물 문제 때문에 총격을 교환한 것은 1966년 7월 14일의 일이고, 시리아는 이때 이미 분쟁의 원인이 되었던 유로 변경 공사를 중단했다. 3차 중동전은 이로부터 1년 뒤에 발생한 사건이어서 그 원인을 물 문제와 연결시키는 것은 비역사적 분석이다. 1982년 이스라엘의 레바논 침공 목적은 리타니(Litani)강의 흐름을 요르단강에 연결하기 위한 것이라고 한다. 그러나 이스라엘이 레바논 침공

되었다. 인도와 파키스탄 간 인더스강 분쟁(1948~1960), 시리아와 이스라엘 간 요르단강 분쟁(1951~1953), 이집트와 수단 간 나일강 분쟁(1958), 에티오피아와 소말리아 간 오가덴 분쟁(1963~1964), 이스라엘과 시리아 간 요르단강 분쟁(1965~1966), 시리아와 이라크 간 유프라테스강 분쟁(1975), 세네갈과 모리타니아 간 세네갈강 분쟁(1989~1991)이 그것이다. 인더스강 분쟁, 나일강 분쟁, 유프라테스강 분쟁은 비폭력분쟁이었다. Sandra L. Postel, "Dehydrating Conflict", *Foreign Policy*, 126, September/October 2001, p.60 ; Aaron T. Wolf, "Conflict and Cooperation along International Waterways", *Water Policy*, Vol.1, No.2, April 1998.

37) 아라비아 반도에 위치하여 물 스트레스가 가장 심한 국가들도 담수화 시설을 건설하는 것이 물 전쟁을 수행하는 것보다 더 경제적이다.

38) John Bulloch & Adel Darwish, *Water Wars: Coming Conflicts in the Middle East*, London: Victor Gollancz, 1993 ; John Cooley, "The War over Water", *Foreign Policy 54*, Spring ; Norman Myers, *Ultimate Security*, New York: Norton, 1993.

이후 리타니 강물을 끌어온 적이 없었으므로 물 문제가 침공의 원인이었다는 주장을 수긍하기 어렵다. 물 문제는 이스라엘과 아랍 국가들 간 전쟁의 주요 원인도 목표도 아니었다.

국가 간의 물 획득 경쟁이 격화되면서 미래의 국제관계에서 물분쟁이 증가할 가능성을 배제할 수는 없다. 물 문제 – 수량 부족, 수질 오염 – 는 두 차원에서 안보 환경에 영향을 미칠 수 있다. 국내적으로 물 문제는 정치 · 경제 · 사회의 갈등을 악화시키고, 국제적으로는 물이 폭력분쟁의 요인으로서 차지하는 중요성이 증가하는 것이다. 정치와 경제 영역에서 상호 의존성이 증가하면서 한 국가의 물 문제가 지역 전체의 문제로 확대될 가능성은 국제 물분쟁의 가능성이 작지 않음을 시사한다. 동남아의 사례를 보면, 메콩강의 수자원 이용을 둘러싼 6개 유역국 간 경쟁의 격화가 분쟁의 촉매가 될 가능성이 엿보인다.[39] 그러나 여타 희귀 자원과 마찬가지로 물 문제가 악화된다고 해서 반드시 분쟁이 발생하는 것은 아니다. 수자원을 공유하는 국가 간 정치 · 경제 관계의 수준이 분쟁의 확대 여부를 결정하는 데 중요하다. 가치를 공유하고 협력 관계를 유지하는 국가들이 대립 · 갈등 관계의 국가들보다 물분쟁에 이르지 않을 가능성이 더 크다. 국가 간 물 문제 중 상당수는 국제 조약과 투자로도 해결할 수 있기 때문이다.

물 문제가 국가마다 그 정도와 형태를 달리하기는 하지만, 국가안보를 위협하여 폭력분쟁에 이르게 할 수 있다는 점에서는 다르지 않다. 그러나 물 문제는 국제 폭력분쟁의 결정적 요인도 필요 · 충분 조건도 아니며, 단지 다양한 요인 중 하나일 뿐이다. 물분쟁의 요인으

39) Alan Dupont, "The Environment and Security in Pacific Asia", *Adelphi Paper* 319, London: International Institute for Strategic Studies, 1998.

로서 중요한 것은 오히려 정치·경제 관계이다. 정치·경제 관계는 대부분의 경우, 물분쟁의 발생과 해결 과정에서 직접적·필수적·최종적 요인으로 작용한다. 국제하천 유역국 중 일부가 물 문제를 해결할 목적으로 일방적으로 대규모의 개발을 하더라도, 이로 인한 유역국들의 손익을 조정해 줄 국제 조약이나 제도가 있는 경우 물분쟁의 발생은 억제되곤 했다.[40] 그리고 국제 조약이나 제도가 부재하더라도 유역국 간의 정치·경제 관계가 우호적이거나, 물분쟁으로 얻을 이익보다 정치적 경제적 대가가 더 크다면 물분쟁의 발발이 억제되어 왔다.

(2) 국내분쟁과 국제분쟁

2차대전 종전 이후에 일어난 전쟁 중 다수는 내전이었다. 탈냉전 시대에 들어와서도 내전형 분쟁은 여전히 국제전형 분쟁보다 더 많이 발생했다. 국제관계의 여건에 급변이 없는 한, 가까운 장래에도 이런 추세는 계속될 것으로 보인다. 그런데 최근에는 분쟁 요인으로서 환경 문제가 주목받는 변화가 나타난다. 환경 문제가 국내·국제 차원에서 발생하는 것에 대응하여 폭력분쟁도 두 차원에서 주목받는다.[41] 환경 문제로 말미암아 국민 부양 능력이 약화된 국가들은 환경난민의 대량 발생원이 되거나, 각종 국제협약을 제대로 이행하지 못하는 곤경에 빠질 가능성이 꽤나 있다. 더구나 권위주의적 정권들이 환경 문제에서 비롯되는 압박으로부터 국민의 관심을 돌리기 위하여 타국을 공격할 가능성마저 제기된다.[42] 환경 문제는 이처

40) Postel & Wolf(2001), pp.62~63.

41) Paul F. Diehl & Nils P. Gleditsch, "Controversies and Questions", in Diehl & Gleditsch(2001), p.5.

럼 국제관계를 교란하여 국제폭력분쟁의 발생을 촉진할 수 있다.

환경 문제가 폭력분쟁의 발생에 영향을 미친다는 인식은 기후 변화가 국가들 사이에서 국제분쟁을 초래한다는 방향으로 확대되고 있다. 기후 변화가 심각성의 도를 더할수록 대응 능력이 부족한 일부 국가들은 의도적인 것은 아니지만, 그 영향을 타국으로 확산시켜 국제분쟁을 유발할 수 있다. 그러나 일단의 논자들은 기후 변화가 국제분쟁의 주요 요인이라는 주장에 동의하지 않는다. 그들은 기후 변화 기인 자원 부족은 기존의 긴장을 강화하여 국가 하부 차원에서의 분쟁, 즉 국내분쟁을 잠재적으로 점화할 뿐이라고 주장한다. 그들은 그 연장선상에서 기후 변화가 다르푸르 분쟁의 직접적·필수적 요인이 아닐 뿐더러 분쟁의 형태도 국제전이 아닌 내전이라고 주장한다. 만일 기후 변화가 분쟁의 요인으로 추가되었다면 지난 20년간 국제분쟁이 증가했어야 하지만 현실은 그와 반대로 나타난다. 탈냉전 이후 국제전의 수가 감소했다는 분석은[43] 기후 변화가 국제분쟁의 주요 요인이 아님을 간접적으로 뒷받침한다.

일부 지역에서 물은 이미 희귀 자원이 된 터여서 물을 둘러싼 대립과 긴장이 계속되고 있다. 물 문제는 식량 생산에 타격을 가함으로써 지방과 국가 차원은 물론, 국제 차원에서도 갈등을 고조시킬 수 있다. 다른 조건이 같다면 국제하천을 공유하는 국가들이 그렇지 않은 국가들보다 물 문제로 인한 국제분쟁에 돌입할 가능성이 더 크기는 하지만, 물 문제가 반드시 국제하천 유역국들을 분쟁으로 이끄

42) Thomas Homer-Dixon, "Threshold of Turmoil: Environmental Scarcities and Violent Conflict", in Daniel H. Deudney & Richard A. Matthew (eds.), *Conflict in New Environmental Politics*, Albany, NY: State University of New York, 1999.

43) SIPRI, *SIPRI Yearbook, 1989~2009*, 각년호.

는 것은 아니다. 물분쟁은 국제 차원보다는 국가 하부 차원－종족 간, 물 이용 부문 간, 지방 간－에서 소규모로 더 자주 발생했기 때문이다.[44)]

인도에서는 코베리(Cauvery)강 이용을 둘러싸고 일어난 주(州) 간 폭력분쟁으로 사상자가 발생했고, 캘리포니아 농민들은 로스앤젤레스로 연결되는 송수관을 파괴했으며, 초기의 미국에서 물 문제가 원인이 되어 원주민과 유럽 이주민 사이에서 폭력 충돌이 일어났던 것이 그 전형적 예이다.[45)] 물 문제는 인간과 환경의 건강을 위협하고 경제와 농업의 발전을 저해한다. 그 영향으로 국제관계보다는 국가 하부 차원에서 물분쟁이 발생할 가능성이 더 크다는 것을 과거의 사례들은 말해준다. 따라서 앞으로도 당분간은 국제 물분쟁이 현실화되기보다는 잠재화된 형태로 진행되는 반면, 국내 물분쟁은 특정 상황에서 발생할 가능성이 더 크다고 여겨진다.

(3) 국제 갈등과 협력

환경 문제는 여러 차원에서 자원 획득을 둘러싼 집단 간 갈등을 악화시킨다. 환경 문제는 기존의 긴장 수준을 높여 집단 간, 특히 자원 획득 경쟁을 효과적으로 관리할 능력을 결여한 국가 내부에서 분쟁을 유발한다.[46)] 환경 문제는 이처럼 국제분쟁과 국내분쟁에서 일정한 역할을 하는 것으로 비춰진다. 그러나 환경 문제의 분쟁에 대한 영향은 실제보다 과장되었고, 흔히 추정하는 것과 상반되는 결과

44) Wenche Hauge & Tanja Ellingsen, "Causal Pathways to Conflict", in Diehl & Gleditsch(2001).

45) Lonergan(2001), p.120.

46) UNEP, *Global Environmental Outlook 4*, Valletta, Malta: Progress Press, 2007, p. 303.

를 초래하기도 한다. 자원 풍요가 전쟁을, 자원 부족이 협력을 초래하는 경우도 있다. 환경 문제와 환경 결핍은 자원 획득 경쟁을 격화시킬 수 있지만, 공동의 문제를 해결하기 위한 국가나 집단 간 협력을 촉진하기도 하며 무역, 조약, 국제제도는 이를 촉진하는 주요 기제이다.

환경 문제가 폭력분쟁의 발발을 자극한다고 하더라도, 그 영향이 분쟁으로 치닫지 않도록 차단하거나 관리할 방법은 없는가? 환경 문제가 분쟁으로 연결될 가능성이 있다고 해서 분쟁의 관리가 불가능한 것은 아니다. 환경 문제가 폭력분쟁을 야기할 수 있다면, 국제환경협력은 지속 가능한 자원 이용과 국가 간 균형을 촉진함으로써 긴장 완화, 탈군사화 촉진, 평화 확산의 효과를 거둘 수 있다. 환경협력이 행위주체들에게 이런 이익을 가져다주기 때문에 2차대전 이후 환경 문제 영역에서는 협력이 증대되었고, 행위주체들은 이를 토대로 환경분쟁의 발생 빈도와 강도를 낮출 수 있었다.

20세기에 물 문제가 분쟁을 초래한 경우는 드물었던 반면, 국제협력을 유도한 경우는 자주 있었다. 국제하천은 유역국들에게 공동의 이익을 제공할 수 있기 때문에 분쟁보다는 조약이나 협력과 훨씬 더 친숙하다.[47] 일부 국가들이 공유한 국제하천에서 수량이 부족해지면 물의 분배를 둘러싸고 폭력분쟁이 일어날 수 있었으나, 발발 빈도는 그리 높지 않았다. 지난 5,000여 년간 다수의 물 관련 분쟁이 일어나기는 했지만, 국가 간 물전쟁은 거의 일어나지 않았다. 그럼에도 국제관계에서 물을 둘러싼 긴장은 단속적으로 존재해 왔다. 이

47) 예컨대 상류국은 수력 발전에 그리고 하류국은 농업 생산에 이용함으로써, 국제하천은 상·하류국 모두에게 이익을 제공할 수 있다. Wolf(1998), pp.33~34.

스라엘이 가뭄 때문에 물 이전 조항을 포함한 요르단과의 평화조약을 준수하지 않겠다고 발표하여 국제 소동이 벌어진 것,[48] 1960년대 초 이스라엘이 요르단강의 물 흐름을 변경하여 더 많은 물을 끌어가려는 시리아의 공사에 타격을 가한 것, 이스라엘이 국경 지대에 수로를 건설하려 하자 시리아가 적은 규모지만 총격을 감행한 것이 그러한 주장의 타당성을 뒷받침한다.

그러나 이런 부류의 긴장과 충돌은 국제하천에서 전개된 협력에 비하면 사소한 것에 불과하다. 국제사회의 관행은 국제하천수의 분배 과정에서 야기된 갈등을 분쟁보다는 협력 – 조약, 외교 등 – 을 통하여 해결을 추구하는 것이었다. 고대 Umma와 Lagash 간의 전쟁 이후 물 전쟁은 한 건도 일어나지 않았으나, 국제하천조약은 9세기 이후 3,600건 이상 체결되었다. 기왕의 경과가 그렇다면 물 획득 경쟁은 분쟁보다는 협력을 더 촉진했다고 해도 무리는 아니다. 국제 차원에서는 분쟁보다는 협력이 표준으로 자리 잡았기 때문에, 그리하여 고대 이래 물 공유를 위하여 수많은 조약을 체결했기 때문에, 경쟁 국가들 사이의 관계에서 전쟁의 유혹을 제거할 수 있었음을 중동, 서남아, 동남아의 다수 사례들은 방증한다.

48) Lonergan(2001), p.119.

6장 ‖ 물 문제와 국제하천분쟁

물 – 담수, freshwater – 은 재생 가능하지만 무한하지 않은 자원이어서 인구 증가, 소비 확대 등의 영향으로 점차 희귀 자원이 되어 가고 있다. 더구나 원유를 비롯한 여타 전략 자원과는 달리 물은 대체재가 없어서 문제의 절박성이 가중된다. 물이 식량 생산, 공산품 제조, 건강 보호 등 인간 생활의 거의 모든 분야에서 필수적인 자원이라는 점에는 이론의 여지가 없다. 그러나 문제는 1950년 이래 세계 인구가 25억에서 80억 가량으로 증가하면서 물 수요가 지속적으로 증가한 반면, 공급은 과거와 거의 같아서 1인당 재생 가능한 공급량은 절반 이하로 감소했다는 점이다. 물 문제를 둘러싼 상황이 매우 심각한 이유를 이러한 변화에서 찾을 수 있다.

물 문제가 국제분쟁의 원인으로 작용하는 공간은 주로 국제하천 유역이다. 국가들은 증가하는 물 수요에 대응하려면 공급을 확대해야 하지만, 일부 국가에서는 공급이 이미 한계에 도달했다. 상당수의 국가들은 이런 상황에 직면하여 국제하천의 이용 확대에서 해결책을 구하고 있어서, 유역국들 사이의 관계에서 기존 갈등의 강도가 강화되거나 새로운 분쟁이 발생하는 경향이 가속화된다. 유례없는 물 위기가 세계 여러 지역에서 긴장을 고조시키며 국제관계의 새로운 변수로 부상하고 있다. 물 문제는 환경 문제이자 자원 문제로서 국제분쟁과의 상호 작용이 증가하고 있어서, 탈냉전기 세계질서에서 새로운 국제안보 의제로 점차 주목받고 있다.

현존하는 276개의 국제하천은 물 공급의 주요 원천이고, 세계 인구의 40% 정도의 생존에 영향을 미친다.[1)] 국제하천의 흐름은 정치적 국경에 구속받지 않으며, 그 질과 양이 시 · 공에 따라 변화하기도 하고, 이용과 관련하여 국가들의 이해관계가 다양하고 상충적이기도 하다. 사정이 그렇다면 국제하천 관리는 매우 복잡하고 까다로운 문제여서, 한편으로 국제협력을 요구하면서도 다른 한편으로는 국제분쟁을 자극하기도 한다.[2)]

최근 물 문제가 더 악화되면서 국제하천을 폭력분쟁의 역사적 원인으로, 나아가서 21세기 국제분쟁의 주요 요인으로 지적하는 추세가 강화되고 있다.[3)] 물은 필수 자원이지만 대체 불가능한 자원인 데다가 점차 희귀 자원이 되어가는 과정에서, 국제하천에 대한 각국의 수요가 경쟁적으로 증가하기 때문에, 근자에 이르러 과거의 협력이 미래로 연장될 가능성에 회의를 표시하는 견해가 증가하고 있다.

---

1) Neda A. Zawahri, Shlomi Dinar & Sara M. Mitchell, "Facilitating Treaty Formation to Govern International Rivers,“ *International Studies Quarterly*, Vol.55, 2011, p.803.

2) Lucia De Stefano et al., "Climate Change and the Institutional Resilience of International River Basins," *Journal of Peace Research*, Vol.49, Issue 1, January 2012, p.193 ; Salman M. A. Salman & Kishor Uprety, *Conflict and Cooperation on South Asia's International Rivers,* Washington, DC: World Bank, 2002, p.xii.

3) 예컨대 John Bulloch & Adel Darwish, *Water Wars: Coming Conflicts in the Middle East* London: Victor Gollancz, 1993 ; John K. Cooley, "The War over Water", *Foreign Policy*, 54, 1984 ; Joyce R. Starr, "Water Wars," *Foreign Policy*, 82, Spring 1991 참조.

1. 물 문제와 국제하천분쟁 실태

지구 표면의 71%가 물로 덮여 있고 지하수층, 빙하, 빙산, 대기 등에도 물이 존재한다. 지구에 부존된 총 수량 14.5억 ㎦ 가운데 담수는 2.5%에 불과하고 97.5%는 해수이다. 그러나 담수의 대부분은 얼음, 만년설, 심층 지하수에 갇혀있어서 접근이 거의 불가능한 형편이다. 인류가 이용할 수 있는 담수 - 하천, 호수, 얕은 지하수층 - 는 전체 수자원의 0.1~0.26%에 불과하다.[4] 가용 담수 가운데 70%는 농업용으로, 20%는 공업용으로, 10%는 가정용으로 사용된다.

인류의 물 사용량이 꾸준히 증가하면서 수요도 3배 이상 증가하여 많은 국가에서 물 수요가 지속 가능한 공급 수준을 이미 넘어섰다. 세계가 점차 물 위기의 수렁에 빠져들고 있음은 여러 가지 징후에 비추어 보면 뚜렷하다. 내수면 면적 축소와 지하수층 하강은 그 전형적 증거이다. 지하수의 경우, 대부분의 국가들이 취수량을 제한하지 않은 채 재충전 속도보다 더 빠르게 취수하기 때문에 지하대수층이 미국, 중국, 인도, 예멘 등지에서 빠르게 하강하고 있다.[5]

하천의 건천화 - 강이 바닥을 드러내 강물이 항상 또는 일정 기간 바다에 도달하지 못하는 현상 - 는 내수면의 축소를 대변하는 것으로서 지하수 고갈보다 훨씬 더 가시적인 것이다. 미국 남서부의 콜로라도강, 중국의 황하, 중앙아시아 아랄해 유역의 Amu Darya강과 Syr Darya강이 대표적인 예이다. 나일강, 인더스강, 갠지스강 또한 간신히 바다로 흘러 들어간다. 물은 이제 더 이상 과거처럼 값싸고

---

4) Igor A. Shiklomanov, "World Freshwater Resources", in Peter H. Gleick (ed.), *Water in Crisis*, New York: Oxford University Press, 1993.

5) 레스터 브라운, 『플랜 B』, 도요새, 2004, pp.41~49.

풍부한 자원이 아니며, 오히려 빠른 속도로 희귀자원으로 전환되고 있다. 2010년 현재, 세계인구의 1/3 가량 – 14억 내지 20억 명 – 의 1인당 물 소비량이 1년에 1,000m³ 미만인 물 부족 지역에 거주했다. 기후 변화와 인구 증가로 말미암아 2050년까지 추가로 최대 10억의 인구가 물 부족 사태에 직면할 것으로 예상된다.[6] 물이 인간 생활과 산업의 모든 분야에서 필수 자원이라는 사실을 부인할 수 없다면, 물 문제 – 수량 부족, 수질 오염, 분배의 불평등성 등 – 가 조만간 석유 부족만큼이나 국가의 생존에 위기를 초래할 것이라는 전망은 상당한 현실성을 갖는다.

물 문제의 또 다른 발생 요인은 물 공급의 제한성과 분배의 불평등성에서 찾을 수 있다.[7] 물은 모든 토지에 균등하게 분배되지 않을 뿐더러, 그 대부분은 인구 밀집 지역으로부터 멀리 떨어져 있어서 다수 지역의 주민들은 쉽게 접근할 수 없다. 매년 지구 전체 강수량의 3/4은 세계 인구의 1/3 미만이 거주하는 지역에 집중된다. 강우는 시간적으로도 불균등하게 분배된다. 기온 상승을 초래하는 기후 변화도 증발의 증가, 강설 및 강우 형태의 변화, 태풍의 강도와 발생 시기의 변화를 통하여 물의 공급과 분배에 영향을 미친다는 점이 확인되고 있다. 수량 부족과 수질 오염은 이런 요인들의 영향 아래서 발생한다.[8]

---

6) Michael Renner, "Climate Warming Demands Fresh Thinking About Security Policy", *World Watch*, Vol.23, Issue 1, January/February 2010. 물 부족 문제가 가장 심각한 지역으로는 북아프리카, 남아프리카, 중동, 중앙아시아와 남아시아, 중국의 서부, 오스트레일리아의 동남부, 남아메리카의 서남부, 미국 서부 지역이 꼽힌다.

7) Alan Dupont, *The Environment and Security in Pacific Asia*, New York: Oxford University Press, 1998, p.59.

8) Jill Boberg, *Liquid Assets: How Demographic Changes and Water Management Policies Affect Freshwater Resources*, RAND, 2005, p.xv.

지속 불가능한 환경 이용 관행 때문에도 물 공급은 감소한다. 특히 개도권에서는 삼림 파괴로 말미암아 지하수층이 하강하고 토지와 물의 염화가 진행되는가 하면, 농약과 화학비료의 남용으로 음용수와 관개수 오염이 가속화된다. 물 문제는 이렇듯 환경 문제이자 분배 문제이다. 수량 부족과 수질 오염은 상호 작용하면서 상승 작용을 일으킨다. 지표수의 경우 하천 상류에 댐을 건설하면, 하류 사용자에게는 수량이 감소되는 사태가 초래될 뿐만 아니라, 염분 제거에 필요한 유량을 확보할 수 없게 되어 토지와 물의 오염을 피할 수 없다. 더구나 댐의 물이 관개용수로 이용된 후 방류되면, 하류 사용자들은 오염된 물을 사용하는 것 이외에는 방도가 없다. 지하수의 경우도 마찬가지여서, 어느 지역에서의 지하수 과잉 양수는 인근 지역의 지하수층 하강과 염화를 초래할 가능성이 크다.

수질 오염은 수량 부족에 못지않은 폐해를 인간사회에 몰고 온다. 1990년대에 이미 안전한 음용수에 접근할 수 없는 인구가 세계 전체의 20%였고, 위생의 혜택을 받지 못하는 인구는 50%에 달했다. 이 결과 세계 병상의 절반은 '수인성 질병'(water-borne diseases) 환자로 채워졌고, 특히 개도권의 경우 질병의 80%가 수인성이며, 사망 원인의 1/3 이상이 오염된 물 때문이었고,[9] 세계 전체로는 수인성 질병으로 인한 사망자가 매년 300만~400만 명에 이르렀다.

물 문제는 이처럼 양과 질 양면에서 인간사회에 다양하고 심대한 충격을 주고 있기 때문에, 전문가들은 물 문제를 21세기의 가장 심각한 환경 문제 중 하나로 지적하는 데 주저하지 않는다.[10] 물 문제

---

9) Bulloch & Darwish(1993), p.20.

10) 이러한 견해를 대표하는 것으로는 UNEP, *Global Environmental Outlook-2000*, London: Earthscan, 1999, p.xxvii.

가 인간의 생존과 경제 성장은 물론이고 국제관계를 자주 교란했던 흔적을 근현대사에서 찾아보기는 어렵지 않다. 물 문제의 영향이 세계적으로 확산되면서, 물 위기에 직면한 국가와 인간의 수는 시간이 갈수록 더 증가할 것이라는 비관적 전망이 점차 세를 얻고 있다. 국가들은 증가하는 물 수요에 부응하기 위하여 공급의 확대를 추구해 왔으나, 일부 국가에서는 이미 공급의 한계가 드러났다. 다수 국가는 다른 국가들과 공유하는 국제하천으로부터의 취수 증대를 대안으로 선택했다. 그러나 이들 대부분은 하천수 분배에 관한 타협의 결여와 상호 불신의 심화로 말미암아, 물의 이용을 둘러싸고 분쟁 상태를 지속했고 물전쟁의 가능성을 높여 왔다.[11]

2차대전 이후 국제하천수 분배 문제는 유역국들 사이의 관계에서 협력과 함께 적대를 강화했다. 적대 행위의 대부분은 '설전'(舌戰)의 형태로 전개되었으나 포격전, 댐 파괴, 그리고 여타 형태의 군사 작전이 수행되기도 했다.[12] 국제하천분쟁은 이렇듯 유역국들 사이에서 관계 악화, 적대 강화, 군사 활동, 그리고 전면전은 아니더라도 폭력분쟁을 초래하는 요인으로 작용하곤 했다. 그런데 일부 논자들은 국제하천분쟁이 국제하천의 수자원 자체를 둘러싸고 무력 충돌이 일어났거나 위협된 분쟁을 의미하는 것이라면, 폭력분쟁의 형태로 일어난 국제하천분쟁은 그다지 많지 않다고 주장한다. 분쟁이 빈발하지도 폭력적이지도 않았기 때문에 국제하천분쟁의 역사는 그리 심각하거나 극적인 것이 아니라는 것이다.[13]

---

11) Zawahri, Dinar & Mitchell,(2011), p.803.

12) Sandra L. Postel, *Pillar of Sand*, New York: W. W. Norton, 2000.

13) 이에 관한 자세한 설명은 Aaron T. Wolf, "Conflict and Cooperation along International Waterways", *Water Policy*, Vol.1, No.2, April 1998, p.255 ; Aaron T. Wolf & Jesse H. Hamner, "Trends in Transboundary Water Disputes and

그러나 다른 논자들은 국가 간의 정치적 긴장이나 대립까지도 분쟁의 주요 형태로 간주하는 경향을 드러낸다. 그들은, 물은 모든 면에서 국가 생존의 필수 자원이므로 물 부족은 고도의 정치적 긴장과 압박을 자아낸다고 주장한다. 물이 인간과 국가에게 필수 자원이라면 평화의 동력으로 작용할 가능성이 크지만, 동시에 분쟁의 요인이 될 가능성도 적지 않다. 물은 적대 관계를 오래 지속해 온 국가들 – 예컨대, 이스라엘과 요르단 – 에게서 협력을 유도할 수 있지만, 역으로 우호 · 협력 전통을 가진 국가들 – 예컨대, 미국과 멕시코 – 에게 적대 요인으로 작용할 수도 있다.

국제하천의 수자원이 전쟁의 원인이 되는 경우가 드물다고 하지만, 국제분쟁과 무관한 것이 결코 아님은 세계사의 경험에서 확인된다. 그 예로 갠지스강 분쟁의 경우, 인도의 유로 변경으로 인한 유량 감소가 환경 문제와 담수의 염수화를 초래한 결과, 방글라데시 농민들이 인도로 대거 이주하면서 양국 관계가 종종 악화되기도 했다. 중동, 아시아, 아프리카에서도 물 문제로 인한 분쟁의 발생은 새삼스러운 일이 아니다.14)

이런 사례들은 국제하천분쟁이 폭력분쟁으로 확대될 가능성을 예고한다. 이집트가 나일강에 대한 어떠한 변경도 전쟁의 원인이 될 것이라고 명백히 경고한 것에서, 자국 북부의 갈릴리호로 흘러드는 물을 감소시킬 댐 축조를 일방적으로 시도할 경우 시리아를 공격할 것이라고 이스라엘이 위협한 사례에서, 그럴 가능성을 확인할 수 있

Dispute Resolution", in Lowi, Miriam & Brian R. Shaw (eds.), *Environment and Security: Discourses and Practices*, London: Macmillan, 2000, pp.124~127 참조.

14) Asit K. Biswas & Hashimoto T. (eds.), *Asian International Waters: From Ganges-Brahmaputra to Mekong*, Oxford: Oxford University Press, 1996.

다. 물론 요르단강 유역국 모두가 댐의 필요성에 공감하기는 하지만, 이들의 물 사용에 근본적 변화가 없는 한 평화적 해결이 어려워져 분쟁의 가능성이 상존할 수밖에 없다. 북아프리카와 중동의 사례는, 국제하천분쟁을 회피하기 위한 수단으로 국제사회의 협력이 필수적임을 역설하는 것과 다르지 않다. 그러나 협력은 공유를 요구하고, 공유는 일부 국가들에게는 때때로 국제하천수의 분배가 현재보다 더 불리하게 될 수도 있다는 것을 의미한다. 대부분의 국가가 그렇게 되는 것을 선호하지 않기 때문에 분쟁의 예방을 기대하기 어렵다.

2. 국제하천분쟁 사례

수량 부족과 수질 오염 그리고 분배의 불공평성 문제는 주로 개도국의 문제로 귀착되지만, 특히 이 문제가 가장 심각하고 위험하게 진행되는 지역은 중동이다. 중동 지역은, 물이 부족한 역내 국가들이 광대한 재정 자원과 군사력을 보유한 것에 더해, 폭력분쟁의 역사마저 보유한다.[15] 물 수요에 비하여 공급이 부족한데다가 만성적 분쟁 구조 속에 있는 탓에, 분쟁 발생 가능성이 가장 큰 국제하천으로는 중동 지역의 티그리스강, 유프라테스강, 요르단강이, 다음으로는 남아시아 지역의 갠지스강, 브라마푸트라강, 인더스강이 손꼽힌다.

15) Bulloch & Darwish(1993), p.18.

1) 중동

터키에서 페르시아만(Persian Gulf)에 이르는 중동 지역에서, 물은 인간의 생존은 물론 정치의 사활에 결정적 영향을 미치는 요인이라고 해도 과언이 아니다. 대부분이 불모지인 관계로, 이 지역이 당면한 가장 큰 도전에는 물 분배를 둘러싼 갈등이 한 자리를 차지한다. 비교적 풍부한 수자원을 보유한 티그리스강과 유프라테스강의 유역국들조차도 급속한 인구 증가, 관개 시설 확대, 에너지 확보 압력 등으로 인하여 국제하천분쟁에 휘말려 왔다. 국제하천분쟁이 이 지역 일부에만 국한된 문제는 아니지만 티그리스강, 유프라테스강, 요르단강이야말로 이 지역의 가장 크고 중요한 물 공급원이어서 대부분의 유역국들이 다양하게 의존하며, 여타 국가들도 지하대수층의 보충을 그것들에 의존한다. 이런 상황은 중동 지역 국제하천분쟁의 주요 원천인 이들 강에 이목을 집중하게 한다.

(1) 유프라테스강과 티그리스강

터키 동남부에서 발원한 유프라테스(Euphrates)강은 시리아를 거쳐 이라크로 유입되었다가, 티그리스(Tigris)강과 합류한 후 마지막에 페르시아만으로 흘러 들어가는 총 연장 2,940km의 국제하천이다. 티그리스강 역시 터키, 시리아, 이라크 영토를 통과하는 총 연장 1,900km의 국제하천으로서, 이라크 영토에서는 5개 주요 지류들이 합류한다. 터키, 시리아, 이라크는 이처럼 티그리스강과 유프라테스강을 공유한다. 그러나 영국이 이라크를, 프랑스가 시리아를 지배한 이후 수차에 걸친 협상이 실패로 돌아간 결과, 지금까지 두 국제하천의 이용과 관련하여 세 국가의 상호 권리와 의무를 규정한 조약이 없는 것이 국제하천분쟁의 연원으로 작용한다. 더구나 유프라테스강과 티그리스강은 세 유역국에게는 젖줄과 같아서, 어느 국가로 양보할 수 없는 사정이 국제분쟁의 발생 가능성을 고조시킨다.

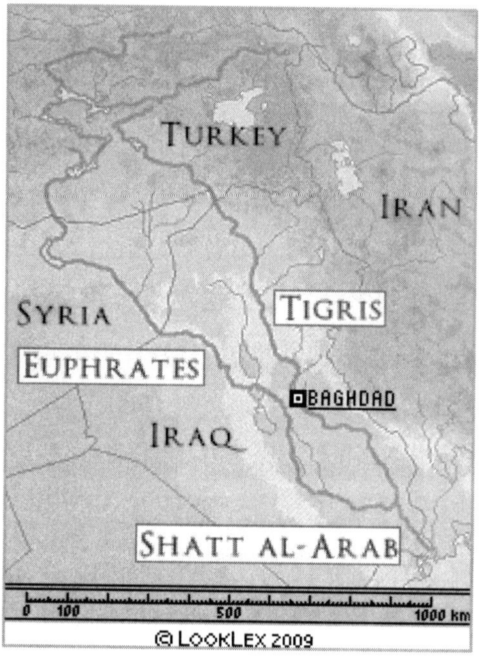

출처 : http://www.womansense.org/sub_read.html?uid=18729 (검색일: 2022. 11. 08)

두 국제하천 유역에서의 갈등은 유역국들이 하천 개발 프로젝트를 일방적으로 그리고 경쟁적으로 추진한 1960년대 후반부터 본격화되었는데, 안보 문제와 결부되면서 더 악화되었다. 최초의 분쟁은 1975년 터키가 케반(Keban) 저수지에 물을 채우기 시작하고, 동시에 시리아가 터키와의 국경 남쪽 40마일 지점에 땁까(Tabqa) 댐을 건설하는 과정에서 현실화되었다. 1975년 이라크는 자국 농민의 피해를 이유로 군대를 동원하여 위협하기도 했으나, 분쟁은 사우디아라비아의 중재로 수면 아래로 잠복했다.[16] 3국은 1980년 정보 교환을 위한 기술협력단 창설에 합의한 이후 여러 차례 회의를 열었으나, 본질적인 의미의 국제하천조약과는 거리가 먼 3국 간 협력조약을 체결하는 데 그치고 말았다.

유프라테스강과 티그리스강은 나일강만큼이나 거대한 국제하천이다. 터키는 두 하천의 상류에 있을 뿐만 아니라 풍부한 수자원을 보유한 역내 강대국이어서,[17] 이라크와 시리아의 물 이용에 큰 영향을 미칠 수 있고, 나아가 중동 지역의 국제정치에서 중요한 역할을 수행할 수도 있다. 1960년대부터 시 · 공의 면에서 불규칙적인 물 분배 문제를 해결할 목적으로, 1982년 터키는 시리아 및 이라크와의 사전 협의 없이 일방적으로 '아나톨리아 개발 사업'에 착수했다.

GAP는 13개 수력 발전 및 관개 시설, 22개 댐, 19개 수력발전소를 유프라테스강과 티그리스강 상류에 건설하여, 68개의 관개농업 프로젝트 – 2백만 ha – 에 관개용수를 확대 공급하려는 것이었다.[18] 터키는 GAP를 기반으로 전력 생산 25% 증가, 동남부 불모지의 생산

16) Starr(1991), p.31 ; John Waterbury, "Transboundary Water and the Challenge of International Cooperation in the Middle East", in Rogers Peter & Lydon Peter (eds.), *Water in the Arab World: Perspectives and Prognoses*, Cambridge, MA: Harvard University Press, 1993.

17) 유프라테스 강의 95%가 터키에서 4%가 시리아에서 발원한다. 티그리스 강의 40%, 50%, 10%가 터키, 이라크, 이란에서 발원한다. Harald D. Frederiksen, "International Community Response to Critical World Water Problems", *Water Policy*, Vol.1, No.2, April 1998, p.147.

18) Ilektra Tsakalidou, "The Great Anatolia Project: Is Water Management a Panacea or Crisis Multiplier for Turkey's Kurds?" *New Security Beat*, August 5, 2013 in www.newsecuritybeat.org/2013/08/great-anatolian-project-water-management-panacea-crisis-multiplier-turkeys-kurds (검색일: 2021. 02. 22).

성 향상과 농업 생산량 배증을 실현함으로써 지역 주민들의 소득 수준을 높이고, '쿠르드 노동당'(PKK) 게릴라들을 고립시키려는 다중의 목적을 가지고 있었다. GAP에는 터키로 하여금 이런 목적의 달성을 가능하게 하는 순기능이 있는 반면, 시리아 및 이라크와의 적대 관계를 심화시키는 역기능도 있음에 주목해야 한다. 시리아와 이라크는 인구 증가에 따라 더 많은 물을 필요로 했지만, GAP로 말미암아 가용 수량이 감소하면서 터키와의 대립 관계를 강화하지 않을 수 없었기 때문이다.[19]

두 국제하천의 중류국인 시리아와 하류국인 이라크는, 각각 국토의 절반과 2/3가 사막과 준사막으로 채워진 국가이다. 유프라테스강은 시리아에게 가용 수량의 90% 가량을 제공하는 중요한 생명선이다.[20] 시리아로서는 유프라테스강의 유량이 극대화되도록 해야, 또 다른 주요 수원인 요르단강에 대한 의존도를 낮추어, 그 유역의 강대국인 이스라엘과의 긴장 관계에서 오는 부담을 완화할 수 있다. 이라크 또한 북부 일부 지역을 제외하고는 공업화, 농작물 재배, 무기 생산, 국민 부양에 필요한 물의 80% 정도를 유프라테스강과 티그리스강에 의존했다.

GAP는 이렇듯 두 국제하천의 수자원 분배와 관련하여 터키에게는 긍정적인 결과를, 시리아와 이라크에게는 부정적인 결과를 가져다주었기 때문에 세 국가 간의 대립 관계를 더 악화시키는 요인으로 작용했다. 사실상 그 유역 전반이 국제 폭력분쟁의 가능성이 내면화

19) Norman Myers, *Ultimate Security*, New York: W. W. Norton, 1993, p.43.
20) Miriam Lowi, "Water and Conflict in the Middle East and South Asia," in Lowi, Miriam & Brian R. Shaw (eds.), *Environment and Security: Discourses and Practices*, London: Macmillan, 2000, p.155.

된 '중동의 화약고'라는 점에서, 또 단일 국가 - 오토만 터키 제국 - 의 분열 이후 공유 수자원의 분배를 관리하는 '국제하천레짐'이 부재한다는 점에서, 두 국제하천의 사정은 요르단강이나 갠지스강의 그것과 다르지 않다. 거기에다 이라크와 시리아는 GAP의 피해국이라는 이해관계를 공유하면서도, 상호 적대 관계 때문에 터키의 GAP를 견제하는 데 필요한 협력의 가능성을 스스로 차단해 왔다.

물론 두 국제하천의 유역국들 사이에서는 오랫동안 정치적 갈등과 함께 협력이 전개되어 왔다. 2003년 미국의 이라크 침공과 2011년 이후의 시리아 내전으로 말미암아 유역국들 사이의 관계는 불안정한 안보 상황의 토대 위에 구축되었다. 이와 동시에 유역국의 정치인, 외교관, 수자원 담당 부처, 외부 행위주체 등에 의하여 협력 기제도 구축되어 왔다. 유역국들은 이처럼 다차원에서 상호 작용하여 거버넌스 기제 - 1983년 합동기술위원회(Joint Technical Committee), 2009년 양해각서(Memorandum of Understandig) - 를 수립했으되 폭력과 함께 평화적 교섭, 외교, 조약이 공존하는 '불완전한 평화' 상태에서 두 국제하천 문제의 해결을 추구해 왔다. 그러나 시리아 내전이 전면전으로 확대되고, 이 과정에서 일부 무장집단 - IS - 이 국제하천수의 분배 문제를 적에 대한 무기로 이용했기 때문에 국제하천 분쟁의 그림자가 여전히 짙게 드리워져서 있다.[21]

---

21) Marwa Daoudy, "Water Weaponization in the Syrian Conflict: Strategies of Domination and Cooperation", *International Affairs*, Vol.96, Issue 5, September. 2020, pp.1347~66 ; Aysegul Kibaroglu & Ramazan Caner Sayan, "Water and 'Imperfect Peace' in the Euphrates-Tigris River Basin", *International Affairs*, Vol.97, Issue 1, 2021, pp.143~146.

(2) 요르단강

요르단(Jordan)강의 총 연장은 340km이고 유량은 나일강의 2%에 불과하다. 여타 국제하천에 비하면 규모가 매우 적은 편이지만[22] 유역국들 – 이스라엘, 시리아, 요르단, 레바논, 팔레스타인 – 에게는 가장 크고 중요한 수원이어서 그 가치는 막대하다. 그러나 유역국들의 상반되는 이해관계 때문에 그리고 대체 수원의 부재 때문에, 요르단강은 일찍부터 치열한 전략적 획득 경쟁의 대상이 되어왔다.[23] 요르단강이 최고의 분쟁 지역을 관류하면서 중동 지역의 가장 심각한 국제하천분쟁은 요르단강의 통제권을 둘러싸고 일어났다.

출처 : https://ko.wikipedia.org/wiki/%EC%9A%94%EB%A5%B4%EB%8B%A8%EA%B0%95(검색일: 2022. 11. 08)

---

22) 요르단강은 3개의 지류, 즉 레바논에서 발원한 하스바니(Hasbani)강, 이스라엘에서 발원한 단(Dan)강, 시리아에서 발원한 바니아스(Banias)강이 합류하여 구성된 국제하천이다. 요르단강 하류는 이스라엘과 요르단 국경의 일부를 구성한다.

23) 김양은, 『국제하천분쟁의 제도적 해결 방안에 관한 연구』, 울산대학교 교육대학원 일반사회교육 전공 석사학위 논문, 2003, p.17.

물이 비교적 풍부한 레바논의 수로를 따라 자국의 국경을 설정한 것에서 드러나듯이, 물 문제는 1948년 건국 초기부터 이스라엘의 주요 정치 의제로 자리 잡았다. 1950년대 후엽, 이스라엘 정부가 티베리아스(Tiberias)호의 물을 양수하여 요르단강을 거치지 않고 이스라엘 전역에 공급하려는 계획에 착수하자, 시리아는 비무장 지역에 대한 폭격으로 저지하려 했다. 마침내 1964년 이스라엘이 1단계 유로 변경 공사를 완료했다고 선언하자, 아랍측 유역국들은 자국민의 권리 침해와 안보에 대한 위협을 이유로 격렬히 반발했다.[24)] 요르단은 이스라엘의 일방적 유로 변경을 저지하기 위한 집단 행동을 '아랍연맹'(Arab League)에 호소하면서, 동시에 하스바니강의 유로를 레바논으로 변경하되 잉여 수자원을 시리아의 바니아스강에 공급하자고 제안했다. 아랍연맹은 이 제안에 동의했으나 시리아는 군사적 대응을 주장하며 반대했다.

1964년 아랍권이 바니아스강 유로 변경 공사를 시작한 지 몇 주 안 되어, 이스라엘군과 시리아군 사이에서 무력 충돌이 발생했다. 물 관련 프로젝트를 둘러싸고 요르단강 유역국들 사이에서 일어난 일련의 군사적 충돌 중 첫 번째 것이었다. 이후 무력분쟁은 수와 강도 면에서 증가했고, 물 관련 시설은 가끔 공격 목표가 되었다. 1965년 중엽, 아랍권 내부의 갈등으로 말미암아 레바논 및 시리아 영토에서의 유로 변경 공사가 중지되었으나 아랍권과 이스라엘 간의 군비 경쟁, 군사력 시위, 무력 충돌은 1967년 가을까지 계속되었다.

1967년 5월, 시리아 정부는 이스라엘 군대가 시리아 서남부 국경

24) Miriam Lowi, "Rivers of Conflict, Rivers of Peace", *Journal of International Affairs*, Vol.49, No.1, Summer 1995, pp.115~144.

지대에 집중 배치되었다고 발표했다. 이집트와 시리아는 이스라엘 정부의 거듭된 도발적 성명 발표를 시리아에 대한 침공 의도의 표출로 해석하고, UN 긴급군(Emergency Forces)의 즉각적이고 전면적인 철수를 요구하며 시나이 반도의 국경 지대에 이집트군을 배치했다. 그리고 이집트가 이스라엘 함정과 전략 물자를 싣고 이스라엘로 향하는 모든 함정에 대해 토란(Toran) 해협 통과를 금지하자, 이스라엘은 이집트가 공격을 준비하고 있다고 간주하여 이집트와 시리아를 상대로 선제공격을 감행하면서 3차 중동전이 발발했다. 이 전쟁의 근인(近因)은 국경분쟁이었지만, 원인(遠因) 중 하나는 오래 묵은 국제하천분쟁이었다고 할 수 있다. 1967년 3차 중동전의 궁극적 요인 중 하나는, 아랍권이 요르단강 상류에 댐 건설을 시도한 것에서 찾을 수 있다. 이스라엘은 3차 중동전에서의 승리를 계기로 요르단강의 주요 수원지를 모두 장악했고, 점령지 지하수의 40%를 차지하게 되었다.[25)]

요르단, 레바논, 시리아, 이스라엘은 이처럼 요르단강을 함께 이용하면서 종종 분쟁 상황을 연출했다. 3차 중동전 당시 이스라엘이 점령한 골란 고원은 안보 면에서는 물론이고, 이스라엘 전체 물 공급량의 30%를 차지하는 갈릴리호의 주요 수원으로서도 중요하다. 시리아와의 평화협정 체결의 대가로 골란 고원 반환을 추진했던 이스라엘은, 골란 고원을 반환하더라도 갈릴리호에 완충 지대를 설정하여 주변국이 수자원을 공동 이용할 수 있도록 하자는 주장을 굽히지 않는다.[26)]

---

25) 이종택, “중동 수자원 안보와 분쟁”, 『한국중동학회논총』, 제18호, 1997, p.225 ; Myers(1993), p.41.

26) 김미영, 『팔레스타인 지역 수자원 분쟁이 중동 평화에 미치는 영향』, 부산

요르단강과 더불어 팔레스타인 지역의 수자원 이용 문제가 아랍권과 이스라엘과의 관계에서 불안정 요인으로 작용하면서, 중동 평화에 어두운 그림자를 드리울 가능성은 여전히 남아있다. 일반적으로 국제하천에 대한 의존도가 매우 높고 여러 국가가 국제하천을 공유하며, 수자원의 고갈이나 오염 때문에 물 공급이 부족한 상황에서, 불공평한 하천수 분배가 국제분쟁이 원인이 될 수 있다.[27] 요르단강의 경우 한정된 지표수 및 지하수를 둘러싼 경쟁적 수요가 세계에서 가장 심각한 국제하천분쟁을 초래한 주범이었다고 해도 무리는 아니다.

2) 서남아시아

서남아시아 소대륙에서도 국제하천은 인더스 문명의 육성, 관개농업의 활성화와 주민의 생계 유지, 전력 생산과 어업 기반 조성, 내륙 운송 통로 제공, 지하수 재충전 등의 중요한 역할을 수행했다. 그러나 몬순 기후로 인한 계절별 강우량의 급격한 변화, 공평하고 지속적인 물 공유 제도의 부재, 빈곤의 심화, 인구의 급증, 도시의 확대, 관개와 발전 수요의 급속한 증가가 날이 갈수록 하천들에 더 큰

외국어대학교 아주지역학과 석사학위 논문, 2000, pp.23~25.

27) 요르단강 유역의 일부 국가들은 외견상 공평한 '수자원 공유 협정' - 이스라엘과 요르단 간의 협정, 이스라엘과 팔레스타인 간의 잠정 협정 - 을 체결하기도 했다. 그러나 일부 당사국이 국가이익을 확보하기 위해 강제력을 행사하거나 협정을 무시하는 경우가 자주 발생했다. 이처럼 국가 간 역관계의 불평등성을 반영한 국제하천수의 불공평한 분배는 갠지스강, 나일강 그리고 미국과 멕시코를 유역국으로 하는 콜로라도강 - 리오그란데강 사례에서도 엿볼 수 있다. 이에 관해서는 김광묵 외, 『물분쟁과 21세기』, 국토연구원, 2002, pp.150~163 ; Jurgen Schmandt, "Bi-national Water Issues in the Rio Grande/Rio Bravo Basin", *Water Policy*, Vol.4, No.2, 2002 참조.

압박을 가한다. 이런 상황에서 서남아시아 소대륙의 유역국들 - 인도, 방글라데시, 파키스탄, 네팔, 부탄 - 은 국제하천수의 분배 문제와 관련하여, 적절한 수준의 타협을 도출하지 못하는 한계를 드러내기도 했다. 이 지역 20여 개의 하천 중, 국제 분쟁 및 협력의 원천으로서 중요한 것은 갠지스강, 브라마푸트라강, 인더스강이다.

(1) 갠지스강, 브라마푸트라강

히말라야 남쪽 산간에서 발원한 갠지스(Ganges)강은 중국, 네팔, 인도, 방글라데시를 거쳐 벵골만으로 흘러 들어간다. 총 연장이 2,512km에 달하는 갠지스강은 상류에서는 다수의 지류와 하류에서는 브라마푸트라(Brahmaputra)강과 합류한다.[28] 그런데 건기에는 가뭄에 그리고 우기에는 홍수에 시달릴 정도로 계절별 유량의 변화가 매우 큰 편이어서, 식량 생산에 위협 요인이 되기도 했다. 이 때문에 갠지스강으로부터의 물의 안정적 공급과 공평한 분배를 둘러싸고 인도와 방글라데시가 장기간 대립해 온 마당에, 양국의 국내 문제와 민족주의까지 가세하여 갠지스강 분쟁은 해결의 기미를 별로 보이지 않는다.

갠지스강 분쟁의 기원은 인도가 독립한 1947년, 아니면 늦어도 방글라데시가 여전히 파키스탄의 일부 - 동파키스탄 - 였던 1951년까지로 거슬러 올라간다. 당시 인도는 동파키스탄과 인접한 파라카(Farakka) 지방에 갠지스강을 가로지르는 댐 건설을 시도했다. 이 문제를 놓고 양국 간의 협상이 지루하게 계속되는 과정에서, 1962년 인도가 일방적으로 댐 공사에 착수하여 1970년대 초에 완공했다. 이

---

28) 브라마푸트라강은 총 연장 2,800km로서 티벳, 부탄, 인도, 방글라데시의 영토를 통과한다.

후 동파키스탄이 건기에 심각한 물 부족 사태에 직면하게 되었는데도,[29] 인도는 브라마푸트라 강물을 갠지스강으로 끌어들이기 위해 연계 수로를 건설하려고 했다. 그러자 대부분의 국제하천분쟁에서 그런 것처럼 하류국 – 동파키스탄 – 이 상류국의 일방적 하천 구조 변경 조치 – 파라카댐 축조 – 에 반발함으로써 갠지스강 분쟁이 촉발되었다.

출처 : https://www.google.com/search?q=%EA%B0%A0%EC%A7%80%EC%8A%A4+%EA%B0%95+%EC%A7%80%EB%8F%84&ei=1VRqY-_FAtW32roPq8KN6AM&ved=0ahUKEwivhL_n0577AhXVm1YBHSthAz0Q4dUDCA8&uact=5&oq=%EA%B0%A0%EC%A7%80%EC%8A%A4+%EA%B0%95+%EC%A7%80%EB%8F%84&gs_lcp=Cgxnd3Mtd2l6LXNlcnAQAzIECAAQHjoKCAAQRxDWBBCwAzoGCAAQBxAeOgcIABCABBANOgUIABCABEoECEEYAEoFCEASATFKBAhGGABQ6gRYyQ1gwBNoAXABeACAAYUBiAH3A5IBAzAuNJgBAKABAcgBCsABAQ&sclient=gws-wiz-serp#imgrc=UcR37NNWGA3scM(검색일: 2022. 11. 08)

29) Biswas & Hashimoto(1996).

1960년에 시작된 양국 간의 협의에서 파키스탄이 국제적 해결을 주장한 반면, 인도는 양국 간 교섭을 통한 해결을 고집했다. 또 파키스탄이 갠지스강에 대한 역사적 권리 – 선점권 – 를 주장한 반면, 인도는 자국 자원 – 갠지스강 – 에 대한 배타적 통제권을 주장하며 맞섰다.[30] 이후 1965년의 인도 · 파키스탄 전쟁으로 협상이 일시적으로 중단되기도 했으나, 1971년 인도가 지원한 독립 투쟁의 결과로 동파키스탄이 '방글라데시'로 독립하자 인도와 방글라데시는 1972년 합동하천위원회를 구성했고, 결국 1974년에 잠정 협정을 체결했다.

그러나 1976년 1월 인도가 건기임에도 일방적으로 파라카 댐에 물을 공급하기 시작하자, 방글라데시는 이에 대응하여 인도 접경 지역에서 대규모 무력 시위를 했고, 10만여 명의 군중이 반인도 구호를 외침으로써 갈등을 고조시켰다. 1977년, UN의 중재로 양국은 방글라데시에 건기 동안 갠지스강 유량의 63%를 보장하는 협정에 서명했고, 인도는 방글라데시의 동의에 대한 반대급부로 브라마푸트라와 갠지스 사이의 유량을 늘리기 위해 새로운 운하를 건설하기로 했다. 그러나 1984년까지 유량 확대나 운하 건설을 위한 아무런 조치도 취해지지 않은 채 유효 기간이 만료되어, 갠지스강 문제는 다시 분쟁의 방향으로 선회했다.[31]

30) 총 유량의 40%이자 건기 유량의 3/4에 해당하는 물이 인도 외부로부터 유입된다. 인도의 큰 하천들은 건기에 바다로 거의 물을 흘려보내지 못하고, 중서부 농촌 지역은 우기에도 물을 제대로 공급받지 못하며, 서부 지역은 이미 1970년대에 가공할 만한 가뭄을 경험했다. 갠지스강에 대한 인도의 강경한 태도에 이런 문제들이 영향을 미쳤기 때문에, 인도는 방글라데시 및 네팔과의 관계에서 양국 공동 개발의 경우를 제외하고는 갠지스강에 관한 어떤 사업 논의도 거부했다. Frederiksen(1998), p.150.

31) 김광묵 외(2002), pp.117~121.

출처 : https://www.google.com/search?q=%EB%B8%8C%EB%9D%BC%EB%A7%88%ED%91%B8%ED%8A%B8%EB%9D%BC+%EA%B0%95+%EC%A7%80%EB%8F%84&ei=2lRqY5rQJMSy2roPhPe76AM&ved=0ahUKEwiapZLq0577AhVEmVYBHYT7Dj0Q4dUDCA8&uact=5&oq=%EB%B8%8C%EB%9D%BC%EB%A7%88%ED%91%B8%ED%8A%B8%EB%9D%BC+%EA%B0%95+%EC%A7%80%EB%8F%84&gs_lcp=Cgxnd3Mtd2l6LXNlcnAQAzIFCAAQogQyBQgAEKIEMgUIABCiBDIHCAAQHhCiBDoGCAAQBxAeOgUIABCABDoICCEQwwQQ(검색일: 2022. 11. 08)

이후 인도가 건기마다 일방적으로 갠지스 강물을 끌어갔기 때문에 양국 관계는 더 악화되었다. 게다가 방글라데시는 국가 체제를 이슬람 공화국으로 전환했고 인도에서는 호전적인 힌두 근본주의가 대두하여, 양국이 협상을 통해 갠지스강 분쟁을 해결하기는 더 힘들어졌다. 1996년 인도가 다시 일방적으로 물을 끌어가자 방글라데시의 남서부 지역에서는 심각한 물 부족 사태가 발생하는 동시에, 벵골만의 조수가 하구 깊숙이 유입하여 강, 지하수, 토양의 염도가 상승하는 문제가 발생했다. 1997년 양국은 이런 문제의 존재를 인정하고 '파라카 협정'을 체결했지만 이데올로기의 첨예한 대립과 장기화된 국민 간 갈등 때문에 수자원의 공평한 분배에 실패했다. 이후 인도가 더 많은 농지에 관개용수를 공급하기 위해 네팔과의 국경을 따라 댐을 추가로 건설한 영향으로, 방글라데시 남서부 지역에서 담수 부족과 염수 침투가 심화되는 문제가 재발하면서 긴장이 고조되었다.[32)]

남아시아 소대륙의 주민들은 소속 국가와 관계없이 오래 전부터 갠지스강에 생존을 의지해 왔다. 그러나 자국으로 흘러드는 갠지스강의 유량이 줄어들자 방글라데시인들이 인도와 미얀마로 월경하면서 갈등의 격화를 부채질했다. 인도와 방글라데시는 1997년에 새로운 조약을 체결했으나 물 공급 증가가 불확실하고 유량의 재분배가 보장되지 않았으며, 유효 기간이 30년에 불과해서 갠지스강 분쟁은 해소된 것이 아니다. 오히려 유역국들의 가뭄 관리 계획의 부재, 여타 유역국들의 인도에 대한 영향력 결여, 국제사회의 불개입으로 말미암아 갠지스강 유역의 상황은 점점 더 분쟁의 늪에 빠져들었다.

(2) 인더스강

인더스(Indus)강은 티벳의 남서쪽 카일라스 산맥에서 발원하여 카슈미르 지방, 인도, 파키스탄을 거쳐 페르시아만의 삼각주로 유입되는 국제하천이며, 지구에서 가장 크고 오래 된 관개 체계 중의 하나이다. 인더스강의 총 연장은 2,900km에 이르고 유량은 티그리스강과

32) 조약의 구체적 내용에 관해서는 드 빌리어스, 『물의 위기』, 세종연구원, 2001, pp.387~388.

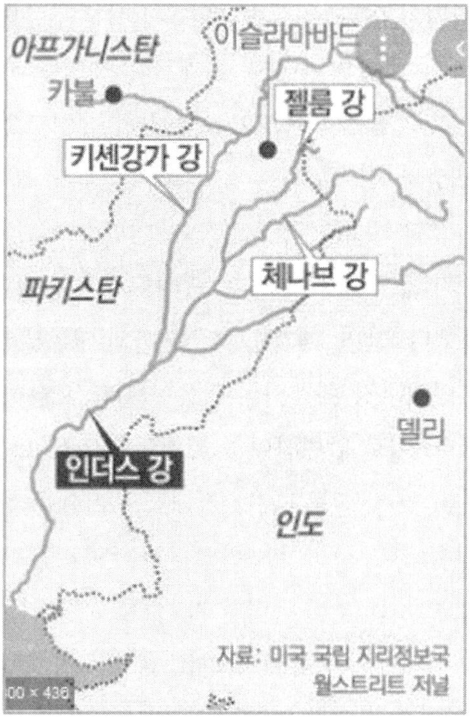

출처 : https://www.google.com/search?q=%EC%9D%B8%EB%8F%84%EC%8A%A4%EA%B0%80+%EA%B0%95+%EC%A7%80%EB%8F%84&ei=h1VqY4mxEKHs2roP4IWZ6AM&ved=0ahUKEwjJkL281J77AhUhtlYBHeBCBj0Q4dUDCA8&uact=5&oq=%EC%9D%B8%EB%8F%84%EC%8A%A4%EA%B0%80+%EA%B0%95+%EC%A7%80%EB%8F%84&gs_lcp=Cgxnd3Mtd2l6LXNlcnAQAzIGCAAQHhANOgYIABAHEB46BQgAEIAEOggIIRDDBBCgAToICAAQBxAeEA86CgghEMMEEAoQoAE6BQgAEKIEOgcIABCABBANSgQIQRgASgQIRhgAUABY9BxgvCJoA3ABeACAAZMBiAHdCpIBBDAuMTGYAQCgAQHAAQE&sclient=gws-wiz-serp#imgrc=YwFgo67EqIIE5M(검색일: 2022. 11. 08)

유프라테스강의 3배에 달하며, 나일강을 2개 합친 것과 같고, 2010년 기준 그 유역은 인구 밀집 지대로서 약 1억 8천만 명의 삶의 터전이 되고 있다. 인더스강은 지표수를 공급할 뿐만 아니라 지하 대수층을 재충전하여 파키스탄 전역의 우물에도 물을 공급했지만, 그 하류가 이미 말라가고 있다. 인더스강의 5개 지류와 운하 체계들은 본래 하나의 국가에 하나의 수자원 체계로 존재했다. 1947년 인도와 파키스탄의 분리 독립에 의해, 그 유역이 양국 영역으로 분할된 것이 인더스강 분쟁의 기원을 이룬다.

분리 독립의 결과로 상류국인 인도는 인더스강을 관개용수 공급원으로 이용하지 않으면서도, 파키스탄이 크게 의존하는 두 지류의 통제권을 획득했다. 반면, 파키스탄은 운하의 대부분과 농업 지역을 차지하면서도 인더스강 체계의 수원을 하나도 보유하지 못한 하류국으로 전락했다. 이로 말미암아 파키스탄은 2/3 이상이 인도의 영토에서 발원하는 인더스강 체계에 절대적으로 의존하게 되어, 인도가 유로를 차단할 경우 생명선을 박탈당하는 불리한 위치에 서게 되었다.[33] 실제로 인도는 분리 독립한 지 4개월도 안 된 시점에 인더스강의 2개 운하 체계에서 하류로 향하는 유로를 갑자기 차단한 적이 있다. 인도의 이러한 적대적 행위는 파종 시기에 파키스탄의 관개수 공급원을 고갈시켰고, 북동부에 있는 펀잡 주의 주도 라호르(Lahore)로의 도시용수 공급도 차단하는 결과를 빚었다. 이후 인도와 파키스탄은 비난과 협박의 강도를 높이면서 긴장의 수준을 높이는 과정을 밟았다. 그러나 1960년 세계은행의 중재로 열린 국제회의에서 '인더스강 조약'(Indus Waters Treaty)을 체결함으로써 폭력분쟁으로의 비화를 막았다.[34]

---

33) Lowi(2000), pp.156~157.

34) 드 빌리어스(2001), p.390. 인더스 강 조약은, 그 유량의 81%를 파키스탄에, 19%를 인도에 배분한다는 원칙 아래 파키스탄은 서부의 3개 지류 - 인더스, 젤룸, 체납 - 에 대하여, 인도는 동부의 3개 지류 - 수틀레이, 베아스, 라비 - 에 대하여 우선권을 갖도록 했다. 그리고 당시 인도가 통제하고 있는 하천들에 대해서 파키스탄이 역사적 취수권을 갖도록 보장했다.

인더스강 분쟁은 이렇듯 초기에는 인도와 파키스탄에게 전쟁 발발의 위기까지 초래했으나, 1960년의 조약 체결을 계기로 점차 협력과 공생의 길로 방향을 바꿨다.[35] 인더스강 사례는 우리에게 국제법 장치의 확립, 공평하고 명확한 원칙의 적용, 그리고 국제 중재와 재정 지원이 국제하천의 지속 가능한 관리를 위해서 중요하다는 것을 일깨운다. 뿐만 아니라 국제사회가 초기에 신속한 조치를 하는 것이 국제하천분쟁의 해결은 물론 당사국들의 경제 개발에도 중요하다는 사실도 일깨운다.

인더스강 사례가 보여주는 또 하나의 특징은, 비록 국제하천의 정치적 분리가 유역의 환경 변화에 중대한 영향을 미쳤지만, 두 독립적 하천 체계를 수립할 필요에 비하면 부차적인 중요성을 지니는 것으로 간주되었다는 것이다. 파키스탄은 상대적으로 약소국이자 하류국인 위치에서 인더스강에 절대적으로 의존하고 있었기 때문에, 인도에 비해서 매우 취약한 상태에 놓여 있었다. 더구나 양국의 적대적 관계는 지리적 근접성마저 구조적인 정치적 위협원으로 작용하도록 했기 때문에,[36] 인더스강의 점진적 환경 변화에 대한 우려가 분리 이후의 영토 주권에 대한 우려보다 덜 중요하게 파악되었음을 알 수 있다. 그렇다면 분쟁과 협력의 동인으로서 주권 수호가 국제

---

35) Salman & Uprety(2002), p.xvii. 인더스강 분쟁은 기왕 분쟁 강도가 높았던 지역에서 국제하천분쟁을 국제협력으로 해결한 사례로 평가된다. 역내 긴장의 강도는 이보다 떨어지지만 국제협력으로 분쟁의 현실화를 억제한 사례로는 메콩강의 경우를 들 수 있다. 그리고 국제하천 문제를 평화적 협력으로 해결한 가장 대표적인 사례는 라인강이다. 메콩강과 라인강 사례에 관해서는 Pieter Huisman et al., “Transboundary Cooperation in Shared River Basins: Experiences from the Rhine, Meuse and North Sea”, *Water Policy*, Vol.2, Issues 1-2, 2000.

36) Barry Buzan, *People, States, and Fear*, Boulder, CO: Lynne Rienner, 1991, pp.121~122.

하천 수자원의 공평한 분배보다 상대적으로 더 중요한 요인이었다고 이해해야 한다.

3. 국제하천분쟁의 원인과 해결 방안

1) 원인

물 문제는 국제하천분쟁의 유일하거나 가장 중요한 원인인가? 물 문제는 왜 어떻게 국제하천분쟁의 원인이 되는가? 국제하천분쟁은 항상 폭력분쟁으로, 더 나아가서 전쟁으로 확대되는가?

(1) 인구 증가

전통적으로 지속적 인구 증가가 수자원에 대한 압력의 최대 원천이자 물 문제의 최고 정치 의제화 요인이었음은 앞에서 살펴본 사례들로도 입증된다. 인구 증가는 국제하천분쟁의 주요 발생 요인 중 하나임에 틀림이 없다. 인구와 수자원 간의 불균형은 식량 생산을 주로 관개농업에 의존하는 아시아 지역에서 두드러지게 나타난다. 아시아는 세계 인구의 약 60%를 차지하는 반면, 가용 수자원은 36%만을 차지한다. 이로 인하여 중동과 남아시아 국가 대부분에서는 물이 점차 희귀자원화되는 동시에 토지의 염화가 진행되고 관개농업이 타격을 입으면서, 생계를 위협받게 된 농민들이 대거 인접국이나 도시로 이주함으로써 분쟁의 발생 가능성이 커진다.

인구 증가가 계속되는 한 물 문제 또한 날이 갈수록 심각해져서,

인구 증가는 미래에도 국제하천분쟁의 주요 원인으로 작용할 가능성이 높다. 2015년까지 세계 인구의 약 40%인 30억명 가량이 물을 충분히 공급할 수 없는 국가에서 살게 될 것이라는 예측이 사실과 부합한다면, 수량 부족 사태가 국가 간 획득 경쟁을 고조시켜 국제하천분쟁을 더 자극할 수밖에 없다.[37] 중동 지역의 경우, 이용 가능한 물의 83%를 농업에 사용하고 있으나, 2030년에는 인구 증가에 수반되는 물 수요의 확대 때문에 이 수치가 65%로 하락할 것으로 예상된다. 따라서 물 이용 효율이 아무리 극적으로 개선된다 하더라도 공급이 수요에 미치지 못할 것이기 때문에, 국가 간 물 획득 경쟁이 치열해질 수밖에 없다.[38] 도처에서 이 같은 상황을 피할 수 없다면 미래의 세계는 빈발하는 국제하천분쟁과 자주 마주치게 된다.

그렇다고 인구 증가가 현재와 미래의 세계에서 국제하천분쟁의 유일하거나 가장 중요한 원인이라고 지목할 수는 없다. 인구 요소는 상호 관계가 있는 경제, 사회, 정치, 기술, 문화 요인들과 함께 국제하천분쟁의 발생에 복합적으로 영향을 미치기 때문이다. 그러므로 인구 증가는 국제하천수의 분배 방식과 규모의 변화에 중요하게 작용하지만 유일한 변수는 아니다. 가령 어떤 국가가 중수도 제도를 사회정책으로 도입하거나, 물 가격을 높게 책정하는 경제정책을 채택하면 수량 부족 문제를 어느 정도 완화할 수 있다. 수량 부족이 국제하천분쟁으로 이어질 위험성은, 인구 증가로부터만 발생하는 것이 아니라 인구 증가와 일련의 관련 요인들 간의 상호 작용으로부터 발생한다.[39]

---

37) Sandra L. Postel, "Dehydrating Conflict", *Foreign Policy*, 126, September/October 2001, pp.60~61.

38) Bulloch & Darwish(1993), pp.189.

(2) 국가의 분리와 독립

정치 체제의 급변이 국내하천의 지위 변화에 영향을 미칠 가능성을 배제할 수 없으므로, 국내하천이라고 해서 장차 국제분쟁에 휘말릴 가능성이 전혀 없는 것은 아니다. 정치 체제의 급변으로 하나의 국가가 다수의 국가로 분리될 경우, 국내하천이 국제하천이 되어 국제분쟁의 원천이 될 수 있다. 일부 국제하천분쟁의 기원은 유역 전체를 지배하던 패권국가의 붕괴와 유역을 공유하는 신생국들의 수립에서 찾을 수 있다는 것을 Amu Darya, Syr Darya, 티그리스강, 유프라테스강, 인더스강, 나일강 등의 사례가 입증한다.[40]

또한, 주요 국제하천 유역에 소수종족이나 소정치집단이 존재하면, 물 문제로 인한 정치분쟁의 발발과 정치 체제의 변화 가능성이 잠재하게 된다. 쿠르드족이 산재한 유프라테스강 유역이나 이슬람교도가 다수를 이루는 인더스강 유역에 그런 가능성이 잠재한다.[41] 구소련의 붕괴 과정에 수반된 국가들의 분리 독립으로 다수의 신생국이 출현한 것도 새로운 국제하천을 발생시킨 요인으로 작용했다. 구소련의 붕괴 사례는, 강대국의 지배적 권위는 붕괴되었으나 유역국 간의 이해관계의 상충을 조정할 국제 조약 또는 제도가 없거나, 있어도 조정 능력이 취약하면 국제하천분쟁의 발생 가능성이 높다는 것을 시사한다.

아랄해의 경우, 구소련의 붕괴 이후 신생 5개국 - 우즈베키스탄,

39) Stan Bernstein, "Freshwater and Human Population: A Global Perspective", in Karin Krchnak (ed.), *Human Population and Freshwater Resources*, New Haven, CT: Yale University Press, 2002 ; Boberg(2005), pp.xviii-xiv ; Myers(1993), p.49.

40) 구소련은 15개국으로, 유고슬라비아는 5개국으로, 체코슬로바키아와 에티오피아는 2개국으로 분열되었다.

41) Wolf & Hamner(2000), p.143.

카자흐스탄, 키르키즈스탄, 타지크스탄, 투르크메니스탄－이 그 유역을 공유하게 된 결과, 과거에 국내하천이었던 Amu Darya와 Syr Darya가 국제하천으로 변화했다. 이후 중앙아시아의 신생 5개국은 아랄해로 흘러드는 두 국제하천수의 분배 문제와 아랄해의 축소에 따른 환경 문제를 둘러싸고 갈등을 겪어 왔다.[42] 두 국제하천 유역의 대부분이 황무지여서 수량이 부족한데다가 기후 변화의 영향까지 가세한 가운데, 유역국들의 경쟁적 하천수 이용은 환경 문제와 국가 간 갈등을 부채질한다.

구소련 시절에 존재했던 중앙정부의 소멸과 분리 독립 이후 구소련의 영향력 약화, 그리고 분쟁의 해결 과정에서 조정 역할을 수행할 실효적 국제조약의 부재가 거기에 작용했다. 1980~90년대 다양한 국제기구가 이런 상황에 주목하여 원조를 제공했고, 환경 문제를

42) Amu Darya와 Syr Darya는 아랄해의 담수 공급원이다. Amu Darya의 경우, 중앙아시아의 타지크스탄, 투르크메니스탄, 우즈베키스탄과 서남아시아의 아프가니스탄을 통과하는 국제하천이 되었고, 2010년 기준으로 그 유역에는 2천 백여 만 여명이 거주한다. 중앙아시아 지역의 담수원은 90% 이상 키르키즈스탄과 타지크스탄에 집중되어 있고, 하류국인 우즈베키스탄과 투르크메니스탄은 면화, 쌀, 밀 경작을 Amu Darya에 크게 의존한다. 그런데 상류국인 타지크스탄이 겨울철에 수력발전을 위하여 물을 대거 방류하는 탓에 하류국에서는 홍수로 인하여 사회 기반 시설이 파괴되는 문제가 자주 발생하는가 하면, 우즈베키스탄과 투르크메니스탄에게 관개용수가 가장 많이 필요한 여름철에는 댐의 저수량을 늘리는 탓에 양국에 큰 피해를 입힌다. 더구나 우즈베키스탄과 투르크메니스탄의 목화 재배로 아랄해로의 물 공급이 급감해서, 2005년 현재 아랄해는 면적의 75%, 수량의 90%를 상실했다. 이 결과 염분 농도 상승, 어업의 붕괴가 초래되었고 아랄해 인근 지역은 사막화와 소금 폭풍에 시달려 왔다. Michael Renner, "Troubled Water", *World Watch*, Vol.23, Issue 3, May/June 2010, pp.15~19 ; UNEP, *Afghanistan: Post-Conflict Environmental Assessment*, Geneva, 2003, p.60. 구소련 시절에 마련한 대책이 무위로 돌아간 이후 1994년 러시아마저 역할 수행을 포기하자, 아랄해 문제는 중앙아시아의 신생 5개국의 문제로 넘겨졌다. 두 하천은 국제하천이 되었고, 수량 회복과 환경 복원을 위한 국제협력이 절실하게 되었다.

완화할 대책 마련에 착수했다. 유역국들은 국제기구의 지원 아래 잠정적인 것이긴 하지만 문제 해결을 위한 국제협력 제도로서 '아랄해 국제기금'(International Fund for the Aral Sea: IFAS)과 '국제 수자원 조정위원회'(Interstate Coordinating Water Commission, 1997년에 IFAS에 통합)를 창설했고, 최근에는 '유엔유럽경제위원회'(UN Economic Commission for Europe: UNECE)가 주도한 물 조약 – 카자흐스탄과 우즈베키스탄만 서명 – 을 체결하기는 했다. 그러나 유역국 간 국가이익의 충돌, 상호 불신, 권위주의적 정치 체제 등은 엄존하는 반면, 갈등을 조절해 줄 국제조약은 실효적으로 작동하지 않는 현실은, 이 지역에서 국제하천분쟁의 발생 가능성을 제거하지 못한다. 국제조약에 바탕을 둔 국제제도가 국제하천분쟁을 효과적으로 억제하거나 완화한다면, 국가의 분리 독립이 국제하천분쟁의 필수 요인이 아닐 수도 있다는 데 유의할 필요는 있다.

쿠라(Kura)강과 그 지류인 아라스(Aras)강은 구소련의 붕괴 이후 그루지아, 아르메니아, 아제르바이잔, 이란을 통과하는 국제하천이 되었다. 앞의 세 국가에게 이 강은 매우 중요한 식수원이지만, 처리되지 않은 수백만 톤의 하수와 산업폐기물이 유입되어 하천의 수질오염 정도가 국제 표준의 10~100 배에 달하는 것이 국제분쟁의 원인으로 작용했다. 쿠라강 · 아라스강 분쟁은 각종 지역 문제, 특히 나고르노 · 카라바흐(Nagorno-Karabakh) 문제, 카스피해 원유 수송용 파이프라인의 설치 문제와 중첩되어 더 악화되었다. 이 사례는 국가의 분리 독립이 국제하천분쟁의 원인으로 작용한다고 해도, 대부분은 단독으로 작용하기보다는 다른 문제들과의 상호 관계 속에서 작용한다는 것을 말해준다.

(3) 하천 구조의 일방적 변경

나일강, 요르단강, 유프라테스강과 티그리스강, 갠지스강 분쟁은 물 문제의 악화가 반드시 국제하천분쟁의 직접적이고 필수적인 원인이 되는 것은 아님을 입증한다. 오히려 여타 유역국들의 이익을 보호해 주는 조약이나 제도적 장치가 없는 상태에서, 어느 한 유역국이 국제하천에 대규모 댐을 건설하거나 유로를 변경하는 일방적 행위가 국제하천분쟁의 원인으로 작용할 확률이 더 높다. 특정 유역국의 일방적이거나 대규모인 국제하천 구조 변경 행위는, 해묵은 적대를 자극하면서 유역국들 사이의 긴장을 고조시켜 분쟁에 이르게 한다.

그렇다면 수량 부족과 수질 오염보다는, 국제하천을 개발하려는 일방적 행위에서 국제하천분쟁의 궁극적 원인을 찾는 것이 더 타당할 수도 있다. 국제하천분쟁은 이처럼 특정 유역국이 다른 유역국들과의 사전 협의를 무시한 채, 일방적으로 하천 개발 프로젝트를 추진하는 과정에서 일어나기도 한다.[43] 일반적으로 선진권은 과학기술의 발전을 통해 증가하는 물 수요에 적절히 대응할 수 있을 뿐만 아니라, 물의 대체원 개발이나 관리 체계 구축 – 담수화 시설 건립, 세류 관개(drip irrigation) 시행, 농업용수의 공업용수로의 전환 – 의 면에서 개도권보다 매우 앞서 있어서, 국제하천수의 분배를 둘러싸고 분쟁을 일으킬 가능성이 상대적으로 적은 편이다.

그러나 개도국들에게는 증가하는 물 수요의 충족을 우선적으로

---

43) Jack Kalpakian, *Conflict and Cooperation in International River Systems*, Hants: Ashgate, 2004, p.4 ; A. Tilmant & W. Kinzelbach, "The Cost of Noncooperation in International River Basins", *Water Resources Research*, Vol.48, Issue 1, January 2012.

국제하천 개발에 의존하려는 경향이 있다.[44] 증가하는 물 수요의 대부분을 메콩강 개발로 대처하려 했던 태국이 좋은 예로 자주 거론되는데, 이런 경향은 국제하천분쟁이 개도국 지역에서 빈번히 일어나는 이유를 설명해 준다. 주로 개도국 지역에서 발생하는 국제하천분쟁의 일반적 형태는, 유역국들이 공유 자원의 공동 개발에 뒤따르는 복합적 부담을 회피하기 위하여, 우선 자국 영역 내에서 하천 개발 프로젝트를 일방적으로 진행하는 것이다. 구체적으로 물 수요가 공급과 비슷해지는, 즉 물의 상대적 가용성이 축소되는 시점에 이르면, 유역국 중 어느 한 국가 – 주로 지역의 강대국 – 가 다른 유역국들에게 영향을 미치는 국제하천 개발 프로젝트를 수행하는 것이다. 예컨대 인도의 '파라카 댐' 건설은 갠지스강 분쟁의 원인이 되었고, 터키가 새로운 농업 정책으로 말미암아 발생하는 물 수요의 증가를 충족시킬 목적으로 '아나톨리아 개발 사업'을 추진한 것도 유프라테스강과 티그리스강 분쟁의 원인이 되었음은 이미 앞장에서 살펴본 바 있다.

국제분쟁의 해결에 도움이 되는 조약이나 제도가 없는 상태에서, 특정 국가가 강행한 일방적 개발 프로젝트가 여타 유역국들에게 부정적 영향 – 예컨대 수자원 분배의 불공평성 강화 – 을 강요한 나머지, 국제하천분쟁의 도화선이 된 사례는 이외에도 여러 국제하천에서 발견된다. 요르단강의 경우, 앞에서 살펴본 바와 같이 1960년대 중반 시리아와 요르단의 유로 변경 계획 – 갈릴리 해에서 물을 끌어들이려는 이스라엘의 계획에 대한 선제 행동 – 이 총격전과 수십 년간의 국제분쟁을 초래했다. 나일강 유역에서는 최하류국인 이집트

---

44) Wolf & Hamner(2000), p.145.

가 자신은 '아스완 하이 댐'을 일방적으로 건설하면서도 수단과 에티오피아의 나일강 개발은 억제함으로써 장기간의 적대 상태를 지속시켰다. 2011년, 에티오피아가 청나일강에 연간 발전량이 6,000메가와트에 이르는 수력 발전 댐 – Grand Ethiopian Renaissance Dam – 을 2015년까지 건설하겠다는 계획을 발표했다. 이집트에게는 이 계획이 수천 년간 이어져 온 자신의 나일강에 대한 독점적 지배는 물론 나일강물의 공급을 위협하는 것으로 인식되었다. 2013년 5월, 에티오피아가 이 계획의 첫 단계 사업으로 나일강의 지류를 변경하자, 양국 사이의 긴장이 전례 없는 수준으로 고조되어 이집트의 정치지도자들은 공공연하게 군사 행동을 위협했다.[45] 1996년 가뭄에 취약한 나미비아가 짐바브웨강의 지류인 오카방고강의 물줄기를 자신의 수도인 빈트후크(Windhoek)으로 돌리려는 계획을 일방적으로 추진하자, 보츠워나와 앙골라가 반발함으로써 분쟁 상황에 들어갔다.

국가별 하천 이용 형태, 즉 국가들의 용도가 상충되는 경우에도 국제하천분쟁이 발생할 수 있다. 상당수의 상류국들은 자신의 영역 내에서 수력발전용으로 국제하천을 이용하는 반면, 하류국들은 관

---

45) 나일강의 유역국인 이집트, 에티오피아, 수단은 댐의 잠재적 영향을 평가하기 위하여 국제 전문가 패널 - International Panel of Experts - 을 구성했다. 에티오피아는, 패널의 보고서가 이 댐이 하류국들에게 심각한 위협이 되지 않을 것이라고 평가했다고 주장한다. 일각에서는 이 댐이 양국에게 이익을 제공할 수도 있다는 판단에 근거를 두고 협력의 가능성이 있다고 주장한다. 즉, 에티오피아는 수력발전을 해서 인접국에게 잉여 전기를 판매할 수 있고, 주로 화력발전에 의존하는 이집트는 값싸고 환경 친화적인 전기를 공급받을 수 있을 뿐만 아니라, 장기적으로 나일 강물의 공급량이 증가한다는 것이다. Goitom Gebroluel, "Ethiopia's Grand Renaissance Dam: Ending Africa's Oldest Geopolitical Rivalry?" *The Washington Quarterly*, Vol.37, Issue 2, Summer 2014, pp.34~35.

개용수의 적시 공급을 위해 관리한다. 가령 중국이 메콩강 상류를 이용하여 전력을 생산하는 행위가, 베트남의 관개농업에는 타격 요인으로 작용하여 갈등을 부추긴다. 중국 남부에서 발원한 후 미얀마를 통과하여 태국과의 국경을 따라 흐르다가, 다시 미얀마로 흘러든 후 바다로 유입되는 살윈(Salween)강의 경우도 마찬가지이다. 중국이 수자원 공유에 호의적이지 않은 상태에서 유역국들은 각기 댐 건설과 개발 프로젝트를 계획하고 있으나, 이중 어느 것도 양립이 불가능하여 점차 분쟁의 늪에 빠져들고 있다.46)

(4) 국제하천조약의 부재

국제하천 구조의 대규모 또는 근본적인 변경은 분쟁 발생의 충분조건이 아니라 필요조건이다. 분쟁은 그런 변경으로 인한 충격을 조절하거나 흡수할 국제 조약 또는 제도가 부재해야 발생한다. 바꾸어 말하자면 특정 국가가 국제하천 유역의 물리적 구조에 일방적 또는 근본적인 변화 – 대규모 댐과 관개 시설 구축, 유로 변경, 국가의 분리와 독립 – 를 일으켰다고 해서, 반드시 국제하천분쟁이 발생하는 것은 아니다. 그런 변화가 일어났다고 해도, 국제하천의 관리를 둘러싸고 각국의 책임과 권리를 규정한 국제 조약이나 협력 제도가 없어야 비로소 분쟁의 발생 가능성이 커진다.47)

각국의 '수리권'(water rights)을 규율하는 국제하천조약이 존재하지 않으면, 유역국들 간의 관계에서 갈등과 불안정이 증폭되어 분쟁

46) Wolf & Hamner(2000), p.144.
47) Shlomi Dinar et al., "Climate Change, Conflict, and Cooperation: Global Analysis of the Effectiveness of International River Treaties in Addressing Water Variability", *Political Geography*, Vol.45, 2015, p.56.

이 발발할 가능성이 커지기 마련이다. 특정 국가가 하천 구조에 일방적 변경을 가한 터에, 분쟁 해결 기제까지 결여되어 분쟁이 지속적으로 발생한 사례는 다수의 국제하천 유역에서 찾아볼 수 있다. 상호 불신이 강하게 작동되는 중동 지역에서는 이미 고조된 국제 긴장 때문에, 분쟁의 현실화를 억제할 협의 과정과 국제조약을 개발하지 못한 것이 국제하천분쟁의 발발을 재촉했다.

유프라테스강과 티그리스강 분쟁, 요르단강 분쟁, 나일강 분쟁은 국제 조약과 협력 제도의 부재가 분쟁의 발발 요인이었음을 충분히 설명한다. 동남아시아의 살윈강에서도, 각 유역국이 다른 유역국들의 이해관계 및 용도에 상충되는 개발을 진행하면서 긴장이 고조되었다. 그렇지 않아도 유역국 간의 정기적 대화가 거의 없고, 일방적 개발로 인한 충격을 흡수할 능력마저 거의 없을 뿐만 아니라, 세 유역국 모두 국제하천조약의 체결에 반대하고 있어서 분쟁의 심화와 장기화는 불가피할 것으로 보인다. 오카방고강의 경우에도, 분쟁 해결을 목적으로 출범한 '오카방고강 위원회'에 '남아프리카 개발 공동체'와 '미국'이 지원을 제공했음에도, 국제조약의 부재로 말미암아 국제하천분쟁이 지속되고 있음은 시사하는 바 크다.

(5) 수량 부족과 수질 오염

세계의 주요 정치지도자들은 물이 점차 더 국제분쟁의 원인이 되어 간다고 주장한다. 예를 들어 1995년 당시 세계은행 부총재였던 세라겔딘(Serageldin)은 '21세기의 전쟁은 물전쟁이 될 것'이라고 예측했고, UN 사무총장 아난(Anan)은 '물을 둘러싼 격렬한 경쟁이 미래의 분쟁과 전쟁의 원천이 되는 것은 당연하다'고 주장했다.[48] 현실주의자들 또한 국제하천의 수량 부족이 분쟁의 원인이라고 주장한다.[49] 이들은 지금까지 격렬한 수자원 분쟁이 다수 발생했던 것처럼 미래에도 그럴 것이라는 것을 의심하지 않으며, 이런 판단은 증가 추세를 보인다.

그러나 물 문제와 국제하천분쟁 사이에 필수적 연계가 존재한다는 주장에 대한 반박도 꾸준히 제기된다. 이들은 폭력적인 국제하천분쟁의 발발 가능성이 가장 높은 중동 지역의 사례를 근거로, 현재까지 수자원의 이용 및 통제 문제가 직접적으로 또는 배타적으로 국제분쟁의 발생과 관련되었다는 증거가 거의 없다고 주장한다. 이를 근거로, 물 문제는 국제하천분쟁의 필수적 원인이 아니라고 주장한다.[50] 물 부족과 오염은 반드시 국제하천분쟁의 원인이 되는가? 우리는 유역국을 둘러싼 상황에서 이 의문에 대한 해답의 실마리를 찾아야 한다. 특정 유역국의 국제하천에 대한 의존 정도, 물 문제에 대한 대응 능력의 수준과 인식의 정도에 따라 분쟁은 일어날 수도 일어나지 않을 수도 있기 때문이다. 만일 물 공급과 수요의 균형이 유지된다면, 국제하천분쟁이 발생할 가능성은 희박하다. 그러나 국토의 대부분이 불모지인 데다가 인구 증가율마저 높은 경우, 물 부족과 오염은 분쟁으로 이어질 가능성이 높아 보인다.

---

48) New York Times, 10 August, 1995 ; Postel(2001), p.60.

49) 현실주의자들의 주장은 Peter H. Gleick, "Water and Conflict", *International Security*, Vol.18. No.1, 1993 ; T. Homer-Dixon, "Environmental Scarcities and Violent Conflict", *International Security*, Vol.19, No.1, 1994, p.170 ; Arthur Westing, *Global Resources and International Conflict*, New York: Oxford University Press, 1986 참조.

50) Natasha Beschorner, *Water and Instability in the Middle East*, Adelphi Paper 273, London: Brassey's for the IISS, 1992, p.6 ; Sarah Hummel, "Relative Water Scarcity and Country Relations along Cross-Boundary Rivers: Evidence from the Aral Sea Basin", *International Studies Quarterly*, Vol. 61, Issue 4, December 2017, pp.795~808.

(6) 정치 · 경제 관계

국내 물 부족 문제를 해결할 수 없어서 사회 불안이 증폭된다면, 국가들은 인접 유역국의 희생을 바탕으로 물 공급의 확대를 시도할 가능성이 높고, 이로 말미암아 국제분쟁의 현실화 가능성이 증가한다. 게다가 중동, 아프리카, 아시아의 사례에서 드러났듯이 문제의 당사국이 후진국이라면, 심각한 물 부족과 인구 급증이 중첩적으로 발생하기 때문에 분쟁이 일어날 가능성은 더 높아진다. 그런데 물 문제는 국제하천분쟁의 중요한 요인이기는 하되 필수적 요인은 아니라고 해야 옳다. 국제하천에 대한 의존도가 매우 높고 적성국을 포함한 여러 국가가 공유하되 물 공급은 부족할 경우, 물의 고갈과 오염에 뒤따르는 불공평한 분배가 분쟁을 일으킬 가능성이 크다.

그러나 일반적으로 물 문제는 여타 요인들 – 역사, 문화, 환경, 경제, 안보, 정체성 등 – 과 교차된 상태에서 인접 유역국들과의 관계에 영향을 미치는 경향이 있다.[51)] 국가가 오로지 물 문제 때문에 분쟁이나 전쟁을 도발한 경우는 소수의 예외를 제외하고는 찾아보기 어렵다. 더군다나 환경 문제, 특히 물 문제가 '중심 정치'(high politics) 의제에서 차지하는 위상은, 안보나 경제 문제에 비하면 상대적으로 낮은 편이다. 따라서 물 문제가 정치 · 경제 요인들과 영향을 교환하지 않는 상태에서, 즉 고립된 상태에서 배타적으로 국제관계에 영향을 미친 사례를 세계사에서 찾기는 어렵다.

아프리카 사헬(Sahel) 지역의 경우 이해관계가 상반되는 정착 농민과 유목민들 사이에서, 가뭄과 사막화의 심화 그리고 무기의 유입에 따라 분쟁이 강화되었다. 특히 다르푸르(Darfur) 분쟁은, 수단의

---

51) C. W. Sadoff & D. Grey, "Beyond the River: The Benefits of Cooperation on International Rivers", *Water Policy*, 4, 2002.

중앙정부가 연속된 가뭄의 영향으로 남부로 대량 이주한 북부의 유목민들에게 무력을 지원하여, 남부의 토착 농민들의 저항을 분쇄하려 하면서 폭력의 행사 강도가 높아졌다. 다르푸르 분쟁은 자원과 환경의 영향에 의해서만이 아니라, 정치적 · 경제적 변수와의 상호작용을 통해서 발생했다.[52] 다르푸르 분쟁 사례는, 국제분쟁의 발생 여부는 최종적으로 수량 부족과 수질 오염, 국제하천 유역의 일방적 변경, 국제 조약이나 제도의 부재보다는 정치 · 경제 관계가 더 중요하다는 것을 환기시킨다.

국제하천을 둘러싼 유역국들의 물 획득 경쟁은 중동, 중앙아시아, 남아시아 등의 지역에서 폭력분쟁 발생의 원인이 될 가능성이 커지고 있다. 그러나 갠지스강, 요르단강 등의 사례에서 이미 살펴보았듯이, 국제하천분쟁의 요인은 다원적이고 복합적이다. 예컨대, 물 문제 - 수량 부족, 수질 오염 - 는 때로는 전면에서 때로는 이면에서 작용하는 다양한 주요 요인들 가운데 하나라고 해야 타당하다. 근대 이후의 국제관계는 물 문제가 국제하천분쟁의 필수적이거나 유일한 요인은 아니지만, 중요한 요인이라는 판단을 지지한다. 그러나 물 문제는 다양한 요인 중의 하나로서는 중요하지만, 다른 요인들과의 상호 작용을 통해 국제하천분쟁의 발생과 확대에 영향을 미치는 매개변수일 뿐 결정변수는 아니라고 할 수 있다.

52) Renner(2010b).

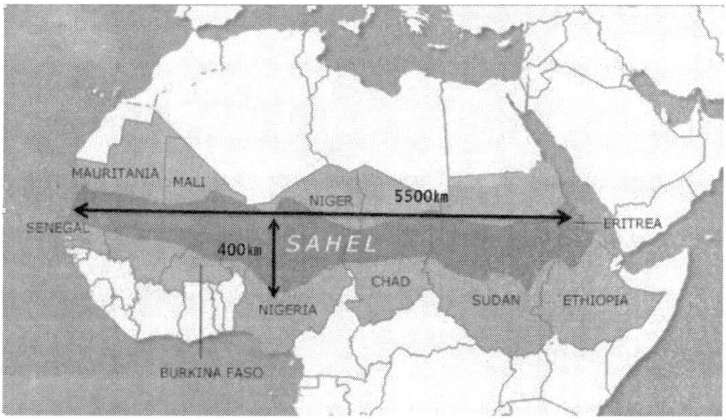

출처 : https://www.google.com/search?q=sahel+%EC%A7%80%EB%8F%84&tbm=isch&source=univ&fir=S1kpE0OKG6A7YM%252CYQgUcODWTiLajM%252C_%253BaEGwwpFzupfyZM%252CIMmdCV6W1a83-M%252C_%253BNpJpocsGIaS0kM%252ChrCDi5zKb7D3QM%252C_%253ByBpV66x4nVet3M%252CtBcj3HAgONXePM%252C_%253BKrj4UKiZ7RGWYM%252CIMmdCV6W1a83-M%252C_%253BlkqoflkwYMEGxM%252CYtV2NM2H_DMkVM%252C_%253BLgxYUodlSc-59M%252CYCxaOc0TbHeacM%252C_%253Bm_QB8bn6UvpwBM%252CkoekAo6sUM3p5M%252C_&usg=AI4_-kQFsT8Xdj49TXF1Z6C-7qvycKi8sA&sa=X&ved=2ahUKEwjam8X86rT8AhUO62EKHZ4kAjIQ7Al6BAgRED8&biw=1366&bih=625&dpr=1#imgrc=VFhkdzCjOYA4DM(검색일: 2023. 01. 07)

2) 해결 방안

국가들이 저마다 이기적이고 단기적인 이해관계의 극대화를 추구하느라 물 문제는 악화 과정을 밟는다. 세계 도처에서 국제하천분쟁의 요인이 확대 재생산되고 있기 때문에 국제사회는 실천 가능하고 공평한 해결책을 마련해야 할 필요에 직면하고 있다.

(1) 국가의 대응 능력 육성

국가들의 성쇠는 환경 문제의 부정적 영향에 대응하는 능력에 의해 결정되기도 했다. 국가가 지속 가능한 사회 · 경제 개발을 포기할 수 없다면 인구 증가의 통제, 자원의 효율적 분배, 환경에 대한 부담의 완화는 선택이 아닌 필수 과제이다. 국가가 이런 과제의 수행에 성공하기 위해서는, 적절하고 효율적인 해결책을 수행할 수 있는 능력과 긍정적인 변화를 촉진할 수 있는 능력의 육성이 요구된다. 물 문제의 경우 물리, 사회, 경제, 문화 여건에 따라 지역별로 얼마든지 발생할 수 있다는 점에서, 초국가적 물 위기는 먼 미래의 일이 아닌 당면한 현안이 되었다.

물 부족과 오염이 이처럼 대다수 국가들 사이에서 그리고 국가 내부에서 분쟁의 근원이 되고 있다고 해도 해결책이 없는 것은 아니다. 그러나 해결책이 실천에 옮겨져 성공을 거두기 위해서는 지식, 재정, 자원, 제도 면에서 다양하고 충분한 능력의 육성이 그 전제로 요구된다. 그런데 후진국들은 지식, 재정, 자원 부족과 사회·정치 제도의 낙후성이라는 한계를 내재하고 있을 뿐만 아니라 정세 불안과 국제분쟁의 빈발이라는 약점 또한 안고 있다.[53] 요르단강 유역의 경우 현재와 미래의 수요에 비하여 수자원과 경작 가능한 토지가 부족할 뿐만 아니라, 서로 적대적인 국가들이 양의 면에서 제한적이고 질의 면에서 오염된 물의 확보를 둘러싸고 치열한 경쟁을 벌여 왔다. 이 사례가 말해주듯이 국제하천분쟁의 지속은 유역국들의 만족할 만한 수자원 관리 및 분배 제도의 개발을 저해했다. 중동 지역에서는 이렇듯 국내·외 정세의 불안이 자원 부족 및 제도의 미비와 맞물려 국제하천 유역국들의 대응 능력 육성을 저해했다.

요르단강 사례가 시사하는 것은 대체로 후진국에서는 정치적 갈등의 일상화, 정치·사회 제도의 취약성, 그리고 엘리트들의 약탈적

53) Boberg(2005), p.xxxiii.

지배 행태가 물 문제와 상호 작용하여 국제하천분쟁을 일으킨다는 것이다. 그러나 국가가 호의적 정치 환경을 조성한 상태에서 다양한 능력을 육성한다면, 적게는 물 문제에 크게는 환경 문제에 효과적으로 대처할 수 있다. 국가가 국제하천분쟁 대응 능력을 키우려면 국제적으로는 하천조약의 체결과 하천레짐의 구축 노력 등의 조치를 취해야 하지만, 국내적으로 우선 물 이용 효율을 높여야 한다. 구체적으로 세류 관개, 재배 방식의 전환, 폐수의 재활용, 물 절약형 가재도구의 이용은 도시와 농촌의 물 소비량을 감소시키고 공급 여력은 증대시킨다는 점에서 국제하천분쟁 해결의 핵심 수단으로 인정받는다. 세계적으로 농업은 물 사용량의 2/3 정도를 차지하지만 개도국에서는 그 수치가 80~90%까지 올라가므로, 관개용수의 이용 효율 제고야말로 중요한 과제라고 할 수 있다.

물의 절약과 이용 효율 향상은 국제하천분쟁의 주요 원인인 새로운 댐 건설이나 유로 변경 필요성을 약화시키고, 대규모 프로젝트의 규모 축소도 가능하게 하는 중요한 역할을 담당한다. 또 담수화 비용의 감소에 힘입어 오염된 대수층과 해수의 담수화가 활성화되면, 음용수의 확대 공급이 가능하게 되어 물 부족으로 인한 국제하천 유역의 긴장을 완화할 수도 있다. 지하수의 사용을 규제하는 것보다 더 강력한 정책도 필요하다. 지하수의 남용 대신 절약을 촉진하도록 관개용수와 도시용수의 가격을 현실화하는 정책을 도입하면, 지하수와 지표수를 고갈의 위험으로부터 보호할 수도 있다. 국제기구가 각국에게 이런 정책을 채택하고 지하수 관리를 개선하도록 지원한다면, 국제하천분쟁의 가능성이 감소되는 효과를 기대할 수 있다.[54)]

54) 물산업의 민영화를 통한 가격의 현실화는 한편으로는 물 수요를 억제하여 물 문제를 해결하는 데 기여할 수 있지만, 다른 한편으로는 부작용도

(2) 국제하천조약과 국제하천레짐

국제사회가 이미 접근 가능한 수자원의 절반 이상을 사용하고 있고 미래의 물 수요 또한 계속 증가할 것임에 틀림없다. 2025년에는 인구 증가, 도시화, 공업화, 경제 개발, 기후 변화로 말미암아 세계 인구의 절반 이상이 수량 부족이나 수질 오염에 시달리게 될 것이라는 예측마저 제기되었다. 국제사회가 물 문제에 적절히 대처하기 위해서는 지역과 세계 차원에서의 협력이 필수적이지만, 일부 지역에서는 국제하천을 둘러싼 국가 간 경쟁이 분쟁을 자극한다. 국제하천은 이렇듯 국제 협력과 분쟁의 강력한 촉매제로 존재하기 때문에, 그 공유 수자원의 효율적 관리를 위한 국제법과 국제제도의 구축이 강력하게 요구된다.[55)]

국제하천을 중심으로 한 협력의 중요성은 현재까지 체결되었거나 준비 중인 조약들로 입증된다. 그렇다고 조약이 국제하천 문제를 해결할 수 있는 유일한 수단은 아니다. 유역국 간의 정치 · 경제 관계가 적대적인 것이라면 조약의 부재는 국제하천분쟁의 발생을 부채질할 수 있다. 그러나 정치 · 경제 관계가 우호적인 것이라면 조약이 부

자못 크다. 1999년, 볼리비아 제3의 도시 코차밤바(Cochabamba)에서는 물산업의 민영화 이후 물 가격이 평균 60% 이상 인상되자 계급, 직업, 연령, 종족을 초월한 저항이 촉발되었다. 코차밤바 주민들에게 물은 지역공동체와 국가의 것이자 우리들 – 주민 – 의 것으로 인식하는 전통이 있었기 때문에, 다양한 이해관계를 가진 다양한 집단들이 물산업의 민영화를 공동의 위협으로 인식한 결과, 각종 차이를 가로지르는 저항이 광범위하게 전개되었다. 이미 15년 전부터 시작된 볼리비아의 신자유주의적 시장 개혁에 대하여 꾸준히 저항이 제기되어 왔지만, 코차밤바의 그것은 물 전쟁이라 일컬을 정도로 범위와 규모 면에서 전례 없는 것이었다. Erica S. Simmons, “Market Reforms and Water Wars”, *World Politics* Vol.68, No.1, January 2016, pp.39, 43~64 ; Postel(2000).

55) CSIS & Sandis National Laboratories, *Global Water Futures: Addressing Our Global Water Future*, CSIS, 2005, pp.5~6, 64.

재하더라도, 역사적으로 유역국들은 기존의 관계를 유지하기 위하여 국제하천분쟁의 발생을 억지하려는 경향을 보인다. 그렇다면 국제하천분쟁의 발생 요인으로 가장 중요하고 최종적인 것은 정치 · 경제 관계여서, 국제하천조약과 정치 · 경제 사이의 '의제 연계'(issue linkage)가 요구된다.[56)]

물론 조약이 국제하천 문제의 유일하고 최종적인 해결책은 아니더라도, 조약이 없으면 분쟁의 예방이나 해결이 어렵기는 하다. 국가마다 정책과 정치 의제의 우선순위가 다르고 지정학적 현실이 다른 상황에서 조약을 체결한다는 것이 쉬운 일은 아니지만, 조약은 협력을 위한 정치적 의지를 적용 가능하고 강제 가능한 행동으로 옮길 수 있는 가장 유효한 수단이다. 국제하천 유역에서 발견되는 일반적 추세는 폭력분쟁보다는 국제협력을 선호하는 것이다.

국제사회는 협력 제고와 분쟁 억지의 가치를 인정하여 다수의 국제하천조약을 체결해 왔다. 체결된 조약들 중 일부는 이익의 공유-수자원의 공동 이용과 수질 보전 등-의 차원에서 국제협력에 접근한다.[57)] 예를 들어 태국은 1957년의 '메콩강 협약'에 입각하여 전력의 일부를 제공받는 조건으로 라오스의 수력발전소 건설을 재정적으로 지원했고, 이와 유사한 조약들이 인도와 네팔(갠지스강), 시리아와

56) Marit Brochmann & Paul R. Hensel, "The Effectiveness of Negotiations over International River Claims," *International Studies Quarterly*, Vol.55, Issue 3, September 2011, p.879.

57) Brochmann & Hensel(2011), p.867 ; Dinar et al.(2015), p.56. 다자조약의 예로는 1992년 헬싱키 조약, 1994년 다뉴브강 조약, 1995년 메콩강 조약, 1997년 UN 조약, 1999년 라인강 조약이 있다. 양자조약의 경우 인더스강 조약, 갠지스강 조약, 마하칼리(Mahakali)강 조약 등이 있다. Salman & Uprety(2002), p.195. 그러나 기후 변화가 수량 부족 문제를 더 심각하게 만들 경우, 유역국들이 이에 따르는 부담을 공유할 것인지가 미래의 숙제로 남는다.

요르단(요르단강) 사이에서도 추진되었다. 최근까지 국제하천 유역국들에게 분쟁보다는 협력이 더 일반적인 관행이었음이 확인된다.

그러나 다른 일부는 유역국들의 특수한 이해관계와 구조를 주로 반영하기도 한다. 1959년 수단이 이집트에 그리고 1966년 미국이 멕시코에 물을 대여한 것, 1994년 이스라엘이 요르단의 토지와 우물을 임차하는 대신 요르단은 이스라엘의 호수에 물을 저장하기로 한 것, 1996년 인도가 물 공급원을 보호하기 위하여 네팔에 식목한 것, 이라크가 형제애에 입각하여 쿠웨이트에 무상으로 물을 제공한 것이 그 예이다.[58] 이익의 공유와 국제협력에 의거한 국제조약이 국제하천의 분쟁 유발적 속성을 억제한다는 것을 이런 사례들이 알려준다.

최근 국제하천은 276개가 존재하는 것으로 알려져 있다. 앞에서 살펴본 것처럼 이 가운데 일부에서 분쟁이 점화되었거나 점화를 기다리고 있는 반면, 나머지에서는 이미 조약이 체결되었거나 체결을 위한 교섭을 진행하고 있다. 역사적으로 다수의 조약은 협력을 기반으로 국제하천수의 분배 문제를 해결함으로써 분쟁의 발생과 확대를 억지하는 데 기여했다. 국제하천조약이 우리에게 상기시켜 주는 것은, 다른 문제들로 인하여 적대적인 국가들 사이에서도 협력을 유도할 수 있다는 것이다. 효율적 감시와 강제를 가능하게 하는 국제조약은, 당사국들이 물 문제가 아닌 문제로 적대 상태에 돌입하더라도 탄력성을 유지하는 경향이 있다. 조약에 의거한 장기적인 합동 사실 조사와 기술 협력 등은 국가 간 협력 분위기를 조성하여, 분쟁이 발생할 경우에도 해결의 기반으로 작용하고 농업 및 경제 개발 계획의 추진에 가속도를 붙일 수 있도록 한다.

---

58) Wolf(1998), p.260.

조약에 바탕을 둔 국제하천레짐도 물 문제 해결의 유효한 수단으로 인정받고 있다. 조약 기반의 협력적 국제레짐은, 설령 적대적 유역국들 사이에서 다른 문제로 인하여 분쟁이 발생하더라도 오랜 시간 동안 신축성 있게 운영된다. 인도와 파키스탄 간의 전쟁에도 불구하고 인더스강 유역에서, 베트남전에도 불구하고 메콩강 유역에서 국제하천레짐이 작동된 것이 대표적인 예이다. 여타 국제하천 유역에서도 이와 비슷하게 탄력적인 레짐이 존재하면, 다른 문제로 관계가 긴장되어도 분쟁의 해결과 억지 가능성이 높아진다. 그런데 기존의 그리고 준비 중인 다수의 국제하천조약들은 모두 공평하고 합리적이며 지속 가능한 것인가? 조약의 체결로 국제하천분쟁은 근본적으로 해결되었는가?

국제하천조약이 분쟁 해결의 충분조건은 아니며, 오히려 규정의 미비와 모호성 때문에 분쟁을 용인하거나 자극하는 역작용이 있다는 사실에도 주목할 필요가 있다.[59] 국제하천을 규율하는 조약과 국제법의 대부분은 아직도 유아기 단계에 놓여 있다. 국제하천조약들 중 절반 이상이 감시 조항을, 2/3는 구체적 수량 분배 조항을, 4/5는

---

59) 히르만드(Hirmand)강 조약이 대표적 사례이다. 히르만드강 – 아프가니스탄에서는 헬만드(Helmand)강 – 의 유역은 이란과 아프가니스탄 모두에게 사회·경제 및 환경 면에서 중요하기 때문에, 200년 이상 분쟁의 원천이 되어왔다. 아프가니스탄은 히르만드강 유역 수량의 88%를, 이란은 9%를, 파키스탄은 2%를 차지한다. 1973년, 아프가니스탄과 이란은 이 국제하천을 공동 관리하기 위하여 양국 조약을 체결해서 물 사정이 정상적인 해에는 초당 평균 26㎥를 이란 측에 흘려보내기로 했으나, 이후 이란의 하문(Hamoun) 호수가 말라붙은 원인을 둘러싸고 공방을 벌여 왔다. 이란은 아프가니스탄이 조약이 규정한 것보다 훨씬 더 적은 수량을 흘려보낸 탓이라고 비난했다. 반면 아프가니스탄은 이란이 조약을 강제하려 한다고 반박하면서 최근 몇 년 동안의 심각한 강수량 감소가 유량 감소의 원인이라고 주장했다. Ameneh Mianabadi et al., "International Environmental Conflict Management in Transboundary River Basins", *Water Resources Management*, Vol.34, Issue 11, 2020, p.3446.

강제 기제를 결여하고 있어서 그 실효성에 한계가 있는 것이다. 설령 조약이 수량 분배를 구체적으로 규정하더라도 모든 유역국에게 고정된 양을 분배하는 수준에 그친다. 나아가 다수의 국가 영역을 통과하는 국제하천들이 거의 다자조약이 아닌 양자조약으로 규율되고 있어서, 유역의 '통합 관리' 가능성을 배제하는 문제 또한 품고 있다.

1997년 '국제하천의 비통항적 이용에 관한 협약'은 다수의 중요한 원칙 – 협력, 공동 관리 책임 등 – 을 마련했으나, 상충되는 두 원칙을 채택함으로써 상·하류국 간의 갈등을 부채질할 가능성이 있다. 상류국은 '공평한 이용'을 원칙으로 강조하고, 하류국은 '심각한 타격을 초래하지 않을 의무'를 강조할 여지를 남겨둠으로써 국제하천분쟁의 발생을 조장할 위험성마저 있는 것이다.[60] 게다가 국제법은 '국가의 권리와 책임'만을 규정함으로써, 수리권을 주장할 수 있는 다른 정치단위들의 행위주체성을 부인하는 문제를 빚어내기도 한다. 예컨대 국제하천의 일정 유역에 거주하면서 실효적 지배권을 가지고 있는 요르단강의 팔레스타인인이나 유프라테스강의 쿠르드족에게 수리권을 인정하지 않아야 하는 문제가 생기는 것이다.

국제사법재판소(ICJ)는 당사국들의 동의에 의해서만 심리가 가능하도록 규정되어 있고, 판결의 강제 기제도 결여하고 있기 때문에, 국가들은 자신의 국가이익이 명하는 바에 따라 국제사법재판소의 관할권이나 판결을 거부할 수 있다. 국제사법재판소는 이런 제약으로 말미암아 국제하천 문제에 관하여 단 하나의 판결만을 내렸을 뿐이다.[61]

---

60) Wolf(1998), pp.252, 261.

61) S. Rosenne, *The World Court: What is It and How It Works*, Dordrecht: Martinus

유역국들이 그 조항을 협상의 기초로 이용한다는 데서, 국제하천조약이 분쟁의 해결에 기여하고 있음을 확인할 수는 있다. 그러나 가장 심각한 국제하천분쟁의 핵심 국면과 관계가 있는 조약들에는 결함이 있다. 불가분의 상호 의존 관계 때문에 통합 관리를 해야 함에도 지하수와 지표수를 별개로 처리하거나 수질과 수량의 상호 관계를 무시하는가 하면, 미래의 분쟁에 대비한 중재 조항을 결여한 것이 그것이다. 일단 국제하천조약이 체결되면 모든 당사국이 만족하여 분쟁이 해결될 것이라고 기대하는 경향도 비역사성을 내포한다. 물이 이용 가능한 한계에 접근하는 상황에서, 국가들이 조약을 무시하고서라도 물 확보에 적극적으로 나선 사례를 갠지스강, 유프라테스강, 티그리스강 분쟁에서 발견할 수 있다.

(3) 국제기구 및 국제 거버넌스의 역할

국제하천의 유로가 복수 국가의 영토를 통과하는 현실은, 국제하천의 관리가 초국가적이어야 함을 말해준다. 환경의 시각에서 보면 지표수, 지하수, 수질, 수량이 상호 연계되는 유역 전체를 단일의 관리 단위로 통합하는 것은 당연한 일이다. 그러나 현재까지 수립된 국제하천 관리 체계 중에서 유역별 통합 관리 체계에 부합되는 것은 예외적인 경우일 뿐이고, 국민국가가 영토별로 나누어 관리하는 체계가 훨씬 더 일반적인 경우에 속한다.

국제기구는 이런 결함에 대응하여 유역별로 계획을 수립하고 개발과 관리를 실행하는 과정에서 통합적 접근을 주도할 수 있다.[62]

Nijthoff, 1995. ICJ는 다뉴브강의 Gabcikovo댐에 관한 판결만을 내렸다. 반면 PCIJ(1922-46)는 4개의 판결을 내렸다.

62) D. J. Lee & A. Dinar, *Review of Integrated Approaches to River Basin Planning,*

국제기구는 특히, UN과 세계은행은 정치적 · 재정적 지원을 제공하는가 하면 중립적이고 공평한 대안을 제시함으로써, 그리하여 여타 행위주체들이 추종할 수 있는 여건을 창출함으로써 국제하천분쟁의 해결을 촉진할 수 있다. 국제기구의 역할 수행으로 분쟁이 성공적으로 해결된 사례는 적지 않다. 인더스강 분쟁은 세계은행의 중재로 해결되었고, 갠지스강 분쟁은 UN의 중재로 수자원 공유 협정이 체결됨으로써 일시적으로나마 완화될 수 있었다. 메콩강의 경우 UN의 30년간에 걸친 노력으로 유역국들이 분쟁을 회피할 수 있었을 뿐만 아니라, 베트남전이 수행되던 어려운 시기에도 유역 관리 프로그램의 공동 기반을 조성할 수 있었다.[63] 1950~1960년대의 다른 주요 유역에서도 국제기구의 후원 아래 국제하천조약이 다수 체결되었다.

그런데 국제기구가 국제하천분쟁의 해결을 위해 개입하더라도 중요한 것은 조기에 적극적으로 개입해야 한다는 것이다. 그래야만 분쟁이 발생하더라도, 격화되기 전에 적은 대가를 치르고 해결할 수 있기 때문이다. 국제기구가 폭력분쟁이 임박해서야 개입했기 때문에, 오랫동안 고조된 적대감의 완화와 당사국간 대화를 위해 막대한 노력을 투입해야 했던 반면, 실천 가능한 해결책의 도출은 쉽지 않았던 요르단강, 갠지스강, 나일강 사례는 적극적 조기 개입의 필요성을 역설한다. 그러나 국제기구가 분쟁에 개입한 결과가 반드시 긍정적인 것만은 아니다. 1960년대 이후 국제기구의 국제하천분쟁에 대한 직접적 영향력이 감소하면서, 국제기구가 개입한 분쟁 중 상당

Development, and Management, Policy Research Working Paper 1446, Washington, DC: World Bank, 1995.

63) Frederiksen(1998), p.139.

수는 아직도 미해결 상태에 놓여 있을 뿐만 아니라, 심지어 초기 단계에는 심각하지 않았던 분쟁들이 최근에 와서는 격렬한 형태로 전환되는 일도 있기 때문이다.[64]

국제하천의 유역국들에게 자주 제기되는 요구는, 유역 전체를 통합적으로 관리하는 것과 수자원을 공유하는 것이다. 인더스강 분쟁이 비록 평화적 협력을 통해 해결되었다고는 하지만, 인도와 파키스탄의 주권 중심적 태도는 국제하천 수자원의 공평한 분배를 어느 정도만 가능하게 했을 뿐, 유역 전반의 통합적 관리는 불가능하게 만들었다. 이처럼 분야와 지리적 경계를 초월하기 어렵게 하는 난관이 도사리고 있으므로, 유역국들이 통합적 관리의 필요에 부응하기 위해서는 '국제 거버넌스'(international governance)의 도입과 그 제도적 능력의 강화가 필수적이다. 그렇게 한다면 물 문제의 해결은 물론이고, 경제 개발과 정치적 안정도 유역국들에게 부산물로 제공할 수 있다.[65] 그런데 다양한 비국가 행위주체들이 국제 하천 문제 영역에서 활동을 하고 있는데도, 현대 국제법은 국가에게만 행위주체성을 인정하고 있어서 그만큼 국제 거버넌스의 확립이 더 절실하게 요구된다.

비국가 행위주체는 물론 국가마저도 단독으로 분쟁 해결에 필요한 실효적 수단을 제공하는 데 한계가 있고, 국제하천 유역을 통합적으로 관리할 수도 없다. 국가가 지구환경 거버넌스를 배타적으로 통제할 수 없기는 하지만, 역으로 국가 없는 지구환경 거버넌스도 성립할 수 없다.[66] 그러므로 현재와 미래의 분쟁에 대응하기 위해서

---

64) Frederiksen(1998), p.140.

65) CSIS(2005), p.4.

66) J. Samuel Barkin, "Change in Global Environmental Governance", *Global Environ-*

는 행위주체 각자가 다양한 방식으로 변화되어야 할 뿐만 아니라, 그들 간의 복합적 협력 과정인 국제 거버넌스의 구축이 긴요하다. 국제 거버넌스로 유역 전반의 통합적이고 협력적인 관리가 정착되면, 물 이용의 적정화를 매개로 수질 향상, 수량 증가, 수자원의 생산성 증대 또한 가능하게 된다. 국제 거버넌스의 도입은, 이렇듯 국제하천의 수자원 관리를 개선하는 것은 물론이고, 비수자원 분야에서도 협력과 이익의 기회를 확대하는 효과를 가져올 수 있다. 과거의 적대 상태에서는 생각할 수 없었던 긴장 완화, 지역 통합의 기반 조성, 경제의 동반 성장이 기대되는 것이다.

(4) 식량 수입

20세기 이후 세계 경제가 크게 성장하면서 많은 국가에서 물 부족과 오염, 분배의 불공평성 문제를 야기했지만, 국제하천으로부터 더 이상 물 공급을 확대하기가 어렵다는 데서 물 문제의 심각성이 포착된다. 이라크의 유프라테스강 유역과 사우디아라비아의 사례는, 세계 식량 생산의 1/3 이상을 담당하는 관개농지가 갈수와 염화 때문에 불모지로 전락하고 있다는 것을 말해준다. 물 문제가 심각해질수록 국제하천분쟁의 발생 가능성도 증가한다.

중동과 북부 아프리카 지역에서 보여지는 것처럼 다수의 국가들은 물 공급이 한계에 도달하자, 농업 생산의 의도적 감축으로 확보된 관개용수를 도시와 산업 부문에 공급할 목적으로 식량 수입을 확대하고 있다. 곡물 1 톤을 생산하는 데 물 1,000 리터가 소요되기 때

---

mental Politics, Vol.15, Issue 4, November 2015, p.135 ; Harriet Bulkeley et al., *Transnational Climate Change Governance*, New York: Cambridge University Press, 2014.

문에, 물 부족 국가들에게 식량 수입은 물을 가장 효율적으로 이용하는 방법 중의 하나이자, 합리적 경제정책으로 평가받는다. 물 부족 국가들은 쌀과 밀 등 주요 식량의 수입으로, 희귀한 물을 도시와 공업 부문에 공급하여 농업 부문에서 생산하는 것보다 훨씬 더 큰 경제적 가치를 생산할 수 있다. 식량 수입 확대로 경제 성장의 고도화 기반을 마련하면서, 동시에 물 부족 문제에 적절히 대처할 능력을 상당 부분 확보할 수 있는 것이다.

국제하천에 대한 의존도 감소가 분쟁의 발발 가능성의 축소로 이어지는 연쇄 효과는, 식량 수입이 가져다주는 혜택 중의 하나이다. 이스라엘은 이런 이점을 가장 잘 이용하고 있는 국가로 흔히 거론되며, 세계 식량 수입의 26%를 차지하는 아시아, 아프리카, 중동의 물 부족 국가들도 마찬가지이다. 알제리는 식량 수요량의 75%를 수입하고, 이집트와 이란은 40%를 수입함으로써, 물 부족과 국제하천 유역국 간의 긴장 고조 문제를 일부나마 해결한다.[67]

앞으로도 물 부족 국가의 인구는 증가할 것이고, 이에 따라 식량 수요가 증가하여 식량 수입도 증가할 수밖에 없다. 특히 부국이면서 식량안보가 불안한 국가들 - 사우디아라비아, 카타르, 아랍토후연방(UAE), 중국, 일본, 한국 등 - 은 수입 의존도가 커질수록 식량 수출 금지 등의 조치가 발동될 때마다 엄청난 충격을 받게 된다. 이들 국가는 식량의 안정적 공급을 위하여 해외 경작지의 확보와 함께, 수출국과의 강력한 동맹 관계를 새롭게 구축하지 않을 수 없다. 물 문제로 인한 식량의 수입은 국제관계에서 동맹 관계의 변화를 초래하는가 하면, 수입국의 식량안보를 위협하기도 한다. 장기적으로 인

67) 브라운(2004), p.55 ; Postel(2001), p.61.

구 증가, 기후 변화 등으로 인하여 세계적으로 물 문제가 더 심각해지면, 식량 가격이 상승하는 부정적 영향이 발생하여 식량 수입국에게 적지 않은 타격을 가할 가능성이 있다.[68] 동시에 식량 수입에 충당할 외화가 부족한 국가들은 필요한 식량을 충분히 확보할 수 없어서 국가의 생존이 위기에 직면한다는 분석에서, 식량 수입이 국제하천분쟁의 해결에 기여할 수 있지만 동시에 수입국의 식량안보에 부정적 영향을 끼치는 양면이 있음을 확인할 수 있다.

68) 중앙일보, 2006. 3. 22.

7장 ‖ 국가와 비국가 행위주체의 역할

얼마 전까지만 해도 일부 과학자나 환경전문가들의 전유물로 간주되던 환경 문제가 국제사회의 현안으로 대두되고 있다. 과거 개별 국가의 문제로만 인식되던 환경 문제가 점차 지구 차원의 문제로 확대되었지만 국민국가가 대처 능력의 한계를 드러내면서, 환경 영역에서는 국제관계 행위주체들 간의 협력 필요성이 거세게 제기된다. 근대 이후 국제관계의 압도적 행위주체로 활동해 왔던 국민국가에게 이런 요구는 근본적인 도전이 될 수 있다. 국가가 환경 문제에 적절히 충분히 대처하지 못 한다면 비국가 행위주체들이 대응을 주도할 수 있는가? 비국가 행위주체들이 지구환경 영역에서 중요한 역할을 수행하는 것은 분명하지만, 아직은 국가의 보조인이나 대리인으로서의 역할을 수행하는 것에 그친다. 비국가 행위주체들이 국제환경협력의 과정이나 결과에 무시할 수 없는 영향을 미치지만 협력의 가장 중심적인 행위주체는 여전히 국가이기 때문이다.

1980년대 이후 적은 정부, 시장 기제 존중, 탈규제로 특징 지워지는 신자유주의의 영향으로 국가의 역할 확대는 도전에 직면했다. 그러나 탈냉전기 국제관계에서 국가의 환경 영역에서의 역할은 축소되는 것이 아니라 확대되는 방향으로 나아간다. 환경 영역에서 국가의 역할 수행이 항상 효과적인 것은 아니었고 또 국가가 유일한 행위주체도 아니었지만, 국가는 핵심적 행위주체로서의 위치를 고수해 왔다.[1)]

그러나 국가가 여전히 국제환경정치의 중심적 행위주체임에 틀림없더라도, 국가는 자기 이익을 우선적으로 추구하는 자리적 존재여서 지구 차원의 공동선을 위하여 협력하는 데는 한계가 있다. 국가들에게 초국가적 이타주의가 없다고는 할 수 없지만, 모든 국가들이 환경 문제에 공동으로 대응할 가능성이 항상 열려있는 것은 아니다. 국가이익이 국제환경협력의 결과를 결정하는 데 가장 중요한 역할을 하되,[2)] 국가이익의 상충이 국제환경협력의 주요 장애물로 버티고 있는 한, 국제환경협력의 효율적 실행을 위해서는 배타적 주권을 초월할 필요가 있다.

이런 한계와 필요는 국가가 지구환경 영역의 유일하게 중요한 행위주체일 수 없다는 것을 말해주는 것으로서, 비국가 행위주체들의 활동 근거를 이룬다. 그렇다면 일면 국가의 단독 결정으로 보이는 정책도 사실은 다양한 비국가 행위주체들과 상호 작용한 결과라고 보아야 한다. 기후 레짐이 규제 중심적인 것에서 촉매 중심적인 것으로 진화하는 과정을 들여다 보면 국제기구, NGOs, 기업 등의 비국가 행위주체들은 물론, 도시와 지방정부 등의 국가 하부 행위주체

---

1) Andreas Duit(ed.), *State and Environment: The Comparative Study of Environmental Governance*, Cambridge, MA: MIT Press, 2014.

2) Tony Brenton, *The Greening of Machiavelli: The Evolution of International Environmental Politics*, London: Earthscan, 1994, pp.238~239.

들이 연대를 구축하여 기후 변화 대응 행동을 한 것이 주효했다.3)
1960년대 이후 환경 관련 비국가 행위주체들의 수와 활동이 증가하고 역할의 중요성이 커지면서, 국가가 국제환경정치의 가장 중요한 변수가 아닐 수도 있다는 견해가 대두되기 시작했다.4)

지난 수십 년간 비국가 행위주체들은 기후 거버넌스에 참여했을 뿐만 아니라, 2015년 파리협정 체결 이후에는 기후변화협약 당사국 총회에서 국가와 더불어 기후 레짐 구축에 중요한 역할을 담당했다.5) 포스트 교토 체제에서는 비국가 행위주체와 국가 하부 행위주체들이 대안이 아닌 핵심적 요소로 간주되었다. 초국가적 거버넌스

3) Thomas Hale, "All Hands on Deck: The Paris Agreement and Nonstate Climate Action", *Global Environmental Politics*, Vol.16, Issue 3, August 2016, p.13.

4) Johan Galtung, *Environment, Development, and Military Activity: Towards Alternative Security Doctrines*, Oslo: Norwegian University Press, 1982. 매년 열리는 기후변화협약(UNFCCC) 당사국 총회에는 국가뿐만 아니라 국제기구 및 NGOs의 대표들이 참석한다. 초기의 당사국 총회에는 참관이 허락된 비국가 행위주체의 2/3를 NGOs가 차지했다. 비국가 행위주체들은 이를 통하여 지구 차원의 기후 변화 회의에 참여하고 영향력을 증강한다. Liliana Andonova, Michele Betsill, & Harriet Bulkeley, "Transnational Climate Governance, *Global Environmental Politics*, Vol.9, Issue 2, 2009, pp.52~73. Myint는 라인강과 메콩강의 국제하천 거버넌스 사례에서, 제도 변화를 추구하는 지방공동체와 비국가 행위주체들이 정치적 권위와 정당성을 획득하는 방식을 근거로 국가 중심적 접근법을 벗어난 다중심적 접근법의 중요성을 강조한다. Tun Myint, *Governing International Rivers: Polycentric Politics in the Mekong and the Rhine.*, Northampton, MA: Edward Elgar, 2012.

5) 세계 인구의 11%인 7.9억 명이 거주하고 세계 GDP의 32%를 차지하는, 199개가 넘는 국가의 7,000개 이상의 도시들이 그리고 88개가 넘는 국가의 5,000여 개의 기업들 - 수입이 38조 달러인 - 이 파리 회의 과정에서 기후 변화 대응을 공약했다. 이들의 CO2 감축 잠재력은 인도의 연간 배출량보다 많은 25억~40억 톤에 달하고, 파리 회의에서 국가들이 약속한 2030년까지의 감축 목표 40억~60억 톤과 비슷하다. *Galvanizing the Groundswell of Climate Actions*(GGCA), Lima-Paris Action Agenda Independent Assessment Report, December 7, 2015 in www.climategroundswell.org/blog-test/lpaa/report(검색일: 2016. 01 27); Angel Hsu et al., *Assessing the Wider World of on-State and Sub-National Climate Action*, December 10, 2015, Yale Data Driven Environmental Solutions Group, New Haven, CT, p.1 in www.tinyurl.com/yale-NAZCA-plus. p.1. (검색일: 2016. 01 27)

는 국제관계의 다수 영역에서 오랫동안 구축되어 왔지만, 기후 영역에서만큼 비국가·국가 하부 행위주체들이 국가와 밀접한 관계를 가지고 큰 규모로 구축한 경우는 찾아보기 어렵다. 비국가 행위주체가 이런 변화에 힘입더라도 국가를 대신할 수는 없지만, 그에 못지않게 중요하다는 인식이 점차 확산되고 있다.

1. 국가

국민국가를 단위로 하는 분권적 국제관계는 지구환경 문제에 양면의 영향을 초래한다. 즉, 인간과 환경의 관계에 대하여 다양한 접근법을 구사할 수 있는 것은 긍정적인 측면이지만, 만족할 만한 합의의 도출이 곤란하고 상호 이익이 되는 문제의 해결조차 어렵게 만드는 부정적인 영향도 남기는 것이다. 가장 심각한 문제는 지구환경 보전의 비용과 수익의 분배를 둘러싼 선·후진국 간의 갈등과 국제 환경협력을 주권국가의 의사에 반해서 강제할 방법이 거의 없다는 것이다.[6] 국민국가 중심의 분권적 국제관계가 유지될 경우 '남'의 '개발 우선 정책'이 지속될 수밖에 없어서, 자원 이용의 대가가 커질 뿐만 아니라 지구환경 문제가 희생양이 될 가능성도 배제할 수 없다. 정치적·경제적·전략적 안보 간의 상호 의존성을 부인할 수 없다면, 국가 차원은 물론 지구 차원에서도 인간의 환경 관련 행위를 그리고 사회와 자연환경 간의 상호 작용을 효율적으로 관리할 필요

6) Ramesh Thakur, "Breaking through the Global Politics of Climate Change Policy", *Washington Quarterly*, Vol.43, Issue 2, June 2020, pp.60~63.

가 있다. 환경 문제의 해결을 위해서는 이렇듯 전 지구적 차원의 대응이 요구되나, 현재의 국가 중심적 국제관계는 이 같은 요구에 부응하는 데 한계를 드러낸다. 왜냐하면,

첫째, '리우 회의'에서도 국제사회의 공동 행동의 중요성이 강조됐으나 각국이 여전히 주권 원리에 집착한 결과, 국가가 국제조약을 약화시킬 수 있는 요소가 '리우 선언'에 반영되었다. 리우 선언 원칙 2는 "각 국가는 유엔 헌장과 국제법 원칙에 조화를 이루면서 자국의 환경 및 개발 정책에 따라 자국의 자원을 개발할 수 있는 주권적 권리를 가지고 있으며..."라고[7] 규정하여, 국가의 배타적 자원 개발권을 조건부로 인정하고 있다. 국가 주권과 안보에 대한 우선권 부여가 국제환경협력을 지체시키고 복잡하게 만드는 요인이 되는 한, 주권 문제는 결국 국가의 자율적 · 합법적 정책 결정권이 다른 국가들과 국제사회의 이익을 위하여 제한될 수 있는가 하는 논의로 연결된다.

일부 국가들은 특정 행위나 과정으로부터 환경 문제가 발생할지라도 자신의 경제적 이해관계를 중시하여 결정권의 자유로운 행사를 주장한다. 이들은 국제법과 효율적 국제 권위가 부재하는 상태에서는 타국이나 국제기구의 주장에도 불구하고 자국만이 행위의 최종 판정주체라고 주장한다.[8] '생물종다양성협약'은 이를 반영하여 생물종의 다양성이 인류 공동의 관심사임을 선언하면서도, 동시에 생물자원에 대한 국가주권을 인정했다. 일부 국가가 UNCED의 결정을 실행하는 주요 기구인 '지속가능개발위원회'(United Nations Commission on Sustainable Development: UNCSD)의 독자적 권한 보유

7) 지구환경대책기획단, 『21세기 지구환경 실천 강령』, 경제기획원, 1992, pp.5~6.
8) Evan Luard, *The Globalization of Politics: The Changed Focus of Political Action in the Modern World*, London: Macmillan, 1990, p.85.

에 반대한 것은 주권적 고려가 국제기구의 국가 초청권을 제약했음을 의미한다.

둘째, 각종 환경조약의 체결 주체가 국가의 운영 주체인 정부들로 한정된다는 사실은 국가가 지배적 행위주체임을 입증한다.

셋째, 국가는 사회.경제 체제를 형성하는 데 핵심적 역할을 담당하고 다른 행위주체들은 그 내부에서 활동한다는 것에 비추어 보면, 국가가 다른 행위주체들의 행동 범위를 규율한다는 것도 인정해야 한다. 구체적으로 국가는 여타 행위주체들이 정당한 선택 범위를 결정하는 데 영향을 미친다.[9] 예를 들어 국가는 시장에 개입하여 환경 비용을 국내화하고 환경 오염자나 파괴자에게 부담시킨다. 환경 문제 유발 행위에 보조금을 삭감하고 조세를 부과한다면 개인과 기업의 환경 보전 노력이 강화될 수 있다.

넷째, 지구환경 문제에 대한 사회적 반응을 규정하고 과학적 증거에 입각한 대응을 정당화하는 것은 국가의 정치 과정이다. 국가는 자원 고갈과 환경 문제의 주범이기는 하지만, 환경 문제의 해결책을 결정하고 실행에 옮기는 주역이기도 하다.

다섯째, 환경 문제의 지구적 성격과 그 영향의 불평등성에서 비롯되는 갈등은 국제환경협력을 저해하는 주요 요인이다.[10] 지구환경 문제의 영향은 국가별로 정도와 형태가 일정하지 않아서, 그 해결을 위한 인식과 노력에도 차이가 엄존한다. 국가 간 이익 갈등은 그 필

9) Nazli Choucri, "Political Economy and the Environment", *International Political Science Review*, Vol.14, No.1, 1993, pp.103, 107.

10) Christopher D. Stone, "Beyond Rio: Insuring Against Global Warming", *American Journal of International Law*, Vol.86, 445, p.470 ; Barry Buzan, "New Patterns of Global Security in the Twenty-First Century", *International Affairs*, Vol.67, No.3, 1991, p.450.

연적 결과여서 국가 중심적인 국제관계는 국제환경협력을 저해하는 부작용을 낳기도 한다. 구소련의 경우 기온이 1.5도 상승하면 수확량이 30%, 경작지가 26% 증가할 것으로 예상되었기 때문에 CO_2 감축에 미온적으로 대응했다. 해수면 상승 문제가 저지대 국가인 네델란드나 방글라데시에게는 심각한 것이지만, 다른 국가들에게는 심각한 위협으로 인식되지 않는다. 지구환경 문제의 심각성이나 해결의 필요성에는 대부분의 국가가 동의하면서도, 그 해결 방식을 둘러싼 국가 간 첨예한 이해 충돌이 국제환경협력의 진전을 방해한다.

국가가 자국의 이익을 기조로 지구환경 문제에 접근할수록, 국가중심적 질서가 국제환경정치를 규율하게 된다. 공업화 과정에서 배출된 온실가스는 기후 변화를 가속화한다. 이런 상황에서 온실가스 배출을 감축하면 선진권은 복지 수준이 저하되고 개도권은 경제 성장이 저해되기 때문에, 국제 공동선 - 기후 안정화 - 의 실현을 위한 국가의 희생 - 온실가스 감축 - 은 통상 각국 내부에서 정치적 반발에 직면한다. 각국이 1980년대 후엽부터 지구환경 보전을 위한 국제협력에 적극적으로 참여하기 시작한 것은, 탈냉전 질서의 수립 과정에서 이 문제가 지구환경 보전보다는 자신의 안보 · 경제 · 외교 정책과 더 밀접한 관련이 있다고 판단한 결과였다. 이에 따라 지구환경 보전이 외교정책의 주요 변수로 자리 잡았으나, 대내 · 외 정책상의 이해관계에 위협이 되지 않는 범위 내에서 우선순위를 부여받는 한계에 둘러싸이게 된다.

구체적으로 그것은 국내 환경의 악화, 환경 문제에 대한 국제적 관심의 증대, 국제 이미지 및 위상의 개선,[11] 그리고 국가에 따라서

11) 선진국이 환경 보전에 상당한 중요성을 부여하기 때문에 개도국으로서는 국제적 비난을 회피하면서 국제 이미지의 개선을 위한 정치적 수단으로

는 경제 개발에 소요되는 기술과 자본의 도입 필요성을 의식한 결과였다. 또한 경제 개발 우선 정책과 이로 말미암은 선택의 제한, 국제환경 문제보다 국내 환경 문제에의 우선순위 부여, 주권 침해와 무역 장벽에 대한 우려, 환경 정책 결정 과정에 대한 외세의 간섭 우려가 환경정책을 제약한다.[12] 이 점은 지구환경 문제 해결을 위한 국제협력의 강화, 국제레짐의 구축, 세계국가의 실현 요구에도 불구하고 국가 중심적인 국제환경정치가 상당 기간 존속할 가능성을 시사한다.

국제환경정치가 지구환경 문제의 해결 과정에서 국제주의의 시각을 강화하여 주권과 불간섭에 기초한 전통적 국제관계에 도전해도, 국가가 압도적 행위주체로 존속하는 한 과도기 국제환경정치는 남·북 관계를 중심으로 운영될 가능성이 크다. 환경 문제가 새로운 지구의제로 등장한 결과, 국가를 기본 단위로 하는 국제관계에서 국가에 의한 합의의 형성 및 준수는 국제환경협력의 필수조건이다. 그러나 세력의 불균형과 환경 문제의 불확실성을 반영한 국가 간 이익 충돌이 빚어지고 있어서, 환경 문제의 해결에 비약적 진전을 기대하기는 어렵다.

국가들이 지구환경 문제의 초국가성을 보편적으로 인지하고 있어서, 환경 문제 해결을 위한 국제협력에 진전이 없었던 것은 아니

국제환경협력 문제를 활용할 수 있고, 선진국으로서는 자신의 강대국으로서의 이미지를 전파하고 국제적 영향력을 확대하는 수단으로 이용할 수 있다.

12) Yufuan Hao, "Environmental Protection in Chinese Foreign Policy", *Journal of Northeast Asian Studies*, Vol. XI, No.3, Fall 1992, pp.36~42. 예를 들어 개도국에게는 주권, 무역장벽, 원조 공여의 조건이 모두 환경 문제와 밀접히 관련된다. 개도국의 무역, 해외투자, 차관에의 의존이 심화되는 것과 동시에 세계시장에의 의존이 심화되는데, 선진국이 환경 보전을 이유로 개도국의 수출 상품에 무역 장벽을 구축하지 않을까 우려하게 되는 것이다.

다.[13] 그런데 지구환경 문제를 둘러싼 갈등이 현실화되는 과정에서 남·북 간의 갈등이 지배적인 형태로 자리 잡았지만, 북·북 간-예를 들어 미국과 유럽 간-에도 산업 구조의 차이, 외교 주도권 문제 때문에 이해관계의 대립이 엿보인다. 또한 지리적 인접성이나 이해관계의 이질성 또는 외교정책 목표의 상이성에 따라 갈등이 빚어져, 국제환경정치 영역에서는 기존의 블록들과 다른 차원에서 국가들이 블록을 결성하는 움직임이 나타난다. 더구나 환경 문제에 대한 경제적 책임을 선진국과 함께 분담해야 한다는 시각에서, 개도국 중 선발 개도국은 선진국이나 후진국과 다른 범주에 포함되어야 한다는 주장을 선진권이 제기함으로써 기존의 갈등 및 협력 관계가 변화될 가능성도 있다.

2. 국제기구

기후 변화는 물 문제, 식량 부족, COVID-19 등의 문제와 함께 국가 간 상호 연계가 심화되는 상태에서 국가 중심적 국제관계의 취약성을 폭로한다. 뿐만 아니라 문제 해결에 필요한 초국가적 거버넌스의 진화가 느리게 이루어지고 있다는 사실을 폭로하기도 한다. 기존의 국가 중심적 안보 전략은 이런 점에서 기후 변화에 대응하는 데 부적절하다. 국가의 강화도 필요하지만, 초국가적 다자질서를 지탱하는 강력하고 효과적인 국제기구도 협력의 촉진과 분쟁의 종식을

13) James N. Rosenau, *Turbulence in World Politics: A Theory of Change and Continuity*, Princeton, NJ: Princeton University Press, 1990, p.411.

위하여 필요하다.

현대 국제관계의 현안, 특히 환경 문제를 해결하는 데 공·사 행위주체들－정부, 국제기구, NGOs, 기업, 재단 등－의 초국가적 네트워크를 통한 제휴는 중요한 수단이 되고 있다. 그들은 환경 영역에서 조직의 목표, 성격, 참여의 정도를 달리 하기는 하지만 지구 차원의 정책 결정 과정에서 협력을 강화했다. 특히 국제기구는 이들이 지구환경 거버넌스라고 하는 새로운 형태의 협력을 추진하는 데 주도적 역할을 수행함으로써, 국가가 국제관계를 배타적으로 지배한다는 전통적 시각을 약화시켰다.[14]

지구환경 문제가 지구 차원의 해결책을 요구한다는 것은 국제환경정치의 필요성을 역설하는 것과 다름없다. UN은 국제환경정치의 중요한 행위주체로서, 공간으로서, 도구로서 활동해 왔다. UN은 지구 차원의 보편적 국제기구로서 다른 행위주체들이 지구환경 문제에 보다 효과적으로 대응하도록 유도하는 데 중심적 역할을 수행한다. UN은 이를 바탕으로 지구환경 문제의 해결 과정에서 독특한 위치를 확보했다. 국제기구의 촉진제 역할에 힘입어 국제환경협력이 증대되는 형태로 국제환경정치가 점차 강화되고 있다.[15] 구체적으로 UN은 1992년 '리우 회의'를 개최하여 향후 국제환경협력의 기본 원칙이 될 '리우 선언'과 그 세부 실천 강령인 '의제 21', '기후변화협약'과 '생물종다양성협약', 그리고 '삼림 원칙 선언'을 채택했다.

---

14) Liliana B. Andonova, *Governance Entrepreneurs: International Organizations and the Rise of Global Public-Private Partnerships*, Cambridge: Cambridge University Press, 2017, pp.193~194 ; Wolfram Kaiser & Jan-Henrik Meyer(eds.), *International Organizations and Environmental Protection: Conservation and Globalization in the Twentieth Century*, New York: Berghahn Books, 2014, p.7.

15) Perrin Selcer, *The Postwar Origins of the Global Environment: How the United Nations Built Spaceship Earth*, New York: Columbia University Press. 2018.

이어 1992년 47차 유엔 총회는, 각국의 의제 21 이행 상황을 평가하고 감시할 '지속가능개발위원회'를 설립했다. 유엔의 지구환경 문제 관리 기능이 이를 계기로 강화되고 국제환경법 제정 작업이 가속화된 것은, 국제환경협력의 강화가 UN의 매개로 이루어졌다는 주장을 뒷받침한다.16)

과거와는 달리 환경 문제가 국제관계의 주요 관심사로 부각되는 변화 속에서 새로운 형태의 갈등과 협력이 잉태되고 있다. 그러나 국가이익의 상충이 종종 국제협력을 가로막는 상황에서, 국제기구 특히 UN을 중심으로 한 다자협력 체제의 강화 필요성이 지속적으로 제기되어 왔다. 이러한 요구에 대응하여 '유엔환경계획'(United Nations Environment Programme: UNEP)은 30년 가까이 국제환경협력의 산파 역할을 해 왔다. UNEP는 개념화, 조정, 촉매, 코드화 기능을 중심으로 국제환경협력을 주도해 왔다. UNEP는 국제협력을 요구하는 지구환경의 위협 요소를 정기적으로 분석하고, 국제환경협력의 발의와 운영을 주도한다. 1985년의 '비엔나협약', 1987년의 '몬트리올의정서', '유해 폐기물의 국제이동과 처리에 관한 바젤협약', 그리고 1992년 리우 회의에서 서명된 '기후변화협약'과 '생물종다양성협약'은 UNEP의 역할에 힘입은 것이다. UNEP의 이러한 활동에 주목하여 리우 회의에서 채택된 '의제 21'은 UNEP의 역할과 위상의 강화를 촉구했다.17)

16) Miko Maekawa, "Effective Environmental Regimes in East Asia for Climate Change and Environmental Security", *Journal of Peace Studies*(『평화학연구』), Vol.15, No.6, December 2014, p.11.

17) 구체적인 내용은 '의제 21', 38.23 - 38.26, 『21 세기 지구환경 실천 강령』, pp.586~587 참조. UNEP는 국제환경협상에서 UN의 여타 기구들, 각국 정부, NGOs 간의 협력을 지원·조정·수행하는 역할을 통하여 국제환경협력을 촉진하며, UN내의 다른 기구들 - FAO, WHO, UNDP 등 - 이 환경 프로그램

그러나 UNEP는 국제환경협력의 촉매제로서의 역할에서는 상당한 성공을 거두었으나, 조정자로서의 역할 수행에는 실패했다. UN 체제 내부에는 환경 문제를 독자적으로 다루는 경쟁 기구들-UNDP, WMO, WHO, FAO 등-이 다수 존재할 뿐더러, 지구환경 영역에는 다수의 '국제환경레짐'(international environmental regimes)이 활동하고 있기 때문이다. UNEP의 경우에서 보듯이 국제기구는 지구환경 문제를 해결하는 과정에서 주도적 역할을 담당하지만, 다른 한편으로 문제 해결 능력에 한계를 드러낸다. 국제기구가 과거와는 달리 지구환경 문제에 능동적으로 대처하고 있어도 국민국가의 위치를 대신할 수 없는 이유는 다양하다.

첫째, 베스트팔리아 회의 이후 국제관계의 구성 원리가 주권이고 기본적 행위주체는 국가라는 사실에는 여전히 변함이 없다. 그러나 국제관계의 국가 중심성은 환경 문제의 초국가성과 충돌한다. 초국가적인 문제는 초국가적인 해결책을 요구한다. 환경 문제의 원인과 범위가 초국가적인 것이기 때문에 해결책과 정책 결정 과정도 초국가적인 것이어야 한다. 그러나 자원을 동원하여 문제에 대응할 수 있는 법적 권위는 국가에게는 있지만 국제기구에게는 없다. 국제기구는 정책을 권유하고 국제협력을 호소할 수 있을 뿐, 국가에게 강제를 할 수 없다. 예컨대 회원국들에 법적 구속력을 가지는 안전보장이사회의 결정의 주체는 15개 이사국이지 UN이 아니다. 다자회의에서 협상을 통하여 국제환경조약을 채택하고, 국제기구가 검증 역할을 담당해도, 그것을 이행하고 준수하는 주체는 국가이다.[18] 그

을 수립하도록 영향을 미치기도 한다. Gareth Porter & Janet W. Brown (eds.), *Global Environmental Politics*, San Francisco, CA: Westview Press, 1991, pp.51~52.

18) Thakur(2020), p.63.

렇다면 지구환경 문제의 해결 과정에서 국제기구의 역할 증대를 통한 국제주의의 관철은 당분간 기대하기 어렵다.

둘째, 초국가적 권위체의 창설이 반드시 효과적 환경 관리로 이어진다는 등식 또한 성립하기 어렵다. 새로운 권위체의 속성에 관한 협상에 우선권을 부여하다 보면, 협상 과정에서의 논쟁이 당면한 환경 문제의 우선순위를 후퇴시킬 수 있기 때문이다.19)

셋째, 국제기구 간 책임 소재와 이 문제에 관한 최종적 권위가 불명확하다는 것도 문제로 지적되어야 한다. 예컨대 UNEP는 환경 문제를 전문적으로 다루는 국제기구여서, 지구환경에 관한 정보의 수집을 목적으로 감시 체제를 구축하고 대책을 수립하는 데 주춧돌 역할을 수행해 왔다. 사막화와 토양 침식 대책 수립, 해양환경 연구, 지구 감시 체제 확립, UN 산하 환경기구들의 프로그램 조정 등이 그것이다. 그러나 UNEP는 환경 분야에 관한 배타적 관할권이 없으며, 심지어는 UN 체제 내에서도 모든 환경 관련 활동에 관한 전반적 통제권이 없는 실정이다.

넷째, UNEP의 경우 UN 체제 내에서 주도적 역할을 인정받았으나 인적·물적 자원이 부족해서 결정적 역할을 수행하지 못하는 한계에 직면한다. UNEP의 주요 역할 중 하나인 환경 감시도 자원 부족과 권한의 분산 때문에 적절히 수행되지 못한다.20)

이러한 한계에 비추어 보면, UN은 자신의 역할과 사명을 충분히 수행하지 못하기 때문에 지구환경 문제에 적절히 대응할 수 없다고 비판받는다. Conca에 의하면, UN의 지구 환경 거버넌스 전략은 평

---

19) 손주용, "탈근대의 지구환경 문제," 하영선 편, 『탈근대 지구정치학』, 나남, 1993, p.408.

20) Luard(1990), pp.86~88.

화 증진과 인권 수호라는 사명을 경시한 채 국제법 발전과 국가들의 개발 확대에 주력한 것이어서, 지구환경 문제에 효과적으로 대응할 수 없었다고 한다. 그는 UN이 지구환경협력을 주도하려면 인권 수호와 환경 보전의 연계, 안보리의 역할 재정립, 평화 및 인권과 '지속가능한 개발 목표'(Sustainable Development Goals: SDGs)의 연계를 추구해야 한다고 주장한다.[21]

3. 비정부기구(NGOs)

환경 영역에서 NGOs의 역할과 영향력이 증대되면서, 국제관계를 지배해 온 국가 중심적 시각이 다중적으로 도전받고 있다. 그러나 현실주의자들은 NGOs의 역할이 증대되었다고 해도, 비국가 행위주체들의 정치적 중요성은 국가의 그것에 비하면 매우 미흡하다고 반박한다. 1972년 '스톡홀름 회의' 이후 NGOs는 지구환경 영역의 주요 행위주체로 활동해 왔다. 그들은 주로 교육과 여론 주도를 통하여 국가와 국제기구에 영향력을 행사하는 데 주력했으나, 최근으로 올수록 이런 대중 활동에 더하여 국가 및 국제 차원의 정책 결정 과정에 적극 참여하는 변화를 보인다.[22] 환경 NGOs는 정책 결정 과

21) Ken Conca, *An Unfinished Foundation: The United Nations and Global Environmental Governance*, New York: Oxford University Press, 2015, pp.191~215.

22) 예를 들어 인도의 환경 관련 비정부기구들은 기존의 법률과 정책을 환경 보전과 지속 가능한 개발의 방향으로 전환시키고, 빈민의 자원 소유권을 보호하는 데 활동의 역점을 둔다. 그들은 이를 위하여 대중의 참여, 권력의 지방분권화, 대중 중심적 정책과 제도의 도입에 주력한다. Kamla Chowdhry, "Poverty, Environment, Development", *Daedalus*, Vol.118, No.1, Winter 1989, pp.151~153.

정에 참여하는 것을 바탕으로 국가의 권위를 잠식하면서 국제관계에도 영향을 미친다.

첫째, NGOs는 환경 입법과 정책의 수립을 요구하는 데 그치지 않고 여타 행위주체들에게 환경의식을 존중하도록 요구한다. 그들은 환경의식을 전파하여 인간의 사고와 사회적 규범을 변화시킴으로써, 정부를 포함한 다양한 집단과 제도들이 기존의 정책을 환경 친화적인 방향으로 전환하도록 하는 데 중요한 역할을 담당한다. 예컨대 그들은 한국에서 여론을 동원하여 정부의 동강댐 건설 계획을 중단시켰고, 미국에서는 맥도날드로 하여금 1회 용품을 사용하지 않도록 설득하는 데 성공했다. NGOs의 이런 활동이 국가들의 국내·외 환경정책의 변화에 영향을 미친다.[23)]

둘째, NGOs는 대부분의 지구환경 문제에 관여한다. 그들은 대중의 태도 형성과 국가 정책에 영향력을 행사하여 국제환경협력을 촉진한다. 예컨대 NGO는 '리우 회의'에 참여하여 자신들의 주장을 회의 최종 문서에 반영했다. 그들은 또한 비정부기구 회의들을 개최하고, '의제 21'에 상응하는 '비정부기구조약'(NGO Treaties)을 채택함으로써 환경 문제의 지구 의제화와 국제환경협력에 기여했다. 세계은행(World Bank)은 개발차관을 제공하기 전에 차용국을 상대로 환경영향평가를 실시한다. 다수의 국내·외 비정부기구들이 평가 과정에 참여하여 친환경적 결정이 내려지도록 영향력을 행사한다. 그리하여 차용국의 경제·환경 정책에 대하여 세계은행이 국제기구로서의 권위를 확대하는 데 조력할 뿐만 아니라 자신들의 역할과 초국가적 네트워크를 확대하기도 한다.[24)]

---

23) Paul Wapner, "Politics Beyond the State: Environmental Activism and the World Civic Politics", *World Politics*, Vol.47, No.3, April 1995, p.322.

셋째, NGOs가 풀뿌리 사회운동, 반패권 연합, 초국가적 사회운동과 연대를 구축하면, 강력하고 전략적인 행위주체로 활동할 수 있으며 국제환경정치의 지각 변동을 초래할 수 있다.[25] 제1세계의 NGOs는 제3세계 지역에서 환경 보전과 경제 성장을 통합한 계획을 통해서 빈민층의 생활수준 향상을 추구한다. NGOs는 환경의식을 전파하고 기업에 압력을 가하며 지방공동체의 환경 활동을 강화하도록 함으로써, 국제환경정치에서 역할을 강화한다. 물론 각국 정부와의 대립, 그리고 남·북 NGOs의 분열로 말미암아 그들의 영향력에는 한계가 있기는 하다. 그러나 NGOs는 국제환경 협상에 참여하여 의제를 설정하고 국제환경조약의 이행을 감시하는 것을 토대로, 지구환경 문제의 해결 과정에서 무시할 수 없는 영향력을 가진 행위주체로 활동한다.

넷째, '다자환경협상'(multilateral environmental negotiations)은 일단 1국 1표제 또는 합의제 정책 결정 과정의 도입으로 절차적 공정성을 확보한 것으로 보인다. 그러나 선진권과 개도권 사이에는 복잡한 법적 절차, 과거의 선례, 폭 넓은 전문적 지식 등에 대한 이해의 차이 때문에 협상 능력의 불평등성이 존재한다. 불평등한 협상력은 개도권의 공정하고 적극적인 협상 참여를 제약한다. 환경 NGO는 국가의 이런 한계를 보완하는 역할을 담당한다. 예컨대 NGOs는 국가 대표단의 일원이 되어 UN 기후 변화 협상에 참여함으로써, 개도권 국

---

24) Roger A. Payne, "Deliberating Global Environmental Politics", *Journal of Peace Research*, Vol.33, No.2, May 1996 ; Paul Nelson, "Deliberation, Leverage or Coercion? The World, NGOs, and Global Environmental Politics", *Journal of Peace Research*, Vol.34, No.4, November 1997.

25) David, J. Ciplet, Timmons Roberts, & Mizan R. Khan, *Power in a Warming World: The New Global Politics of Climate Change and the Remaking of Environmental Inequality*, Cambridge, MA: MIT Press, 2015, p.230.

가들의 대표단이 협상 의제의 확대, 지원 인력의 부족, 대표단 규모의 왜소성, 언어의 장벽을 극복하고 다자환경협상에 효율적으로 참여하는 데 기여한다. 나아가 그 역할이 전문화된 환경 NGOs가 개도권 국가 대표단에게 행정적 · 기술적 · 전략적 지원을 제공하여, 교섭 역량을 강화하고 협상 결과에 개도권의 의견이 반영되도록 함으로써, 국제 환경 행위주체로서의 위상을 강화한다.[26)]

NGOs는 리우 회의 과정에서 NGOs 회의를 개최했다. 6,000여 개의 NGOs가 이 회의에 참여하여 '비정부기구조약'을 채택하는 등의 활발한 활동을 전개함으로써 환경 문제의 지구 의제화와 국제환경협력에 기여했다. 그러나 남 · 북 간의 갈등이 이들 사이의 관계에도 이식되어 선진국의 NGOs와 개도국의 그것들이 분열되는 새로운 양상이 나타나기도 했다. 미국의 NGOs인 WRI(World Resources Institute)와 인도의 CSE(Centre for Science and Environment)의 견해 차이를 그 예로 들 수 있다.

WRI는, 개도국이 삼림 파괴와 이산화탄소 배출을 초래하는 활동으로 말미암아 온실가스 배출국 중 상위를 차지하며, 인도가 온실효과의 증대에 5번째로 큰 영향을 미쳤다고 평가했다. CSE는 WRI의 평가가 방법 및 철학의 면에서 개도국에 불리하게 적용된 것임은 물론, 균형 감각을 상실한 것이라고 반박했다. 구체적으로 온실가스 배출 총량과 기후 변화에 기여한 몫을 동일시한 것은 오류인 것이, 인도나 중국 같은 개도국의 배출량은 과대평가했음에 반하여 미국

26) M. Betsill & E. Corell, *NGO Diplomacy: The Influence of Nongovernmental Organizations in International Environmental Negotiations*, Cambridge, MA: MIT Press, 2008 ; Nicholas Chan, "Beyond Delegation Size: Developing Country Negotiating Capacity and NGO Support' in International Climate Negotiations", *International Environmental Agreements*, Vol.21, Issue 2, June 2021, pp.201~214.

등 선진국의 그것은 과소평가했다는 것이다. 과거의 배출량까지 고려하면 선·후진국 사이의 차이는 더 클 뿐만 아니라, 이들의 온실가스 배출에 동일한 비중을 부여할 수는 없다는 것이다.

게다가 개도국은 주로 생계형 농업을 하는 과정에서 메탄가스를 방출하는 '생존성 배출형'(survival emission)에 속하지만, 선진국은 주로 자동차 배기가스와 육류 소비로 말미암은 '사치성 배출형'(luxury emission)에 속하는 차이가 있다고 CSE는 반박한다. CSE는 이를 근거로 WRI의 연구를 '온실 제국주의'(greenhouse imperialism)라고 비판했다.[27] 이것은 선진국의 환경정책을 '환경제국주의'라고 비판하는 개도권의 인식과 다르지 않은 것이어서, 선·후진국 비정부기구들 간의 관계에 충돌의 여지가 있음을 말해준다.

NGOs는 1차적으로 국가 차원에서의 환경 보전과 입법에 주력해 왔다. 동시에 그들은 환경 문제 중 상당수－천연자원의 고갈, 해양오염, 대기 오염 등－는 각국 정부가 단독으로 해결할 수 없음을, 그리하여 각국의 단독 대응이 아닌 국제 공동 대응을 통해서만 효율적으로 해결할 수 있음을 설득했다.[28] 구체적으로 NGOs는 주요 지적·물적 자원을 보유한 채 환경 관련 연구 활동에 종사하고, 교육·로비·여론 주도 활동을 통하여 각국 정부 및 기타 행위주체의 환경정책에 압력을 가하는 역할을 담당한다. 역량과 적실성을 갖춘 어떤 NGOs도 UNCED에의 참여가 가능했던 사례에서 보여지듯이, 환경

27) 이에 관해서는 World Resources Institute, *World Resources 1990~91*, New York: Oxford University Press, 1990, p.345 ; Anil Agarwal and Sunita Narain, *Global Warming in an Unequal World*, New Delhi: Centre for Science and Environment, 1991 참조.

28) Robert Livernash, "The Growing Influence of NGOs in the Developing World", *Environment*, Vol.34, No. 5, June 1992, p.15.

영역의 NGOs는 다른 영역들의 그것보다 국제협력에의 참여가 활발하다. UNCED에서 체결된 각종 협약들이 '행동 계획'(action plan)의 실천 책임을 정부에 부여함으로써, NGOs의 정부 활동에 대한 감시 · 권고 · 압력의 역할이 증대되었다. UNCED가 전례 없이 NGOs와의 협력을 강화한 결과, 그들은 정부가 실행하는 데는 한계가 있지만 이용할 수는 있는 이해를 개발하고 제공한다.

기후 변화 문제를 해결하기 위한 기후 레짐의 구축 과정에서 국가들은 '국가이익'에 대한 '공동선'의 우월성을 보편적으로 인정하는가? 기후 변화 문제가 모든 국가들의 의제에서 높은 우선순위를 차지하는가? 이해 당사국 모두가 기후 레짐에 참여할 의사가 있는가? 모든 국가가 기후 레짐의 구축 과정에서 국가이익에 대한 공동선의 우월성을 인정하는 것은 아니다. 국가들이 환경 보전과 함께 자국 중심의 경제 · 외교 · 안보 차원에서 기후 변화 문제에 접근하는 한, 국제사회의 현실은 국가가 '공동선'과 '국가이익'을 병행 추구하는 것으로 나타난다. 따라서 국가들이 국가이익에 압도되어 경제 성장에 우선권을 부여할 경우, 환경 보전이라는 공동선이 희생될 가능성을 배제할 수 없다.

국가는 부분적으로만 공동선을 추구하기 때문에 공동선의 증진은 상당 부분 비국가 행위주체들의 역할에 의존하지 않을 수 없다. 기후 레짐이 실효성을 거두기 위해서는 지구 차원에서 공 · 사 행위주체 모두의 충성을 확보해야 한다. 그러려면 '기후변화협약'과 '교토의정서' 그리고 '파리협정'의 체결은 물론 그 이행 및 준수 규정을 정립하는 데, 모든 이해당사자들이 의미 있는 방식으로 참여해야 한다.[29] 그래야만 기후 변화로부터 영향 받는 전체 당사자들의 의사를 반영할 수 있게 되어, 구축 중인 레짐에 대한 그들의 지지도 유도할 수 있다.

지구환경 문제가 '중심정치' 의제로 점차 부상하고 있어도, 국민국가가 국제환경정치에서도 중심적 역할을 담당하고 있다는 데는 논란의 여지가 없다. 국제환경레짐의 기초가 되는 국제환경조약의 체결권을 독점하고, 레짐의 결정을 이행하고 준수하여 실효성을 뒷받침하는 행위주체도 국가라는 점에서 그렇다. 그런데 국제관계의 변화와 더불어 국가의 역할과 영향력이 동요되고 있다는 사실에 주목해야 한다. 국가의 환경 문제 대응 능력이 한계를 드러내면서 비국가 행위주체들의 역할과 국제협력의 필요성이 부각된다. 국제관계의 행위주체로서 압도적 우월성을 누려 온 국가도, 국가 간 협력은 물론 비국가 행위주체들과의 협력에 동의하지 않을 수 없게 되었다. 국제환경정치에서 국가의 권력은 비국가 행위주체들과 그들 사이의 네트워크에도 분배되어 유동성과 다원성을 내포하게 되었다. 국가는 배타적으로 행동하던 과거와는 달리, 네트워크 속에서 비국가 행위주체들과 직·간접적인 상호 작용을 해야 유효한 대응을 할 수 있다.[30]

---

29) 그렇다고 해서 모든 이해 당사국의 참여가 기후 레짐 구축의 필수조건인 것은 아니다. '오존 레짐'의 경우, CFCs 소비의 급증이 예상되던 중국과 인도의 참여가 실효적 레짐을 구축하는 데 필수적으로 요구되었다. 그러나 양국은 '몬트리올의정서' 체결 단계까지는 적극적 참여자가 아니었고, '런던 수정의정서'(1990) 협상 단계부터 적극 참여하여 레짐의 구축을 도왔다. '유럽 산성비 레짐'의 경우도 1979년 기본협약 협상에는 모든 핵심 당사국이 참여했으나 정작 1985년과 1988년의 '의정서'에는 일부 국가만 참여했다. '기후 레짐'의 경우도 '교토의정서'의 발효를 위해서 처음부터 모든 개도국의 참여가 필수적으로 요구된 것은 아니다. 미국 등 온실가스 배출 규모나 영향력의 비중이 큰 국가들–주로 선진국–의 참여가 우선적으로 요구되었다.

30) Margaret Keck & Kathryn Sikkink, *Activists Beyond Borders: Advocacy Networks*

근대 이후 유지되어 온 통합적 국가이익 관념은 이런 이유 때문에도 점점 더 유지되기 어렵다.[31] 비국가 행위주체들의 역할과 중요성의 증가는 기후 레짐의 구축 과정에서도 두드러지게 나타난다. 국제관계의 변화, 특히 국제환경정치의 등장은 과거에 주변화되었거나 무시되었던 문제들에 중요성을 부여하는 변화를 가져왔다. 기후변화협약과 교토의정서는 기후 변화에 대한 세계적 관심의 표현이기도 하지만, 국가 간은 물론 국가와 비국가 행위주체들 간의 협력이 없이는 기후 레짐의 구축이 사실상 불가능한 일임을 말해준다.[32] 기후 레짐의 구축 과정은 다양한 행위주체들이 역할을 수행하는 복합적 과정이므로 국가 중심적 시각에만 의존해서는 그 전모를 파악하기가 어렵다. 국가와 국가이익의 시각에서만 레짐을 설명하는 방식에는 결함이 도사리고 있다. 성공한 국제환경레짐들의 이면에서 중요한 역할을 수행하는 것은, 환경 영역에서 활발히 활동하는 NGOs이다.

---

in International Politics, Ithaca, NY: Cornell University Press, 1998 ; Hamish van der Ven, "Power and Authority in Global Climate Governance", *Global Environmental Politics*, Vol.16, Issue 4, November 2016, p.134.

31) Christian Downie, "Three Ways to Understand State Actors in International Negotiations: Climate Change in the Clinton Years (1993~2000)," *Global Environmental Politics*, Vol.13, Issue 4, November 2013, p.24. 국가는 국내정치와 국제관계의 상호작용 속에서 행동하기 때문에, 그리하여 국내적으로는 다양한 이해관계의, 국제적으로는 비국가 행위주체들의 초국가적 네트워크의 영향에 대응해야 하기 때문에 행위주체로서의 통일성과 일관성에 한계가 있다.

32) 물론 '의제 21'이 규정한 것처럼 지구환경 보전을 위해 노력하는 '국가의 정치·경제 체제 능력과 건강'이 가장 중요한 요소이기는 하다. 그러나 동시에 실효성 있는 기후 레짐을 구축하기 위해서는 온실가스의 배출을 증가시키는 다양한 행위주체들의 참여가 중요하다. 예컨대 온실가스를 대량으로 배출하는 기업이 협력하지 않으면, 부속서 I 국가는 온실가스의 감축 목표를 규정한 교토의정서를 이행할 수도 준수할 수도 없다. Michele M. Bestill & Roger M. Pielke, Jr., "Blurring the Boundaries: Domestic and International Ozone Politics and Lessons for Climate Change", *International Environmental Affairs*, Vol.10, 1998, p.149.

기후 레짐도 예외는 아니어서, 이들은 기후 변화 문제의 심각성을 부각시켜 국가 차원에서 공공정책의 변화를 초래하는 데 기여했다. 이들은 또한 국제 차원에서 초국가적 네트워크를 구축하여 기후 변화 문제를 정치 의제화함으로써, 각국 정부에게 기후 레짐의 구축에 적극 참여하도록 압력을 가하고 세계와 국가의 대응을 연계하는 데 기여했다.[33] 이들의 활동을 제외하고서는 국제기후조약들의 성립을 말할 수 없고, 이들의 '감시'와 '촉구'가 없었다면 조약의 '이행'과 '준수'를 말할 수도 없다는 점에서, NGOs의 활동은 기후 레짐 진화의 중요 변수였다고 해야 마땅하다. 그러나 국민국가가 앞으로도 전통적 개발 정책을 추진하려 하는 한, 지구환경 문제의 해결은 지연될 수밖에 없어서 NGOs의 역할과 활동에도 한계가 드러난다.

첫째, 정부의 환경정책이 NGOs로부터 직·간접적으로 영향을 받지만, 최종 결정권이 정부에 귀속되는 한 정부는 그들의 주장만을 수용하지는 않는다. 정부는 정치적 정당성의 확보를 의식하여, 여론의 전반적 흐름을 주도하고 대변하는 다양한 사회조직들의 주장을 우선적으로 수용해야 하기 때문이다.[34]

둘째, NGOs가 국제 환경 협상에 참여하더라도 그들의 권리는 국가와 동등하지 않다. 이들은 대중의 압력을 배경으로 정부와 국제기구에 자문을 해 주고 공식회의에서 구두 또는 서면으로 발언하는 등 제한적으로 참여할 수 있을 뿐이다. 예컨대 NGOs는, 2015년의 기후변화협약 '21차 당사국총회'(COP-21, 파리 회의) 기간에 진행된 협상

---

33) Princen & Finger, *Environmental NGOs in World Politics: Linking the Local and the Global*, London: Routledge, 1994.

34) 이런 이유 때문에 NGOs의 활동은 활동 대상 국가의 지지를 받아야 가장 효과적이라는 한계가 있다. Amanda Murdie, *Help or Harm: The Human Security Effects of International NGOs*, Stanford, CA: Stanford University Press. 2014.

회의에서 배제된 탓에 TV로 협상 과정을 지켜 볼 수밖에 없었다.[35] 이들의 협상 참여 여부를 결정하는 것은 이들 자신이 아닌 당사국들이다. 국가가 국제기구의 활동을 추적 관찰하는 데 한계가 있는 것처럼, NGOs도 국제기구의 정책 결정에 대하여 직접적으로 영향력을 행사하는 데 한계를 드러낸다.

NGOs는 국가가 수립한 책임 추궁 기제 또는 감시 기제를 활용하여 이런 한계를 극복하고 국제기구의 정책을 변경시킬 수 있다는 주장은,[36] NGOs 활동의 성패가 상당 부분 국가에 의존한다는 점을 시인하는 것이다. 1980년대, 미국의 NGOs가 세계은행의 최대 주주인 자국 정부에 압력을 가하자, 미국 정부가 세계은행에 영향력을 행사하여 개발차관 공여 정책을 일정 부분 친환경적인 방향으로 전환시킨 것이 그 대표적인 사례이다. 우리는 이 사례에서 국제기구의 정책 변경은 NGOs가 아닌 국가의 직접적 작용에 의한 것임을, 그리하여 NGOs가 국제기구의 정책 결정에 대하여 가지는 한계를 인지할 수 있다.

셋째, NGOs의 능력이 상이한 것도 문제가 된다. 이들의 양적 · 질적 다양성은 효율성을 증대시키기도 하지만, 분열을 확대하여 이들 간의 갈등을 증대키기는 요인으로 작용하기도 한다.

넷째, 탈냉전기의 국제관계에서는 조직적 통합성은 결여하나 정치적 영향력이 있는 대중운동이 등장하여 체제 전체의 정책과 프로그램에 도전하고 있다. NGOs가 주도하는 환경운동은 그중의 하나

35) Radoslav S. Dimitrov, "The Paris Agreement on Climate Change: Behind Closed Doors", *Global Environmental Politics*, Vol.16, Issue 3, August 2016, p.2.

36) Mark T. Buntaine, "Accountability in Global Governance: Civil Society Claims for Environmental Performance at the World Bank", *International Studies Quarterly*, Vol.59, Issue 1, March 2015, pp.99~109.

로서, 대부분 범국가 차원에서 전개되기 때문에 과도기의 국제관계를 압박하는 권위의 위기에 적실성 있게 대응할 수도 있다.[37] 그런데 NGOs 중 일부는 정부와 기업을 적으로 취급하여 적대적 긴장을 조성하기도 한다. 이로 말미암아 이들의 정책 결정 과정에의 참여가 제한될 수 있으며, 이러한 경향이 계속되면 대중적 NGOs의 영향력이 위축될 가능성이 적지 않다.

다섯째, 남·북 국가 간의 갈등을 반영하여 남·북의 NGOs 사이에서도 갈등이 노정된다. 북의 NGOs가 주로 환경 문제에 관심을 두는 반면, 남의 NGOs는 주로 개발 문제에 관심을 두는 경향이 있다. 전자는 자국 정부와 국제기구 그리고 개도국에 영향력을 행사할 수 있는 반면, 후자는 그렇지 못한 결과가 NGOs 간의 갈등을 심화시켜 이들의 영향력을 약화시킬 수 있다.

4. 국제레짐

환경의 상호 의존성이 토대가 되어, 환경 문제는 장기적으로 각국의 국가이익에 심대한 영향을 미칠 수 있다. 기후 변화와 오존층 파괴는 원인과 영향의 범위 면에서 보편성, 즉 지구성을 내포한 환경 문제이다. 모든 국가는 기후 변화의 원인 물질인 온실가스를 발생시키고, 그 결과로부터 영향 받는다. 두 환경 문제는 지구 차원의 대기오염 문제이기 때문에, 어떤 국가도 그 영향으로부터 자유로울 수 없고 단독으로 해결할 수도 없다. 지구환경 영역에서는 어떤 국가도

37) Rosenau(1990), p.411.

타국의 작위나 부작위로부터 단독으로 자국을 보호할 수 없다.

대기오염 문제는 이처럼 전통적 국제관계의 범주를 넘어서는 독특한 국제 문제여서 독특한 대응을 요구한다. 기후 변화와 오존층 파괴는 그 해결의 전제로 각국의 단독 대응보다는 국제사회의 공동 대응을, 국제 대립보다는 협력을 요구한다. 두 환경 문제의 해결과 관련하여 협력의 제도적 기반 구축이 선결 과제라는 점에서, 우리는 '국제환경레짐'(international environmental regimes) 구축의 필요성을 확인할 수 있다. 일반적으로 '국제레짐'(international regimes)은 국제관계의 특정 문제 영역에서 독자적 구조, 규범, 원칙, 규칙, 의사 결정 절차를 가지고 국가들의 행위를 규율하는 협력체라고 알려져 있다. 그것은 국제협력의 중요한 형태로서 협력을 촉진하는 역할을 담당한다.[38] 국제레짐이 그런 것이라면 국제환경레짐은 환경에 부정적 영향을 미치는 요소를 규제할 목적으로, 구속력 있는 국제조약의 토대 위에 수립된 일련의 국제 규제 체계라고 할 수 있다.

국제환경레짐은 국제조약을 토대로 한 공적 구조, 절차, 규범, 원칙, 규칙을 가졌다는 점에서 여타 국제레짐과 다를 바 없다. 그러나 NGOs가 레짐의 목표 설정에 참여하고 그 수행을 감시하는 데 중요한 역할을 담당한다는 점에서는 다르다. 이들은 다양한 행위주체들에게 환경은 집단재 내지 공동재라는 의식을 전파하여 기왕의 사고를 변경하도록 한다. 이들은 사고의 전환을 바탕으로 국제협력의 증진 여건을 조성함으로써, 국제환경레짐의 수립 및 운영 과정에서 상당한 영향력을 보유한다. 국제레짐은 진보하는 과학적 지식을 신속히 흡수하면서 내·외 요인의 압력에 대응하기 때문에 점차 변화의

38) Stephan Haggard & Beth A. Simmons, "Theories of International Regime", *International Organization*, Vol.41, No.3, Summer 1987.

과정을 밟는다. 국제레짐의 이러한 속성이 국제환경레짐의 다양성을 낳는다.

스톡홀름 회의 이후 국제환경협력의 진전에 발맞춰 다수의 국제환경레짐이 구축되었다. 국제사회는 다양한 지구환경 문제 영역 - 오존층, 기후, 해양, 산성비, 생물종 등 - 에서, 국제환경조약의 준수를 감시하고 촉진하는 국제환경레짐들을 수립했다.[39] 이런 변화는 세계국가라는 유토피아의 실현에 의존하기보다는, 현존하는 국제레짐을 이용하는 것이 지구환경 문제에 대처하는 데 보다 더 현실적인 해법이 될 수 있음을 말해준다. 그러나 앞으로 국제환경협력이 효율적으로 전개되어, 지구환경 문제 해결에 유용한 국제환경레짐이 급속히 발전할 것이라고 단정할 수는 없다. 국제환경레짐의 설립에 진전이 있었다고 하더라도, 그것은 기나긴 과정의 시발에 불과할 수 있기 때문이다.

탈냉전기의 국제관계에서 빈발하는 종족분쟁은 정치 단위의 소규모화를 초래하는 반면, 지구환경 문제는 정치 단위의 대규모화나 강력한 국제레짐을 요구한다. 근대 이후 통일적 국제 권위가 부재하고 생존을 위한 권력투쟁이 일상적으로 전개되는 상황에서 국가의 정책, 행위, 영향력은 외교 교섭 및 폭력분쟁과의 상호 작용을 매개로 형성되어 왔다. 폐기물 교역의 통제 및 유독성 물질의 수출 금지나 오존층 보호를 목적으로 한 조약에서 보듯이, 일부 환경 영역에서 강력한 국제레짐이 형성되기는 했다. 그런데 다수의 국제레짐이 창설되었으나, 환경 분야에서는 아직도 '강력한 국제레짐'(strong regimes)은 소수에 불과하다.

---

39) Haas, Keohane & Levy, *Institutions for the Earth: Sources of Effective International Environmental Protection*, Cambridge, MA: MIT Press, 1993.

첫째, 환경 영역 대부분에서는 비토(veto) 국가의 이해관계가 크게 걸려 있고, 국가 간 대립이 심화되어 당분간 강력한 국제레짐의 성립을 기대하기가 힘들다.

둘째, 국제환경레짐의 성패는 환경이 아닌 상호 의존 관계에 놓여 있는 다른 영역들 - 경제, 정치, 군사 - 과의 상호 작용을 거쳐 결정된다. 물론 국제환경레짐은 과학적 지식의 고도화, 환경주의의 고조, 강대국의 환경정책 강화를 배경으로, 새로운 성격의 문제에 대응하는 것이기 때문에 기존의 것들보다 더 강력해질 가능성이 있다. 이것들이 국가 간 이해관계를 적절히 조정함으로써 국제관계에서의 갈등 해소에 기여할 수도 있다.[40] 그러나 다른 영역의 국제레짐들이 공적 관심과 재정 자원을 선점하거나 다변화시킴으로써 국제환경레짐의 수립을 제약할 수도 있다. 예를 들어 국제군사질서는 환경분쟁에 간접적인 영향을 미친다.[41] 따라서 환경레짐이 기존의 여타 레짐들과 경쟁 내지는 갈등 관계에 놓인 상태에서, 기존의 레짐들보다 열등한 영향력을 가지게 되어 유명무실한 존재가 될 수도 있다.

셋째, 공식적인 국제 합의가 결여된 상태에서 국제 행위를 규율하는 규범과 규칙이 있다 할지라도, 명백한 합의에 바탕을 두고 규정된 것이 아닌 한, 지구환경 영역에서 국제레짐의 성립 요건인 규범과 규칙의 존재를 확인하기 어려운 문제도 있다.

넷째, 1992년의 'UN 환경 개발 회의'(UNCED), 1998년의 교토의

---

40) Helmut Breitmeier, Oran Young, and Michael Zürn (eds), "Analyzing International Environmental Regimes: From Case Study to Database", Cambridge, MA: MIT Press, 2006.

41) Arthur H. Westing, "The Military Sector vis-a-vis the Environment", *Journal of Peace Research*, Vol.25, No.3, 1988 ; John J. Mearsheimer, "Back to the Future: Instability in Europe After the Cold War", *International Security*, Vol.15, No.1, Summer 1990, pp.42~48.

정서, 2015년의 파리협정은 국제환경레짐을 수립하는 데 국가의 리더십이나 패권(hegemony)이 중요함을 환기시킨다. 예를 들어 스톡홀름 회의, 오존층 레짐, 포스트 교토 체제는 미국의 지지나 노력이 없었더라면 진전을 거두기 어려웠다.[42] 패권국가의 영향력이 국제환경레짐의 성립에 크게 작용했다는 점은 국제환경레짐의 독자성에 내재된 한계를 폭로하는 것이나 다름없다.

기후 변화와 오존층 파괴는 지구 차원의 환경 문제여서 초국가적 대응을 요구하지만, 이런 요구에 대응하는 국제사회의 제도적 능력은 얼마 전까지만 해도 미흡했다. 최근의 동향을 보면 국제사회는 이런 한계를 인식하고, 국제 대기오염 규제 제도 구축에 노력을 집중하고 있다. '몬트리올의정서'와 '교토의정서'는 그 대표적 결실이다. 양자는 사실상, '오존 레짐'과 '기후 레짐'의 발족을 알리는 신호탄이어서, 국제사회의 대기오염 문제에 대한 제도적 대응이 본격화되었다는 함의를 담고 있다. 국민국가가 가장 중요한 행위주체로 활동하는 현대 국제관계에서 환경 관리는 기본적으로 국가의 관할권에 속하는 문제이다. 그러나 환경이 공유 자원으로서 집단재(collective goods)의 속성을 갖는 한, 지구환경 문제는 국가의 단독 관리 능력을

42) 이처럼 패권국가(hegemon)가 부재하면 레짐의 형성도 불가능하다는 견해는 UNCED의 경험에 바탕을 두고 있다. 이러한 견해에 의하면, 리우회의가 국제환경협력의 제도화 면에서 소기의 성과를 거두지 못한 이유는, 미국의 부시 행정부가 국내 문제 때문에 환경 문제를 정치의제로 부각시키지 않았고, EC는 공동체 내부의 리더십 및 합의의 결여로 기대에 부응할 수 없었기 때문이라고 한다. 반면 지배적 행위주체의 역할이 필수적인 것은 아니라고 하는 반론도 있다. 후자는 오존층협약을 주도한 UNEP의 활동과 '지중해 오염 방지 레짐'의 형성 과정을 근거로 NGOs가 레짐 형성을 주도한 경우도 다수라고 반박한다. 이에 관해서는 Charles Kindleberger, *The World in Depression*, Los Angeles, CA: University of California Press, 1973 ; Peter Haas, *Saving the Mediterranean: The Politics of International Environmental Cooperation*, New York: Columbia University Press, 1990 참조.

제약해 온 터여서, 각국의 환경정책의 조화를 위한 국제협력을 요구한다.[43] 국제환경협력은 지구환경의 지속 가능한 공동 관리 필요에 적극적으로 대응하는 것이고, 국제환경레짐은 그러한 국제환경협력을 제도적 기반 위에서 추구하는 것이다.

스톡홀름 회의 이후 국제환경협력의 필요에 부응하여 국제환경레짐이 다수 설립되었다. 각국은 지구환경의 다양한 하부 영역 – 기후, 포경 및 어획, 해양, 산성비, 생물종 – 에서 국제환경조약을 체결하고 그것의 이행 및 준수를 통제하는 국제환경레짐들을 수립했다.[44] 국제레짐의 역할을 환경 문제의 해결로 전문화한 것이 국제환경레짐이다. 역할 전문화의 결과로 다수의 레짐이 존재하게 된 것을 '난립'으로 해석할 여지가 없는 것은 아니다. 그러나 단일 의제형 레짐들이 적절히 운영될 것인가 하는 회의론은, 이들의 '공존'을 '난립'으로 오해한 결과일 수도 있다. 유기적인 관계를 체계적으로 구축하지는 못했지만, 이들은 기대했던 것보다는 더 적절한 상호 보완 관계를 이루면서 기능을 수행하기도 한다.

국제레짐은 국제관계의 변화 과정에서 국제환경협력의 중심에 위치한다. 국제환경레짐은 주권이야말로 환경의 현실과 조화되지 않는 결정으로 지구환경 관리에 무책임성을 초래한, 환경 문제의 주범이라는 인식 위에 수립된 것이다. 국제환경레짐은 국가 간의 합의가 있어야 수립될 수 있지만, 수립 이후에는 국가들에게 지구환경 보전을 위한 제약을 부과하고 압력을 가하는 형태로 역할을 수행한다.[45]

---

43) Tobias Ide, "Does Environmental Peacemaking between States Work? Insights on Cooperative Environmental Agreements and Reconciliation in International Rivalries", *Journal of Peace Research*, Vol.55, Issue 3, 2018.

44) Haas, Keohane & Levy(1993).

45) Hurrell & Kingsbury, *The International Politics of Environment, Actors, Interests,*

국제관계에서의 역관계 때문에 레짐으로부터의 제약과 압력이 불평등하게 분배되는 것이 문제이기는 하지만, 국제환경레짐은 국가의 자리적 환경 정책에 일정한 제약을 가하여 지구환경 보전에 기여할 수 있다.

국제사회는 20 세기에도 국제환경분쟁의 해결을 위한 제도 개발을 소홀히 하지 않았다. UN, 지역 국제기구, 환경조약, 국제법을 기반으로 월경성 대기오염, 국제하천수 분배, 어족 자원 보존 등의 문제에 대응했다.[46] 국가들이 20 세기 초부터 국제환경조약을 체결하기 시작했지만, 환경 문제와 자연자원 고갈을 의식하여 본격적으로 '다자환경조약'(multilateral environmental agreements: MEAs)을 체결한 것은 1960년대 이후의 일이다. 전자는 제1세대 조약으로서 '단일 의제형'이라고 할 수 있는 바, 특정 지역의 해양 환경과 생물 자원에 대한 위협에 대응하는 것이 주종을 이루었다. 후자는 제2세대 조약으로서 '체계이론'(system theory)과 '전일주의적 접근법'(holistic approach)에 기초를 둔 '복합 의제형'이라고 할 수 있다. 제2세대형은 제1세대형을 대치하기보다는 보완하는 형태로 발전되어 왔다.[47]

1972년, 스톡홀름 회의에서 발표된 'UN 인간 환경 선언'과 '행동계획'은, 문제별 접근을 포괄적 접근으로 전환시킨 최초의 계기로

---

and Institutions, Oxford: Clarendon Press, 1992.

46) Philippe Sands, "Enforcing Environmental Security", *Journal of International Affairs*, Vol.46, No.2, 1993, p.3.

47) UNEP, *Global Environmental Outlook 2000*, London: Earthscan, 1999, p.200. 오존은 지표면의 복사열을 흡수하여 '온실 효과'를 초래하므로, 성층권 오존층의 감소는 대기권 하층부의 한냉화를 초래한다. 오존층 파괴 물질의 사용 규제는 이렇게 기후 변화를 억제하는 부수 효과를 동반한다는 점에서, 오존층 파괴와 기후 변화는 별개의 문제가 아니라 상호 관련이 있는 문제이다. 따라서 특정 환경 문제에 대응하는 최근의 국제환경레짐은 형식적으로는 단일 의제형이나, 실질적으로는 복합 의제형이라고 할 수 있다.

작용했다. 그러나 스톡홀름 회의 이후에도 환경조약은 사회와 환경 간의 총체적 상호 작용보다는 여전히 환경 보호를 강조하는 한계에서 벗어나지 못했다.[48] '습지 보호에 관한 람사협약'(1971), '세계 문화 자연 유산 보호 협약'(1972), '멸종 위기에 처한 야생 동물의 국제 무역에 관한 조약'(1973), '이동성 야생 생물에 관한 협약' (1979), '월경성 장거리 대기오염 물질에 관한 협약'(1979) 등이 1세대 조약에 속한다. 2세대형은 모든 종은 지속 가능하게 이용되거나 이용되지 않아야 하고, 그들의 서식지는 보호되어야 한다는 원칙에 기조를 둔다. 1992년 'UN 환경 개발 회의'(UNCED, 일명 리우 회의)에서는 '기후변화협약'(UNFCCC)과 '생물종다양성협약'(CBD)이 체결되었다. 두 조약은 환경 보전의 지구적 성격 그리고 환경 보전과 경제 개발의 통합적 속성을 확인한 것이라는 점에서 2세대형의 전형으로 꼽을 만하다.

두 조약은 복수의 문제에 대응하는 것이어서, 다양한 영역들 - 정치, 경제, 법 등 - 과 연계된다. 이에 따라 두 조약은 각국의 이해관계와 다방면으로 충돌할 소지를 안게 되어, 조약을 교섭하는 과정에서 치열한 외교전이 불가피하게 전개되었다. 리우 회의는 이후에도 다수의 국제환경조약을 체결하는 데 촉진제 역할을 했다. 그러나 복수의 문제와 영역을 포괄한 복합 의제형 환경조약은 교섭 과정이 험난할 뿐만 아니라, 성립된 이후에도 단일 의제형보다 문제와 분쟁에 더 취약하다는 약점을 안는다.

'비구속성 장치'(non-binding instruments)는 '구속성 장치', 즉 조약의 전초 단계에 해당되는 것이지만, 구속력이 있는 것보다 환경 정

48) UNEP, *Register of International Treaties and Other Agreements in the Field of Environment*, Nairobi: UNEP, 1997.

책에 더 큰 영향을 미치기도 한다는 데서 그 중요성을 찾을 수 있다. 비구속성 장치는 사회 모든 계층의 태도와 인식의 변화를 가져오기도 하고, 지구나 지역 환경 문제의 관리에서 중요한 역할을 담당하면서 '완만한 제도적 골격'(looser framework)을 창출하기도 한다. 그렇다면 비구속성 장치가 국제환경레짐의 창설 기반으로 작용할 수 있다고 하여도 무리는 아니다. 리우 회의를 준비하는 과정에서 다수의 비구속성 장치가 개발되었지만, 중요한 것은 '리우 선언'(Rio Declaration)과 '의제 21'(Agenda 21)이다.

'리우 선언'은 스톡홀름 회의의 '인간 환경 선언'을 재확인하고 강화한 것으로서 '지속 가능한 개발'(sustainable development), '책임의 공유와 차별화'(common, differentiated responsibilities) 원칙, '오염자 부담' 원칙(polluters pay principle)을 주조로 한 것이다. 리우 선언의 원칙들이 리우 회의 이후 성립된 다수의 환경조약은 물론 각국의 법체계에도 반영된 것이 사실이라면, 그것의 제도적 영향은 무시할 수 없다. '의제 21'은 지속 가능한 개발을 위한 포괄적 행동 강령으로서, 환경 분야의 가장 중요하고 영향력 있는 비구속성 장치이다. '의제 21'의 가장 중요한 영향은 정책 결정자들에게 환경과 사회 · 경제 문제의 연계 기제를 밝히고 '지속 가능한 개발'의 실행 전략을 제시한 것이다. 현재 대부분 국가의 환경 전략이나 행동 계획, 관리 제도의 지침서 역할을 하고 있다는 데서, 우리는 의제 21의 중요성을 엿볼 수 있다. 리우 선언과 의제 21의 사례에서 드러나듯이 비구속성 장치는 제도와 규준의 골격을 제공함으로써 구속력을 가진 국제환경레짐 개발에 기여한다.[49)]

---

49) UNEP(1999), pp.203~204 ; David Victor et al., *The Implementation Effectiveness of International Environmental Commitments: Theory and Practice*, Cambridge,

기후 변화와 오존층 파괴는 인류 전체의 생존을 위협한다는 점에서 국가안보의 공동안보로의 전환을 정당화하는 근거로 작용한다. 우리는 두 환경 문제가 빚어내는 초국가적 · 초분야적 위협 그리고 현실적 · 잠재적 위협을 근거로, 환경 문제의 해결을 위해서나 환경 위험의 통제를 위해서는 국제사회의 협력이 유일한 대안임을 인정해야 한다. 더구나 때로는 환경 문제의 해결 노력이 경제 개발을, 경제 개발 노력이 환경 문제의 해결을 저해하거나 촉진하는 요인으로 작용하는 형태로 환경과 개발 문제는 동전의 양면 관계를 이룬다. 발전 단계와 환경 상황의 차이가 환경 보전 및 경제 개발 정책의 차이로 연결되고 있어서, 선 · 후진국 간은 물론 심지어는 선진국 간에서도 대립 - 예컨대 환경기금 창설, 책임의 분담 - 이 심화되고 있다.

국제관계의 이런 현실은 지구환경 문제의 해결을 위해서는 상이한 입장들을 조정하여, 합의에 도달할 때까지 협상하는 것이 불가피하다는 것을 암시한다. 합의에 도달하면 다자환경조약의 체결과 이행을, 즉 국제환경레짐을 중심으로 문제를 해결하는 것이 스톡홀름회의 이후 국제사회의 관행이다. 최근 국제사회는 이런 관행을 좇아 다자조약 체결, 조약 사무국 운영, 당사국총회(COP) 개최, 과학자 집단의 자문, 국제 환경 표준의 이행 통제를 핵심 요소로 한 국제환경레짐을 구축하여 초국가적 환경 문제를 해결하는 데 주력한다.

MA: MIT Press, 1998.

5. 기업

국제경제 활동 - 경제 성장, 투자, 고용 등 - 의 대부분을 차지하는 다국적기업(Multinational Corporations: MNCs)은 정책 결정, 연구, 대체기술 개발 등에 영향을 미치면서 지구 환경 거버넌스에 참여하는 범위를 확대하고 있다. 다국적기업은 세계화를 계기로 급속히 영향력을 확대하면서, 국제경제 영역에서와 마찬가지로 국제환경 영역에서도 핵심적 행위주체로 평가된다.[50] 특히 기업의 정책이 탈냉전기 국제관계의 주요 목표로 등장한 '지속 가능한 개발'의 실현에 영향을 미치기 때문에, 기업은 국제 환경과 개발 분야에서 중요한 역할을 수행하는데, 그 영향은 긍·부정의 2중성을 내포한다.[51]

첫째, 오염 방지 물질의 개발이야말로 막대한 이윤을 가져다주기 때문에, 기업은 환경문제의 원인 물질을 대체할 신물질의 개발로 지속 가능한 개발의 촉진에 기여한다.

둘째, 국가 간 환경 및 개발 기준의 차이 때문에 다국적기업은 공해산업을 환경 기준이 엄격하지 않고 효과적 규제 수단을 결여한 개도국에 수출하는 경향이 있다. 아시아 지역의 경우, 과거에 구미 및 일본이 그랬던 것처럼 최근 신흥공업국가들 - 한국, 대만, 홍콩, 싱가포르 - 이 공해산업을 개도국에 수출한다. 비용 절감이 기업을 동태화하고 경제 성장을 자극하기 때문에, 과다한 환경 비용을 지출할 경우 장기적 생존이 불가피하다는 한계는 기업의 환경 친화적 태

50) Daniel Witte, "Business for Climate: A Qualitative Comparative Analysis of Policy Support from Transnational Companies", *Global Environmental Politics*. Vol. 20, Issue 4, November 2020, pp.167~168.

51) Rowlands(1992), pp.217~218.

도에 제약을 가한다. 자유시장과 이윤 확대 원리에 입각하여 비용이 낮은 지역에 생산 시설을 설치하려 할 경우 공해산업의 수출이 이루어져[52] 환경 문제를 초국가적으로 확산시키는 부정적 영향이 발생한다.

기업의 지구환경 보전 역할에는 이처럼 한계가 있을 수밖에 없어서, 모든 기업이 준수하며 경쟁할 수 있는 지구환경 규제 및 정책의 수립이 요구되지만, 국가 간의 합의로 그 범위와 한계가 설정되는 것에서 기업의 국가에 대한 한계가 드러난다.

6. 인식공동체(epistemic communities)

공동의 인과론적 모델과 정치적 가치들에 대한 지지를 공유하고, 특정 문제 영역에서 전문적 지식으로 문제 해결에 기여하는 전문가들의 국제적 집단을 인식공동체라고 한다. 인식공동체의 구성은 범국가적인 것일 수 있으며, 이들의 '범국가 연합적 조직'(transnational coalition)과 전문적 지식은 각국 정부의 정책 결정에 영향을 미칠 수 있다.[53] 환경 분야의 인식공동체는, 환경 문제의 원인에 대하여 동질적 관념을 가지는 과학자들의 초국가적 지식 네트워크이자 지구환경 문제의 정책 결정 과정에서 공통의 가치를 공유하는 전문가 집

---

52) J. Darmstadter, "Energy Patterns - in Retrospect and Prospect", in W. C. Clark and R. E. Munn (eds.), *Sustainable Development of the Biosphere*, Cambridge: Cambridge University Press, 1986, p.164.

53) Rosenau(1990), p.271. 인식공동체가 환경 문제에 기여하는 방식에 관해서는 손주용, 앞의 논문, pp.416~418 ; Peter M. Haas, "Do Regimes Matter? Epistemic Communities and Mediterranean Pollution Control", *International Organization*, Vol.43, 1989 ; Haas(1990) 참조.

단이라고 할 수 있다. 이들은 정교한 이론 모델과 다양한 정보의 토대 위에서 객관적 관념을 확산시키기 위하여, 과학적 연구에 기초를 둔 학습과 국가이익에 관련된 사고에 영향력을 행사한다. 바꾸어 말하자면 국가들이 합의할 수 있는 지식을 제공하고 그 결과에 다시 반응함으로써 정책 결정에 영향력을 행사한다.[54)]

대체로 국제협력은 강력한 행위주체가 주도하는 경향을 보였으나, 환경 관련 인식공동체의 활동이 다른 어느 영역의 그것들보다 더 활발한 것은, 불확실성이 뚜렷한 환경 영역에서는 정책 결정 과정에서 전문가들의 역할이 매우 중요하기 때문이다. 전문가들이 세계관을 공유하고 환경 문제의 원인과 결과에 대하여 동일한 진단과 처방을 가진 채, 국가 관료 및 국제기구와 연대한다면 그들의 영향력은 더욱 증대된다.[55)] 게다가 이들은 기존의 정치적 이해관계와 정치적 시각에 덜 종속되기 때문에 국가, 국제기구, 비정부기구에 대하여 폭 넓은 영향력을 행사할 수 있다.

'기후변화협약'은 관계 전문가들이 이른바 온실 효과를 발견하여 지구 한냉화 이론의 타당성을 부정함으로써 채택이 가능했던 사례로서, 인식공동체가 국제환경협력에서 차지하는 중요성을 입증한다. 그러나 전문가들의 의견이 특정 정부나 사적인 이해관계에 의하여 분열되는 경우도 적지 않다. 이런 경우에는 전문가들의 정책 결정 과정에 대한 영향력이 약화되거나, 관련 행위주체들이 그들의 영

---

54) Downie(2013), p.36.

55) '의제 21'은 과학기술계 항목에서 공학자, 건축가, 산업디자이너, 도시계획가와 그 밖의 전문직 종사자들을 포함하는 과학기술계와 정책 입안자들이 환경과 개발에 관한 정책 결정 과정에 효과적으로 기여할 수 있는 방법을 기술하고 있다. 경제기획원 지구환경대책기획단(1992), pp.516~521 참조.

향력 행사를 배격할 수도 있다. 특히 정치성이 크게 내포되어 국가의 개입 가능성이 높은 환경 문제－포경업 금지, 유해 폐기물의 국제적 이동, 방사능 물질의 해양 폐기 등－에서 전문가들은 중요한 역할을 하지 못하는 한계를 보였다. 넓게 보면 기존의 국제기구, 국제 규범, 법률이 공유하는 시각과 합의도 인식공동체의 범주에 포함할 수 있다고 하더라도,[56] 국민국가가 가지고 있는 다양한 능력과 역할, 대중적 기반, 통일적 권력 구조를 결여한다는 약점이 인식공동체의 한계로 작용한다.

오존층 파괴는 그 원인이 단순하기 때문에 상대적으로 해결책의 마련도 그리 어렵지 않았다. 반면 기후 변화는 오존층 파괴처럼, 일부 화학물질－CFCs, 할론, 메틸브로마이드 등－의 생산과 소비를 규제하면서 대체물질을 개발해서 해결할 수 있는 단순한 문제가 아니다. 인간 활동으로 말미암아 매년 60억 톤의 이산화탄소(CO2)가 대기권에 배출되고, 메탄(CH4)과 질소산화물(NOx)은 자연 발생되기도 하지만 인간이 운영하는 농업과 화석연료의 연소로부터 발생하기도 한다.[57] 그런데 기후 변화에 영향을 미치는 다양한 '온실가스'(greeenhouse gases)와 그것을 흡수하는 '흡수원'(sinks)의 역할이 매우 복합적이어서 과학기술은 상당한 불확실성을 떠안게 된다.

과학자들은 이런 이유 때문에 기후 변화의 해결책을 현실 상황이 아닌 '가상실험'(simulations)의 결과에 주로 의존하는 경향을 보인다. 이 같은 연구 동향은 그 신뢰성을 둘러싸고 과학기술 전문가들뿐만 아니라 각국 정부들 사이에서 여러 차례 뜨거운 논쟁을 불러

---

56) Hurrell & Kingsbury(1992), pp.103~104.

57) Hulme et al., *Climate Change Due to the Greenhouse Effect and Its Implications for China*, London: WWF, 1992, p.5.

일으켰다. 전문가들의 합의에 기초를 둔 객관적이고 과학적인 지식이 소망스러운 바, IPCC가 이러한 희망에 가장 가깝게 다가선 '전문가 집단'으로 여겨지고 있다. IPCC는 그러한 요구에 대응하여 내부에서의 과학적 합의를 기반으로 기후 변화 억제 조치를 실행하는 데 필요한 국제사회의 협력을 유도했다. IPCC는 합의의 바탕 위에서 기후 변화에 관한 자연과학적 분석 뿐만 아니라 사회적 대응 정책의 수립까지도 모색했기 때문에, 기후 변화를 국제관계의 주요 의제로 부각시키는 데는 물론, 기후변화협약과 교토의정서를 타결하는 데도 상당한 기여를 한 것으로 평가된다.[58]

환경 문제의 원인 및 해결책에 관한 공동의 인식이 널리 존재하면 국제환경협력은 더 쉽게 자발적으로 이루어질 수 있지만, 합의된 지식이 없다면 국제환경레짐의 구축은 두터운 장벽과 마주할 가능성이 크다.[59] 국제환경레짐은 이 점에서 과학계의 합의와 불확실성 제거에 크게 의존해 온 것이 사실이다. 다수의 국제환경레짐 구축 사례에서 그랬듯이, 합의된 과학적 지식은 기후 레짐의 구축에도 직접적으로 영향을 주었음이 분명하다. IPCC는 주로 OECD 국가들이 발표한 초기의 기후 변화 관련 보고서가 개도권의 불신을 산 전례와 오존 레짐의 구축 사례에 비추어, 과학계의 합의 도출에 주력했다.

몬트리올의정서의 성공에 고무된 IPCC는 넓게는 기후 변화에 관한 과학계의 연구, 비용, 영향, 정책 대응을 검토하고, 좁게는 '기후변화협약'의 과학·기술적 문제를 평가하는 데 활동을 집중했다. 과학적 지식의 표준화가 정책 결정의 관건으로 작용하게 된 것은 그 당연한 결과였다. 그리하여 IPCC를 중심으로 한 과학계의 의견 통일이

58) Bestill & Pielke(1998), p.149 ; Rayner & Malone(1998), p.xxi.
59) Young & Oshrenko(1993), p.244.

국제 규제의 범위, 수준, 주체를 결정하는 데 영향을 미쳤다. IPCC는 이렇듯 다수의 국가가 수용할 수 있는 합의된 과학적 지식을 개발하여 기후 레짐의 구축 과정에 적지 않은 영향력을 행사했다.

그러나 IPCC가 과학계의 합의를 도출하는 데 성공했다고 하더라도, 완벽하게 탈정치화되고 객관화된 과학 지식을 정립할 수 있다는 기대는 망상에 가깝다. 미국이 교토의정서의 비준을 거부한 사례에서 알 수 있듯이, 국가이익의 충돌은 과학계의 합의 도출을 저해하거나 도출된 합의마저 유린할 수 있다. 또한 합의된 지식이 반드시 확고부동한 진리를 대변한다는 보장도 없다. IPCC는 합의를 통한 과학적 지식의 표준화에 성공을 거두기는 했다.

문제는, 그 대가로 IPCC의 과학자들이 공식적 합의와 다른 견해를 가졌어도 공개적으로 발표할 수 없게 되었다는 것이다. 즉, 과학적 합의를 유지하기 위한 노력이 논쟁의 기회를 박탈한 결과, 논쟁의 발전을 통해 과학기술의 불확실성을 제거할 기회를 자주 놓치게 된 것이다. 나아가 합의로 말미암은 논쟁의 축소는 대중의 관심을 자극하는 데도 장애로 작용하여, 대중의 기후 레짐에 대한 지지를 동원하기 어렵게 만들기도 했다. 과학기술은 이처럼 불확실성을 극복함으로써 기후 레짐의 진화에 기여하기도 했지만, 다른 한편으로는 미결 상태로 남겨놓음으로써 그것의 진화를 저해하기도 했다.

8장 ‖ UNEP의 한계와 개혁 방안

환경 문제가 국제 협력과 분쟁의 한 영역으로 부상하면서, 그것에 대응하는 국제기구들이 국제사회에 등장했다. 1972년의 스톡홀름 회의와 27차 UN 총회의 결의에 의거하여 창설된 '유엔환경계획'(United Nations Environment Programme: UNEP)은, 그 역할을 환경 문제에의 대응으로 전문화한 최초의 UN 산하 국제기구로 평가된다. 그런데 현실주의자들은 국가는 국제관계의 합리적 행위주체로 인식하는 반면, 국제기구는 국가의 영향 아래 있는 도구로 여겨 그 독자성과 영향력을 제한적 국제협력의 부산물이라고 간주하는 경향을 보인다. 그들에 의하면 국제기구의 독자성과 영향력은 국가, NGOs, 기업 등과의 협상에 그리고 이들의 결정에 종속된다고 한다.

그러나 신자유의적 제도주의자들은 국제기구를 국제관계에서 중요한 영향력을 행사하는 독자적 행위주체로 인식한다. 국제기구는 역할의 종류와 정도가 서로 다르지만, 자신의 창설 주체인 국가와의 관계에서 국제협력을 유도하여 지구환경 거버넌스 체제의 강화에 큰 영향을 미치는 행위주체라는 것이다.[1)]

지난 수십 년간의 국제환경정치에서는 복수의 국제레짐과 국제기구가 창설되면서 지구환경 거버넌스가 강화되어 왔다. 국제환경기구는 환경과 정치·경제의 상호 의존이 심화되는 상황에서 단순한 국가 간 협력 기제로부터, 국제환경정치의 주도적 행위주체로 발돋움했다. UNEP는 이 과정에서 다수의 국제환경조약 체결, 국제환경레짐 구축, 의제 21과 리우 선언 채택에 기여하여, 지구환경 영역에서 중심적 국제기구로서의 역할을 담당할 것으로 기대를 모았다. 그리하여 대외적인 면에서 다양한 형태의 공·사 행위주체들이 참여함으로써 지구환경 거버넌스가 촉진되는 긍정적 결과를 초래하기도 했지만, 동시에 환경 문제의 통합성·상호 의존성에도 불구하고 문제 해결 주체들이 파편화·복합화되는 부작용을 산출하기도 했다. 대내적인 면에서는 재정, 지리적 위치, 지위, 조직 구조의 한계가 UNEP의 위상을 불안정하게 만들었다.

일단의 논자와 국가들은, 지구환경 관리의 제도화에는 적지 않은 성과가 있었지만 환경의 상태가 지속적으로 악화되었다는 사실에 유의하여, 지구환경 거버넌스 체제와 그 중심적 행위주체인 UNEP의 개혁을 요구해 왔다.[2] 지난 30여 년간 UNEP의 개혁을 둘러싸고 다양한 방안들이 제시되었다. 환경 관련 국제기구들을 통합하고 역할을 강화한 '세계환경기구'(World Environment Organization: WEO)의 창설이, 이런 결함들을 해결하기 위한 대안으로 제기되었다. 그런데 WEO의 창설이 기존의 문제를 해결하는 대신 새로운 문제를

1) 정구연, "국제기구의 정의와 상충하는 시각," 최동주, 조동준, 정우탁, 『국제기구의 과거·현재·미래』, 오름, 2013, pp.76~81.

2) J. G. Speth, *Red Sky at Morning: America and the Crisis of the Global Environment*, Washington, DC: Island Press, 2004.

야기할 가능성이 크거나, 명백한 이익은 가져오지 못하면서 너무 많은 자원을 필요로 한다는 반론은 UNEP의 강화를 지지하는 주장으로 이어져 왔다. 국가와 국제기구의 정책 결정자 그리고 전문가들은 WEO 창설론과 UNEP 강화론으로 갈라서서 타당성 확보 경쟁을 벌여 왔으나, 실질적 개혁에 진척이 거의 없었던 경과를 고려하면 당위론보다는 현실론에 더 무게가 실린다.[3)]

1. UNEP의 구축과 역할

UN을 비롯한 국제기구들은 1960년대 이후에야 환경 문제에 적극적으로 대응하며 활동의 조정을 시도했다. 국제사회는 1972년 스톡홀름 회의 이후 환경 문제를 사회 · 경제 문제로 그리고 남 · 북 문제로 간주하는 다차원적 인식을 확대했고, 그 외연에서 일련의 환경조약 – 런던조약(1972), CITES(1973) 등 – 을 채택하는 성과를 거두었다. 환경 문제가 이 시기에 국제 협력과 분쟁의 의제로 등장하면서 국제환경정치는 세 면에서 변화를 보였다. 첫째, 본질적으로 비환경 분야를 고유 활동 영역으로 하는 다수의 국제기구들 – IMO, OECD 등 – 이, 외부 환경의 변화에 적응하여 환경 문제에의 대응을 자신의 주요 역할에 추가했다. 둘째, 새로운 국제기구들 – UNEP, CSD 등 – 이 창설되어 자신의 역할을 환경 보전으로 특화했다. 셋째, NGOs와

3) UNEP는 상당한 수준의 독자성을 갖춘 국제기구로서, 국제관계의 무정부 상태가 국가들의 협력 의지를 제약하더라도, 국가이익을 조정하고 국제환경협력을 강화하며 지구환경 거버넌스의 중심적 기구로 활동을 모색해 왔다. UNEP의 개혁이 어느 방향으로 귀착되든, 국제기구의 조정과 협력 역할은 필수적이다.

초국가적 네트워크로 상징되는 비국가 행위주체들이 다수 등장하여 국제 환경 영역에서 활동을 본격화했다.4)

국제환경정치는 이런 변화들로 말미암아 국가 간 정치로부터 지구환경 거버넌스로 점차 이행하는 변화를 겪는다. UNEP는 다양한 행위주체들의 정책이 경쟁하는 지구환경 영역에서, 지구환경 거버넌스 체제를 효율적으로 관리하려면 공통의 시각과 방향이 필요하다는 인식을 좇아 창설되었다. 1972년 UN 총회는, 스톡홀름 회의가 UN 내에서 환경 문제에 대한 조정된 접근의 필요성을 제기한 것에 바탕을 두고, 총회의 소규모 보조기구로 UNEP를 창설했다.5) 창설 이후 지금까지 UNEP의 주요 역할은 시기마다 차이가 있기는 했지만 지구환경의 감시 · 평가, 국제 환경 규범 · 기준 · 정책 개발, UN 체제 내에서의 환경 활동 조정(coordination), 제도적 역량 강화(capacity development)로 모아진다.

일부 논자들은 UNEP의 이런 역할이 과대한 것이라고 주장하지만, 다른 논자들은 과소한 것이라고 반박한다.6) 그런 역할은 UNEP

4) Steinar Andresen & Kristin Rosendal, "The Role of the United Nations Environment Programme in the Coordination of Multilateral Environmental Agreements", in Frank Biermann, Bernd Siebenhüner & Anna Schreyogg (eds.), *International Organizations in Global Environmental Governance*, New York: Routledge, 2013, pp.133~136.

5) Maria Ivanova, "UNEP as Anchor Organization for the Global Environment," in Biermann, Siebenhüner & Schreyogg(2013), p.154. 스톡홀름 회의를 준비하는 단계에서 어떤 국제기구도 환경 문제에의 대응을 자신의 역할로 전문화하지는 않았으나, 독자적 환경 프로그램은 운영했다. 국제사회는 이런 문제를 극복하기 위한 국제환경기구의 형태로 전문기구, 보조기구, 사무총장실 부속기구를 놓고 고민했으나, 최종적으로 보조기구의 창설을 선택했다. 전문기구와 사무총장실 부속기구 형태는 다른 기구와의 역할 중복, 권한 분쟁 연루 가능성, 조직의 서계성과 관료성 등으로 인하여 UNEP가 역할을 효율적으로 수행하기 어렵다는 판단에 따라 제외되었다.

6) 전자는 Konrad von Moltke, "Clustering International Environmental Agreements as an Alternative to World Environment Organization", in Frank Biermann & Steffan Bauer (eds.), *A World Environment Organization: Solution or Threat for Effective*

의 재정 및 조직 규모에 비추어 보면 과다한 것이고, 악화 일로의 지구 환경 동향에 비추어 보면 미흡한 것이라고 평가할 수 있지만, UNEP가 일부 역할을 성공적으로 수행했다는 평가에 대해서는 이의를 제기하기 어렵다. 오존층 파괴 · 생물종의 다양성 감소 · 사막화 문제의 국제 협상 조율, WMO와의 기후 변화 공동 대응 촉진, '지역해'(regional seas) 보호 프로그램 개발에서의 주도적 역할, 다수의 국제환경조약 사무국 역할 대행, '지구환경보고서'(Global Environmental Outlook: GEO) 발행 등이 그것이다. 상당수 논자들은 이 점에 주목하여 UNEP를 지구환경 영역에서 유일하지는 않지만 가장 중심적인 국제기구로 인정한다.[7)]

UNEP는 본래 지구 환경 상태를 감시하고, 관련 과학계와 전문가 공동체들의 환경 지식과 정보의 획득 · 평가 · 교환에 기여함으로써, 지구 환경 영역에서 조정과 협력을 촉진하는 역할을 담당하기로 했다. 그러나 독자적이고 직접적인 감시가 불가능했던 데다가 보다 광범위한 평가가 필요했기 때문에, UN 산하 기구 및 기타 행위주체들 – 조약 사무국, 대학, 과학 단체, NGOs 등 – 과 초국가적 네트워크를 구성하여 자료를 수집 · 분석했다. '지구환경보고서'는 이 초국가적 네트워크와의 협력 그리고 UNEP 자신의 온라인(online) 조사를 종

International Environmental Governance?, Adlershot: Ashgate, 2005 ; 후자는 T. Iwama, "Multilateral Environmental Institutions and Coordinating Mechanisms," in Norichika Kanie & Ernst M. Haas (eds.), *Emerging Forces in Environmental Governance*, Tokyo: United Nations University Press, 2004 참조.

7) 중심적 국제기구가 되려면, 첫째 자신의 관할 범위 안에 있는 문제의 상태에 관하여 감시 · 평가를 하고, 둘째 의제 설정과 정책 결정 과정 관리를 통하여 조정 및 분쟁 해결 역할을 수행하며, 셋째 현재 및 미래의 문제에 대응하는 제도적 역량을 강화할 수 있어야 한다. 이에 관해서는 Michael N. Barnett & Martha Finnemore, "The Politics, Power, and Pathologies of International Organization", *International Organization*, Vol.53, No.4, Autumn 1999, pp.704~705.

합한 정기적 평가 과정의 산물로서, 보다 넓은 시각에서 각국의 정책 결정자와 과학자 그리고 정책 결정에 영향을 미치고 환경 활동과 제도적 역량을 강화하는 데 기여했다.[8] UNEP의 네트워크에 입각한 지구 환경 감시 및 평가 역할 수행은 괄목할 만한 성과를 거둔 분야로 평가된다.

UNEP는 또한 적어도 1992년 리우 회의까지는 국제법 발전이라는 특수 역할을 부여받지 않았음에도, 초기부터 일련의 '다자환경조약'을 체결하는 데 촉매 역할을 담당했다. UNEP가 15 개의 다자환경조약 체결 과정에서 촉매 역할을 담당하고, 기후 레짐 구축 협상에 깊이 관여한 것이 그것을 뒷받침한다.[9] UNEP의 감시 및 평가 역할에서 비롯된 정보 제공은 신자유주의적 제도주의자들이 주장하듯이, 환경 행위주체들의 거래 비용과 정보 획득 비용을 감소시켰다. 나아가 조약 체결의 촉매 역할은 규칙과 규범의 제공을 통하여, 지구환경 거버넌스에서 갈등의 가능성을 축소하고 행위주체들의 행동 통제를 가능하게 함으로써, UNEP의 독자성을 강화하는 효과를 가져다주었다.

UNEP는 감시와 평가 그리고 촉매 역할에서 상당한 성공을 거두었고, 최근으로 올수록 환경 문제 대응 역량의 강화－특히 조약의 이행－를 추구했다. 그러나 UNEP 설계자들의 의도가 집행 기구가

---

8) Peter M. Haas, "Addressing the Global Governance Deficit", *Global Environmental Politics,* Vol.4, Issue 4, 2004, pp.1~15.

9) UNEP의 촉매 역할은 120여 국이 참여한 9개의 지역해 협약 체결 과정에서 두드러졌다. 그러나 UNEP가 예산 부족으로 인하여 초국가적 거버넌스나 네트워크에서 조정 역할을 충분히 수행할 수 없게 되자, 다수의 다자환경조약 사무국이 준 독자적 기구로 발전하게 된다. Laurence D. Mee, "The Role of UNEP and UNDP in Multilateral Environmental Agreements", *International Environmental Agreements*, Vol.5, Issue 3, September 2005, p.227; https://www.unep.org/who-we-are/about-us/environmental-moments-unep50-timeline (검색일: 2022. 01. 30)

아닌 '조정' 기구의 창설이었다면, UNEP가 지구 환경 거버넌스 체제에서 담당한 핵심 역할 역시 조정이다. UNEP는 창설 당시부터 UN 체제 내의 다른 기구들이 적절한 환경 활동을 하도록 조정 역할을 수행하는 소규모 프로그램으로 설계되었다. 1970년대 이후 국가뿐만 아니라 비국가 행위주체들도 환경 문제에의 초국가적 대응에 참여하는 상황에서, UNEP는 자원 및 조직의 왜소성에서 비롯되는 역할의 한계를 보완하기 위하여 여타 행위주체와 네트워크를 구축하는 데 주력했다.[10] 공·사 행위주체들이 참여한 지구환경 거버넌스의 특징은 권위의 수직적 파편화 – 지구, 지역, 국가 차원 – 와 더불어 다양한 행위주체들이 상호 작용하며 활동하는 수평적 파편화가 진행된다는 것이다.[11] 게다가 상호 역할 조정이 미약했기 때문에 역할의 파편화와 함께 복합화가 가중되었다.

UNEP가 이런 상황에서 조정 역할을 효율적으로 수행하려면 지구환경 거버넌스의 중심적 기구가 되어야 한다. UNEP는 이러한 필요에 대응하여 의제 설정, 정책 목표와 우선순위 정립, 규칙 및 규범 개발을 토대로 조정 역할을 수행해 왔다. 국가와 더불어 다양한 비국가 행위주체들이 분열적·중첩적으로 활동하는 지구 환경 거버넌스에서 UNEP는 이런 조정 역할의 수행을 근거로 중심 기구에 가장 근접한 행위주체로 평가되곤 했다. 물론 현실주의자들의 주장처럼 UNEP는 지구환경 영역에서 여타 행위주체와의 관계에서 종속적

10) UNEP는 6,000개 이상의 환경 및 개발 관련 NGOs 네트워크와 정보 결집지 역할을 하는 환경연락센터를 구축했고, 몬트리올의정서의 준비·협상 단계에서 NGOs들을 참여시켰다. 이에 관해서는 마가렛 P. 칸스 & 카렌 A. 밍스트, 『국제기구의 이해: 글로벌 거버넌스의 정치와 과정』, 명인문화사, 2007, p.296.

11) Biermann, Siebenhüenr & Schreyogg(2013), p.3.

한계를 때때로 드러내기도 했지만, UN 체제 내에서 조정 역할을 수행하며 지구환경 거버넌스에 적지 않은 영향을 미쳤다. 조정 역할은 UNEP의 중심성을 확보해 주기도 했으나, 그것의 실질화에 실패할 경우 주변성을 강화하는 요인으로도 작용했다.

2. UNEP의 한계

1) 대외적 한계: 지구환경 거버넌스의 파편화와 복합화

UN이 UNEP의 조정 역할을 지원하기 위하여 개혁 기제를 지속적으로 설폐했는데도[12] UNEP가 역할 수행에 한계를 드러냈다는 사실은, 그것이 본래 중심적인 국제환경기구를 지향했지만 한계화의 늪에 빠졌음을 시사한다. UNEP는 촉매, 의제 설정, 협상의 발의에서는 중요한 역할을 수행했으나, 외부적으로는 다수의 행위주체가 참여하는 지구 환경 거버넌스의 파편화와 복합화 때문에, 내부적으

12) 1972년 UN 총회는 ECB(Environmental Coordination Board)를 창설했고, 1977년에는 ECB를 ACC(Administrative Committee on Coordination) 산하로 통합했다. 이후 각 전문기구는 UNEP 사무총장과 함께 환경 활동을 조정하기 위하여 DOEM(Designated Official on Environment Matters)을 임명했다. 1995년 UNEP는 DOEM을 폐지하고 IAEMG(Inter-Agency Environment Management Group)을 창설했으나, 1999년에는 IAEMG도 EMG(Environmental Management Group)로 대치되었다. EMG는 UN 체제 내에서 UNEP와는 거의 무관한 공동 조정기구로 아직까지 존속하지만, 각종 기구와 프로그램, 조약 사무국들의 특수한 이해관계에 맞서서, 지구 환경 거버넌스의 파편화를 저지하지는 못했다. 2000년에는 제1차 '세계 환경 각료급 포럼'(Global Environmental Ministerial Forum: GMEF)에서 지구 환경 거버넌스의 강화를 요구한 말뫼(Malmö) 선언이 채택되었다. Global Ministerial Environmental Forum, *Malmö Ministerial Declaration*, Nairobi: UNEP, 2000.

로는 재정과 국제적 위상의 한계, 본부의 주변적 위치, 조직 구조의 문제 때문에 조정 역할에 제약을 받았다.

UN 체제에서 환경 보전과 지속 가능한 개발의 추진 책임은 30개 이상의 전문기구와 보조기구 - 프로그램 - 에 분산되어, 지구환경 거버넌스의 파편화와 복합화를 부채질했다.[13] 일련의 국제기구들은 환경 정책과 부서를 새롭게 수립하거나, 고유의 역할이 환경에 미치는 부정적 영향에 대응하는 방향으로 역할을 재정립하여, 지구환경 거버넌스의 주요 행위주체로 자리 잡았다. 그러나 국제기구의 수적 증가는 '누구나 조정하려고 하지만, 아무도 조정 받으려고 하지 않는' 상태를 조성했다. 일련의 UN 산하기구들 - FAO, WHO, WMO, UNDP 등 - 은 UNEP와의 역할 중복을 이유로, UNEP 창설 이전부터 수행하던 환경 관련 역할을 포기하거나 축소할 경우, 자신의 조직이 위축될 것을 우려했다. 이들이 공동선의 실현보다는 '자리'(self-interests)의 수호에 더 주력했기 때문에, 그리하여 UNEP의 조정을 협력보다는 경쟁의 시각에서 통제와 위협으로 인식했기 때문에, UNEP의 조정 역할은 UN 산하기구들과의 단속적 '권한 분쟁'에 말려들어 갔다.[14]

UNEP는 다수의 다자환경조약 구축에 촉매로 작용하여 국제 환경법 체제 구축에 주도적 역할을 담당했다. 그런데 1970년대 이후

---

13) J. Blumenfeld, "Institutions, The United Nations Commission on Sustainable Development", *Environment*, Vol.36, Issue 10, 1994, pp.2~5.

14) Narain Agarwal & Anju Sharma, *Green Politics*, New Delhi: Centre for Science and Environment, 1999, p.346. 예컨대 UNEP와 UNDP는 개발과 환경 간의 연계가 더 중요해지면서 양자 간 협력으로 시너지를 낼 가능성이 점쳐졌지만, 정작 현실화된 것은 단속적 권한 분쟁이었다. Steinar Andresen & Ellen Hey, "The Effectiveness and Legitimacy of International Environmental Institutions", *International Environmental Agreements*, Vol.5, Issue 3, September 2005, p.215.

급증한 다자환경조약의 사무국들은 때때로 UNEP를 능가하는 영향력을 획득하면서 일종의 준 독자적 국제기구로 진화한다. 엄밀히 말하면 조약 사무국들은 국제기구가 아니지만, 국제 환경 협상에 큰 영향력을 행사한 사실상의 국제기구로 활동했다. 조약 사무국의 증가는 분산되고 중복된 역할의 조정을 중요한 문제로 부각시켰다. UNEP는 상당수 조약의 조정을 시도했으나 각 조약에 내면화된 독자적 이해관계의 작용으로 말미암아, 자신의 후원 아래 체결된 조약들의 제도적 중심이 될 수 없었다. 기후 변화, 생물종의 다양성 감소, 사막화 사이에는 유기적 연계가 있어서 관련 조약들의 상호 조정이 필요했음에도, UNEP가 조정 역할을 수행할 수 없었던 것이 그 예이다. WTO, WHO, ILO가 자기 영역에서 각각 통일적 중심 기구로 기능해 온 데 반하여, UNEP는 환경 영역에서 조약 사무국들의 반발로 말미암아 조정의 중심 기구로 안착하는 데 실패했다.15)

1990년대 이후 초국가적 NGOs와 기업을 중심으로 한 비국가 행위주체의 참여 확대는 '공 · 사 협력형'(public-private partnership: PPP) 지구환경 거버넌스의 정당성을 강화했다. UNEP는 이들의 참여 확대를 계기로 조정 역할의 이행 수단을 보강하는 효과를 얻지만, 다른 한편으로 참여 행위주체의 증가는 지구환경 거버넌스의 복합화와 파편화를 더욱 심화시켜, 그들 사이에 긴장 관계와 권한 분쟁을 초래했다. 예를 들면 '생물종다양성협약'의 사무국은 초기에는 UNEP의 지원을 받았을 뿐만 아니라, UNEP 사무총장이 그 사무총장을 당사국 총회의 추천으로 임명했지만 점차 준 독자 국제기구로 발전했다. UNEP가 이 과정에서 협약에 대한 영향력의 강화를 시도

15) Udo E. Simonis, "Advancing the Debate on a World Environment Organization", *Environmentalist*, Vol.22, 2002, p.33.

하자 양자 관계에서 긴장과 갈등이 조성되었다.[16] 다자환경조약이 진화 과정에서 원심성을 가질수록 UNEP의 영향권에서 벗어나, 지구환경 거버넌스의 파편화와 복합화를 촉진한다는 것을 이 사례에서 확인할 수 있다.

UN 체제 전반의 환경정책 과정을 통합적으로 관리하는 '중심 기구'로서의 역할이 주어졌음에도, 지구환경 거버넌스의 복합화와 파편화, 그로 인한 권한 분쟁으로 말미암아 UNEP는 UN 체제 전반의 환경 활동을 기대만큼 조정할 수 없는 한계에 포획되었다. UNEP는 감시, 평가, 촉매 역할에서는 상호 보완성이 증진되는 효과를 올렸지만, 조정 역할에서는 갈등과 제약이라는 반동에 직면해 왔다.

2) 대내적 한계: 지위, 조직 구조, 재정, 위치

일반적으로 UNEP의 조정 역할을 제약한 주요 대내적 요인으로 위상, 조직 구조, 재정 부족, 사무국의 지리적 위치 문제를 지적한다.[17]

첫째, UNEP는 경제사회이사회(ECOSOC)를 통하여 총회에 보고하는 총회의 '보조기구'(subsidiary organ)로서의 지위를 갖는다.[18]

---

16) Mee(2005), pp.246~247.

17) Haas(2004), pp.1~15 ; Speth(2004).

18) 보조기구는 국제 경제 · 사회 · 인도주의 분야에서 대두되는 문제들에 대응하기 위하여 UN 헌장 22조에 의거하여 창설된다. 재정은 회원국의 자발적 기부에 의존하고, UN 사무국이나 각 지역의 UN 사무소로부터 행정 지원을 받을 수 있으며, UN 체제 내에서 주로 조정 · 지도 역할을 수행한다. UNEP는 최고 의사 결정 기구인 집행이사회(Governing Council), 집행이사회의 활동을 보조하는 상주대표위원회(Committee of Permanent Representative), 그리고 사무국으로 구성된다. 집행이사회에는 지역대표제(regional representation)에 입각하여 58개국이 참가한다. 집행이사회는 개도권이 다수를 차지한다는

UNEP는 '전문기구'(specialized organization)가 아니라 법인격이 없는 '프로그램'(programme)이다. 그것은 총회에 책임을 지기 때문에 당사국들에 책임을 지는 조약 기반형 전문기구와 근본적으로 다른 기구이지만, 자율적으로 발의하고 활동할 수 있는 독자적 국제기구이기는 하다. UN 체제에서 전문기구는 총회나 UN 사무국과 별개의 기구로서 독자적인 집행 기제를 갖춘 정부 간 기구이지만, 프로그램은 총회의 보조기구여서 독자성과 권위에 제약을 받기도 한다. UNEP의 설계자들은, 그것이 신속성, 유연성, 민첩성을 갖춘 소규모 기구로 진화하기를 희망했다. UNEP는 '집행'(implementation) 기구가 아닌 '조정' 기구로 설계되었고 창설 이후 소규모 조직을 계속 유지했다는 점에서, 거대 관료기구가 되어 관료제의 병폐를 드러낸 전문기구들과 대조를 이룬다.[19] 전문기구가 아닌 프로그램으로 창설하기로 한 결정은, 재정 자원의 확보와 제도 구축 면에서 독자성을 상당히 제한하여, UNEP가 지구 환경 거버넌스의 중심 기구가 되는데 저해 요인으로 작용했다.

둘째, 조직 구조의 문제도 UNEP의 중심적 역할에 한계를 드리운다. 집행이사회, 사무국, 상주대표위원회는 UNEP 운영 구조의 핵심축이다. 지구 환경 의제 설정, 활동 프로그램과 예산 수립을 담당하는 집행이사회는 UNEP의 전략적 비전보다 개별 국가들의 이해관

점에서 정당성의 수준이 높기는 하지만 효율성 면에서는 취약하다. Andresen & Hey(2005), p.215. 상주대표위원회는 참가를 희망하는 모든 회원국의 케냐 주재 외교 사절들로 구성되어 지식과 전문성 부족이 문제로 지적된다. Maria Ivanova, "Institutional Design and UNEP Reform: Historical Insights on Form, Function, and Financing", *International Affairs*, Vol.88, Issue 3, May 2012, p.568.

19) Steve Charnovitz, "The Environment vs. Trade Rules," *Environmental Law*, Vol.23, 1993, p.482.

계를 집약하는 데 치중하여, UNEP의 지구 환경 거버넌스에서의 조정 역할 수행을 훼손하기도 했다. 대부분의 국제기구는 정책의 우선순위를 결정하는 집행이사회와 활동 책임을 지는 사무국으로 구성되지만, UNEP는 여기에 상주대표위원회를 추가했다. 이 위원회가 활동 및 예산 초안 검토, 집행위원회의 결정 사항 준비와 이행 상황 관찰에 중점을 두고 활동한 결과, 집행이사회와 활동이 중복될 가능성이 잠재한다. UNEP의 조직 구조는 이렇듯 활동의 중복과 우선순위의 상충을 초래할 수 있어서, 집행이사회와 상주대표위원회의 역할이 분화되지 않으면 조정 역할의 성취를 기대하기 어렵다.

셋째, UNEP가 당면한 대내적 한계는 특수한 재정 조달 구조에서도 찾아 볼 수 있다. 예산 규모는 조직의 상대적 왜소성을 반영하여 전문기구들에 비하여 훨씬 적고, 사무국의 운영 경비는 UN의 정규 예산에서 매년 500만 달러를 지원받되, 그 밖의 활동 경비는 국가들의 자발적 기부로 조성된 '환경기금'(Environment Fund)으로부터 지원받도록 되어 있다.[20] UNEP는 법인격 부재, 예산과 조직 규모의 상대적 왜소성, 예산 출연의 자발성의 토대 위에 구축된 반면, 전문기구들은 UNEP보다 몇 배나 더 큰 규모의 인적·물적 자원을 이용할 수 있어서, UNEP의 조정 역할이 독자성의 수준이 더 높은 전문기구들을 상대로 효율적으로 행사되기 어려운 한계가 있다.

전문기구들이 예측 가능한 강제 분담금에 의존하는 데 반하여, UNEP는 회원국의 자발적 기부금에 거의 전적으로 의존한다. 이런 이유로 재정의 만성적 불안정성에서 해방될 수 없어서[21] UNEP의

20) 서창록, 『국제기구: 글로벌 거버넌스의 정치학』, 다산출판사, 2004, p.218.
21) UNEP의 환경기금은 지난 40여 년간 환경 문제의 심화에도 불구하고 증감을 거듭하는 가변성을 노출했다.

활동은 일관성 있는 뒷받침을 받지 못했다. 재정의 회원국 의존도가 높은 것에서 비롯되는 또 하나의 영향은, UNEP의 정책 결정 과정이 자리적 이해관계를 앞세우는 회원국들의 영향을 받을 수밖에 없어서 정책의 우선순위를 독자적으로 확립하기 어려웠다는 것이다.[22] 2000년대 초엽 이후로 공여국이 100개 국 이상으로 증가하여 1990년대 중엽의 2배가 되었고, 기부금의 규모도 증가하기는 했다. 그러나 2014년 현재 환경기금, 기부금, 신탁기금 등을 모두 포함한 UNEP의 연간 총 예산은 2억 달러를 약간 상회하는 수준으로 UNDP, WFP, UNICEF, WHO, GEF 등의 국제기구는 물론, 일부 초국가적 환경 NGOs보다 적은 규모이다.[23] 예산과 조직의 상대적 왜소성은 대내적으로 역량 약화를 초래하고, 대외적으로는 전문기구들에 필적할 수 없게 만들어 UNEP의 조정 능력을 제한했다.

UNEP의 촉매 역할은 다수의 다자환경조약 체결과 강화를 주도했다는 점에서 성과를 거둔 것으로 평가된다. 그러나 그 동안 예산이 크게 증가하지 않아서 역량도 확대되지 않은 탓에, UNEP는 다자환경조약의 이행을 지원하는 데 곤란을 겪는다. UNEP의 지원을 필요로 하는 새로운 조약 사무국의 설립과 개도국의 조약 이행 역량 강화 프로젝트 요구는, UNEP에 예산 부담을 가중시킴으로써 재정 문제 해결을 더욱 어렵게 만들었다. 조약 사무국의 독자 기구화와 더불어 UNEP의 재정 부족의 주요 원인이 된 다자환경조약과의 유

22) UNEP, "Improving International Environmental Governance among Multilateral Environmental Agreements", *UNEP/IGM/2/4*, Bonn: UNEP, 2001.

23) 세계야생생물보호기금과 그린피스의 2010년 예산은 각각 10억 달러였고, UNDP의 2006년 예산은 32억 달러였다. Lorraine Elliot, "The United Nations Record on Environmental Governance: An Assessment," in Biermann & Bauer (2005), p.33 ; Ivanova(2013), p.164. 그러나 WTO의 1.6억 달러보다는 많다.

기적 관계의 단절은, 조약 간의 상충이나 중복을 조정할 UNEP의 입지를 약화시키는 결과를 초래했다.

넷째, UNEP의 사무국이 '유엔 해비타트'(UN Habitat)처럼 개도권 – 케냐의 나이로비 – 에 위치한다는 것도 역할 수행에 심각한 영향을 미쳤다. 사무국이 개도국에 위치한다는 것은, 환경 문제가 명백하고 절박한 개도국과의 연계를 강화하여, 개도권이 UNEP의 정당성을 수용하는 이점이 있다. 그러나 사무국이 국제환경정치의 중심지로부터 멀리 떨어진 곳에 위치한 결과로 관련 UN 활동과의 격리, 장거리 커뮤니케이션 미흡, 각종 환경조약 사무국 및 여타 국제기구 구성원과의 충분한 대면 접촉 결여가 문제로 부각되었다.[24] 사무국의 주변적 위치가 빚어낸 이런 문제들은 제도주의자들이 흔히 국제기구에 기대하는 역할을, 즉 협상 공간을 제공하고 조정을 수행하는 역할을 위축시켜, UNEP가 지구환경 거버넌스의 중심적 조정 기구로 자리 잡는 데 부정적 영향을 미쳤다.

3. UNEP 개혁 방안

다수의 독자적인 다자환경조약 사무국 그리고 환경 관련 국제기구의 증가는, UNEP와의 경쟁 관계를 조성하며 지구환경 거버넌스

---

24) UNEP의 사무국을 케냐에 설치하기로 한 데에는, 1972년 11월 UN 총회의 공개 투표에서 선진국보다 수가 많은 개도국들의 연대가 결정적 역할을 했다. Adil Najam, "Developing Countries and Global Environmental Governance", *International Environmental Agreements*, Vol.5, 2005, p.309. UNEP는 주요 국제기구 및 각국 정부와 근접한 파리, 뉴욕, 제네바에 사무소를 설치함으로써 UNEP 사무국의 지리적 격리성을 보완했다.

를 파편화·복합화시켰다. UNEP는 이 과정에서 성과를 거두기도 했지만, 한계 또한 뚜렷이 드러내어 지구환경 거버넌스의 개혁 초점이 UNEP 개혁에 맞추어지도록 했다. 관계자들은 UNEP의 개혁을 두 방향에서 논의하여 왔다. 하나는 근본적 혁신을 추구하는 것으로서, UNEP를 보다 더 강력한 전문기구－WEO－로 변화시켜 지구환경 거버넌스를 강화하는 것이다.[25] 둘은, UNEP의 전문기구로의 격상만으로 지구환경 거버넌스의 개선이 보장되는 것은 아니므로, UNEP를 총회의 보조기구로 존치시키는 한도 내에서 UNEP의 역량을 강화하자는 것이다.[26]

1) WEO 창설

1970년대 이후 지구 환경 거버넌스에서의 역할 중복의 해소와 조정의 확대 필요성이 지속적으로 강조되었지만, 실질적 진전이 없었

---

25) 전문기구는 UN 헌장 제57조와 제63조에 부합되는 정부 간 특별조약에 근거를 두고 창설되며, UN과 연계되지만 독자적인 기구이다. 전문기구들은 일반적으로 '보편적 회원제'(universal membership)를 원칙으로 하고 있어서 어떤 국가도 이 기구를 구성하는 조약을 비준하면 참가가 가능하다. 전문기구들은 국제법상의 독자적 주체 지위－국제 법인격－를 보유하고, 그 예산은 주로 회원국들에의 강제 할당과 의무 납부에 의존하며, UN 정규예산으로부터의 지원은 받지 않는다. Ivanova(2012), p.568.

26) 국가들의 경우, 남과 북의 태도에 차이가 있다. 독일과 프랑스를 중심으로 한 EU 회원국들이 지지한 반면, 나머지 대다수 국가들은 일부를 제외하고는 유보적이거나 반대하는 경향을 보인다. 비유럽 국가로는 남아프리카공화국, 브라질, 싱가폴이 지지론에 동조했고, 아프리카에서는 단지 3개국만이 지지 의사를 표명했다. 전문가 중에서는 Bauer, Biermann, Kirton, Siebenhüner, Simonis 등이 지지한 반면 Esty, Ivanova, Gehring, Oberthur, von Moltke 등이 반대했다. UN 산하기구 대표들은 대체로 WEO의 창설을 지지하지만 소수는 반대한다. Speth(전 UNDP 사무총장), Ruggiero(전 WTO 사무총장) 등은 지지 진영에, 전 생물종다양성협약 사무국장 Juma는 반대 진영에 가담했다.

기 때문에 UNEP 개혁 논의는 꾸준히 이어져 왔다. 그런데 UNEP 개혁 논의는 RIO+20의 결과 문서가 보여 주듯이 한편으로는 WEO의 창설 필요성을, 다른 한편으로는 UNEP의 강화 필요성을 인정하는 이중성을 노출하기도 한다.[27] 전자의 지지자들은 UNEP의 대안으로 'WEO'의 창설을 요구한다.[28] 지구환경 거버넌스에서는 상충하는 이해관계의 조정과 국제협력을 촉진하는 중심적 행위주체가 있어야 소정의 결과를 도출할 수 있다는 점에 비추어 보면, 그들의 주장에는 상당한 타당성이 있어 보인다. WEO 지지론자들은 UNEP 창설 이후에도 여러 국제기구들－WTO, UNIDO, WIPO, ICC 등－이 창설된 전례를 고려하면, WEO의 창설이 비현실적 과제가 아니라고 한다. 그러나 문제는 지지론자들 사이에서도 WEO의 설계에 관해서는 합의가 부재하는 것인데, 이제까지 제시된 WEO 모델은 세 유형으로 집약된다.[29]

---

27) Marjanneke J. Vijge, "The Promise of New Institutionalism: Explaining the Absence of a World or United Nations Environment Organization", *International Environmental Agreements*, Vol.13, 2013, p.160.

28) UNEP 개혁 논의에서 지지론자들은 대체로 새로운 세계환경기구를 전문기구로 하되, 그 명칭은 WEO로 하자는 데 동의한다. 그러나 그 명칭을 UNEO(United Nations Environment Organization)나 GEO(Global Environment Organization)로 하자는 논자들도 소수지만 있다. 그리고 지속 가능한 개발의 추진이 UNEP의 핵심 역할로 편입되는 변화에 주목하여, 환경 보전과 경제 개발을 병진시킬 제도적 개혁 방안으로, UNEP와 UNDP를 통합한 WEDO (World Environment and Development Organization)를 창설하자는 주장도 제기된다. Simonis(2002) 참조. Kirton은, 지구 환경 거버넌스 개선의 긴급성이야말로 기왕의 UN 중심성을 의심하게 하는 것이어서, 선진국－G8－의 능력과 책임이 지구 환경을 보전하는 데 가장 중요하다고 주장하며, G8 과정을 이용하여 UN 체제 외부에 WEO를 창설하는 것이 더 효과적이라고 설명한다. John J. Kirton, "Generating Effective Global Environmental Governance", in Biermann & Bauer(2005), pp.164~168.

29) 이하 WEO의 유형에 관한 설명은 주로 Frank Biermann, "World Environment Organization", *Environment*, Vol.42, No.9, November 2000, pp.26~29 참조.

첫째, 파편화와 복합화로 점철된 지구환경 거버넌스의 골조 위에 WEO를 창설하는 것이다. 이런 유형의 WEO는 독자적 예산과 법인격, 확대된 재정·인적 자원, 더 강력해진 역할을 갖추되 국제기구들 사이에서 조정형이 아닌 협력형 전문기구로서의 역할을 수행한다. 지지론자들은 '협력형' WEO(cooperation model)가 다양한 환경조약이나 다른 전문기구들의 지위에 영향을 거의 미치지 않을 것이라고 예상한다. 그러나 UNEP보다 훨씬 더 강력한 형태의 WEO가, 결국 전문기구 간 권력 재분배와 여타 전문기구들의 권한 약화를 초래하여 갈등을 불러일으킬 가능성을 배제하기는 어렵다.

둘째, 지지론자들의 예측에 의하면 협력형 전문기구로서의 WEO는 통합적인 조정형 전문기구로 대치될 수밖에 없다고 한다. '조정형' WEO(centralization model)는 WTO가 주요 무역협정을 통합한 것처럼 다수의 국제환경조약을 통합하고 조정할 목적으로 창설되는 것이다. 이를 바탕으로 한 조정형 WEO의 창설은 국제 환경 협상의 중앙 집중화를 실현함으로써, 지구 환경 거버넌스의 효율을 크게 향상시킬 것이라고 기대된다. 그러나 고도의 중앙 집중적 구조는 선진권과 개도권의 통제권을 무력화할 것이라는 우려 때문에 반발을 자초할 가능성이 커서, 선진권과 개도권 모두가 거부권을 가지는 '이중 다수결제'(double majority system)의 도입이 조정형 WEO 창설의 전제 조건으로 요구된다.

1990년에 개정된 '몬트리올의정서'와 1994년에 개정된 '지구환경기금'(Global Environmental Facility: GEF)의 규칙은, 개도권과 선진권 모두에서 과반수를 확보하되 동시에 전체 회원국 2/3 이상의 동의로 의사를 결정하도록 하는 '이중 다수결제'를 도입했다. UN 총회의 '1국 1표제'(one country, one vote), 세계은행과 국제통화기금의 '1달러 1표제'(one dollar, one vote)는 각각 개도권과 선진권 어느 일방의 이해관계를 지지할 가능성이 큰 의사 결정 방식이다. 그러나 이중 다수결제는 개도권과 선진권 모두에게 사실상의 거부권을 부여한 균형형 의사 결정 절차여서, 국가들의 참여 활성화를 통하여 조정형 WEO의 창설을 촉진하는 한편, 다른 한편으로 결정의 정당성에 대한 도전을 차단할 것으로 예상된다.

셋째 유형은, 세계적 권위체가 특정 환경 기준의 이행에 실패한 국가들에게 강제력을 행사하는 '강제형' WEO(hierarchization model)이다. 강제형 WEO의 모델은 UN 헌장 제7장에 의거하여 광범위한 권한을 행사하는 '안전보장이사회'이다. 1992년, 안보리는 필수적 환경 규제를 준수하지 않는 국가에게는, UN 헌장 제39조에 따라 규제를 준수하도록 명령하거나 대응 조치를 허가할 권한을 보유한다고 선언했다. 1989년 헤이그 회의에서도, 24개국이 대기 보전 분야에서 단일 국가나 소수 국가에 대하여 강제 제재력을 가지는 권위체의 창설을 요구한 바 있다. 일각에서는 환경보호이사회나 강제 관할권을 가지는 국제환경재판소의 창설을 요구하기도 했다. 지구환경 거버넌스의 수직적 제도화 요구는 이처럼 독일, 프랑스, 카나다, 일본, 브라질 등 일부 국가들의 지지를 획득하기도 했으나, 현재의 파편적 지구환경 거버넌스에 비하면 세계정부 구상에 훨씬 더 다가선 것이 문제로 지적된다. 강제형 WEO에 내포된 주권 손상 가능성은, 국가들 대부분의 완강한 반대를 초래하여 창설을 저해할 가능성이 적지 않다.

지지론자들은 의견 분열에도 불구하고, WEO가 UNEP와 연계된 국제기구들과 – GEF, CSD, UNDP 등 – 의 그리고 대규모 조약 사무국들과의 통합 과정을 거치면, WHO나 ILO처럼 자기 영역에서 포괄적 권한을 행사하는 강력한 국제기구가 될 수 있다는 점에는 의견을 같이한다. 지위 격상, 관련 기구의 통·폐합, 권한 강화에 힘입어 기왕의 파편화된 지구환경 거버넌스에서 충분히 수행할 수 없었던 역할을, 즉 조정 역할 강화, 다자환경조약 이행 촉진, 재정 확충을 통한 '남'으로의 재정 및 기술 지원 확대 역할을 충분히 수행할 수 있다면 WEO의 창설은 효율적 대안이 될 수 있다.

UNEP의 재정 규모는 지구환경 관리에서 담당하는 역할에 비추어 과소하다는 데, 그리고 그 원인은 기부금의 자발적 납부 제도에 있다는 데 대부분의 논자들이 동의한다.30) 강제 할당과 의무 납부 제도에 의존하는 WEO는, 전문기구로서의 지위를 가진 채 UNEP보다 더 많은 자원을 이용하고 더 큰 영향력을 행사할 수 있다. 지지론자들은 WEO가 기존의 강제 납부 제도에 준자동적 재정 조달 기제 – 토빈세, 항공세, 배출권 거래제 등 – 를 추가한다면, 재정 기반을 한층 더 크게 확충할 수 있어서 재정의 한계에서 비롯되는 UNEP의 한계는 상당 부분 극복 가능하다고 주장한다.31)

개도권은 기존의 지구환경 거버넌스는 개도권으로의 재정 및 기술 이전 기제의 불투명성, 비효율성, 임시성, 파편성의 위험에서 벗어나지 못했다고 비판한다.32) 환경 문제에 대응하는 개도권의 역량

30) UN General Assembly, "Resolution 2997(XXVII): Institutional and Financial Arrangements for International Environmental Cooperation", *A/RES/27/2997*, 15 December 1972.

31) Simonis(2002), p.35.

32) Agarwal 등에 의하면, '남'은 UNEP가 '북'의 희생양이고, 브레튼우즈 제도들–예컨대 세계은행–은 '북'의 대리인이라고 인식하고 있어서 UNEP 개혁의 필요성은 인정한다. Agarwal & Sharma(1999).

강화는 이런 면에서 지구환경 거버넌스의 가장 중요한 목표 중의 하나로 인정된다. WEO는 기존 체제의 파편성을 극복할 정도로 강력할 뿐만 아니라, '남'의 역량 강화를 위한 재정 · 기술 이전 권한까지 보유함으로써, 개도권의 환경 · 개발 역량 강화를 지원하는 중심 기구가 될 수도 있다. UNEP가 여타 UN 기구와의 권한 분쟁에 시달려 온 탓에, 중심 기구로서의 권위를 정립하지 못한 질곡에서 탈출할 가능성이 별로 엿보이지 않던 점에 비추어 보면 충분한 자원, 독자적 제도, 강력한 권한을 갖춘 WEO는 중심성을 회복하는 데 더 적합하다고 할 수도 있다.

그러나 WEO에 강제 규제 기제를 허용하는 것은 국가 및 관련 행위주체들의 예상되는 반발을 고려하면 희망 사항에 그칠 수 있다. WEO의 출범은 이 점에서 비현실적이거나 바람직하지 않은 것으로 이해할 수도 있다. 그런데 WEO의 창설을 지지하는 국가들이 점차 증가하는 현실은, 그리고 다수의 국제기구 창설로 과시된 국가들의 지구 거버넌스에서의 수평적 제도화 능력은, 그것을 비현실적 주장이라고 규정짓는 비판에도 비현실성이 내포되어 있음을 암시한다. 국제사회에는 지속 가능한 개발을 관리할 제도적 중심이 필요하다. 지지론자들은 이런 요구에 부응하는 모델로 관련 행위주체들을 통합하여 역할을 강화한 조정형 WEO를 제시한다.

반대론자들은, 흔히 UN을 거대 관료 조직으로 묘사하는 것처럼, 통합 과정을 거친 WEO도 불필요한 거대 관료제를 창출할 것이라고 지적한다.33) 그러나 지지론자들은 신자유주의적 제도주의자들의 주장과 같은 맥락에서, WEO의 창설이 다자환경조약의 소규모 사무

33) C. Juma, "Stunting Green Progress", *The Financial Times*, 6 July 2000.

국들의 통합과 중앙 집중적 협상을 가능하게 하여, 관료 조직의 중복 축소와 체제 전반의 효율성 향상이라는 이익을 가져올 것이라고 반박한다. WEO는 다수의 환경조약 회의에 전문 인력을 파견하기 곤란한 개도권이, 다양하고 복잡한 협상에 참여할 수 있도록 하는 혜택을 제공할 수 있을 뿐만 아니라, 기존 관료제를 집약함으로써 효율성을 확보할 수 있다는 것이다.[34] WEO가 또한 관련 행위주체들을 흡수한 통합 조직이라고 해서 환경 영역에서 권한 독점을 추구하는 것은 아니라고 한다. ILO가 노동 영역에서, WTO가 무역 영역에서 여타 기구들의 조약 제정을 막지 않는 것처럼, WEO도 환경조약의 제정을 막지 않을 것이라고 예측한다.

공동체의 부재를 근거로 지구 차원에서는 민주주의를 실현할 수 없다고 하는 논자들도 정책 결정 과정의 투명성, 개방성, 균형성이 국제기구의 정당성 제고의 원천이 될 수 있음은 인정한다. 보단스키(Bodansky) 등은 이를 위해 '이중 다수결제'의 도입을 주장한다. 이중 다수결제는 재정 · 기술 이전의 효율화, 개도권의 국제 협상 과정에서의 발언권 강화와 협상력 강화를 가능하게 하기 때문에 특히 개도권에 유리한 제도라고 해도 과언이 아니다. 최근의 지구환경 거버넌스 논의는 과거의 '북' 중심적 논의를 지양하고, 개발의 사회 · 경제적 측면의 중요성을 강조하는 '남'의 요구를 적극 반영하는 방향으로 전개되고 있다. 이중 다수결제는 남과 북의 WEO 공동 참여와 그 정책 결정 과정에 대한 공동 영향력 행사를 촉진함으로써 WEO의 정당성을 강화하는 효과도 기대할 수 있다.[35]

---

34) Biermann(2000), p.30.

35) D. Bodansky, "The Legitimacy of International Governance: A Coming Challenge for International Environmental Law", *American Journal of International Law*,

2) UNEP 강화

일부 전문가와 정부들은 UNEP의 지위를 전문기구로 격상하는 것이, 반드시 조정 역할의 강화나 지구환경 거버넌스의 개선을 보장하는 것은 아니라고 반박한다. 예를 들어 '의무 납부제'를 도입하면 재정의 안정성과 예측 가능성을 증대시킬 수 있지만, 의무 납부제를 자동적으로 수반하는 전문기구로서의 지위 자체는 재정 자원의 확충을 보장하는 것은 아니라는 것이다. 2010년 기준으로 UN 체제에서 예산 규모가 가장 큰 기구는, 의무 납부제에 의존하는 전문기구 – UNICEF(32.5억 달러), UNHCR(30.0억) – 가 아니라 '자발적 납부제'에 의존하는 보조기구들 – UNDP(47.6억 달러), WFP(40.2억 달러) – 이라는 사실이 이런 반박을 지지한다.[36)]

심지어 WHO(23.2억 달러), FAO(10.3억 달러), UNESCO(4.58억 달러) 등의 전문기구들조차도 예산의 50% 이상을 자발적 납부에 의존하고, 집행적 역할을 가진 국제기구 – UNDP, WFP, UNICEF, UNHCR – 가 규범적 역할을 가진 국제기구 – WTO, UNEP – 보다 예산 규모가 훨씬 더 크다는 사실은, 재정 자원의 가장 중요한 결정 요소는 기구의 지위가 아니라 역할을 포함한 기타 요소들이라는 것을 말해준다. 이보다 더 중요한 것은 제도의 권위와 영향력이 오로지 재정 자원으로부터 나오는 것은 아니라는 것이다. 지구 차원의 국제무역질서에서 막대한 영향력을 행사하는 사례로 자주 인용되는 WTO는 최저 수준의 예산으로 활동하며, 그런 예산마저도 전문기구로서의 지위보다는 역할에 대한 관심과 지지를 이끌어내는 능력으로 확보한다.

Vol.93, 1999, pp.596~624 ; Najam(2005) 참조.

36) Ivanova(2012), p.581.

UNEP는 현재와 다른 정치적 · 지적 환경에서 창설되었으나, 적절한 거버넌스를 구축해야 하는 역할과 목표는 최근의 그것과 거의 다르지 않다. 조직의 역할이 형태를 지배한다면, 역량 강화를 위한 행동을 결여한 상태에서 UNEP의 제도적 형태를 전문기구 – WEO – 로 전환하는 것이, 파편화와 복합화로 병든 지구 환경 거버넌스 체제를 구원할 만병통치약이 될 수는 없다. 오히려 개혁의 초점은 지구환경 거버넌스의 정상화에 필요한 역할의 정립과 그러한 역할의 수행을 제약하는 요인의 제거에 맞추어야 한다.37) UNEP의 개혁은, 그것이 본래 부여받은 역할을 활성화하고 권한을 강화하는 데 집중해야 하는 것이다. UNEP에 요구되는 것은 전문기구 – WEO – 로 '환골탈태'하는 것이 아니라, 현재의 여건에서 본래의 역할 – 총회의 보조기구 – 을 더 잘 수행하도록 '강화'하는 일련의 조치이다.

환경 문제의 도전은 통합적이고 상호 의존적인 반면 지구환경 거버넌스는 파편화 · 복합화된 상태에서, 그런 문제의식을 근거로 WEO를 창설하려는 새롭고 대담한 설계보다는 기존 기구의 역할 강화를 더 강조하는 주장이 대두되었다. 전 UN 사무총장 아난(Annan)은, 지구환경 거버넌스의 통합적 구조는 기존 제도 – UNEP, 조약사무국, 전문기구들 – 를 토대로 구축되어야 한다고 주장했다.38) 그런데 1990년대 중엽 UNEP는 그 동안의 성취에도 불구하고 점차 더 비민주주의화되고 방향을 상실하고 있다는 강력한 비판에 노출되었다. 독일을 비롯한 일부 국가들이 이에 대응하여 WEO의 창설을 주장하기도 했으나, 1997년의 UN 특별 총회와 UNEP 제20차 집행이사회의 '나이로비 선언'은 UNEP의 강화를 결의했고, 각국 정부는 이를 존중하

37) Esty(1998) 참조.
38) www.un.org/largerfreedom/(검색일: 2015. 01. 15).

여 안정적이며 예측 가능한 재정 지원을 약속했다.[39] 1998년, UN 태스크 포스팀은 나이로비 선언에 입각하여 UNEP의 강화와 함께 전문기구로의 승격을 제안했다. 그 보고서에서는 UNEP의 다자환경조약에 대한 지원 강화와 함께 조약사무국들의 점진적 통합 추진 등이 강조되었으나, 국가들은 대부분 UNEP의 전문기구로의 승격에 동의하지 않았다.

지구환경 거버넌스 체제의 개혁 필요성은 2002년 요하네스버그 회의(WSSD)에서도 강조되었다. 일부 국가들이 이 회의에서 WEO 창설을 주장했으나 다수 국가의 호응을 얻는 데 실패했던 데 반하여, UNEP의 강화와 UN 체제에서의 조정 강화를 요구한 결정들을 지지하는 '이행 계획'(Plan of Implementation)이 채택되었다.[40] UN 총회는 세계 각료급 환경 포럼과 '환경 관리 그룹'(Environmental Management Group: EMG)의[41] 창설을 결의하는 한편, 사무총장에게는 적절한 지원과 예측 가능한 재정 자원 보유를 전제로 한 UNEP의 강화를 주문했다.[42] 2000년, 세계 각료급 환경 포럼(GMEF) 제1차 회의의 결과물인 '말뫼(Malmö) 선언'은 지구 환경 거버넌스 체제와 UNEP의 역할 강화를 요구했고,[43] 2012년 UN 총회는, Rio+20의 요구를 반영하여 UNEP의 역할 확대와 권한 강화를 주조로 한 결의안

---

39) www.un.org/dpcsd/dsd/trends.htm (검색일: 2014. 12. 27) ; www.unep.org/unep/per/ipa/pressrel/ro2-0699.001 (검색일: 2014. 12. 27)

40) UN, *Report of the World Summit on Sustainable Development*, A/CONF.199/20, New York: United Nations, 2002.

41) UN EMG는 환경 문제를 다루는 51개 UN 산하기구들의 집단 지성과 전문성을 체계화한 것이다.

42) UNGA, *Report of the Secretary-General on Environment and Human Settlements*, A/RES/53/242, 10 August 1999.

43) Global Ministerial Environmental Forum, *Malmö Ministerial Declaration*, Nairobi: UNEP, 2000.

을 채택했다.

일련의 UN 회의가 환기시키는 것은 UN의 정책 결정을 지배하는 주요 국가들 – 특히, 미국과 중국 – 의 의사가 UNEP 강화론에 기울었다는 것이다. UNEP 강화론은 UNEP의 전문기구로의 지위 격상 – WEO 창설 – 으로부터 멀어지는 대신, 내부 역량 강화를 강조하는 일련의 주장과 맞닿는다. 그것은 지구 환경 거버넌스에 필요한 주요 역할들의 이행과 그 제약 요소들의 제거에 초점을 맞춘 채, 다수의 실현 가능한 개혁 조치들을 통하여 UNEP의 역량을 강화해야 한다는 데 역점을 둔 것이다.

국제사회가 UNEP의 강화를 목적으로 취할 수 있는 조치는, 2012년 7월 UN 총회 결의안 – 'The Future We Want' – 에서 구체적으로 확인할 수 있다. 그것은 UN 회원국의 전면적 참여(full participation)를 위한 집행이사회의 '보편적 회원제'(universal membership) 도입, UN 정규 예산으로부터의 재정 자원 수령의 안정화와 확대, 조정 능력과 권한의 강화, 회원국의 자발적 납부 확대, 지속 가능한 개발을 위한 제도 개선, 국가의 역량 강화 지원, 나이로비 본부의 역할 확립이라고 규정했다.[44] UNEP 강화론은 이처럼 총회 보조기구로서의 지위를 유지하되, 내적 제약 요인을 극복함으로써 조정을 포함한 역할 수행 능력을 개선하려는 것이다. UNEP 강화론자들은 이처럼 미래가 불확실한 WEO의 창설이 아닌, UNEP의 역할과 권한 강화에 자원을 우선적으로 배분하는 개혁 방안이 더 현실적이라고 역설한다.[45]

---

44) http://www.unep.org/rio20/portals/24180/Docs/727The%20Future%20We%20Want%2019%20June%201230pm.pdf (검색일: 2015. 07. 03)

45) Sebastian Oberthür & Thomas Gehring, "Reforming International Environmental

4. 개혁 방안의 한계

UNEP는 1972년 이후 UN 체제에서 환경 활동의 조정 역할을 수행하며 독자성을 인정받은 중심적 기구였다. 그런데 UNEP 설립 이후에도 적지 않은 수의 국제환경기구 – CSD, GMEF, EMG – 는 물론, 고유의 역할을 가졌으되 환경 문제와 관계가 있는 전문기구들이 설립되어 오랫동안 독자적 환경 프로그램을 운영해 왔다. 여러 다자환경조약 또한 사무국을 중심으로 사실상 환경 문제들에 독자적으로 대응하기는 마찬가지였다.[46] 문제는 이로 말미암아 지구환경 거버넌스의 파편화와 복합화가 심화되면서, UNEP가 이들과의 관계에서 조정 역할을 수행하는 데 곤란을 겪었다는 것이다.

UNEP는 이런 상황에서 내부적으로는 불충분한 예산, 낮은 법적 지위, 사무국의 주변적 위치, 비효율적 조직 구조의 문제 때문에, 외부적으로는 역할이 중복되지만 UNEP에 양보할 용의가 없는 여러 국제기구들과의 경쟁 관계 때문에, 이들의 특수한 이해관계를 조율하는 데 자주 역부족을 드러냈다. 실효적 역할이나 권한을 보장받지 못한 UNEP는 무역 영역의 WTO, 보건 영역의 WHO, 노동 영역의 ILO와 달리 조정 역할 수행에서 한계를 드러냈다.

그리하여 UNEP의 개혁을 위한 복수의 대안이 대두되어 논쟁에 불을 지폈으나, 주로 WEO 창설론과 UNEP 강화론으로 논의가 수

Governance", in Biermann & Bauer(2005), pp.205~234. von Moltke는 WEO 창설론과 UNEP 강화론을 모두 배격하면서 제3의 대안으로 다자환경조약들의 '군집화'(clustering)를 제시한다. 그는 국제 환경 거버넌스의 제도적 분열과 중복 문제를 해결하려면, 다수의 다자환경조약들을 하나의 국제기구가 아닌, 잘 설계된 복수의 독자적 '군집들'(clusters)에 범주별로 분산 통합해야 한다고 주장한다. von Moltke(2005), pp.175~204.

46) Vijge(2013), p.154.

렴되었다. WEO 지지론자들은, 독립적 환경부의 설치로 환경 정책이 제도적으로 강화되었던 국내 정치와 마찬가지로, WEO 창설로 지구환경 거버넌스의 해묵은 숙제인 역할 중복과 조정 역할의 결핍 문제를 해결할 수 있다고 주장한다. 그들은 지난 수십 년간 국가들이 여러 문제 영역에서 새로운 국제기구를 창설한 전례를 들어, 관련 국제 기구와 조약을 통합한 WEO의 출범이 가능하다고 주장한다.

그러나 환경 영역에는 각기 상이한 문제 구조를 가진 채 상이한 대응을 요구하는 문제들이 존재한다. 기후 변화에 대응하는 제도가 유독성 폐기물 문제나 생물종의 다양성 감소 문제에 대응하는 제도와 다른 것이어야 하는 한, 단일의 국제기구로 모든 형태의 환경 문제에 대응하는 것은 불가능에 가깝다는 점이 WEO의 한계를 표출한다.[47] 또한 WEO의 출범으로 규모가 확대된 관료제가 자동적으로 효율적 결과를 산출하는 것도 아니라는 비판에는, 이보다 규모가 더 적은 기존의 국제기구들이 이미 관료제의 병폐를 드러내는 현실에 비추어 보면 상당한 타당성이 있다.

나아가 WEO의 창설은 강력한 정치적 지지의 결집을 요구한다. 환경 및 개발 역할을 포괄하는 WEO는, 지구 환경 거버넌스에서 활동하는 다수의 행위주체들이 현상 유지를 선호하는 경향을 보이고 있어서, 창설을 위한 합의를 도출하기 쉽지 않을 뿐만 아니라 저항에 직면할 가능성마저 있다. 그렇다면 다른 행위주체들과의 관계에서 권한 분쟁에 휘말려 창설이 저해될 가능성도 배격할 수 없다.[48] 강력한 원심적 경향을 가진 다수의 국제기구와 조약 사무국들의 경우, 사실상 독자적 국제기구로 진화하면서 WEO 창설에 필요한 정

47) von Moltke(2005), p.175.

48) Elliott(2005), p.50.

치적 지지의 결집을 저해하는 요인으로 작용한다. 300개가 넘는 다자환경조약 중에서 현재까지 통합에 성공한 사례는 단 하나–오슬로협약과 파리협약–에 불과하고, UN 산하기구들의 통합 실적이 전무하다는 사실은[49] 기존 국제기구와 다자환경조약들을 통합한 WEO의 출범이 현실적으로 성취하기 어려운 과제임을 알리는 것과 다름없다.

WEO가 초국가적 기구이기는 하지만 동시에 정부 간 기구이기 때문에 회원국의 정치적 이해관계가 그것의 행위주체로서의 독자성과 중심성을 제약할 가능성도 외면할 수 없다. 정부와 기업들은 기후 변화, 사막화 등의 환경 문제에 효과적으로 대응하기 위하여 막대한 비용을 투입해야 하지만, 그 효과가 즉각 가시화되는 경우는 드물어서 대중의 적극적 지지를 확보하기가 쉽지 않다. 대부분 국가에서 지구환경 거버넌스의 강화는 이런 사정 때문에 낮은 우선순위를 차지할 뿐이다. 예컨대 생물종의 다양성 감소는 그 속도가 빨라지고 있어서 신속한 해결이 요구되는 문제이지만, 대중의 정치의식이나 국가의 공공정책에서 차지하는 우선순위는 낮다. 이런 현실을 외면할 수 없는 각국의 정책 결정자들을 상대로, 지구 환경 거버넌스에 심층적이고 장기적인 변화를 초래할, WEO의 창설에 대한 지지를 유도한다는 것은 비현실적이다.

그런데도 WEO 창설의 필수적 전제인 정치적 지지의 결집이 현실적으로 충분히 가능한가? 미국은 패권국가로서 정치적 지지의 결집에 중심적 역할을 했는가? 미국의 주도로 체결되었고, 각각 오존 레짐과 기후 레짐의 기초를 제공한 몬트리올의정서와 교토의정서의

49) von Moltke(2005), p.177.

협상 사례는, 국가들이 지구 차원의 공동선에 자국의 이익을 양보하려 하지 않는 경향을 통제하는 패권국가가 있어야, WEO 창설 협상이 진척될 수 있다는 것을 역설한다. 패권국가에게 요구되는 역할은 WEO 창설로 지구 환경 보전 강화라는 공공재를 제공하며, 각국이 그것에 참가하도록 영향력을 행사하는 것이다. 미국의 지지 확보는 그런 면에서 WEO 창설의 필수적 전제이다.[50] 그런데 미국이 국제환경정치에서 이런 역할을 수행하기는 커녕, 오히려 적지 않은 환경문제 영역에서 그것을 약화시키거나 지연시키는 역할을 했다는 데서, 패권국가의 부재도 정치적 지지의 결집을 어렵게 만든 주요 요인임을 확인할 수 있다.

WEO의 창설에 대해서 일부 EU 회원국들이 적극적 지지 의사를 표명했을 뿐, 미국은 강력한 국제환경기구의 창설에 소극적이며, 이 점에서 이해관계가 일치하는 중국이 미국에 동조한다. 독일과 프랑스는 여러 차례 WEO 창설을 제안하며 UNEP 개혁의 자극제 역할을 했다. 그러나 미·중 양국은 이미 포스트 교토 체제가 '약한 레짐'(weak regime)으로 귀착되도록 영향력을 행사한 경험에 입각하여, WEO의 창설에 대해서도 소극적 자세를 견지한다. 국가들이 지구 환경 거버넌스에서 자신의 주권 희생을 최소화하려는 경향을 고수하는 가운데, 지지가 증가하고 있다고 하지만 일부 국가들만이 찬성한 것에서 알 수 있듯이, WEO 창설론은 아직은 국제사회의 소수 의사에 불과하다.[51]

WEO 창설의 또 하나의 관건은 개도권의 참여 여부이고, 이들에

50) Andresen & Hey(2005), p.218.
51) Rio+20 준비 과정에서 의견을 제출한 국가들 중 35%가 WEO 창설을 지지했다. Ivanova(2012), pp.569~570.

게 중요한 것은 WEO가 개발에 미치는 영향이다. 개도권은 자신들의 개발주권에 부정적 영향을 미치지 않는다는 충분한 보장이 주어지지 않는 한, WEO 창설에 반대하거나 유보적인 태도를 취한다. 게다가 Rio+20 과정에서는 미국과 일부 거대 개도국들을 포함한 개도국들이 성장 우선주의라는 이해관계를 공유한다는 사실이 부각되었다. 경제 성장에 가장 높은 우선순위를 부여하는 새로운 '이익연합'의 대두 가능성이 이를 토대로 제기되고 있어서,[52] WEO의 창설에 필요한 정치적 지지의 결집은 심각한 장애와 마주하고 있다고 보아야 한다.

WEO 창설 시도가 미국과 중국 그리고 개도권의 소극적 태도에 덧붙여 국제기구들의 이기주의에 가로막혀 있다는 것은, 신자유주의적 제도주의자들이 주장하는 행위주체의 다원성이 지구환경 거버넌스에서도 작동한다는 것을 일깨운다. 그러나 관련 국제기구들이 WEO의 창설을 위한 조정과 협력의 동반자가 아니라 저해 요인으로 작용한다는 측면은, 패권국가가 부재하더라도 국제기구가 협력을 증진할 수 있다는 그들의 기대를 배반하는 것이다. WEO의 창설이 이런 문제들을 안고 있다면, 그것은 지구 환경 거버넌스의 필수적이거나 충분한 해결책이기보다는, 절박하게 요구되지만 먼 미래에나 실현될 수 있는 장기적 개혁 방안으로 여겨진다.

UNEP 강화론자들은 지구환경 거버넌스에 내재된 구조적 문제의

---

52) Andresen & Hey(2005), p.218. MDGs의 뒤를 이을 SDGs 논의 과정에서 기후 변화에의 대응을 '독립 목표'로 설정할 것인지를 둘러싸고 논쟁이 전개되었다. 북구 국가들과 환경 문제가 심각한 일부 개도국들이 독립 목표화를 지지한 반면, 거대 개도국들-중국, 인도, 브라질-을 포함한 개도국과 선진국들이 반대했다는 사실은, 환경 영역에서 그런 이익연합의 결성 가능성이 높다는 것을, 그리하여 WEO 창설에 필요한 정치적 지지의 결집 가능성이 크지 않다는 것을 암시한다.

해결은 매우 긴 시간을 필요로 하므로,[53] UNEP의 내부 문제를 우선적으로 해결하여 UNEP를 강화하는 것이 더 현실적인 개혁 방안이라고 주장한다. 그들은 UNEP의 공식적 지위, 조직 구조, 재정 조달, 사무국의 지리적 위치 문제를 해결하지 못하면, 지구 환경 거버넌스 체제의 강화는 불가능하다고 주장한다. 그들은 UNEP의 강화 방안으로 UNEP가 역할을 완수할 수 있도록 더 많은 자원과 권한을 배정하고, '북'은 지속 가능한 개발에 대한 재정 지원을 확대하며, 시민사회와의 연계를 강화하여 조정 역할을 강화하는 것을 제시한다. 그러나 미국과 중국이 UNEP의 강화를 지지한다고 하더라도, UNEP에 재정과 자원을 확대 지원한다는 '북'의 공약 이행이 부진할 뿐만 아니라, 기존의 UNEP가 그렇듯이 UNEP의 강화 또한 자신들의 주권, 특히 개발주권을 침해할 가능성이 있다는 인식이 개도권의 지지를 억제한다. UNEP의 강화 방안은 환경과 개발을 UNEP의 핵심 역할로 하고 선진권이 지원 의사를 분명히 해야, 개도권의 지지를 획득할 가능성이 커지지만 선진권의 소극적 자세가 한계를 드리운다.

그렇다고 UNEP가 단지 국가이익의 도구인 것만은 아니다. 그것은 다양한 역할과 조직을 갖춘 독자적 행위주체이다. 그것은 행위주체 간 상호 작용의 공간을 제공함으로써 조정과 협력의 촉매 역할을 수행한다. UNEP는 여타 국제기구들의 저항에 부딪혔지만 조정 역할을 포기하지 않은 상태에서, 감시 및 평가 역할을 지속적으로 수행하여 각국의 환경정책의 진전을 고무했다. 그런가 하면 국제사회가 본래 기대하지 않았던 촉매 역할을 활성화하여 다자환경조약의 체결을 주도했고, 최근에는 개도국의 역량 강화라는 집행 역할을 추

53) Biermann(2000), p.25.

가했다. 이러한 진화는 UNEP가 지구환경 거버넌스에서 중심성과 독자성의 기반을 보유한 국제기구임을 환기시킨다.

그러나 UNEP는 정부 간 기구이기도 해서 그 활동 결과에 대한 최종적인 책임 부담은 회원국들의 몫이다. UNEP 강화 방안은 UNEP가 환경과 지속 가능한 개발에 관한 포괄적 역할과 책임을 담당하도록 하는 것이지만, 국가의 영향력으로부터 자유로울 수는 없다. UNEP의 행위주체로서의 중심성과 독자성은 일련의 내부 개혁에도 불구하고 회원국의 정치적 이해관계에 의하여 제약되어 왔다. UNEP를 강화할 능력을 가졌음에도 그렇게 할 의사가 부족한 국가가 다수였다는 데서, UNEP의 강화가 부진한 상태에 놓인 한 이유를 찾을 수 있다.[54)]

국제사회가 WEO 창설에 관한 논의를 40여 년 전부터 시작했으나, 아직도 논쟁을 거듭할 뿐 실질적 창설 과정에 진입하지 못했다는 것은, 그것의 창설을 위해서 가야 할 길이 멀고도 험하다는 것을 뜻한다. 논쟁을 마감하고 WEO의 실질적 창설 과정에 돌입하려면 다수 행위주체의 동의를 확보해야 하고, 이후 창설 협상에 착수하더라도 특별협정의 협상 · 체결 · 비준이라는 절차를 순차적으로 밟아야 한다. 우선 관련 행위주체 대다수가 국제 협상에 참여해야 한다. 소극성을 견지하는 미국과 중국 그리고 유보적 태도를 보이는 개도권의 참여를 유도하고, WEO 중심의 통합에 대한 국제기구와 조약 사무국들의 반발을 무마할 수 있어야 한다. 이를 토대로 WEO의 법적 근거가 되는 특별협정 체결을 위한 예비 협상과 본 협상을 진행해야 한다. 협상에 성공하면 특별협정을 체결한 다음 국가들로부터

54) UNSG, *Renewing the United Nations: An Agenda for Reform*, A/51/950, 14 July 1997. 1.

필요한 만큼의 비준을 획득해야 비로소 협정이 발효되어 WEO가 출범할 수 있게 된다. 이런 과정에서는 각 행위주체들이 자신의 이익을 수호하려는 행동 때문에 다양한 갈등이 표출되기 마련이다. WEO의 창설을 위해서는 갈등의 조정이 필요하지만, 강도가 더 낮은 수준의 개혁이 성공하지 못한 경험에 비추어 보더라도, WEO의 창설은 단시일 내에 이루어질 수 있는 일이 아니다.

UNEP 개혁 과정에서는, WTO의 창설을 가능하게 했던 미국의 적극적 의지를 최근의 미국이나 중국의 태도에서 찾아볼 수 없다. 양국의 이러한 태도는 강력한 행위주체가 WEO의 창설이나 UNEP의 강화를 방해할 수 있다는 것을 말해준다. 또한 여타 행위주체들의 이해관계, 목표, 비전이 여전히 상이하기 때문에 UNEP의 개혁을 위한 국제 여건도 미성숙 상태에 놓여 있다. 그런데 신자유주의적 제도주의자들은 국가가 국제관계의 가장 우월한 행위주체임을 인정하지만, 동시에 국제기구는 협력의 매개체로서 국가들이 국가이익을 재정립하여 국제협력에 나서도록 할 수 있다고 주장한다. UNEP는 이런 맥락에서 상당수의 국제환경조약의 체결 촉진, 지구 환경 감시 체계의 구축, 지구 환경 정보 – 예컨대 Global Environmental Outlook – 의 유통을 통하여 국제환경협력을 촉진했다. 그러나 조정 역할의 수행은 내 · 외부 제약 요인의 작용으로 미진했다는 점을 부인하기는 어렵다.

내부적 제약 요인은 국제기구를 구성하는 국가들의 협력으로 해소할 수 있다는 상대적 이점을 내포한다. 반면, 지구환경 거버넌스는 자신의 이익을 극대화하면서 UNEP의 개혁을 자신에게 유리한 방향으로 유도하느라, 설령 WEO의 창설을 지지하더라도 그것의 창설 과정에 충분한 자원을 투자할 의사가 없는 국가, 국제기구, 조약 사무국들의 길항 관계로 복잡하게 얽혀 있다. 외부적 제약 요인을 단기간에 해소하기는 사실상 불가능하다. UNEP의 강화는, 그것이 UN 총회의 부속기구 지위를 유지하는 한 기존 제도를 토대로 하기 때문에 개혁의 강도는 낮고, 총회의 결의로 가능하기 때문에 절차가 단순하다. 상대적으로 개혁의 강도는 낮고 절차는 단순한 UNEP의 강화를, WEO의 창설보다 우선적으로 추진하는 것이 지구환경 거버넌스를 강화하는 지름길이 될 수 있다. 단기적으로 UNEP의 강화를 추진하되, 강화된 UNEP를 토대로 장기적으로 WEO의 창설을 추진하는 것이 현실적 방안이라고 여겨진다.

9장 ‖ 환경 문제와 NGOs의 역할

대량살상무기의 확산, 지역분쟁의 빈발, 정보화와 세계화의 확산, 빈곤과 환경 문제의 심화 등이 탈냉전기의 주요 국제 문제로 지적된다. 특히 환경 문제가 지구와 인류의 생존에 대한 심각한 위협원으로 부각되면서, 탈냉전 시대의 국제관계에서 국제안보와 국제경제의 뒤를 잇는 주요 국제 의제로 여겨지기도 한다.[1] 그러나 국제사회가 심각한 환경 위기에 직면하고 있음에도 국가는 이에 대처하는 데 한계를 드러냄으로써, 국가와 국가 중심적 국제관계를 변화시킬 필요성이 제기된다. NGOs는 그러한 정치적 변화를 추구하는 데 주도적 역할을 수행하며 여타 행위주체들의 환경 문제 대처 방식에도 적지 않은 영향을 미친다.[2] 국가는 물론 국제 차원의 환경정책 결정, 환경 의

1) Gareth Porter & Janet W. Brown, *Global Environmental Politics*, Boulder, CO: Westview Press, 1996, p.1.

2) NGOs는 "개인과 단체들이 공동의 목표를 달성할 목적으로 정부의 영향권 밖에서 구성한 사적이고 자발적인 단체"를 의미한다. 현대 NGOs는 비정부성, 비상업성, 비폭력성, 타자 지향성, 자발성, 전문성의 속성을 갖는다. NGOs의 개념과 속성에 관해서는 서창록, 『국제기구: 글로벌 거버넌스의 정치학』, 다산, 2008, p.303 ; 신연재, "환경 문제와 비국가 행위주체의 위상 – NGOs를 중심으로," 『국제정치연구』, 12집 1호, 2009. 6, pp.75~104 ; Volker Heins,

제 설정, 환경조약 체결, 환경레짐 창설 등에 최종적 권위를 보유한다는 점에서, 국가가 국제 환경 행위주체로서의 상대적 우월성을 유지하고 있지만, 탈냉전 시대의 국제환경정치에서는 비국가 행위주체들의 중요성이 전반적으로 증가하고 있다. 특히 환경 문제의 부상에 힘입어 NGOs의 역할이 확대되고 있는 점을 눈 여겨 보아야 한다.

NGOs는 환경 영역에서 국제기구와 더불어 국가의 한계를 보완하며 일정한 역할을 담당하는 비국가 행위주체로 성장했다. NGOs는 대체로 정부와 기업들이 대응하지 못하거나 대응해도 성과를 거두지 못하는 문제들의 해결에 주력하는 경향을 보이지만, 일부 환경 NGOs－예를 들어 WWF, Greenpeace 등－는 환경 정책에 관한 한 일부 개도국 정부보다 더 큰 영향력을 행사하기도 한다. NGOs가 이러한 활동을 매개로 탈냉전 시대의 국제환경정치에서 점차 더 중요한 역할을 수행하자, 환경 행위주체들의 상대적 위상을 둘러싼 논쟁이 거듭되고 있다.

국가의 환경 문제 대응 능력이 약화되는 반면 NGOs를 비롯한 비국가 행위주체들의 그것은 강화되고 있다면, NGOs의 부상은 국제환경정치의 지형을 근본적으로 바꾸는가? 국제환경정치는 비국가 행위주체들이 국가를 중심부에서 주변부로 축출한 형태로 진화하는가, 아니면 여전히 '국가 중심적 국제체제'(states system)를 유지하는 전통적 질서에 갇혀 있는가? NGOs는 국가의 가장 유력한 대안이 될 수 있는가?

Nongovernmental Organizations in International Society, New York, NY: Palgrave Macmillan, 2008, pp.26~29 ; Thomas G. Weiss & Leon Gordenker, "Pluralizing Global Governance: Analytical Approaches and Dimensions", in Weiss & Gordenker (eds.) NGOs, *The UN, and Global Governance*, Boulder, CO: Lynne Rienner, 1996, p.19 참조.

1. 국제 환경 NGOs의 실태

NGOs의 중요성이 증대되고 역할이 다양해지면서 그 수, 규모, 구성원은 1970년대 중엽 이후 기하급수적으로 증가했다.[3) 『국제기구연감』(*Yearbook of International Organizations*)에 의하면, 국제 차원의 NGOs는 1950년대의 1,000여 개에서 1990년대에는 20,000여 개로, 21세기 초에는 60,000여 개로 증가했다.[4] NGOs는 본래 사회 · 경제의 발전, 평등성, 다원주의 정치 체제의 정착을 활동의 전제로 요구하는 행위주체이기 때문에, 주로 '북'에 집중적으로 분포되는 경향이 있었다. 그러나 '남'에서도 정부보다 환경 문제에 더 적극적으로 역할을 수행하는 수많은 '풀뿌리 단체'(grassroots organizations)가 나날이 조직되고 있어서 더 이상 그 숫자를 헤아리기는 어렵다.[5]

환경 NGOs는 19~20 세기 초만 하더라도 주로 지방 차원에서 환경 문제를 제기하곤 했으나, 2차대전 이후 국제 환경정책 결정 과정에의 참여가 현저히 증가하면서 국제 행위주체로 위상이 상승했다. 1960년대에 급성장한 환경운동과 1972년의 스톡홀름 회의의 영향으로, 지방과 국가 차원에서는 물론 국제 차원에서 활동하는 환경 NGOs의 수가 증가하고 활동 범위도 확대되었다. 1980년대 이후 환경운동의 중심이 국가 차원으로부터 지역 · 지구 차원으로 확산되는

---

3) '세계야생생물보호기금'(WWF)의 경우, 1983년~1991년 기간에 회원이 10만 명 미만에서 1백만 명 이상으로, 연 수입은 900만 달러에서 1억 달러로, Greenpeace의 경우 회원이 150만 명 미만에서 675만 명으로, 수입은 2,400만 달러에서 1억 달러로 대폭 증가했다. Strange(1996), p.94.

4) http://www.uia.be/yearbook(검색일: 2009. 01. 14)

5) J. Fisher, *Nongovernments: NGOs and the Political Development of the Third World*, West Hartford, CT: Kumarian Press, 1998 ; Lester M. Salamon, "The Rise of Non-Profit Sector", *Foreign Affairs*, Vol.73, No.4, July-August 1994.

과정에서, 초국가적 네트워크와 연합이 결성되어 환경 NGOs의 국제적 영향력 확대에 크게 기여했고 '북'의 NGOs 조직의 규모도 커지기 시작했다.

환경 NGOs는 1992년 6월 '리우 회의'(UNCED)를 계기로 국제사회의 관심을 본격적으로 흡수하기 시작했다. 리우 회의는 준비 단계에서부터 NGOs의 의견을 반영했고, 본회의에서도 그들의 공식 참가와 발언을 인정함으로써 환경 NGOs의 시대가 도래했음을 알려주었다.[6] NGOs는 회의 과정에서 중요한 역할을 담당한 것에 그치지 않고 초국가적 네트워크를 구축했다. 최종 협상에서 배제되기는 했지만 정책 결정으로부터 실행에 이르기까지 모든 수준에서 참여 능력과 전문성을 인정받음으로써, NGOs는 국제환경정치에서 위상을 제고할 수 있었다.

NGOs는 국가권력이 적절히 행사되지 못하는 영역에서 문제 해결을 추구하는 시민사회의 조직이다. 초기의 그것은 구호 활동에 주력하면서 정부의 권위에 도전하지 않는 경향을 보였으나 점차 정치적으로 민감한 환경, 인권 등의 영역으로 활동 범위를 확대했다. NGOs는 지방, 국가, 지구 차원에서 환경 문제에 대응하면서 다른 행위주체들을 대상으로 시민사회를 대변한다. 다수 국가에서 환경 문제에 관한 정보를 전파하고, 환경 문제에 대응하는 국내 · 외 캠페인을 전

---

6) UNCED 제네바 예비 협상에는 전 세계 300개의 NGOs가, 뉴욕 예비 협상에는 1,000개 이상이, 리우 회의에는 9,000개 이상이 참여했다. 뉴욕 예비 협상에 참가한 15개 국은 NGOs 대표를 대표단에 옵서버로 포함시켰다. NGO는 리우 후속 회의에도 적극적으로 참가했던 바, '지속가능개발위원회'(UNCSD)의 회의에도 다수의 NGOs가 옵서버로 출석하여 의견을 개진했다. Thomas Princen & Matthias Finger, "Introduction", in Princen & Finger, *Environmental NGOs in World Politics*, London: Routledge, 1994, p.4 ; 이원덕, "일본의 환경 문제와 NGO의 역할," 이면우 편, 『일본의 NGO 활동 연구』, 세종연구소, 1998, p.171.

개하며, 국가와 국제기구의 비효율적 환경 정책에 도전하는가 하면, 다국적기업(MNCs)의 반환경적 생산 활동을 비판하는 것이 그 예이다.

NGOs의 양적인 면에서의 수와 규모의 증대, 질적인 면에서의 역할과 영향력의 확대는 한편으로는 국가 중심적 국제환경정치의 변화를, 다른 한편으로는 글로벌 거버넌스의 확대를 동시에 요구한다. 2008년 현재 시점에 존재하는 수만 개의 NGOs 가운데 517개를 국제 환경 NGOs로 추정하는 평가도 있으나,[7] 환경 NGOs의 수는 사실상 추정이 불가능하다고 해야 옳다. 대부분 국가의 지방에서 수많은 풀뿌리 조직들이 발생하고 있을 뿐만 아니라, 다수의 NGOs는 복수 기능 – 환경과 개발, 개발과 구호 등 – 을 수행하고, 나아가 환경 문제와 여타 초국가적 문제의 경계가 모호하기 때문이다. 또한 환경 NGOs라고 해서 모두가 환경 문제의 인과관계에 관한 견해를 공유하지는 않아서, 그들이 항상 통일성을 갖춘 공동체의 형태로 존재하는 것도 아니다. '남'과 '북'의 NGOs는, 환경 보전과 경제 성장의 우선순위를 둘러싼 충돌로 갈등을 빚기도 했다.[8]

2. NGOs의 역할과 영향력

NGOs는 다른 행위주체들에 비하여 자원, 조직 면에서 상대적 취약성을 드러내기는 하지만 전문성, 여론 동원 능력, 정보 전파 등을

7) www.interenvironment.org (검색일: 2008. 08. 10)
8) 친기업적 NGOs – 예컨대 세계기후연합, 1989~2002 – 와 친환경적 NGOs도 기후 변화의 원인과 해법을 둘러싸고, 그리고 1992년 리우 회의에서는 열대우림 보호 정책을 둘러싸고 대립했다.

기반으로 국제환경정치에서 다양한 역할을 수행한다.

1) 인지(recognition)와 대변(advocacy)

NGOs가 다양한 역할을 수행하더라도, 그들의 기본적 역할은 각종 파괴와 불의(injustice)에 의하여 희생된 개인과 집단을 '인지'하고 '대변'하는 것이다. NGOs의 인지 활동은 타자 지향적인 윤리적 세계관, 보편적 인도주의 관념, 동료 인간의 권리와 가치 인정에 바탕을 둔 것으로서 우·적의 구조적 이원론을 가해자와 피해자의 상황적 이원론으로 대치한 점에서 전통적 행위주체와 성격을 달리한다. NGOs는, 파괴와 불의의 희생자들을 인지하는 데 그치지 않고 그들을 대변한다. 탈전통성과 타자 지향성은 NGOs를 구성원의 압력으로부터 해방시켜 시간, 공간, 종(species)의 면에서 별개로 존재하는 비구성원들을 위하여 조직의 정향을 자유롭게 정립할 수 있게 만든다. 현재의 NGOs가 미래 세대를 위한, 선진권의 NGOs가 개도권 주민들을 위한, 개도권의 NGOs가 자국의 주변부 주민을 위한, 인간사회의 NGOs가 '비인간종'(non-human species)을 위한 대변 활동에 종사하는 것이다.

NGOs는 이런 활동들을 통해서, 여타 행위주체들보다 사회 문제와 이로 인한 피해자와 희생자들을 더 적극적으로 인지하고 대변한다. NGOs는 대변 활동을 전개하는 과정에서 설령 국가가 불의와 파괴의 발생에 책임이 없다고 하더라도, 국가에게 그런 상황을 개선할 의무를 부담하도록 요구한다. 환경 NGOs의 대변 활동은 환경정책 결정과 제도 구축 과정을 지배하는 국가를 표적으로 삼아, 국가 정책의 변화와 주권의 제약을 초래할 뿐만 아니라 국제 환경 거버넌스의 효율성을 개선하기도 한다.

NGOs는, 그들이 대변하고자 하는 구체적인 정책 의제와 변경하고자 하는 대상을 가진다. 환경 NGOs는 대변 활동 과정에서 환경보전을 위하여 정부가 특정 정책을 새롭게 추진하거나 또는 포기하도록 압력을 가하기 때문에, 자주 정부와 대립적 관계를 형성한다. 그러나 그 목적이 환경을 대변하기 위하여 공공정책에 영향을 미치려는 데 있는 한, NGOs는 정부가 특정 조약 또는 규칙을 채택하도록 하기 위해 때때로 그들과의 협력도 마다하지 않는다.

NGOs는 환경 문제를 둘러싸고 기업을 상대로 캠페인을 전개하기도 한다. 그들은 몬산토(Monsanto) 등의 '유전자 조작 식품'(GMO)이 환경을 위협한다고 비판했고, 쉘(Shell)이 '세계기후연합'(Global Climate Coalition)에서 탈퇴하도록 압력을 가하기도 했다.[9)] NGOs는 국가에 비해서 국제기구에의 참여가 제한적이지만, 대형 NGOs는 환경 문제 영역에서 일부 개도국과 영향력 경쟁을 할 수 있을 정도로 성장하여 국제기구의 환경정책을 강화하고 보완하는 역할을 담당한다. 예컨대 NGOs는 국제환경조약 준수 상황에 관한 정보를 제공하여 UN의 환경 문제 감시 · 통제에 조력하고, UN이 특정 문서나 조약 초안을 작성하는 데 자문 역할을 담당하기도 한다.

국제관계에서 NGOs의 가장 핵심적인 역할은 대변이며, 그 연장선상에서 '초국가적 대변 네트워크'(transnational advocacy network)가 등장한다. 그들이 대변하는 권리의 실현이 자국 정부에 의하여 봉쇄

---

9) Hannah Griffiths, "Human and Environmental Rights: The Need for Corporate Accountability", in Felix Dodds & Tim Pippard (eds.), *Human and Environmental Security,* London: Earthscan, 2005, pp.222~223.

되더라도, NGOs는 자국을 우회하는 네트워크를 통해 국제사회에서 동지를 구할 수 있다. 다른 NGOs나 국제기구가 토착 NGOs를 대신하여 자국 정부에 압력을 행사하는 '회귀 효과'(boomerang effect)에서 드러나듯이, NGOs에게 네트워크는 정부에 대한 간접적 영향력 행사 수단으로서의 효용을 갖는다. 이것은, NGOs가 정부들 사이의 상호 작용에 영향을 미치면서, 정부 영역과 구별되는 자신들만의 독자적 활동 영역을 가지고 있음을 의미하는 것이다.[10] NGOs는 국가 영역 내부에서 목표를 추구하기 때문에 그 자율성이 국가의 목표에 의하여 제약되기도 하지만, 자신들이 창출한 공간 – 예컨대 병행회의(parallel conference) – 에서는 제약을 받지 않으며 활동하기도 한다.

NGOs는 지구환경의 공동 관리 필요성이 강조되는 국제환경정치에서, 시민사회의 대변자로서 다수 국가와 국제기구를 상대로 초국가적 협력을 촉진한다. NGOs는 이를 통하여 국제 환경 거버넌스와 국제 환경정책을 결정하는 데 중요한 역할을 수행한다. 1980년대부터 환경 문제의 심각성을 인식하기 시작한 세계은행(World Bank)의 '지구환경기금'(Global Environmental Facility: GEF) 설립, 환경영향평가를 위한 '지역환경국'의 신설, 환경 NGOs와의 긴밀한 협력 관계 구축은 환경 NGOs의 국제 대변 활동의 성과를 상징한다.[11] NGOs

---

10) Anne M. Clark, "Non-Governmental Organizations and Their Influence on International Society", *Journal of International Affairs*, Winter 1995, p.519. 타자를 위한 NGOs의 대변 활동은, 사회적 연계를 매개로 대중의 도덕적 정감과 신념을 동일 국가·계급·종에 소속되어 있지 않은 개인과 집단에 연결하는 것이다. Heins(2008), pp.156~160. 영향력의 회귀 효과에 관해서는 Margaret E. Keck & Kathryn Sikkink, "Transnational Activist Networks", in Robert Art & Robert Jervis (eds.), *International Politics*, New York: Pearson Longman, 2005 참조.

11) 세계은행은 1980년대 말부터 환경 문제의 심각성을 인정하여 정책을 친환경적 방향으로 전환했으나 이후에도 대형 댐 건설, 하천 유역 개발 프로젝트 등을 지원해 왔다. 이것은, NGOs의 지속적 압력에도 불구하고 세

가, 상대적으로 시민사회는 성장하는 반면 국가의 중요성은 감소하는 과정에서 새로운 효율적 대안을 제시한다는 것은, 특히 환경 문제 영역에서 국가나 국가 중심적인 국제기구보다 NGOs를 통한 해결 방식이 정당성을 더 인정받는다는 것을 의미한다. 그러나 NGOs는 그 효율성과 정당성에도 불구하고 자신들이 대변하는 모든 것을 실현하지는 못한다. NGOs의 성공적인 활동 이후에도 다수의 미결 문제가 잔존하는 것에서 우리는 대변 활동의 한계를 간파할 수 있다.

2) 환경 교육 및 의식의 제고

국제사회가 환경 문제가 거듭 확산되는 '부정적 영향의 악순환'에서 빠져나올 수 없다면, 환경교육은 선택이 아닌 필수로 요구된다. 그것의 핵심은 파괴의 악순환에서 벗어나 '지속 가능한 개발'(sustainable development)을 가능하게 할 대안적 정치 · 경제 · 사회 체제의 상을 제시하고, 이를 위한 대중의 의식 전환을 고취하는 것이다. 환경교육은 이런 면에서 필수적인 것이지만 개인 차원의 학습은 그 사회적 영향의 크기가 매우 제한적이기 때문에, 집단 차원의 학습 즉 대중교육의 형태를 취하지 않을 수 없다.

그런데 대부분의 국가들은 경제 성장의 추진을 자신의 가장 중요한 역할로 자임하고 있어서, 자원의 대량 투입에 의존하는 전통적 경제 성장 전략에 근본적 변경을 가하려 하지 않는 경향이 있다. 반

계은행의 활동에 여전히 반환경성이 온존되고 있다는 것을, 그리하여 NGOs의 대변 역할에 한계가 있음을 시사한다. Karen Mingst & Magaret P. Karns, *The United Nations in the Post-Cold War Era*, Boulder, CO: Westview Press, 2000, p.123.

면 NGOs는 전통적 정치와 결별하여 새로운 공동체의 수립을 추구하고, 독자적인 준거와 행동 전략으로 사회 변동에 영향을 미치며, 초국가성을 점차 더 강화한다는 점에서 가장 실효적인 환경교육 주체로 꼽힌다. NGOs는 조직화되지 않은 시민이나 여타 행위주체들이 추구할 수 없는 변화를 추구하는 행위주체로서 위로는 국가와 국제기구, 아래로는 지방공동체, 옆으로는 기업의 활동에 대응할 수 있는 독자적 능력을 갖추고 대중교육 역할을 수행한다. 특히 환경 NGOs는 교육 활동을 기반으로 환경 문제와 그 해결 방식을 개념화하는 데 질적인 변화를 가져 왔다. 환경의식의 제고는 그 산물로서 환경 문제의 정치 의제화, 전통적 정치의 변화, 지방과 세계의 연계에 기여한다.

NGOs는 타자 지향적 단체여서, 피해자의 위치에 선 존재들의 현실을 인지하고 대변하는 데 활동의 역점을 둔다. 그들은 구체적으로 환경규범 위반 행위를 인지하고 대중의 강력한 대응을 자극하며, 타인이나 비인간종들에게 가해진 불의와 파괴에 대하여 왜 인간이 분노하고 수치스러워 해야 하는지를 교육한다. 그러나 그들에게 중요한 것은 단순히 대중의 저항과 정책 발의를 자극하는 것이 아니라, 환경이 더 이상 감내할 수 없는 상태에 도달했다는 의식을 갖도록 하여 환경규범의 보편화를 시도하는 것이다.[12)]

환경 NGOs는 대중교육과 환경의식의 향상을 수단으로 대중의 환경규범 변경을 추구한다. 자연에 가치를 부여하는 인식의 개발, 생활의 질과 환경의 건강을 상호 연계하는 감각의 형성, 반환경적 정향을 가진 다양한 문화 관행의 억지가 그것이다. 멸종 위기에 처한

---

12) Heins(2008), p.11.

생물을 보호하기 위해서는, 멸종 위기종의 국제 거래에 제동을 거는 것보다 문화 관행을 변경하는 것이 더 중요하다. 그 예로 인류는 오랫동안 고래를 식량 · 기름 자원으로 간주해 왔다. '그린피스', '지구의 벗'(Friends of the Earth International) 등이 이런 관행의 변경을 위해 다년간 노력을 기울인 결과, 고래는 보존되어야 할 뿐만 아니라 존중되어야 할 생물종이라는 인식이 개발되기에 이르렀다.[13]

환경 NGOs는 이처럼 환경 관련 지식과 정보를 전문적으로 생성하고 전파함으로써, 대중 차원에서 환경교육의 확산과 환경의식의 제고를 추구한다. 그들은 또한 환경의식의 제고를 바탕으로 환경 친화적 여론을 조성하여, 환경 문제를 주요 정치 의제로 부각시킨다. 그들은 공론화와 대중적 지지 동원을 기반으로 정부나 국제기구의 결정과 활동에 정당성을 부여함으로써 그 실효성을 증대시키는 역할도 담당한다.[14] 우리는 상당수 국가의 정부와 국제기구들이, 환경 NGOs와 정기적으로 협의하고 지지를 구하는 이유를 이러한 역할의 연쇄에서 찾아야 한다.

3) 의제 설정(agenda setting)

NGOs는 국제관계에서 의제 설정 - 신설 및 변경 - 을 통하여 여타 행위주체들이 환경 문제에 더 많은 관심을 갖도록 촉구하는 역할을 수행한다. 일반적으로 의제 설정은, 국가와 여타 행위주체들에게 문제가 존재한다고 설득하여 관심을 가지도록 하는, 여론 조성 내지

---

13) Paul Wapner, "The Transnational Politics of Environmental NGOs: Governmental, Economic, and Social Activism", in Chasek(2000), p.102.

14) 주성수, 서영진, 『UN, NGO, 글로벌 시민사회』, 한양대 출판부, 2000, p.2.

는 공론화 과정으로 파악된다. 환경 문제의 의제화는 NGOs가 정책 결정자들에게 환경 문제를 인지시키고 대변한 결과, 그들이 그것에 주목하고 대응하는 과정이라고 할 수 있다. 환경 문제에 관한 자신의 관념이 다른 행위주체들에 의해 수용되어 그 문제가 의제화되면, NGOs가 정책 결정 과정에서 영향력을 확대할 가능성이 커지기 마련이라는 데서 의제 설정 역할의 중요성이 드러난다. 환경 NGOs는 대중교육, 대변, 로비 활동 등을 수단으로 공론화 과정을 주도함으로써 환경 의제 설정에서도 중심적인 역할을 담당한다.

환경 NGOs는 지구환경이 인간사회의 부정적 영향에 취약하다는 것을 인지하고, 대중과 정부가 그것에 관심을 기울이고 보호 조치를 취하도록 설득하는 데 활동을 집중한다. 우리는 여기서, NGOs가 국가 차원에서든 국제 차원에서든 환경 문제를 정치 의제화 하는 데 국가나 국제기구보다 더 뛰어난 이유를 발견한다. 물론 NGOs가 여타 행위주체들의 양보와 변화를 강요하는 데 실패할 수도 있으나, 국제 의제군에 새로운 문제를 추가하고 기존 의제를 변경함으로써 환경정치의 미래를 변화시킬 수도 있다.[15)] 설령 환경 NGOs가 특정 정책에 영향력을 행사하지 못하더라도 공동 이익의 시각에서 문제를 재규정하는 데 성공하면, 장기적으로 새로운 영향력을 획득할 수 있기 때문에, 그들의 역할 중에서 환경 문제의 의제화가 높은 우선순위를 차지한다.

---

15) 단기적인 성과는 거의 없었으나, 장기적으로 대중의 의식을 제고하여 친환경적 의제의 설정을 용이하게 한 니제르(Niger) NGOs의 삼각주 수호 활동이 이를 대변한다. Thomas Alan, Susan Carr & David Humphreys, "Influence Thrust upon Them ? NGOs' Role in Public Action on the Environment in Africa", in Alan, Carr & Humphreys(eds.), *Environmental Policies and NGO Influence*, London: Routledge, 2001, p.184.

NGOs의 의제 설정 역할은 국가 및 국제기구의 의제 재편에 기여한다. 그 예로 NGOs의 '협의 지위'(consultative status) 획득은 UN 체제 내에서의 합법적 지위의 확보와 그 정치 과정에의 참여를 가능하게 만들었다. NGOs 활동가들은 협의 지위를 이용하여 각국 대표단과의 비공식 접촉 과정에서 의제에 관한 견해를 제시하고 특정 결정이 내려지도록 로비함으로써, UN의 의제 설정 과정에 영향력을 행사한다. UN 체제에서 환경 문제들이 심각히 논의되는 변화는 NGOs의 활동에 힘입은 바도 크다.

NGOs는 1960년대 이후 지구 환경 문제를 성공적으로 제기하여, 국가의 정치 의제가 친환경적인 방향으로 선회하는 데 영향을 미치면서 중요한 환경 행위주체로 부상했다. 1980년대에 이르면 다수의 국가들이 환경 보전을 외교정책의 중요한 목표이자 국가이익의 진정한 일부로 편입하는 변화가 일어난다. 이런 변화는 일정 부분 NGOs의 활동에 기인한 것이라고 해도 지나친 것이 아니다.[16] 환경 NGOs가 기후 변화, 물 문제, 지속 가능한 개발 등을 지구 차원의 의제로 부상시킨 것이 각국의 적극적 대응을 이끌어내는 원동력이 되었다.

4) 초국가적 연계 구축과 국제환경협력 촉진

환경 문제는 그 원인이 특정 국가에서 발생하더라도 그 영향이 다른 국가들로 확산되는 경향으로 말미암아 초국가적 속성을 내포한다. 초국가성에 비추어 보면 어떤 국가도, 심지어는 초강대국이나

16) P. J. Simmons, "Learning to Live with NGOs", *Foreign Policy*, Vol.112, Fall 1998, p.84.

패권국가도 단독으로 환경 문제를 해결할 수 없다. 환경 문제의 해결을 위한 국제협력은 이런 점에서 필수적인 것이지만, 국가 중심적인 기존의 국제관계에서는 국가의 자리성(自利性)과 능력의 한계가 국제환경협력을 가로 막는다. 국가라면 선·후진국을 막론하고 영토 보전과 경제 성장에 최우선권을 부여함에 따라 환경 보전은 부차적인 국가목표에 머무르는 실정이어서, 국제환경협력은 기대보다는 부진하다고 할 여지가 있다.

그런데 국가는 지구 차원의 환경 문제에 대응하기에는 너무 적고 지방 차원의 환경 문제에 대응하기에는 너무 큰 행위주체여서, 환경 문제는 국가 중심적인 전통적 국제관계의 한계를 폭로하면서 국제환경협력을 촉진할 새로운 행위주체를 요구한다. 국가나 국가의 영향을 피할 수 없는 국제기구는 그런 요구에 부응하는 데 어려움이 있지만, 초국가적 속성을 가진 NGOs는 독자성을 바탕으로 부응할 수 있다. 환경 NGO는 국가이익의 극대화를 추구하느라 국제협력에 상대적으로 소극적인 국가들과는 달리 적극적인 역할을 수행할 수 있다. NGOs는 경제 성장의 요구가 자원 개발을, 자원 개발 요구가 국제분쟁을 야기하는 악순환 구조에 갇혀있는 국가와는 달리, 자원 개발에 집착할 필요가 없어서도 국제환경협력을 촉진할 수 있다.

환경 문제는 초국가적 확산 과정에서 국제분쟁을 야기하거나 정치 문제화되기 때문에도 지방과 세계, 환경과 정치의 연계를 요구한다. 초국가적 정향을 내포한 환경 NGOs는 환경과 정치, 지방과 세계의 복합적 연계를 추구하는 데 국가보다 더 유리한 고지를 점하고 있어서, '초국가적 연계'(transnational linkage) – 국제 네트워크(network)와 연합(coalition) 등 – 를 통한 활동으로 국제환경협력에서 중요한

역할을 수행한다.17)

일반적으로 네트워크는 자발적·수평적·상호적 형태의 커뮤니케이션과 정보·서비스·자금·인력·가치의 교환을 의미한다. 목표 달성에 필요한 물적 자원을 충분히 보유하지도 통제하지도 못하는 NGOs에게, 네트워크의 구축은 역할 수행의 가장 강력한 원천이자 수단인 탓에, 국제관계의 여러 영역에서 초국가적인 네트워크가 증대되었다. 환경 NGOs는 1972년의 스톡홀름 회의(UNCHE)와 1992년의 리우 회의(UNCED) 이후 정보 교환과 전략 조율을 위해 네트워크를 결성해 왔다. 일단 특정 문제에 대한 네트워크가 결성되면 공동으로 정책을 추구하기 때문에, 이들은 여타 행위주체들에게 정치적으로 무시할 수 없는 영향력을 행사하게 된다.18)

수십 개의 NGOs가 참여한 'Fifty Years is Enough'는 세계은행을 친환경적 방향으로 개혁하는 도화선 역할을 했고, '기후 행동 네트워크'(Climate Action Network: CAN)는 오랫동안 활동하면서 기후 변화에 관한 국제협상에 강력하고 집요하게 영향을 미쳤다. 우리는 이런 사례들에서, 네트워크를 기반으로 한 활동이 NGOs의 역할과 영향력 면에서 차지하는 중요성을 확인할 수 있다.19)

---

17) Jessica T. Mathews, "Power Shift", *Foreign Affairs*, Vol.76, No.1, January/February 1997, p.63.

18) 브라운, 『에코 이코노미』, 도요새, 2003, p.326. 네트워크의 성장은 기본적으로 국내 및 국제 NGOs의 의식적 연계 활동의 결과이지만, 정보화는 NGOs에게 국제사회에서의 정보 수집, 여론 조성, 대중 동원, 의식 전파, 정치적 지지의 결집을 과거보다 훨씬 용이하게 함으로써 초국가적 네트워크 구축을 촉진했다. 특히 인터넷, 이메일, 팩스 등은 정부의 정보 독점을 저지하는 한편, 다른 한편으로 NGOs의 초국가적 교류를 활성화시켰다. Jill Steans, "Globalization and Discourse of Women's Human Rights", in Stephanie Lawson (ed.), *The New Agenda for International Relations*, Cambridge: Polity, 2002, p.64.

19) 힐러리 프렌치, "새로운 형태의 글로벌 거버넌스," 월드워치연구소, 『지구환경 보고서 2002』, 도요새, 2002, p.236 ; Jazmin Sierra & Kathryn Hochstetler,

협력의 증대가 시간과 자원의 면에서 대가를 증대시키기는 하지만 여러 국가의 NGOs가 네트워크에 참여함으로써, 다른 행위주체들에게 압력을 가하는 데 필요한 자원을 증강하고 환경 문제의 국제 의제화를 가속화할 수 있다. NGOs는 이를 바탕으로 국가이익에 대한 인식에도 변화를 초래하여 국제환경협력을 촉진하는 역할을 담당한다. 특정 정부가 개인과 집단에게 권리와 참여를 부정하는 경우, 초국가적인 네트워크의 결성은 '남'과 '북'의 NGOs가 영향력을 행사할 수 있는 효율적 수단이 된다. '남'의 NGOs는 초국가적 네트워크를 이용하여 지방이나 국가의 문제를 국제 의제화함으로써, 자국에 우회적으로 압력을 가하고 국가의 정책을 변경시키는 영향력의 '회귀 효과'를 거둘 수 있다. 게다가 '남'의 NGOs는 재원이 풍부하고 영향력이 큰 '북'의 NGOs와 연계하여 자신이 독자적으로 보유할 수 없는 수단과 정보를 획득할 수도 있고, '북'의 NGOs는 '남'의 풀뿌리 NGOs와의 국제협력 기반을 마련할 수도 있다.

국제 연계 체제의 구축은, 상대적으로 지방과 개발의 문제를 더 중시하는 '남'의 NGOs와, 지구와 환경 문제를 더 중시하는 '북'의 NGOs가, 지방과 세계의 상호 관계를 이해하고 시각의 편향을 극복하도록 하는 역할을 담당한다. 초국가적 네트워크는 NGOs가 세계를 통해 지방을 이해하고 지방을 통해 세계를 이해하도록 함으로써, 두 차원 – 지방과 세계, 환경과 정치 · 경제 – 의 연계를 자아내는 역할을 수행하는 것이다. 초국가적 연계의 구축은 이처럼 국내 · 외에서 환경협력을 촉진할 뿐만 아니라 의제 설정과 정책 결정에 대한

"Transnational Activist Networks and Rising Powers: Transparency and Environmental Concerns in the Brazilian National Development Bank", *International Studies Quarterly*, Vol.61, Issue 4, December 2017.

그들의 영향력을 강화한다.

환경 NGO는 활동 과정에서 다양한 행위주체들과 네트워크를 구축한다. NGOs는 독자적으로 활동하기도 하지만, 정부나 국제기구와의 협력을 위하여 그들과의 네트워크, 즉 거버넌스(governance)의 수립을 추구하기도 한다. 거버넌스는, 개인과 집단들이 공동의 문제를 공적으로 또는 사적으로 해결하는 다양한 방식을 집약한 것으로서, 상충되는 다양한 이해관계를 조화시키고 협력 활동을 모색하는 지속적 과정이라고 이해된다.[20] 환경 거버넌스는 공·사의 행위주체들이 환경 문제에 공동으로 연계하여 대응하는 네트워크라고 할 수 있다.

그것은 NGOs의 환경정책 결정 과정에의 빈번한 참여, NGOs가 매개가 된 정부와 사적 부문 간의 환경협력 강화로 말미암아 증가하는 추세를 보인다. CITES의 경우, 멸종 위기종의 국제 교역을 통제하기 위하여 NGOs 네트워크가 무역업자, CITES 사무국, 그리고 UNEP와 협력하여 활동했다는 점에서 국제 환경 거버넌스의 전형으로 꼽을 만하다. '세계댐위원회'(WCD)는 환경 NGOs, 해당 지역 주민, 연구기관, 수력발전회사, 국제개발은행, 정부 대표 12인으로 구성되어 대형 댐의 개발 효과를 검토하고 댐 건설의 국제적 기준을

---

20) Commission on Global Governance, *Our Global Neighborhood: Report of the Commission on Global Governance*, Oxford: Oxford University Press, 1995. '경제사회이사회'(ECOSOC)는 UN 헌장 71조에 의거하여 1946년 41개 NGOs에게, 1992년에는 700개 이상에게, 2019년에는 5161개에게 협의 자격을 부여했다. https://www.un.org/ecosoc/en/make-your-voice-heard(검색일: 2020. 11. 24). UN이 NGOs에게 협의 자격을 인정한 이래 양자는 환경, 여성, 인권 등의 영역에서 긴밀한 관계를 유지해 왔다. UNEP는 NGOs와 함께 교착 상태에 빠졌던 기후 변화 및 오존층 파괴에 관한 국제 협상을 진전시켰고, NGOs는 UNEP의 지원을 받아 지구환경을 관찰(monitor)하기도 한다. 1992년 리우 회의 이후로는 NGOs와 사기업 간의 협력이 공식적으로나 비공식적으로 증가했다.

수립해서, 지속 가능한 건설을 위한 환경 거버넌스 분야에서 가장 혁신적 실험으로 평가받는다.[21)]

5) 환경정책 결정 과정 참여

NGOs는 다양한 차원과 영역 - 정치, 경제, 사회, 문화 - 의 집단 활동에 참여하여, 다양한 수단으로 인간사회에 만연된 행동의 변경을 추구한다. 그들은 정부가 제공하는 서비스를 보완하기도 하지만, 국가주권에 도전하면서 주요 국제 환경 행위주체로 부상해 왔다. 그들은 현장 감시, 행정과 입법 과정에의 참여, 정부를 상대로 한 압력과 로비 활동을 수단으로 국가의 환경정책에 영향을 미친다. NGOs는 국가들에게 특정 환경 문제의 의제화, 국제환경조약에의 참여를 촉구한다. 나아가 NGOs는 환경법과 환경조약의 준수 여부를 감시하고, 위반이 있을 경우 경고하거나 공론화함으로써 환경규범의 유지에도 기여한다. IUCN이 '세계유산협약'(World Heritage Convention)의 이행을 감시하는 것이나, TRAFFIC이 CITES의 이행을 촉진할 목적으로 현장 감시 역할을 수행하는 것으로도 그런 점은 확인된다.[22)]

환경 NGOs의 이런 활동들은, 각국의 정책결정자들이 국가이익을 변경하여 환경 친화적 정책을 채택하도록 하는 데 중요한 역할을 한다. 1987년 그린피스, 세계자연기금 등이 주도하는 '남극 및 남빙양 연합'(Antarctic and Southern Oceans Coalition: ASOC)이 광물 탐사를 배

---

21) Sanjeev Khagram, "Toward Democratic Governance for Sustainable Development: Transnational Civil Society Organizing Big Dams," in Ann M. Florini (ed.), *The Third Force: The Rise of Transnational Civil Society,* Tokyo: Japan Center for International Exchange and Carnegie Endowment for International Peace, 2000, p.105.
22) 주성수, 서영진(2000), p.130 ; Clark(1995), p.508.

제한 '남극 세계 공원화'(Antarctic World Park) 방안을 제시했고, ASOC과 제휴한 일부 유럽 국가의 NGOs가 자국 정부에 이 방안을 수용하도록 압력을 가했다. 그 결과로 남극 지역에서의 광물의 시추·탐사·개발을 50년 간 금지한 '남극환경보전의정서'(Protocol on Environmental Protection to the Antarctic Treaty)가 채택된 것은,[23] NGOs가 국가 및 국제 환경정책 결정 과정에서 일정한 역할을 수행할 수 있음을 시사한다. 리우 회의에는 정부 대표단이 배타적으로 참여했지만, NGOs 또한 이 회의를 위한 준비회의에 참석했고 공식적으로나 비공식적으로 본 회의에도 참여했다. NGOs는 특히 20여 개 이상의 국가에서 정부 대표단의 일원으로 참가했고, 1,600개의 NGOs 대표와 20,000여 명이 참가한 '병행회의'를 개최하여 자신의 의사를 직접 표명함으로써[24] 각국 정부의 정책에 적지 않은 영향을 미쳤다.

환경 NGOs의 국제 의제에 대한 영향력 증대는 국제 정책에 대한 영향력의 증대를 동반한다. 그들은 자국 정부에 압력을 가하여 국제 정책 결정 과정에 자신의 요구를 간접적으로 반영하도록 하거나, 국제기구의 정책 결정 과정에 참여하여 직접적으로 자신의 요구를 반영한다. NGOs는 이를 통하여 국가 중심적인 국제 정책 결정 과정에 보다 많은 시민의 의사를 반영하는 역할을 담당한다. 국제기구, 특히 UN 체제가 환경 표준을 설정하고 조약의 이행을 감시하는 역할은 NGOs의 역할이 없으면 수행이 불가능할 정도가 되었다.

UNEP의 경우 UN에서 환경 문제에 주도적으로 대응하는 조직이어서 환경 NGOs가 제기하는 압력과 지지를 가장 크게 받아 왔던 데

23) Porter & Brown(1996).
24) Matthias Finger, "NGOs and Transformation: Beyond Social Movement Theory", in Princen & Finger(1994), pp.186~213.

다가, 규모와 자원의 한계를 극복해야 할 필요에 따라서도 NGOs와 광범위한 연계를 구축해 왔다. UNEP는 6,000개 이상의 환경 · 개발 NGOs가 참가한 네트워크와 환경연락센터를 구축하였고, 또한 '몬트리올의정서'의 준비 및 협상 단계에서도 NGOs의 직접 참여를 허용했다. 대부분의 UN 전문기구들도 정도의 차이는 있지만 환경 NGOs의 정책 결정 과정 참여를 허용하고 있어서, 국제기구의 환경 정책에 대한 NGOs의 영향력이 커지고 있다.[25)] NGOs는 국제개발 은행들에도 압력을 가하여 환경 문제가 국제 개발 의제의 필수적 일부가 되도록 하기도 했다. 세계은행(World Bank)은 1983년 미국의 NGOs와 정부로부터 압력을 받은 이후 환경 요인을 중시하는 방향으로 정책을 전환했고, 1990년대 초에는 150개 이상의 NGOs가 결성한 초국가적 연합의 요구를 수용하여 개발 프로젝트의 절반 가량에 NGOs 참여 조항을 삽입했다.[26)]

환경 NGOs는 환경 문제에 관한 과학적 증거를 수집하고 전파하는 데 앞장서 왔으므로, 새로운 환경 실태를 반영한 국제 환경 조약과 레짐을 설계하고 수정하는 데 적임자라고 할 수 있다. 선진권과 개도권의 NGOs는 세계 및 지역 차원에서 네트워크를 결성하여, 각국 정부보다 먼저 온실가스 규제 조약의 구조와 내용을 제시했다. 이들이 또한 대중의 여론을 동원하여 조약의 채택을 촉구한 결과, 일부 국가들의 반대에도 불구하고 '기후변화협약'(UNFCCC)의 골격이 마련될 수 있었다. 환경의 변화가 국제환경조약의 주기적 개정을 요구하는 것에 유의하여, 조약의 개정을 추진하는 것도 NGOs의 주요 역할 중 하

25) UN 산하기구가 NGOs의 참여를 허용하는 정도는 상이하다. ECOSOC 산하기구는 상대적으로 개방적이나, 총회와 안보리는 폐쇄적이다. 세계은행은 개방적인 반면, IMF와 WTO는 폐쇄적이다. Simmons(1998), p.9.

26) 1973~1988년에는 그 비율이 6%에 불과했다. Princen & Finger(1994), p.6.

나이다. ‘몬트리올의정서’의 경우, ‘남극 상공 오존층 구멍’(Antarctic Ozone Hole: AOH)의 확대에 관한 과학적 증거가 새롭게 제시되자, ‘지구의 벗’을 비롯한 환경 NGOs는 과학계와 함께 ‘의정서’를 강화하도록 각국의 정부 관료들을 설득하고 압박했다.[27] NGOs의 이러한 활동의 영향으로 오존층 파괴 물질의 사용을 전면 금지하는 방향으로 몬트리올의정서의 수정이 이루어졌다.

1970년대 이전의 국제환경조약에는 NGOs에 관한 조항이 없었으나, 이후 국제환경조약이 NGOs 참여 규칙을 두면서 그들은 조약에 법적 기초를 둔 국제환경레짐의 활동에 적극적으로 참여할 수 있게 된다. 국가들이 국제환경조약을 준수하지 않는 일이 종종 발생하기 때문에, NGOs는 감시와 검증 활동으로 국가들의 준수를 촉구하여, 레짐의 결정이 실효성을 증강하도록 하는 역할을 담당한다. IUCN이 WWF의 구성원들로 충원된 TRAFFIC과 함께 연구·감시 활동을 하여 CITES 레짐의 실효성을 강화한 것이 좋은 예이다. 그들은 또한 남극 레짐의 역할이 광물 개발에서 세계 공원 건설로, 열대 목재와 포경 레짐의 경우 상품 규제에서 보존 중심으로, CITES 레짐의 경우 느슨한 무역 규제에서 무역 금지로 진화하는 데 영향을 미쳤다. 환경 NGOs는 국제 환경 정책에의 참여 확대를 바탕으로 국제환경레짐의 운영 과정에서 중요한 역할을 수행한다.

27) 일부 NGOs는 독자적 연구 결과를 토대로 유용한 정보의 생산과 유통, 환경 정책에 대한 지지와 반대의 동원, 네트워크를 통한 로비 활동을 한다. 예컨대 1990년대 말엽 현재 50여 국 출신의 400여 명의 전문 인력을 보유한 ‘세계자원연구소’(World Resources Institute)는 정기적으로 심도 있고 광범위한 보고서를 발간했다. 국가와 국제기구는 일상적으로 그런 정보를 확보할 수 없기 때문에, 이들로부터 비용을 최소화하면서 가치 있는 정보를 획득하기도 한다. Sheila Jasanoff, “NGOs and the Environment: From Knowledge to Action”, *Third World Quarterly*, Vol.18, No. 3, 1997, p.581.

3. 한계

환경 NGOs가 세계 공익의 증진에 기여하는 활동을 통하여 국가 주권에 도전하면서, 국제환경정치에서의 상대적 우월성이 어느 행위주체에게 귀속되는지에 관한 논쟁이 전개되었다. NGOs가 국가의 위상을 약화시킨 것은 분명하지만, 동시에 그 역할에 일정한 한계가 있는 것도 분명하다.

1) 독자성의 한계 – 보완성

리우 회의의 Global Forum에는 3만 여 NGOs가 참여했고, 개발원조(development assistance)의 행위주체들은 환경 및 개발 프로그램의 이행을 점점 더 NGOs에 의존한다. 환경 NGOs는 수용할 만한 오염 수준을 협상하기 위해 기업가와 동석하기도 한다. 반면 국가는 합리적 행위주체이지만 내부적으로는 분열되어 있어서 일관성이 없는 다양한 목표를 추구하고, 급속한 변화에 적응할 효율적 수단을 결여한다. 이런 대비는 상대적으로 국가의 영향력은 약화되는 반면, NGOs의 그것은 강화된다는 것을 의미한다.[28] NGOs는 정책 결정으로부터 실천에 이르는 모든 과정에 참여하여 환경 문제를 정치 의제화하고, 지구의 공동 이익이라는 시각에서 '남'과 '북', '현재'와 '미래' 세대, '인간'과 '비인간'종 모두를 대변하는 활동으로 영향력을 강화했다.

그러나 NGOs의 활동은 정부가 서비스를 아예 제공할 수 없거나,

28) Strange(1996), p.5.

제공하더라도 효과를 거두기 어려운 분야에서 두드러지게 전개된다는 점에서 한계를 드러낸다. NGOs의 역할과 영향력이 팽창을 거듭한 결과, 때때로 그들의 전문성이 소규모 개도국이나 국제기구를 압도하는 경우도 있다. NGOs는 국가가 스스로 해결하지 못하는 문제의 해결을 지원함으로써 단기적으로 국가 체제를 강화할 수도 있으나, 장기적으로는 그것의 약화를 초래하는 형태로 국제관계의 변화에 영향을 미친다. 현재의 추세가 계속된다면 국가 중심적 베스트팔리아 체제가 장차 비국가 중심적 체제로 전환될 가능성을 마냥 외면하기는 어렵다.

다수의 NGOs가 국가 제도의 틀 밖에서 수립되어 국제환경정치의 새롭고 유력한 행위주체로 등장했다는 것은, 그리하여 NGOs가 국제환경정치의 필수적 구성 요소가 되었다는 것은 분명하다. 그러나 국가는 아직까지도 환경 영역의 가장 중요한 행위주체로서 국제환경 거버넌스를 주도적으로 구축하고, 자기 영토 내에서 배타적 권력을 행사하며 다른 행위주체들의 행동을 광범위하게 규정한다. NGO는 국가권력의 이 같은 우월성을 인정하되, 정부가 한계를 드러낸 분야에서 주로 활동하면서 국가와 국가 체제에 제한적 영향을 미친다. 그렇다면 NGOs는 국가에 비하여 보완적이고 한정적인 역할을 수행할 뿐이라는 한계를 감추기 어렵다. NGOs가 목표를 추구하는 과정에서 한편으로는 국가와 대립하지만, 다른 한편으로는 국가와의 협력을 요구받는다는 것은, 그리하여 국가 및 다른 행위주체들을 대치할 수 없다는 판단은[29] 그 역할의 보완성에 근거를 둔다. 탈냉전 시대에는 이처럼 비국가 행위주체들의 위상이 상승하는 변화가

29) Paul Wapner, *Environmental Activism and World Civic Politics*, Albany, NY: State University of New York Press, 1996, p.94.

가속화되고 있지만, NGOs는 국가를 압도하거나 대치하기보다는 보완하는 행위주체라고 하는 것이 현실에 더 가깝다.

2) 독자성의 한계 – 종속성

비국가 행위주체의 역할이 국내·외 정치에서 점증하는 변화에 매몰되어, 국가의 중요성을 평가 절하하는 추세가 강화되고 있다. 그러나 초국가적 NGOs라 할지라도 국가 내부에서의 활동이 불가피하기 때문에, 국가의 법적·정치적 환경은 NGOs의 존재와 활동에 깊은 영향을 미친다. NGOs는 국가의 정책에 영향력을 행사하기 위한 전제로 로비권, 회의 참석권 및 발언권, 표결권을 국가로부터 획득해야 한다. 대형 국제 NGOs조차도, 그들이 속해 있는 국가나 활동하는 국가의 법규로부터 완전히 자유로울 수 없다. NGOs의 역할 수행에 가장 큰 장벽으로 작용하는 것은 주권을 외부의 영향으로부터 수호하려는 국가의 활동이다. 따라서 NGOs의 활동 여부와 정도는, 그들이 보유한 자원과 더불어 그들의 캠페인의 대상이 되는 국가의 정치환경에 달려 있다.[30)]

NGOs는 아프리카의 세 국가 – 보츠워나, 나미비아, 짐바브웨 – 에서 정부가 중시하지 않던 물 문제를 놓고 캠페인을 펼치되, 국가 이익에 반대하는 것이 아니라 그것을 다른 방법으로 증진시킬 수 있다고 주장함으로써 정부 정책에 변화를 가져오는 데 성공했다. 그러나 정부가 자신의 특권으로 자부하고 도전을 허용하지 않았던 토지 사용 문제에 대해서는, NGOs가 활동을 피하거나 소극적으로 접근

30) Sidney Tarrow, *The New Transnational Activism*, Cambridge: Cambridge University Press, 2005, p.166.

했던 것에서[31] 국가에 대한 그들의 종속성이 드러난다. NGOs의 대변 활동이 국가의 주변(periphery) 영역에서는 정책 변화를 초래할 가능성이 큰 반면, 중심(center) 영역에서는 상대적으로 변화를 초래할 가능성이 적다는 것을 이 사례는 상기시킨다.

역사적으로 국제기구의 지원은 NGOs의 활동 공간 확대에 기여했다. 그런데 국제기구가 국제사회의 공동 이익을 위하여 구성되었다고 하여도, 국가가 그 구성 주체인 한 국가의 이해관계를 외면할 수는 없다. 환경 NGOs가 국제기구에 영향력을 행사하기는 하지만, 국제기구가 국가의 영향에서 벗어나지 못하는 한 그들의 참여와 권리에는 제한이 있을 수밖에 없다. 예컨대 UN은 창설 초기부터 NGOs에게 협의 지위를 부여하여 경제사회이사회(ECOSOC)에의 출석권과 발언권을 인정했지만,[32] 그들에게 투표권을 부여하지는 않았다. 세계은행의 경우, 환경정책 결정 과정에서 NGOs와 환경 문제에 관한 협의를 적극적으로 진행하지만, 그들의 압력에도 불구하고 정책 기조를 개발에서 환경으로 전면적으로 쇄신하지는 않았다. 환경에 적지 않은 영향을 미치는 다른 국제기구들 – WHO, WTO, FAO 등 – 은 아예 NGOs의 접근을 허락하지 않거나 제한적으로만 허용한다.

1992년의 리우 회의 이후 NGOs는 UN 체제의 정치 과정에 지속적으로 참여해 왔다. '지속가능개발위원회'(CSD), 세계은행, 각종 국제 환경조약의 당사국 총회 등에의 참여가 그것이다. 그러나 NGOs의

---

31) Alan, Carr & Humphreys(2001), pp.177, 184.

32) 1945년, 시민단체들이 UN 헌장 초안을 작성한 샌프란시스코 회의에 참석하여 로비를 한 결과, NGOs의 협의 지위를 규정한 헌장 71조가 마련되었다. NGOs의 UN 참여권은, 1950년 2월 27일 ECOSOC 결의안 288X(B)에 의해 최초로 규정된 이후 여러 차례 개정되었다. 상세한 것은 Kerstin Martens, *NGOs and the United Nations*, Basingstoke, UK: Palgrave Macmillan, 2006 참조.

국제기구에의 접근이 제한적이라는 점은 국제기구와 국가에 대한 NGOs의 종속성을 폭로한다. 1980년대 중엽 이후의 국제환경회의는 NGOs가 국제환경정치의 중요한 행위주체임을 보여 주었다. 그들은 정책결정자들에게 압력을 행사하거나 환경 문제의 국제 의제로의 부각을 위하여 단독으로 또는 네트워크의 형태로 다수의 국제회의에 참여했다. 그러나 NGOs의 국제회의 참석과 활동은 국가대표들이 참여하는 공식 협상과는 분리되었고, NGOs에 대한 지지가 증대되는 경우 정부들은 NGOs의 대폭 참여를 허용하는 형태의 회의 진행을 용납하지 않았다.

NGOs의 역할이 확대되고 국가의 배타적 정책 결정권에 대한 도전이 증대되는 변화는 국가들의 반발과 압력을 초래한다. 1998년 이후 UN은 NGOs의 참여에 제한을 가하기도 했다. NGOs의 참여가 UN과 국제회의에서 확대되는 것과 함께 장벽도 높아지는 변화가 일어난 것이다. NGOs는 또한 국제기구와 국제회의에서 의제를 정립하는 데 영향을 미칠 수 있으나, 그들의 역할과 영향력은 정부 대표단이 그들의 의사를 얼마나 수용하느냐에 따라 결정되는, 그리하여 정부를 통해서만 활동이 가능한 한계를 내포한다.

NGOs의 참여를 허용하는 국제환경조약이 일반화되면서 NGOs의 국제환경레짐에의 참여는 더욱 확대되었다. 그러나 NGOs의 국제환경정책 결정 과정에의 참여는 최종적으로 그들 자신이 아닌 조약 당사국들의 의사에 달려 있다. 참여 규칙의 결정권은 전적으로 당사국들에 속하는 것으로서, 국가의 정책 변화에 따라 조약마다 NGOs의 참여 범위가 달라진다. 예를 들어 'CITES'는 조약의 준수를 확보할 목적으로 NGOs에게 감시 역할을 부여한 반면, '교토의정서'는 NGOs 등의 비국가 행위주체들에게 공식 협상의 참관만을 허용했다. 이런 사례들은, NGOs가 국제환경레짐의 구축 및 운영 과정에서 일정한 역할을 담당하고 있음에도, 국가의 제약 아래서만 활동할 수 있다는 한계를 보여준다.

NGO는 자원의 보유와 이용 가능성 면에서 국제기구보다 상대적으로 유리하기는 하다. 국제기구가 국가로부터 인력과 예산의 제약을 받는 반면, NGOs는 구성원들로부터의 자원 확보에 제약이 없기 때문이다. 그러나 활동과 조직의 성장에 따르는 자원의 지속적 확대 필요가, 이들의 가장 큰 자산인 독자성을 훼손할 수 있다는 데 또 다른 한계가 존재한다. 상대적으로 국가보다 협소한 보유 자원 규모는 내부적으로 환경 문제의 장기적 연구, 국제 정책 결정과 이행의 감시, 제도적 능력의 배양을 위축시키는가 하면, 사막화처럼 국제적 주목을 덜 받는 문제 영역에서의 NGOs 활동을 억제하기도 한다. NGOs는 자신의 프로그램과 활동 대상을 스스로 선택한다는 점에서 독자적이지만, 동시에 자원 부족으로 말미암아 외부의 지원을 필요로 한다는 점에서 독자성에 한계를 안게 된다.[33] 처음에는 대중운동을 지지하는 국제적 지원에 의해, 나중에는 사적 지원과 정부 차원의 후원에 의해 그 형태가 규정된 중남미의 경우는, 국가와의 관계에서 자원 문제로 인한 NGOs의 종속성을 보여주는 전형적 사례이다.

'세계은행', '미국국제개발처'(USAID), '유엔개발계획'(UNDP) 등 국제원조기구들은 NGOs를 통해 점점 더 많은 대외원조를 집행하는 경향을 보인다. 1980년대 말엽 이후 OECD 회원국의 개발원조를

33) Heins(2008), p.1.

'북'의 NGOs가 대행하는 추세가 강화되면서, NGOs에 대한 공여국들의 영향력이 증대되었다. NGOs가 이처럼 국가와 국제기구의 재정 지원에 의존하는 정도가 높아지면서, NGOs가 이들의 영향으로부터 자유로울 수 없다는 우려가 꾸준히 제기되어 왔다. 다수의 NGOs가 정부와 독립적으로 활동한다고 하지만, 외부의 지원에 의존하지 않을 수 없다면 그들로부터의 직·간접적인 통제를 배척하기 어렵다.[34)]

NGOs는 이런 점에서 국내·외 정치의 상부에 위치하는 것도, 국가권력의 통제를 완벽하게 초월하여 활동하는 행위주체도 아니다. 환경 영역에서 NGOs가 수행하는 역할을 무시하면 국제환경정치에 대한 우리의 이해가 빈약해지지만, 반대로 지나치게 중시하면 국제환경정치에서의 NGOs의 종속성을 과소평가하는 위험에 빠질 수 있다. 환경 영역에서 NGOs는 보완적이고 종속적인 행위주체여서, 적어도 단기적으로는 주권국가를 대치할 수 없고, 따라서 주권국가에 바탕을 둔 기존의 국제관계를 근본적으로 위협할 수 없는 한계를 넘어서지 못하고 있다.

3) 정당성과 효율성의 한계

환경 NGOs는 고유의 역할 수행에서 성과를 거두면서 정당성을 널리 인정받아 왔다. 그러나 환경 NGOs의 대표성, 책임성, 투명성, 평등성의 한계가 정당성을 좀먹는 사이에, 그들의 역할에 대한 의문

---

34) 최은봉, "일본 NGO 성장의 정치사회적 함의," 이면우(1998), p.203. 최근 NGOs는 UN 체제 전체－세계은행과 IMF 제외－보다 더 많은 ODA를 전달한다. Mathews(1997), p.53.

도 점차 증폭되어 왔다. NGOs는 주로 피해자로 간주되는 타자의 상황을 '인지'하고 그들의 이해관계를 '대변'하는 데 역할의 중점을 둔다. 대중은 자리(self-interest)를 초월한 타자 지향적 명분과 행동, 시민의 이해관계를 대변하는 활동에 주목하여 NGOs를 지지한다.

그러나 대부분의 NGOs는 활동가 중심의 조직이어서 대중적 기반을 결여한다. NGOs가 자신의 전문성을 수호하기 위하여 적극적 활동가와 기부자 그리고 자원봉사자 사이의 장벽을 유지할 필요가 있지만, 이로 말미암아 내부의 활동가와 그들을 지지하는 대중 사이의 거리가 정당과 대중 사이의 거리보다 더 멀어질 수 있다. 더구나 대부분의 NGOs는 지도부 선출 과정을 결여하고 있어서, 카리스마를 가진 개인이 조직을 장기적으로 지배하는 경우가 왕왕 있다는 점은 대내적으로 민주주의를 활성화하는 데 장애가 된다.[35] NGOs는 풀뿌리 민주주의의 상징으로 묘사되지만 그들이 대변한다고 하는 대중을 대표하지도, 그들에게 책임을 부담하지도 않는다는 점에서 민주주의성에 한계를 내포한다.

민주적 선출 절차와 대중적 대표성의 결여에 비추어 보면 NGOs를 대표성을 가진 민주주의적 집단이라기보다는, 엘리트 집단으로 이해하는 것이 더 타당하다는 주장에도 상당한 설득력이 있다. 그럼에도 NGOs는 자신들이 광범위한 집단 - 빈민, 여성, 아동, 장애인, 이주노동자 등 - 을 대표한다고 주장한다. 초국가적 네트워크나 국제 NGOs의 경우, 일반적으로 저개발국의 빈민층과 소외 계층을 대

---

35) Theda Skocpol, *Diminished Democracy*, Norman: University of Oklahoma Press, 2003 ; Peter Waterman, "Beyond Globalism and Developmentalism: Other Voices in the World Politics", *Development and Change*, Vol.27, No.1, January 1996, p.172. '국제사면위원회'와 '시에라클럽'(Sierra Club) 정도를 제외한 대부분의 대형 국제 환경 NGOs조차 지도부 선출 규정이 없다.

변한다고 주장하지만, 그 기반을 선진국의 대도시 엘리트 집단에 둔 경우가 적지 않다는 점에도 유의해야 한다.[36] 그들의 대표가 국제 환경정책 결정 과정에 참여한다고 해도, 그들이 국제사회나 대중의 보편적 이익보다는 특정 집단이나 국가의 특수한 이익을 추구한다면 대변, 대중교육, 참여의 정당성 상실은 피할 수 없다.

NGOs 지도부는 정책 결정과 관련하여 폭 넓은 재량을 가진다. 그러나 만일 실패해서 신뢰성을 상실한 경우 그들은 책임 문제에 대하여 어떻게 대응하는가? 대부분의 경우 NGOs는 선거로 구성되거나 활동의 오류와 실패에 대하여 책임을 지는 행위주체가 아니라는 점에서, 그들이 '민주주의성 결핍'(democratic deficits) 장애를 앓고 있음을 확인할 수 있다. NGOs가 대중을 대변하되 대표하지는 않는 한계에 직면해 있다면, 한계 극복의 방안으로 대중의 참여 확대가 추천된다.

그러나 그들은 대중의 참여를 피상적으로는 허용하지만 깊숙이 허용하는 데는 익숙하지 않다. 정부나 국제기구처럼 NGOs도 대중의 참여·감시 체제를 수립하라는 요구를 받는다. 그래야 NGOs의 전문성 강화, 자원 확보, 대중과의 연계를 강화하고 관료적 제약으로부터 탈피하여 대표성을 보완할 수 있다. NGOs는 대표성이 책임성과 연계되어야 대변, 대중교육, 의제 설정, 네트워크, 정책 결정 활동 과정에서 정당성을 획득할 수 있지만, 현실은 그러한 요구와 거리가 멀다. 대표성의 한계가 있는 터에 대중의 참여마저 원활하지 못하다면, 대중과의 협의는 역할의 활성화를 위한 필수적 전제 조건

---

36) Gabriel Casaburi et al., "Multilateral Development Banks, Government, and Civil Society: Chiaroscuros in a Triangular Relationship", *Global Governance*, Vol.6, No.4, October-December 2000.

임에도 NGOs는 이런 요구도 만족시키지 못한다. 세계은행이 우간다(Uganda)에서 부자갈리(Bujagali) 댐 건설 프로젝트를 추진하자, 환경 NGOs 활동가들은 현지 주민들과의 협의를 생략한 채 그들이 반대한다고 대변했으나, 정작 주민들은 이 프로젝트를 지지한 것으로 나중에 밝혀져 문제가 된 적이 있다.[37)]

NGOs는 소수의 비선출 전문가들이 운영하고 사적 기부와 공적 후원을 통해 재정을 조달하며 대중을 우회한다. 이러한 경향은 유연성과 네트워크 구축 능력 면에서 NGOs에게 전략적 이점을 안긴다. 그러나 이런 전략적 이점에는 대가가 있어서 활동가 중심적이고 상의하달(top-down)적 구조가, 그들이 정당성을 획득하고 초국가적 형태의 민주주의에 기여하는 데 장애로 작용한다. 현대의 NGOs는 활동 범위를 세계적으로 확대했으나, 국내 활동은 제한적이고 사회적으로 깊이 뿌리를 내리지 못하고 있다. 환경 NGO가 자신이 대변하는 이해관계를 실천할 능력과 대중의 정당한 대표로서의 자격에 한계를 드러내는 한, 국제환경정책에 영향을 미치는 데 한계가 있을 수밖에 없다.

환경 NGOs의 투명성 결여는 더 심각한 문제이다. NGOs는 국제환경 운동 및 거버넌스의 핵심적 행위주체로서 여타 행위주체들의 투명성을 제고하는 역할을 담당한다. 그러나 정작 NGOs는 자신의 활동으로부터 큰 영향을 받는 여타 행위주체들 – 국가, 국제기구, MNCs – 에 대해서나, 자신이 대변한다고 자부하는 대중에 대하여 투명성을 갖추지 못해서, 외부적 감시와 통제의 부족으로 인한 정당성과 효율성의 한계를 극복하기 어렵다. 극소수의 예외를 제외하고

37) Sebastian Mallaby, "NGOs: Fighting Poverty, Hunting the Poor", *Foreign Policy*, September-October 2004, pp.50~58.

는 자신들의 인사, 기부금과 지출 내역, 자금 출처 등의 정보를 공개하는 NGOs는 드물다. 그런 점에서 국제기구가 환경 NGOs보다 훨씬 더 투명하게 운영되고 있다는 주장에는 상당한 타당성이 있다.[38] NGOs의 투명성이 부족할 경우 후원이 줄어들고, 정책 결정자가 대중과 여타 행위주체의 요구를 의식하지 않고 자의적으로 정책을 결정할 여지가 넓어져, 그 역할을 효율적으로 수행할 수 없게 된다는 것도 문제이다.

'북'의 NGOs는 '남'의 NGOs보다 더 강력하고 더 많은 자원을 보유한 상태에서, 선진국 정부나 국제기구에 더 쉽게 접근할 수 있기 때문에, 주요 국제 환경 NGOs는 대체로 '북'의 NGOs에 뿌리를 둔다. 소수의 대형 NGOs가 환경 문제 영역을 과점적으로 지배하고 있는 것이, 나아가 주로 '북'의 NGOs가 초국가적 NGOs의 정책 의제 구축에 더 큰 영향력을 행사하는 것이, 그리하여 '남'과 '북'의 NGOs 사이에 불평등의 문제가 잠복하고 있는 것이 또 하나의 문제로 지적된다. '남'의 NGOs가 이런 문제를 의식하여 '북'의 NGOs의 정당성에 대하여 점차 의문을 제기하는 반면, '북'의 NGOs는 이런 문제의식이 자신의 영향력 약화로 이어질 것을 경계한다.[39] 이로 인한 NGOs의 분열은 초국가적 네트워크의 구축을 저해함으로써, 참여의 부진과 영향력의 약화를 초래한다. 환경 NGOs가 남과 북을 막론하고 총체적으로 대표성, 책임성, 투명성, 불평등성 문제에 대응

38) "NGOs, Heal Thyself", *Foreign Policy*, March-April 2003. 환경 NGOs는 구성, 조직, 재정상의 이유 때문에 외부의 조사에 자신을 공개하기를 꺼리는 경향이 있다. One World Trust의 2003년 조사에 의하면, 조사 대상 NGOs 7개 중 4개가 온라인에서 연례보고서를 공개했고, 그 중 단지 세 곳 - 적십자사, Oxfam International, 세계자연보호기금 - 이 자금 내역을 공개했을 뿐이다.

39) Ahmed & Potter(2006), p.245.

하지 않을 경우, 정당성과 효율성의 한계를 극복할 수 없게 되어 각종 역할의 수행에 제약을 받을 수밖에 없다.

10장 ‖ 세계시민사회의 성장과 환경운동

비국가 행위주체들의 활동 증대가 국제관계의 변화로 연결되면서, 국가는 영토 안과 밖에서 새로운 정치와 힘겨운 싸움을 벌여왔다. '환경운동'(environmental movements)이 그 과정에서 국가를 압박했고, 비국가 행위주체들도 국제관계에서 수행하는 역할을 더하면서 국가에 도전했다. 이들은 때로는 국가의 역할을 보완하기도 했지만, 때로는 국가 주권을 약화시키거나 대신하려고 했다. 환경운동은 비국가 행위주체들이 조성한 초국가적 영역에서의 활동 확대로,[1] '세계시민사회'(global civil society)가 국제관계의 주변에서 중심으로 부상하는 데 일조했다.

1960년대에 '사회운동'(social movements)의 일환으로 출발한 환경운동은 1970년대 이후 그 수와 활동의 급증, 활동의 전문화, 정책

---

1) 넓은 의미의 환경운동은 환경 문제와 관련된 모든 집합적 활동이거나, 환경 문제의 해결에 기여하는 모든 집단적 사회운동이라고 규정할 수 있다. 이에 관해서는 M. Diani, "The Concept of Social Movement", *Sociological Review*, Vol.40, 1992 ; 신연재, "환경운동이론의 현재와 미래," 국제관계연구회 편, 『세계화와 한국』, 을유문화사, 2003, p.221 참조.

결정 과정에의 접근성 강화로 국내·외 정치에 대하여 지속적으로 영향력을 행사하는 사회운동이 되었다. 과거에는 국외자의 지위에 머물렀던 환경운동이 오늘에는 지방, 국가, 국제, 지구 차원의 정책 결정 과정에 참여하는 행위주체가 되었다. 환경운동은 탈냉전 시대의 가장 포괄적이고 영향력 있는 사회운동 중의 하나라는 평가마저 받고 있다. 그들이 국가 차원에서의 활동에 만족하지 않고 지구 차원에서도 활동하는 초국가적 속성을 강화하는 한, 이들에게 국경은 별 의미가 없는 것이어서 환경운동은 자주 세계시민사회와 동일시되기도 했다.[2] 그러나 환경운동에 참여한 행위주체들은 이데올로기, 자원, 행동 전략 면에서의 차별성 때문에 세계시민사회의 형성과 국제관계에 서로 다른 영향을 미친다. 그렇다면 환경운동은 세계시민사회의 성장 과정에서 어떤 역할을 담당하며 한계는 무엇인가?

1. 세계시민사회의 성장

근대 정치는 주로 국민국가 범주 내에서 이루어졌고, 시민사회의 개념도 국가 내부에서 국가와의 관계 속에서 정립되었다. 그러나 세계화가 진전되는 과정에서, 국가가 국제관계의 행위주체로서 가지는 압도적 우월성에 대하여 다양한 도전이 제기되었다. 각종 시민단체와 사회운동들이 초국가적 네트워크에 바탕을 두고 19 세기부터 활동해 오기는 했지만, 그 초국가성의 급증은 신자유주의적 세계화

2) Paul Wapner, “Politics Beyond the State: Environmental Activism and World Civic Politics”, *World Politics*, Vol.47, No.3, April 1995, p.315.

에 대한 저항의 확산과 궤를 같이 한다. 1980년대 이후 시민사회는 국가성이라는 굴레, 즉 시민사회 대 국가라는 도식에서 벗어나 활동 반경을 지구 차원으로 확장했다.

세계화는 일부에게는 혜택을 가져다주지만, 동시에 다른 일부에게는 희생을 강요하는 불평등한 과정이라는 것을, 그리하여 세계화와 정보화의 혜택으로부터 소외된 집단들의 저항을 초래한다는 것을 1990년대 이후의 국제관계는 증언한다. 정보화는 환경운동단체들의 네트워크 구축을 가속화했고, 접촉 비용을 낮추어 초국가적 협력을 확대하는 요인으로 작용했다. 세계시민사회는 세계화의 부작용, 특히 신자유주의의 확산에 대한 반대 운동을 통하여 확산되었다. 세계시민사회는 이런 점에서 국가와 시장의 활동 범위 밖에서 전개되는 초국가적 NGOs의 활동과 밀접한 관계가 있다. 주요 선진국 정부와 국제기구들이 이들을 통한 개도국 지원과 기부금 증가로 이들의 재정 자원이 확대된 것에서 보듯이,[3] 세계시민사회의 성장은 또한 시민사회가 사용할 수 있는 자원이 증가하면서 촉진되었다.

세계시민사회의 핵심적 행위주체는 초국가적 문제들에 대응하여 활동하는 사회운동과 NGOs의 네트워크이다. 그들은 지방이나 국가 차원의 문제 – 평화, 인권, 개발, 환경, 여성 등 – 를 다루는 것에서 시작하여 지구 차원의 문제에 대응하며 네트워크를 구축하고, 초국가적 해결책을 스스로 모색하는 능력을 개발해 왔다. 그런데 그 영역에 존재하는 이질성과 파편성으로 말미암아 세계시민사회의 활동이 일관성과 통일성을 지속적으로 유지하기는 어렵다. 그러나 그것이 추구하는 '밑으로부터의 세계화'는 지구 차원의 가치들 – 폭력

3) 안하이어 외, "지구시민사회의 개념," 안하이어 외, 『지구시민사회: 개념과 현실』, 아르케, 2004, pp.16~17.

의 극소화, 경제적 복지의 극대화, 사회 정의의 실현, 환경의 질 유지 등 - 을 공유하고 있어서 폭 넓게 확산되고 있다.[4)]

세계시민사회 개념에 관해서는 해석이 분분하여, 보편적 개념이 존재하지 않는 것이 문제로 지적된다. 세계시민사회를, 신자유주의적 자본주의의 대항 세력으로 보는 견해가 있는가 하면, 민주주의 확산에 필요한 하부구조로 보는 견해도 있고, 인도주의적 활동을 하는 NGOs의 연대로 보는 견해도 있다.[5)] 일반적으로 시민사회는 개인보다 상위에 그리고 국가보다는 하위에 위치하는 영역이되, 국가의 권력을 제한하고 국가의 기능을 대치함으로써 국가의 역할을 최소화하려는 영역으로 여겨져 왔다.

환경 문제의 세계화, 시장의 상호 침투, 상징 의미 체계의 공유, 초국가적 집단 활동의 확산과 함께 개인과 집단들이 공동의 목적을 추구하기 위하여 초국가적으로 상호 작용하는 공적 영역이 구축되면서, 시민사회 개념은 지구 차원에서도 유용한 것이 되었다. 세계시민사회는 지방, 국가, 지역 차원을 초월한 사회 영역을 의미한다. 세계시민사회는 국가, 시장, 정치사회와 대비되는 영역인 시민사회가, 세계화 과정에서 특정 국가의 범주를 넘어서 초국가적 공간으로 확장된 것이라고 할 수 있다.

세계시민사회는 국가 체제에 의하여 형성되고 또 그것을 형성하기도 하지만, 그 활동을 동태화하는 것은 국가 체제가 아니며 활동의 정치적 적실성이 국가와의 관계에서 확보되는 것도 아니다.[6)] 그

---

4) Mario Pianta, "Parallel Summits of Global Civil Society", Helmut Anheier et al. (eds.), *Global Civil Society*, Oxford: Oxford University Press, 2001, p.171 ; Ronnie D. Lipschutz, "Reconstructing World Politics: The Emergence of Global Civil Society", *Millenium*, Vol.31, No.3, 1992.

5) 이에 관해서는 Pianta(2001).

것은 지구 차원에서 환경의식을 전파하고, 기업에 압력을 가하며, 지방공동체를 강화함으로써 확보될 수 있다. 환경 문제는 본래 초국가적 속성을 내포하기 때문에 환경운동 또한 초국가성을 내포하게 된다. 1970년대 이후 그 수가 급증한 환경운동과 그 단체들의 활동이 국가의 정책을 겨냥한 것에서 벗어나 세계 차원으로 확대된 결과, 각종 행위주체들이 환경의식을 공유하게 되어 환경 문제는 세계시민사회의 중심 의제가 되었다.

2. 세계시민사회의 성장과 환경운동의 역할

세계시민사회의 구축은 최근의 국제관계에서 일어나고 있는 중요한 변화 가운데 하나이지만, 완성되거나 확정된 실체가 아니라 구축이 진행되고 있는 유동적 과정이다. 1990년대 이후 각종 사회운동이 국가 및 비국가 행위주체들과의 대화, 갈등, 협상을 통하여 초국가적 영역을 확대해 왔음은 환경, 인권, 개발 등의 분야에서 확인된다. 환경운동은 '네트워크'와 '병행회의'를 매개로 제반 환경 문제 영역에서 정부나 기업의 활동에 대응해 왔다. 그것은 구체적으로 환경 문제를 지구 차원의 의제로 부각하고 과학, 규범, 문화 등의 교환을 추진하며 국제 규범과 가치의 형성에 기여했다. 환경운동은 그 결과로 국가에 대하여 독자성과 도덕적 우월성을 확보했고, 그 의제는 국경을 초월하는 것이었기 때문에 세계시민사회의 성장에 기여할 수 있었다.

---

6) Wapner(1995), pp.338~339.

1) 네트워크의 구축 – 동종 복합(同種複合)

어느 한 국가의 CO_2 배출은 자국을 넘어 지구 전체의 기후 변화에도 영향을 미친다. 환경운동은 환경 문제의 이러한 초국가성에 주목하여 '하나의 세계' 관념과 지구 차원에서의 '공동 대응'을 일찍부터 추구했다. 환경운동은 환경 문제의 초국가적 영향과 해결을 위한 국제협력의 필요성에 주목하여, 지정학적 경계를 넘나드는 네트워크를 구축한 채 활동하는 경향을 보인다.[7] 환경 문제는 지방의 결정과 세계의 지방에 대한 영향에서 비롯되므로, 그 해결책은 우선 지방 차원에서 모색되어야 한다. 그러나 지방과 세계의 관계가 단절적인 것이 아닌 한, 환경 영역에서는 지방 차원의 문제조차도 지구 차원의 문제로 확산되기 일쑤였고, 지방의 환경운동 또한 지구 차원의 운동과 연계되곤 했다. 지방 차원의 풀뿌리 환경운동으로 보이는 것도, 사실은 초국가적 네트워크(transnational networks)와의 연계 속에서 전개되었음은 다수 국가 예컨대 브라질, 나이지리아, 푸에르토리코, 남아프리카공화국 등의 사례에서 확인할 수 있다.[8]

세계시민사회가 오로지 초국가적 환경운동의 영향 아래 놓인 것은 아니지만, 그것은 세계시민사회의 성장 과정에서 중요한 역할을

---

7) Rosaleen Duffy, "Non-Governmental Organizations and Governance States: The Impact of Transnational Environmental Management Networks in Madagascar", in Brian Doherty & Timothy Doyle, *Beyond Borders: Environmental Movements and Transnational Politics*, London: Routledge, 2008, p.185. 네트워크의 개념에 관해서는, p.114 참조. Pamela S. Chasek, "The Global Environment in the Twenty-First Century", in Chasek (ed.), *The Global Environment in the Twenty-First Century: Prospects for International Cooperation*, Tokyo: United Nations University Press, 2000, p.93.

8) David N. Pellow, *Resisting Global Toxics: Transnational Movements for Environmental Justice*, Cambridge, MA: MIT Press, 2007, p.1.

수행했다. 환경운동은 각국 정부는 경시하지만, 지구 차원에서는 중요성을 가지는 문제들에 대응의 예봉을 맞추어 왔다. 특히 1990년대 이후 신자유주의에 대한 저항의 확산이 NGOs를 중심으로 한 환경운동의 네트워크화를 새롭게 자극한 것에 힘입어 자원의 증강, 환경문제의 국제 의제화와 국제환경협력의 촉진을 가속화했다. 환경운동은 이를 바탕으로 각국의 국가이익 관념에 변화를 초래하며 세계시민사회의 구축에 영향을 미쳤다.

초국가적 환경운동 네트워크는 '회귀 효과'(boomerang effects) 때문에도 활성화되었다. 회귀 효과는 정부가 NGOs의 변화 요구를 국가나 지방 차원에서 거부하더라도, 초국가적 네트워크가 대신 압력을 행사하여 요구를 관철하는 것을 가리킨다. 초국가적 네트워크는, 이렇듯 '남'의 환경운동에게 독자적으로 보유할 수 없는 접근 통로, 자원, 정보를 제공하여 목표를 달성할 수 있게 하고, '남'의 환경운동과 연계된 '북'의 환경운동에게는 활동의 정당성을 제공한다. 특정 국가나 지방의 정책을 변경하려는 환경운동은 네트워크의 구축을 촉진하고, 초국가적 네트워크의 구축은 지방과 세계, 환경과 정치·경제의 연계를 자아내어 세계시민사회의 성장에 촉매제 역할을 할 수 있다.[9)]

특정 문제를 중심으로 네트워크가 결성되면 공동의 정책과 대응을 추구하기 때문에, 이들은 다양한 행위주체를 상대로 경시할 수

---

9) Margaret E. Keck & Kathryn Sikkink, "Transnational Activist Networks", in Robert Art & Robert Jervis (eds.), *International Politics: Enduring Concepts and Contemporary Issues*, New York: Pearson Longman, 2005, p.553 ; Jessica T. Mathews, "Power Shift", *Foreign Affairs*, Vol.76, No.1, January/February 1997 ; Jill Steans, "Globalization and Discourse of Women's Human Rights", in Stephanie Lawson (ed.), *The New Agenda for International Relations: From Polarization to Globalization in World Politics*, Cambridge: Polity, 2002.

없는 정치적 영향력을 행사한다.[10] NGOs를 주축으로 한 환경운동은, 이런 효과를 거둘 목적으로 1972년의 '스톡홀름 회의'(UNCHE)와 1992년의 '리우 회의'(UNCED) 이후 그들 간의 네트워크를 구축해 왔다. 환경운동이 초국가적 연대를 추구한 결과, 각국 내부는 물론 국제 환경 영역에서 네트워크가 증대되었다. 구체적으로 '기후 행동 네트워크'(Climate Action Network)는 기후 변화에 관한 국제 협상에 적지 않은 영향을 미쳤다. '열대우림 보호 운동 네트워크'가 목초지 확보를 위하여 남벌되는 아마존 삼림, 특히 마호가니 남벌에 대한 반대 운동을 시작하자 브라질 정부는 목재 선적을 중단하였다. 40개 국 200여 NGOs가 참여한 '남극 및 남빙양 연합'(Antarctic and Southern Oceans Coalition)은 남극과 주변 해역에서의 각국의 활동을 조절하는 운동을 펼쳤다.[11]

세계시민사회는 국가 차원의 시민사회를 세계 차원으로 확대한 것으로서, 지구 차원의 문제를 국제협력으로 해결하려는 노력의 결실이라고 할 수 있다. 지방의 환경 문제는 국제사회의 결정으로부터, 세계의 환경 문제는 지방의 결정으로부터 영향을 받는다. 사회운동의 한 부류인 환경운동은 환경 문제의 희생자들에게 권력 자원을 증가시키는 방식으로 지방과 지구 차원의 네트워크를 구축한다. 그것은 지구 차원에서 신자유주의 프로젝트에 격렬히 반대하는 한편, 다른 한편으로 풀뿌리단체와의 네트워크를 바탕으로 공동의 전략·기술·행동 의제를 개발하여 세계로 확산시킨다. 더구나 환경 문제는 국경을 넘어 확산되는 과정에서 정치화되는가 하면, 국제분

10) 브라운, 『에코 이코노미』, 도요새, 2003, p.326.

11) Karen Mingst & Magaret P. Karns, *The United Nations in the Post-Cold War Era*, Boulder, CO: Westview Press, 2000, p.591.

쟁을 야기하기도 해서 지방과 세계, 환경과 정치의 연계가 요구된다. 환경운동은 그 초국가적 속성으로 말미암아 환경과 정치, 지방과 세계의 복합적 연계를 추구하는 데 국가보다 더 유리한 고지를 점한다. 세계시민사회는 초국가적 네트워크의 결과이자 주체이고, 환경운동은 네트워크의 매개변수로서 시민사회를 세계시민사회로 연결하는 고리 역할을 담당한다.

2) 거버넌스의 구축 – 이종 복합(異種複合)

세계시민사회는 단일의 행위주체가 해결할 수 없는 지구 차원의 문제들을, 다양한 비국가 행위주체 간의 협력으로 해결하려는 노력의 산물이다. 환경운동은 초국가적 연계의 구축을 통하여 국가 차원의 시민사회들을 통합하는 역할을 한다는 점에서 세계시민사회의 주요 행위주체이다. 그것은 지구 차원에서 의제 설정, 인력과 정보의 상호 교환, 국제 규범과 가치의 정립에 기여함으로써 세계시민사회의 형성 과정에서 중요한 역할을 담당한다. 환경운동은, 국가의 노력만으로는 해결이 불가능한 환경 문제의 속성에 대응하여 초국가적 활동을 증대해 왔다. 그러나 1970년대의 환경운동은 초국가적 속성에도 불구하고, 지구 차원의 활동 흔적을 거의 남기지 못했다.

1990년대에 들어와 환경운동단체들은 자신들 상호 간은 물론 여타 행위주체들과도 네트워크, 즉 국제 거버넌스를 구축하면서 활동 범위를 확대했다.[12)] 거버넌스는, 개인과 집단이 공동의 문제를 해결하는 다양한 방식을 집약한 것으로서, 상충되는 이해관계를 조화시

12) 안하이어 외(2004), p.14.

키고 협력을 모색하는 과정이다. 환경 거버넌스는 공·사의 행위주체들이 공동으로 연계하여 환경 문제에 대응하는 것으로서,[13] 환경운동단체의 정책 결정 과정에의 참여 증가, 환경 영역에서의 정부와 사적 부문 간의 협력 강화로 말미암아 증가 추세를 보인다.

환경운동단체들은 UNEP와 더불어 교착 상태에 빠졌던 기후 변화에 관한 국제 협상을 진전시켰는가 하면, UNEP의 지원을 받아 지구환경을 감시하기도 한다. 1992년 리우 회의 이후로 환경운동단체와 사기업 간의 협력도 증가했다. 1997년 환경운동연합 등 한국의 환경단체들은 한국 정부와 공동 대응하여 북한으로 핵폐기물을 수출하려는 대만의 시도를 무산시켰다. CITES의 경우, 환경운동 네트워크가 멸종 위기종의 국제교역을 통제하기 위하여 지방의 환경단체, 무역업자, CITES 사무국과 공동으로 활동했다. UNEP가 정부나 국제기구뿐만 아니라 환경운동단체와 협력하면서, 이들이 제출한 보고서와 자료를 심의했다는 점에서 CITES는 초국가적 환경 거버넌스의 전형으로 인정받을 만하다. 이 일련의 사례들은, 환경운동단체가 필요하다면 정부를 비롯한 여타 행위주체와 거버넌스를 구축할 수 있음을 알려준다.[14]

초국가적 거버넌스는 주로 '북'의 주도 아래 형성되지만, 마다가스칼 등의 환경운동 사례는 '남'에서도 환경운동단체와 국가, 기업, 국제기구 간의 긴밀한 관계를 매개로 형성되기도 한다는 것을 입증한다. 브라질의 환경운동도 특정 환경 문제를 대상으로 한 단독 활

---

13) Majid Tehranian, "Globalization and Governance: An Overview", Esref Aksu & Joseph A. Camilleri (eds.), *Democratizing Global Governance*, New York, NY: Palgrave Macmillan, 2002.

14) 서창록, 『국제기구: 글로벌 거버넌스의 정치학』, 다산, 2008, p.234 ; 브라운(2003), p.329.

동을 거의 하지 않는 대신, 환경의식을 공유하는 다양한 비환경단체들과 거버넌스를 구성하여 활동하는 경향이 지배적이다.[15] 환경운동은 이렇듯 네트워크의 참여 주체를 환경운동단체로 한정하지 않은 채, 개입과 참여의 공간을 끊임없이 변경한다. 그들은 여타 행위주체들과 복합적 네트워크로 거버넌스를 형성하고 지방과 세계를 연계한다. 그들은 환경 영역에서 자신들 간의 네트워크로 동종복합을 이루어 활동할 뿐만 아니라, 여타 행위주체들과의 거버넌스로 이종복합을 이루어 활동하기도 한다. 초국가적 거버넌스의 중심적 행위주체인 환경운동은 자신의 역량을 축적하고 역할을 확대하여 세계시민사회의 형성에 기여한다.

3) 병행회의

환경운동이 초국가적인 것이라고 해도 그 기반은 각국 내부에 두고 있기 때문에, 국가 영역에서의 활동을 무시할 수 없다. 환경운동은 이런 사정 때문에 국가로부터 자율성을 침해받을 여지가 있지만, 자신들만의 초국가적 공간인 '병행회의'에서는 제약 없이 활동할 수 있다. 병행회의는 자유로운 활동이 보장되는 공간이기 때문에, 환경운동이 세계시민사회의 성장에 박차를 가할 수 있는 또 다른 영역이라고 해도 지나치지 않다. 병행회의는 주로 NGOs 등의 시민단체와 개인들이 중요한 정부 간 회의와 병행하여 개최한 회의를 의미하지만, 때로는 정부 간 회의와 관계없이 개최되기도 한다. 병행회의는 NGOs 만큼이나 긴 역사를 가진다. 1899년 '헤이그 평화 회의' 당시

15) Doherty & Doyle(2008), p.190.

NGOs는 공식회의에 여러 가지 청원을 제출했고, 일부 활동가는 매일 회의 소식지를 발간했으며, 각국 외교관이 시민들과 만날 수 있는 공간을 제공함으로써 병행회의의 기초를 만들었다.[16)]

그러나 1970년대와 1980년대까지만 해도 이 같은 형태의 병행회의는 예외적인 것이었다. 1990년대 이후에야 환경운동이 주도한 병행회의가 정부 간 국제회의와 더불어 정상적인 정치의 한 방식으로 정착하게 된다. 1992년의 리우 회의 과정에서 환경운동단체 중심의 병행회의가 세계시민사회 성장의 기폭제로 작용했다고 하여도 무방하다. 리우에서는 정부 대표와 UN 산하 기구, UN 외부의 국제기구들이 참석하는 공식회의로서 'UN 환경 개발 회의'(UNCED) 뿐만 아니라, 다수의 환경운동 단체와 활동가들이 참여한 병행회의가 열렸다. 리우 회의 이후 병행회의는 그 역할과 영향력의 중요성 때문에 기후변화협약의 주요 당사국 총회마다 열렸다. 대부분의 논자들은 리우에서 정부 간 공식회의와 별개로 열린 병행회의가, 규모와 미디어의 보도 면에서 유례가 없는 것이었던 데다가, 국제 환경정책의 결정에도 큰 영향을 미쳤다는 주장에 동의한다. 리우 회의 기간 중 채택된 기후변화협약, 생물종다양성협약, 삼림 원칙, 리우 선언, 의제 21은 그러한 주장의 타당성을 지지한다.[17)]

그러나 이보다 더 중요한 것은 환경운동단체들이 병행회의에서 사상 최초로 'NGOs 협약'을 체결한 것이다. 그들은 협약을 체결하고 초국가적 시민사회 네트워크를 구축함으로써, 지구 환경 보전을 위한 세계시민사회의 토대를 구축했다.[18)] 일부 논자들은 병행회의

---

16) Steve Charnovitz, "Two Centuries of Participation: NGOs and International Governance", *Michigan Journal of International Law*, Vol.18, 1997, pp.196~197.

17) Pianta(2001), p.174.

가 공식적인 정치 제도와 정책에 직접 영향을 미치기보다는, 네트워크 구축과 대중의 의식 제고에 더 관심을 가진다고 주장한다. 거기에 더하여 환경의 초국가적 가치가 국가 중심의 지정학적 담론의 중요성을 점차 잠식하고, 환경운동이 여타 행위주체들과의 상호 작용을 확대했다면, 환경운동 중심의 병행회의는 시민사회의 초국가적 저변을 넓히는 데 기여했다고 해도 틀리지 않는다.

3. 세계시민사회의 성장과 환경운동의 한계

1) 환경운동의 상이성

모든 환경운동이 반드시 동일한 사회운동에 속하지 않는다는 것은 환경운동이 단일의 형태가 아니라는 것을, 그리하여 동질성과 이질성을 동시에 지닌다는 것을 말해준다. 환경운동 간의 상호 작용이 증가했음에도 구조, 형태, 활동 규모와 범위, 이데올로기, 목표 등의 면에서 상이성이 동질성 못지않게 존재하기 때문에, 다수의 환경운동은 공동 활동에도 불구하고 적지 않은 차이를 드러낸다. 환경운동이 활동하는 공간은 초국가적인 것이되 단일의 공간이 아니라 복합적인 공간이다.[19] 지방 차원에서 활동하는 풀뿌리 단체가 있는가 하면, 지구 차원에서 활동하는 초국가적 단체가 있고, 주로 정책 결정

18) Anne M. Clark, "Non-Governmental Organizations and Their Influence on International Society", *Journal of International Affairs*, Winter 1995.

19) D. Torgerson, *The Promise of Green Politics*, Durham, NC: Duke University Press, 1999, p.6.

과정 참여에 주력하는 거버넌스형 환경운동 뿐만 아니라, 환경정의의 실현에 몰두하는 해방 추구형 환경운동도 있다.

환경운동의 역사가 60년을 넘어섰지만, 분열의 상흔 때문에 그것이 초국가적 환경 문제에 본격적으로 대처하기 시작한 것은 얼마 되지 않는다. 그 상이성과 다양성을 무시할 수 없다면, 환경단체들이 구축한 초국가적 네트워크가 세계시민사회의 성장 과정에서 긍정적 역할만을 하는 것은 아니라고 해야 맞다. 선진권의 자유민주주의의 다양성, 체제전환국가들의 정치적 · 경제적 복합성, 후진국의 경제적 종속성과 정치적 불안정성이 그런 이질성을 부채질했다.

이런 점에 비추어 보면 환경운동에 관한 한 '남'과 '북'으로 가르는 '이분법'은 그 유용성에도 불구하고, 과도한 단순성이라는 결함을 내포한다. 남과 북의 환경운동은 이질성이 동질성만큼이나 커서 공통의 경험이 부족하고, 체제전환국가들은 남과 북 어디에도 속하지 않는다. 남과 북 어느 것도 권역 전체가 빈국과 부국으로 구성되지는 않아서, 남의 빈곤 정도에 차이가 크며, 북의 부에도 편차가 크게 존재한다.[20]

환경운동이 초국가성을 내포하고 있음에도 불구하고, 그들 사이에 존재하는 갈등과 불신은 세계시민사회의 통합에 부정적인 작용을 한다. 환경운동단체들은 환경 보전의 목표와 수단을 둘러싸고 자주 갈등을 노출했다. 미국의 경우, 환경의 건강과 지속 가능성을 위하여 규제에 찬성하는 환경단체가 있는 반면, 기업과 네트워크로 연

20) 이에 세계은행은 '남'의 빈국과 구분되는 최빈국을 지칭하기 위하여 '제4세계' 개념을 도입했고, 일부 논자들은 '남'은 선진공업국에 속하지 않는 모든 국가를 의미한다고 주장한다. P. Calvert & S. Calvert, *The South, The North and the Environment*, London: Pinter, 1999, pp.9~10.

결된 상태에서 기업의 이해관계를 대변(advocacy)하는 단체도 있다.[21] 인도의 '과학환경연구소'(Center for Science and Environment)는 미국의 '세계자원연구소'(World Resources Institute)의 연구가 1인당 CO_2 배출량을 무시하고 개도권을 CO_2 다량 배출국으로 서술한 것에 대하여, 인구를 고려하면 개도권이 더 환경 친화적이라고 비판했다.

인도와 미국의 환경운동단체가 각각 '선진국 책임론'과 '후진국 책임론'을 주장한 것은, 초국가적 환경운동의 통합성 약화와 분열성 강화를 예시한다.[22] 이질성이 동질성과 공존하는 상황에서 환경 문제 해결의 필수 전제인 국제협력을 증대시키면, 환경운동은 네트워크와 협력을 유지하는 데 필요한 시간과 자원을 더 크게 요구받는 부담을 안는다.[23] 환경운동단체들은 다양성이 존재하는 상황에서도 운동의 단일화를 추구하며 대안을 모색해 왔다.

세계시민사회는 다양한 운동, 단체, 네트워크 등으로 구성된다. 그런 가운데 환경운동이 이질성을 해소하고 동질성을 회복할 수 있다면 세계시민사회의 통합을 촉진할 수 있다. '지구의 벗'(Friends of the Earth International)은 역사, 자원, 상황 면에서 상이성을 내포한 71개국 단체들의 느슨한 연합이어서, 이질성의 극복이 대단히 중요한 과제였다. 그들은 이질성 문제를 해결하기 위하여 부단히 노력했으나, 결국 여타 초국가적 환경운동 네트워크와 마찬가지로 완전한 해

---

21) 전자의 예로는 Sierra Club, 후자의 예로는 Global Climate Coalition과 Alliance for Responsible Policy를 들 수 있다.

22) Anil Agarwal & Sunita Narain, *Flood, Flood Plains and Environmental Myths*, Center for Science and Environment, 1991.

23) Thomas Alan, Susan Carr & David Humphreys, "Influence Thrust upon Them? NGOs' Role in Public Action on the Environment in Africa", in Alan, Carr & Humphreys (eds.), *Environmental Policies and NGO Influence*, London: Routledge, 2001, p.17.

결에는 실패했다. 환경운동이 초국가적 네트워크를 기반으로 국가 차원의 시민사회를 지구 차원으로 확대하더라도 통일성을 확보할 수 없다면, 세계시민사회의 성장을 촉진하는 역할에는 한계가 있을 수밖에 없다.

2) 환경운동의 불평등성

세계시민사회의 성장은 세계화, 즉 자본주의의 세계적 확산에 대한 반작용에 힘입어서도 가속화되었다. 우리는 세계화가 세계시민사회의 저변을 제공하는 공급자 역할을 담당했다는 것을, 나아가서 세계시민사회는 세계화의 산물이자 세계화에 대한 대응이라는 것을 간파할 수 있다. 세계화에 대응하여 환경운동의 초국가적 네트워크가 증가했으나, 환경운동 간의 불평등성도 증가했다. 일반적으로 네트워크는 자발적, 수평적, 상호적 형태의 커뮤니케이션과 정보·자산·인력 등의 교환을 의미한다면 네트워크의 핵심은 관계의 평등성과 참여 주체의 자율성이다. 그러나 환경운동 네트워크는 불평등 문제에 대처하는 데 한계를 드러냈고, 나아가 새로운 문제를 야기함으로써 세계시민사회의 미래를 어둡게 하기도 한다.

첫째, 환경운동단체 간의 불평등성은 네트워크 내부에서 갈등과 분열을 초래한다. '지구의 벗'의 경우, 유럽의 환경운동단체들은 '남·북' 간 소비 형태의 총체적 불평등성을 보여주는 '생태 공간'(ecological space) 개념에 자부심을 표시했다. 그러나 남의 일부 단체들은 그 개념이 식민지 시대의 착취 때문에 발생한 생태학적 부채를 인정하지 않았다고 비판했다. 이 문제를 둘러싼 대화와 토론 과정에서 남과

북의 환경운동이 대립하면서 초국가적 네트워크인 '지구의 벗'은 분열 위기에 직면하기도 했다.[24)]

둘째, 남의 환경운동은 독자적 해결 능력을 결여하기 때문에 북의 그것에 종속되는 경향을 드러내기도 한다. 남의 독자적 환경운동의 전망이 그리 밝지 않은 것도 불평등한 관계에서 비롯된다. 민주주의적 정치 활동의 부진, 불만에 대한 법적 구제 장치의 결여, 시민사회의 미성숙에 대응하는 안전 장치가 부족하기 때문에, 남의 극빈층 주민들이 기울이는 생존을 위한 필사적 노력은 좌절되기 일쑤이다. 이들을 위한 운동의 성공 여부는 간혹 제3세계 환경운동의 능력이 아닌, 제1세계 환경운동으로부터 지지를 확보하는 능력에 의존하기도 한다.[25)]

셋째, '남·북' 환경운동이 보유하는 자원 규모의 격차가 의사 결정의 자율성을 잠식하는 경향도 문제가 된다. 초국가적 네트워크에 속한 남과 북의 환경운동단체들 사이에는 이데올로기와 조직의 갈등이 존재하지만, 남의 환경운동은 네트워크가 자원과 정당성을 제공하기 때문에 네트워크 활동에 긍정적이다. 1980년대 이후 남의 환경운동은 이 점에서 북의 그것보다 상대적으로 네트워크 구축에 적극적이고, 그 일원인 것에 가치를 부여한다. 그러나 초국가적 네트워크는 남의 환경운동이 구미의 재정 후원자들의 기대에 부응하는 방향으로 구조화되도록 하는 문제를 낳기도 한다.[26)]

세계 3대 거버넌스형 환경운동단체로 일컬어지는 WWF(World

---

24) Doherty & Doyle(2008), p.190.

25) Christopher Rootes, *Environmental Movements: From the Local to the Global*, London: Frank Cass, 2002, p.7.

26) J. Smith, "Building Bridge or Building Walls?: Explaining Regionalization of Transnational Social Movement Organizations", *Mobilization*, Vol.10, No.2, 2005.

Wildlife Fund), Conservation International, Nature Conservation은 국가나 국제기구의 대외원조 대행 경쟁을 치열하게 벌여왔다. 그 결과 국가나 국제기구의 원조 자금에 대한 의존도가 높아져, 환경운동단체로서의 독자성에 손상을 입는가 하면, 여타 환경운동단체들의 활동을 위축시키는 부작용을 초래했다. 이들은 원조의 대행으로부터 나오는 영향력을 이용하여 남과 북의 소규모 NGOs들에게 자신이 설정한 의제를 일방적으로 강요하기도 한다. 이들의 공통 전술은 남과 북에서 새로운 환경운동단체를 창설하여 자신의 영향권 아래 두는 것이다.[27] 남 · 북의 환경운동이 노출하는 자원 면에서의 불평등성은, 이처럼 북이 남의 그리고 대규모 단체가 소규모 단체의 의사를 지배하고 수평적 · 상호적 커뮤니케이션을 가로막아, 궁극적으로 세계시민사회의 통합을 저해한다.

넷째, 그린피스(Greenpeace)는 자신보다 덜 중앙 집중적이고 덜 서계적인 단체 – 예컨대 '지구의 벗' – 보다 더 초국가적으로 활동한다. 그러나 그 활동이 제1세계에 편중되고 적도 기니나 몽골 등 제3세계 환경운동단체들은 네트워크 활동에의 참여도가 낮다. 국가별로 환경운동의 초국가적 네트워크 참여 정도에 현격한 차이가 있기 때문에 세계시민사회는 각 지역에서 균질하게 성숙할 수 없다. 남의 환경운동의 자율적 해결 능력 부족, 남과 북의 환경운동단체 간의 자원 보유 규모의 격차, 일부 거대 환경운동단체의 대외원조 자금 과점, 활동 지역의 편중은 환경운동의 불평등성을 초래한다. 환경운동에 내재된 갈등과 분열이 세계시민사회가 초국가적 네트워크를 통하여 성장하는 데 부정적 영향을 미칠 수 있다.

---

27) Mac Chapin, "A Challenge to Conservationists", *World Watch 17*, November/December, 2004, p.25.

3) 국가 중심주의

환경 문제의 초국가성은, 환경 문제에 대한 국제 공동 대응의 필요성을 자극하여 환경운동을 지구 차원으로 확산시켰다. 시민과 집단들의 정치 과정 참여도 이런 변화에 맞추어 국가로부터 지구 차원으로 확장되었고, 다수의 환경운동이 기존의 정치적 경계를 넘어 활발히 활동한다. 신자유주의에 대한 세계적 저항의 증가는 초국가적 환경운동의 새로운 자극제가 되었다. 지난 수십 년 동안 환경운동 간 협력이 증대되는 과정에서, 그들 간의 상호 작용은 새롭고 다양한 초국가적 네트워크를 산출했다. 이들이 환경의식을 전파하고, 기업에 압력을 가하며, 지방공동체를 강화한 터전 위에서 세계시민사회의 성장이 가속화되었다.[28)]

환경운동의 초국가적 네트워크는 한편으로 국가주권의 약화를 초래하는 반면, 여타 행위주체들에게는 축적할 수 없었던 자산을 축적하게 했다. 그리하여 환경운동이 본래 특정 시민사회의 문제였던 문제들 - 오존층 파괴, 사막화, 생물종의 다양성 감소 등 - 을 지구 차원의 의제로 부상시켰다는 것은, 그것이 국가 차원의 시민사회를 지구 차원으로 확장하여 세계시민사회의 구축을 선도하고 있음을 알려주는 신호이다.

그러나 초국가적 환경운동이 다양한 부류의 행위주체들에게 변화를 안긴다 하더라도, 그리하여 초국가적 권력이 점차 더 중요해진다고 해도, EU의 사례가 시사하듯이 주권은 점진적으로 약화될 뿐 일시에 소멸되는 것이 아니다. 환경운동이 지정학적 경계를 넘나든다

---

28) Lipschutz(1992), p.398 ; Wapner(1995), p.338.

고 해도, 국제환경정치는 여전히 국가를 중심으로 운영된다. 시민사회는 아직도 대부분 국가 차원에서, 환경운동도 대부분은 국가 차원의 시민사회에서 형성된다. 세계적 네트워크를 갖춘 채 초국가적으로 활동하는 환경운동조차도 국가에 기반을 두고, 국가나 지방 차원의 문제에 대처하는 데 주력한다. 그들은 국가의 제약 아래 활동하면서 각 차원－지방, 국가, 지역, 지구－의 정책 결정에 영향을 미친다.[29] 환경운동은 주로 국가를 비롯한 여타 행위주체들이 설정한 범주 안에서만 활동이 가능한 한계를 보여준다. 국가 중심주의가 과거보다 위축되었다고 해도 아직 위력을 유지하는 한, 환경운동이 국제환경정치의 변화와 세계시민사회의 구축에 상당한 기여를 한다고 하더라도, 국가 체제(states system)의 전면적 붕괴와 세계시민사회의 완성을 가져올 수는 없다.

우리는 환경운동의 세계화 경향에도 불구하고, 그것이 '국경 사고'(border thinking)의 영향 때문에 국가의 장벽을 넘어서지 못하는 경우도 있음을 여러 사례에서 살펴볼 수 있다.[30] 일부 국가의 사례에서 드러나는 것은, 공공정책 결정 과정에서 개별 국가의 민족주의가 초국가적 환경운동의 국제주의보다 더 큰 영향력을 발휘한다는 것이다. 프랑스의 경우, '유전자 변형 식물'(GMO) 수입에 반대하는 명분이 초국가적 환경운동과 연계된 국제주의적인 것이 아니라, '자국 식량 문화'의 보호를 앞세워 국가의 적극적 개입을 요구하는 민족주의적인 것이었다. 헝거리의 경우, NATO가 젱고 동산(Zengo

29) 신연재(2003), p.245 ; Rootes(2002), p.304 ; Michael Zurn, "The Rise of International Environmental Politics: A Review of Current Research", *World Politics*, Vol.50, No.4, 1998, pp.643~644.

30) W. Mignolo, "The Many Faces of Cosmo-Polis: Border Thinking and Critical Cosmopolitanism", *Public Culture*, Vo.12, No,3, 2000.

Hill)에 군사 시설을 설치하는 것에 반대하는 명분으로, 환경운동 활동가들이 앞세운 것은 민족문화의 수호였다.[31)]

환경운동단체를 포함한 초국가 행위주체들의 활동 증가로, 국가는 국제관계의 가장 중요한 행위주체가 아닐 수도 있다는 주장이 꾸준히 제기되어 왔다. 2차대전 이후 비국가 행위주체들의 성장으로 국가는 국제관계에서 더 이상 권력을 독점할 수 없기 때문이다.[32)] 그러나 국가는 힘의 사용이나 위협을 기반으로 하는 법적 수단을 보유한 상태에서, 시민으로부터 최고의 충성을 확보하며 다양한 비법적·비강제적 수단을 매개로 지배한다. 궁극적으로 국가의 지배 권위는 강제력의 합법적 독점에 의존한다. 국가는 또한 비국가 행위주체들과 상호 작용하는 과정에서 자신의 이익을 수호할 초국가적 전략과 조직을 개발할 수도 있다. 그러나 환경운동은 합법적 제재 수단을 결여할 뿐만 아니라 힘의 합법적 사용을 수단으로 강제를 할 수도 없는 한계에 포위되어 있다.

1992년 리우 회의에서 절정에 달했던 환경운동은 이후 수동성과 침묵을 강요하는 국가의 반격에 직면하여 퇴조의 길을 걷게 된다. 아시아·태평양 지역, 중남미, 미국, 유럽 등지에서는 반환경 정서에 바탕을 두고 환경운동을 파괴하려는 반동이 거의 예외 없이 일어났다. 탈냉전 이후 환경운동이 점차 국가권력의 이해관계를 위협하는 요인으로 간주되고 있는 마당에, 자원 쟁탈전마저 격화된다면 반동의 경향이 강화될 것임은 짐작하기 어렵지 않다.[33)] '기후변화협약'

31) Szabina Kerenyi & Mate Szabo, "Transnational Influence on Patterns of Mobilization within Environmental Movements in Hungary", in Doherty & Doyle(2008).

32) 베일리스, 『세계정치론』, 을유문화사, 2006, p.221 ; Pellow(2007), p.232.

33) Andrew Rowell, *Green Backlash*, London: Routledge, 1996, p.372. 1990년대 말엽 이후 UN과 국제회의에서 환경운동단체들의 참여가 확대되기보다는

(UNFCCC)과 '교토의정서'의 합의 사항에 대한 각국 정부의 지지는 후퇴를 거듭했고, '파리협정'의 예에서 보여지듯이 온실가스 감축에 필요한 조치의 이행은 미루어지곤 했다.[34] 과거에는 병행회의의 주요 관심권에 인권, 여성, 평화와 더불어 환경 문제가 포함됐지만, 21세기에 들어와서는 경제 및 개발 문제가 대신 자리를 차지했다는 사실도 환경운동의 후퇴를 일러준다. 국가의 제약으로 초국가적 환경운동이 후퇴하게 되었다면, 세계시민사회의 성장 과정에서 그것이 담당하는 역할도 위축을 피하기 어렵다.

제약이 늘어나는 변화가 일어난다. 환경운동이 퇴조세를 보이게 된 데에는 국가의 이런 반격 이외에도 대중의 지지 약화, 신자유주의 이데올로기의 만연, 경제안보의 중요성 강화, 국가 간 자원 획득 경쟁, 반환경운동 등이 작용했다.

34) 2021년 11월, 영국의 글래스고에서 열린 기후변화협약 26차 당사국 총회(COP-26)에서는 지구 기온 상승폭을 산업혁명 이전 대비 1.5도로 제한한다는 목표를 재확인했다. 그러나 석탄발전 중단에 관한 논의가 중국, 인도, 러시아의 완강한 반대에 부딪혀 '단계적 퇴출'에서 '단계적 감축'으로 후퇴했다. 동아일보, 2021. 11. 15. 인도는 국제사회가 합의했던 탄소 중립화 목표연도 – 2050년 – 를 2070년으로, 중국과 러시아는 2060년으로 연기한다고 이 회의 직전에 선언했다.

11장 ‖ 지속 가능한 개발

환경 문제는 인구 증가, 공업화의 확산, 도시화, 소비 증가 등 인간 활동이 환경에 전가한 과도한 압력의 산물이다. 그것은 공간적으로 국경을 초월하여 세계에 영향을 미칠 뿐만 아니라, 시간적으로는 현재 세대는 물론 미래 세대의 복지마저도 위협할 가능성이 높다. 인간의 각종 활동이 지구환경에 부정적 영향을 미친다는 것은, 그리하여 팽창적 인간 활동을 지탱해 온 환경의 한계가 초래되었다는 것은 부정할 수 없는 사실로 자리 잡았다.

지구의 부양 능력이 인류가 산업혁명 이후 이루어낸 것과 같은 진보를, 얼마나 오래 어떻게 감당할 수 있을 것인가와 관련하여 제기되는 다양한 의문은 그러한 퇴행에 뿌리를 둔다. 이에 성장 지상주의적 개발 전략 대신, 향후 인류의 생존과 복지를 보장해 줄 새로운 개발 전략의 마련이 시급한 과제로 부상하면서, 적실성 있는 대안의 채택을 둘러싸고 여러 차원에서 경쟁이 전개되었다. '지속 가능한 개발'(sustainable development)은 이러한 요구에 부응한 것으로서, 개발과 환경 문제를 통합적으로 다루되 '경제 성장'과 '환경 보전' 그리고 '사회 정의' – 자원 이용의 시·공간적 평등성 – 의 조화를 주요 목표로 삼은 대안개발전략이다. 지속 가능한 개발은 세 목표를 단일 체계에 통합하여 추구하는 전략이어서 국가, 국제기구, NGOs, 기업 등 다양한 국제 행위주체들과 깊은 관계를 가지지 않을 수 없다.[1] 이러한 함의에 비추어 보면, 그것은 21세기 국제관계의 중심 의제 중 하나로 인정받을 만하다.

그런데 지속 가능한 개발은 진화 과정에서 다양한 목표를 추가하면서 포괄성을 강화해 왔다. 따라서 전략으로서의 일관성과 통일성을 잃지 않은 체 복수의 목표를 달성하려면 다양한 의문들에 대답할 수 있어야 한다. 즉, 선·후진국을 막론하고 국가들은 과연 성장 지상주의를 포기하고 개발과 환경의 조화를 추구할 수 있는가? 국제사회는 환경에 대한 타격이 수용 불가능한 것이 되기 전에 실천 가능한 프로그램을 개발할 수 있는가? 구체적으로 어느 정도의, 어떤 종류의 경제 성장을 할 수 있는가? 인구와 소비의 증가 추세를 어떻게 감소시킬 수 있는가? 새로운 개발전략은 어떻게 다수의 인간에게 복지를 보장할 수 있는가 등이 그것이다.

1. 지속 가능한 개발의 개념

개발 문제는 탈식민지화가 시작된 1940년대 후반부터 이미 UN 의제의 중심부에 진입했으나, 환경 문제는 1960년대에 들어와서야 선진권 일부에서 주요 정치의제가 되었다. 환경과 재생 불가능한 자

---

1) Jurgen Schmandt & C. H. Ward, "Challenge and Response", in Schmandt et al., *Sustainable Development: The Challenge of Transition*, Cambridge: Cambridge University Press, 2000, p.xv.

원의 불확실한 미래에 대한 우려가 제기되면서, 공업화 중심적 경제 성장 전략의 타당성에 대한 회의가 싹트기 시작했다. 지속 가능한 개발에 대한 관심이 그 연장선상에서 싹텄으나, 주류 이론들 – 고전주의, 신고전주의 등 – 은 여전히 환경 문제를 외면한 채 개발을 일방적으로 지지하는 경향을 보였다. 일각에서 지속 가능한 개발의 대안개발전략으로서의 적실성을 탐색했지만, 서로 다른 시각에서 서로 다른 의미로 사용하는 혼란이 있었고, 주요 개발이론들은 지속 가능한 개발을 위협하는 환경 문제와 자원 고갈 문제들에 관하여 무관심한 태도를 고수했다.[2)]

1987년, '세계환경개발위원회'(World Commission on Environment and Development: WCED)는 환경과 개발을 개념, 윤리, 전략 면에서 포괄적으로 연계시킨 '지속 가능한 개발' 개념을 제시했다. 지속 가능한 개발 개념의 기원은 WCED 구성 이전으로 소급되지만, 다의적인 개념에 보편성을 부여하여 표준화의 기반을 마련하고 기존 개발전략의 대안으로서 부각시킨 것은 WCED였다.[3)] WCED 보고서에 의하

---

2) Shamsul Haque, "The Fate of Sustainable Development Under Neo-Liberal Regimes in Developing Countries", *International Political Science Review*, Vol.20, No.2, 1999, pp.197~198.

3) Neil E. Harrison, *Constructing Sustainable Development*, Albany, NY: State University of New York Press, 2000 ; David C. Korten, "Sustainable Development", *World Policy Journal*, Vol.IX, No.1, Winter 1991~1992, p.160 ; William M. Lafferty, "Introduction: The Pursuit of Sustainable Development", *International Political Science Review*, Vol.20, No.2, 1999, p.123 ; Joachim Spangenberg, "Toward Sustainability", in Brendon Gleeson & Nicholas Low (eds.), *Governing for the Environment: Global Problems, Ethics and Democracy*, New York: Palgrave Publishers, 2001, p.29 참조. 1971년 환경정책위원회(Environment Policy Committee)를 창설한 이후, 경제 성장과 환경 보전의 연계를 꾸준히 추구해 온 OECD도 지속 가능한 개발 개념의 기초 정립에 적지 않은 기여를 했다. Iris Borowy, "(Re-)Thinking Environment and Development: The Organization for Economic Cooperation and Development of Sustainable Development", in Wolfram Kaiser & Jan-Henrik Meyer (eds.), *International Organizations and Environmental Protection: Conservation and Globalization in*

면 지속 가능한 개발은 '미래 세대의 욕구 충족 능력을 손상시키지 않은 채 현재 세대의 욕구를 충족시키는 개발'이다.[4)]

이 개념에 대해서는, 지나치게 규범적이기 때문에 실천하는 데 한계가 있다는 비판들이 제기되었다. 구체적으로 첫째, 그 규범적 요구를 거부할 수는 없으나 구체적이거나 강제적인 실천 기제를 제시하지 않아서 행동으로 옮기기가 어렵다. 둘째, 경제 성장의 가치를 인정함으로써 성장 여부보다는 성장 방식에 논쟁을 귀결시키는 왜곡이 일어났다. 셋째, 선진권에는 과도한 성장을 요구한 반면 개도권에는 과소한 성장을 요구한 결과, 지속 가능한 개발의 실현을 근본적으로 불가능하게 만드는 오류를 범했다. 넷째, 빈곤이 극복되지 않고서는 환경 보전과 사회 정의가 영향력을 가질 수 없으므로, 경제 성장과 환경 보전의 조화보다는 경제 성장에 더 높은 우선순위를 부여해야 한다는 것이다.

그러나 이러한 비판들은 WCED의 개념에 담긴 실천적 함의를 과소평가한 결과로 보인다. WCED의 개념은, 한편으로 현재 세대와 미래 세대 간의 평등한 자원 이용 권리와 현재 세대 내에서의 국가 간 부의 평등한 분배를 강조한 것이다. 상이한 세대 사이는 물론 동일한 세대 내에서 '정의의 격차'(justice gap)를 극복하려는 규범적 사고에 바탕을 둔 것이다. 다른 한편으로는 인류가 지구의 생명체 부양 능력에 과도한 부담을 줄 정도로 너무 많은 자원을 이용하면서, 너무 적은 부를 생산하는 '효율성의 격차'(efficiency gap)에 전략적으로 대응할 필요를 제기한 것이기도 하다. 정의의 격차를 극복해야 할 필요로부터 다수의 행동 계획과 정책 목표로서 성장의 부활, 성

---

the Twentieth Century, New York: Berghahn Books, 2014.

4) WCED, *Our Common Future*, Oxford: Oxford University Press, 1987, p.43.

장의 질 변경, 직업 · 식량 · 에너지 · 물 · 위생을 위한 기본적 욕구 충족, 지속 가능한 수준의 인구 확보, 자원 기반의 보존과 확충, 기술의 재정립과 위험 관리, 정책 결정 과정에서의 환경과 경제의 통합이 이미 도출되었다는 사실은[5] 지속 가능한 개발이 규범적인 것으로만 매도당할 이유가 희박하다는 것을 말해준다. 그리하여 지속 가능한 개발은 '인류 모두가 의존하는 환경을 회복 불가능할 정도로 파괴하지 않으면서 지방, 국가, 국제사회의 노력으로 모든 세대의 인간이 기본적 욕구를 충족하고 복지를 증진할 수 있도록 하는 개발'로 이해해야 맞다.

WCED의 개념을 문자 그대로 해석할 경우, 환경 이용을 둘러싼 세대 간 평등이 핵심 요소처럼 보인다. 그러나 그 개념에는 이외에도 조화가 불가능한 것처럼 보이는 요소들 – 경제 성장, 환경 보전 – 이 포함되어 있을 뿐만 아니라, 요소들 사이의 균형이 시종일관 요구된다. WCED의 보고서는 개발과 관련하여 인간의 '욕구'는 기본적이고 필수적인 바, 자원 소유의 평등성과 함께 경제 성장은 이를 충족하는 데 필수적이고, '균형'(equity)은 시민의 효율적 참여에 의하여 촉진된다고 주장했다.[6] 환경과 개발 문제를 분리하면 양자는 물론이고, 각각 목적의 복합성과 포괄성을 정확히 파악할 수 없다는 것이 그 이유였다.

지속 가능한 개발에서 경제 성장, 환경 보전, 사회 정의가 이렇게 유기적 관계 속에서 상승 작용과 함께 상호 억제 작용을 하기 때문에 그 개념에는 '제한'의 의미가 잠재한다. 그런데 여기서의 제한은 기술과 사회조직의 현재 상태 그리고 생태계의 인간 활동 흡수 능력

---

5) WCED(1987), p.49.
6) WCED(1987), pp.8~9.

에 의해 부과되는 것이기 때문에, 절대적 제한이 아닌 상대적 제한을 의미한다. 따라서 WCED의 개념은 일부에서 주장하듯이 경제 성장의 제한 필요를 일방적으로 강조한 것이 아니라, 개발과 환경 그리고 정의의 조화 필요를 강조한 것이라고 해석해야 한다.[7)]

지속 가능한 개발은 경제, 환경, 정의는 물론 기업, 사회, 과학 · 기술, 정치 등 다양한 영역과 상호 작용하기 때문에 국제관계의 변화와도 밀접한 관계를 갖는다. 지속 가능한 개발은 경제, 환경, 사회의 도전에 대응하는 광범위한 전략으로서, 상호 의존성이 점차 더 커지는 세계에서 개발에 관한 새로운 전략적 · 규범적 사고를 제시한 것이다. 이런 점에서 WCED가 제시한 개념은 매우 통합적(holistic)이고 포괄적인 것이라고 새겨야 한다. 그런데 지속 가능한 개발은 수십 년 간의 대화와 논쟁의 산물이어서, 처음부터 고정 불변의 궤도에 들어설 수 없는 한계를 품고 있었다. 그것이 진화 과정에서 경제 성장과 환경 보전에 더하여 여타 관념 – 인간, 사회, 자연 중심주의 등 – 까지 수용할 정도로 확대되고 심화된 것은 불가피한 일이었다. 따라서 그것은 본래의 소수의 핵심 원리와, 수용국의 상이한 사회 · 환경 여건에 따르는 재해석이나 변용 가능성 사이에서 신축성을 내포하게 된다.

WCED의 개념은 지속 가능한 개발에 기본적 원리와 핵심적 가치를 공급했지만, 그 신축성과 개방성 탓에 다양한 해석의 여지를 남겼다. 동일한 미래 이익의 잠재적 기반을 위협하지 않으면서 현재의 사회 · 경제적 이익을 최적화하는 변화의 한 형태 ; 세대 간 · 종 간 · 집단 간 균형을 강조하는 개발의 한 과정 ; 환경과 사회에 보완이 되

---

7) Malcolm Gills & Jeffrey R. Vincent, "National Self-Interest in the Pursuit of Sustainable Development", in Schmandt et al.(2000), p.11.

는 경제 개발 ; 미래의 생활수준 향상을 위협하지 않으면서 현재의 생활수준을 향상시키는 개발 ; 매우 장기적 기반 위에서 환경 서비스를 확보하는 과정 등은, 1987년 WCED가 개념을 발표한 이후 지속 가능한 개발에 관한 다양한 해석이 대두되었음을 말해주는 증거이다.[8)]

그러나 다양한 유사 개념들은 해석상의 차이에도 불구하고 지속 가능한 개발의 포괄적 속성을 인정하는 공통성을 보유한다. 지속 가능한 개발의 표준 개념은 환경과 경제는 물론 사회와 문화의 '지속 가능성'(sustainability)까지도 요구하는 것이다. 1992년 '리우 회의'에서 채택된 조약들(기후변화협약, 생물종다양성협약), 원칙(삼림 원칙), 선언(리우 선언), 행동 계획(의제 21)은 지속 가능한 개발의 포괄성이 중시되었음을 보여주는 증거로서 손색이 없다. 이후 지속 가능한 개발이 개념, 목표, 운동의 형태로 급속히 확산되어 수많은 국제기구, 정부, 기업, 도시, 지방들의 핵심적 과제가 되었다.

2002년의 '세계 정상 회의'(WSSD)에서 채택된 '요하네스버그 선언'(Johannesburg Declaration)은, 지속 가능한 개발의 포괄성에 관한 인식이 더욱 구체화되었음을 보여준다. 즉, 개발을 오로지 경제 개발로만 인식하는 협의의 개념이 인간 개발, 평등성, 사회 정의에 대한 관심을 차단하지 못하도록 경제 개발, 사회 개발, 환경 보전을 지속 가능한 개발의 핵심 축으로 제시했던 것이다. 요하네스버그 선언은 또 지속 가능한 개발의 독자적이고 상호 보완적인 세 핵심 축을 진전시킬 책임을 지방, 국가, 지역, 지구에 부여함으로써 그 실천 가능성의 제고를 추구했다.[9)] 이러한 과정을 보더라도 WCED가 표준

8) O. Noman, *Economic Development and Environmental Policy*, London: Kegan Paul International, 1996, pp.8~9.

개념을 제시한 이래, 지속 가능한 개발이 상이한 여건들과의 상호작용을 거쳐 개념과 전략의 면에서 확대와 심화의 과정을 밟아왔음은 분명하다. 지속 가능한 개발은 진화 과정에서 시·공간적 여건의 차이를 반영하는 신축성을 발휘함으로써 상이한 도전들에 탄력적으로 대응할 수 있는 기반을 구축했으나, 동시에 개념의 다의성과 모호성이라는 결함을 내포하게 된다.

2. 지속 가능한 개발의 적실성

개발이야말로 '근대성'(modernity)의 상징이라고 할 수 있지만, 그렇다고 해서 근대사가 개발은 곧 진보라는 등식의 타당성을 보증하는 것은 아니다. 우리는 그 이유를 우선 물질적 풍요의 혜택은 소수가 누릴 뿐이나, 환경 문제와 자원 고갈의 폐해는 다수를 위태롭게 하는 것에서 찾을 수 있다. 근대 이후 인류는 자신의 욕구 충족을 위해 복합적 체계인 환경을 단순한 자원의 창고로 전락시키는 우를 범했다. 그럼에도 인류가 자신의 행위 개선보다 환경 개조에 더 관심을 두었던 탓에, 인간이 인간에 대한 가장 큰 위협이 되는 지구환경 위기를 인지하면서도, 위기의 주범인 개발 전략의 한계를 극복하기가 어려웠다. 지속 가능한 개발은 이렇듯 성장 지상주의적 개발 전략이 국제사회에서 더 이상 보편적 적실성을 인정받을 수 없다는 인식으로부터 대두된다.

---

9) Robert W. Kates et al., "What is Sustainable Development", *Environment*, Vol.47, Issue 3, April 2005, p.4.

기존 방식의 개발 전략은 두 가지 면에서 지속 불가능하다. 경제 성장 위주의 개발을 추구한 결과 국가 내부는 물론 국가들 사이에서 부의 분배와 관련하여 불평등성이 심화되었을 뿐만 아니라, 지구환경의 인류 부양 능력도 이미 한계에 도달했거나 아니면 한계를 초과했다고 여겨지는 것이다. 보다 더 공평한 분배 질서를 확립하는 것 이외에도, 경제에 의한 환경 파괴와 오염을 제한해야 할 필요는 그래서 절실했다.[10] 환경 면에서 장기적으로 지속 가능하고 사회 정의와 양립할 수 있는 새로운 개발 전략이 그 외연에서 당연히 요구되었고, 지속 가능한 개발은 이런 요구에 부응하여 대안개발전략으로 제시되었다.

WCED의 개념은 대기, 물, 토지의 오염과 생물종의 다양성 감소로 말미암아 인간 생활의 질도 크게 하락하는 추세에 근거를 두고 빈곤 완화, 교육, 인구 조절, 사회 정의 등의 제반 욕구들이 환경 보전과 함께 충족되어야 한다고 지적한다. 그렇다면 지속 가능한 개발은 다양한 목표들 - 경제 성장, 환경 보전, 사회 정의 - 의 유기적 상호 관계 속에서 그것들을 동시에 추구하며 인간과 환경의 문제에 통합적으로 대응하는 것이다.[11] 건강한 환경은 경제에 필수적 자원을 제공하고, 경제의 번영은 사회의 환경 보전 투자를 가능하게 할 뿐만 아니라 극심한 빈곤을 극복할 수 있게 해 주며, 사회 정의의 수호는 자연자원의 수월한 관리와 경제적 이익의 공평한 분배를 보증한다.[12] 경제 성장, 환경 보전, 사회 정의의 수호는 상충되는 것이 아니

10) Spangenberg(2001), p.30.

11) Stephen R. Dovers & John W. Handmer, "Uncertainty, Sustainability and Change", *Global Environmental Change*, Vol.2, No.4, December 1992, p.263.

12) David G. Victor, "Recovering Sustainable Development", *Foreign Affairs*, January/February 2006.

라 상호 의존적이고 상호 보완적인 목표들이라는 점에서 지속 가능한 개발의 적실성을 확인할 수 있다.

WCED의 지속 가능한 개발 전략은 두 개념을 핵심 축으로 삼는다. 하나는 '욕구' 개념으로 압도적 우선순위가 부여되어야 할 세계 빈민층의 기본적 욕구를 뜻하고, 다른 하나는 현재와 미래 세대의 욕구 충족과 관련하여 드러난 환경의 '한계' 개념이다.[13] 그런데 인간의 욕구를 충족시키지 않고서는 지구환경의 수호가 불가능하다는 점을 지적한 것에 그치지 않고, 인간들이 변화된 방식으로 욕구를 충족해야 할 필요를 제기한 점에서 지속 가능한 개발의 다당성이 돋보인다. 인간은 지구의 생명 부양 체계를 파괴하는 대신 보존함으로써 환경의 인간 부양 능력을 강화하고, 부의 불균형을 심화시키는 대신 생활수준을 향상시킴으로써 세계적으로 빈곤을 제거하거나 완화해야 한다. 빈민층은 생계 능력의 결핍, 기술에의 접근 제한, 자연재해에의 취약성, 그리고 그들이 크게 의존하는 환경의 붕괴 가능성 때문에 생존에 가장 큰 위협을 받는다.[14] 지속 가능한 개발은 자원 기반을 강화하려는 사회 · 경제 개발 전략으로서, 현재의 세계에서 행해지는 것보다 더 공평한 분배를 강조하고 세계적 빈곤의 퇴치와 미래를 위한 선택에 문호를 개방하도록 요구한다.

WCED의 주장을 수용한다면, 경제 성장은 빈곤 감소와 환경 문제의 해결을 동시에 만족시킬 수 있는 수단이어서, 지속 가능한 개발의 훼방꾼이 아니라 동반자이다. 빈곤이 지구환경 문제의 유일한 요인은 아니지만, 그 주범 중의 하나임에는 틀림이 없다. 소득 수준이

---

13) WCED(1987), p.43.

14) Jeffrey D. Sachs,, "Sustainabe Development," *SCIENCE*, Vol.304, Issue 5671, 30 APRIL 2004, p.649, http://science.sciencemag.org (검색일: 2021. 3. 20)

낮은 빈민층이 자신의 욕구를 충족하는 과정에서, 환경 문제를 크게 불러 일으켰다는 사실을 개도국 전반에서 확인하기는 그리 어렵지 않다. 빈곤은 개도권에서 자연자원의 급속한 고갈과 함께 환경 보전을 위한 투자의 감소를 초래하는 주요 동인이어서, 사실상 환경 문제 해결의 주적이라고 해도 과언이 아니다. 경제 성장이 이루어지지 않을 경우 개도권의 빈민층이 주로 영농, 어로, 화목 채취 등의 자연자원 착취에 의존하여 생계를 유지하는 경향에서 알 수 있듯이, 경제 성장은 환경 문제의 원인이자 환경 보전의 수단으로 작용하는 이중성을 내포한다.[15] WCED는 이런 속성을 포착하여, 빈곤 문제를 해결하면서 환경 문제도 동시에 해결할 수단으로 적절한 수준의 경제 성장을 선진권과 개도권 모두에게 권장한다.

환경은 산업이 필요로 하는 원료를 공급하고 인류가 필요로 하는 식량을 제공한다는 것만으로도 경제의 기초이고 경제는 환경의 부속물이다. 자원 기반의 오염, 파괴, 낭비로 말미암아 환경이 파멸 상태에 이르면 경제도 붕괴될 수밖에 없다는 사실은, 환경 보전이 오로지 경제 성장의 저해 요인으로 작용하는 것만은 아님을 강조한다. 선진국들의 경험과는 다른 성장을, 즉 환경이 피해자가 아닌 동반자인 균형 성장이 필요하다는 것에서 지속 가능한 개발이 타당한 근거를 발굴해야 한다. 바꾸어 말하자면 미래의 성장은, 에너지와 물자를 효율적으로 사용하고 정책 결정 과정의 모든 수준에서 환경 요인을 고려한 것이어야 한다.

---

15) 개도권의 빈민층은 부국의 국민들보다 토지, 삼림, 하천, 어류 등에 더 의존한다. 개도권에서의 경제 성장은 빈민층의 소득 수준을 향상시키고 자원 기반에 대한 압력을 완화함으로써, 자원의 장기적 이용 가능성을 높여 지속 가능한 개발에 기여한다.

지속 가능한 개발의 실천 강령은 이러한 필요를 충족시키기 위해 환경을 착취하는 것 이외에는 마땅한 대안이 없는 빈민층에 대한 지원의 강화를 요구한다. 동시에 자립적 개발을 추진하되 환경의 질을 악화시키지 않으면서, 장기적으로 생산성도 하락시키지 않는 비용 효과적 개발을 요구하기도 한다. 이런 요구들을 만족시킨다면, 지속 가능한 개발은 지구환경과 인간의 복지를 위협하는 다양한 도전에 대처하고, 자연과 인간 모두를 위한 미래 전략의 수립에 기여할 수 있다. 전통적 개발 전략의 문제를 해결함으로써 변화하는 세계에서 적실성을 확보할 수 있는 것이다.

지속 가능한 개발을 주조로 한 WCED의 보고서는 국가 및 국제 차원에서 환경정책의 현저한 진보를 가져왔다. 국가 차원에서는 지속적 제도 개혁, 지속 가능한 개발을 위한 국가 및 지방 제도의 수립, 새로운 환경정책 도구의 도입, 정책 결정 과정에서의 환경 및 경제 요인의 통합이 꾸준히 시도되었다. 특히 선진권에서는 지속 가능한 개발에 관한 국가 환경 전략과 정책의 수립, 환경 거버넌스의 성장, 지방 의제 21 운동의 확산 등의 면에서 진전이 있었다. 국제사회에서도 지속 가능한 개발이 중요한 목표로 수용되었음은 각종 국제환경조약의 체결 그리고 UN과 그 산하기구들, 세계은행, OECD 등 국제기구들의 환경 담당 부서 설치 – 예를 들어 CSD 설치 – 에서 엿볼 수 있다. 나아가 그 행동 계획이 '의제 21'(Agenda 21)로 구체화된 이후 WCED의 보고서, 리우 회의, 요하네스버그 회의를 거치면서 지속 가능한 개발은 국가·국제 환경 정책 결정 과정의 지배적 원리가 되어 개발의 방법론과 실천 면에서 적실성을 확보해 들어간다.[16)]

16) Langhelle Oluf, "Sustainable Development: Exploring the Ethics of Our Common Future", *International Political Science Review*, Vol.20, No.2, 1999, p.227.

3. 지속 가능한 개발의 한계

1) 개념의 문제

모든 개념은 정치환경이 조성되고 새로운 목표가 형성되는 특정의 사회적 맥락에서 형성되지만, 생산자를 떠나 전파되는 과정에서 수용자의 정치환경과 목표에 따라 굴절되는 과정을 거친다. 개념은 본래 그것을 생산한 사회 세력의 목표와 상호 작용하는 정치환경의 산물이기는 하지만, 일단 전파 과정에 들어서면 상이한 환경에서 상이한 사회 세력의 목표에 기여할 수 있도록 변용되곤 한다.[17] 심지어는 생산자가 부여한 의미를 박탈당한 채, 수용자가 부여한 새로운 의미로 개념이 포장되는 경우도 종종 있다. 지속 가능한 개발 또한 이러한 과정에서 해방될 수는 없어서 전파 과정에서 변용되고 재포장되어 다양한 해석을 낳는다.

지속 가능한 개발이 본래 이질적이고 복합적인 인간사회와 환경에, 그리하여 상이한 환경과 목표에 대응한 포괄적 개념인 한, 그것은 시·공을 가로질러 적용될 수 있는 신축성을 내포한다.[18] 그것은 상이한 도전들에 대하여 탄력적으로 대응함으로써, 그리하여 다양

17) Earl H. Kinmonth, "Nakamura Keiu and Samuel Smiles: A Victorian Confucian and Confucian Victorian", *American Historical Review*, Vol.85, No.3, June 1980, p.555 ; Reinhart Koselleck, *The Practice of Conceptual History: Timing History, Spacing Concepts*, Stanford, CA: Stanford University Press, 2002.

18) 일부 논자는 지속 가능한 개발 개념의 핵심 구성 요소인 '지속 가능성'(sustainability)과 '개발'(development)이 서로 다를 뿐더러 경쟁적이며 심지어는 모순적이라서, 지속 가능한 개발 개념은 일종의 '형용 모순'(oxymoron)이라고 지적한다. Michael Redclift, "Sustainable Development in the Age of Contradictions," *Development and Change*, Volume 49, Issue 3, May 2018, pp.695~696. 이런 개념적 취약성이 다양한 해석을 가능하게 한 온상으로 작용한다.

한 해석을 허용함으로써 개념의 다의성이라는 문제를 안게 된다. 지속 가능한 개발은 환경 영역에서 핵심적 위치를 차지하고 있지만, 보편적으로 수용되는 '통합 개념'이 부재하는 상태에 놓여 있다. 흡수한 목표와 가치들이 상이하거나 상충되는 것임에도 불구하고, 지속 가능한 개발은 그것들의 동시 실현을 추구한다.

다양한 가치와 목표들 중 어느 하나에 중요성을 부여한 채 지속 가능한 개발을 규정한다면, 그런 부류의 개념은 시각의 편협성 때문에 의미를 상당 부분 잃게 된다. 각 시각에 내포된 결함이 지속 가능한 개발은 물론 지속 불가능한 개발까지도 정당화하기 때문에, 사고와 실천을 진전시키기는커녕 더 악화시킬 가능성마저 있다. 실제로 WCED가 개념을 제시한 이래 수많은 논자들이 각자의 해석을 전파한 결과, 반환경적인 활동마저도 지속 가능한 개발로 위장하거나 정당화하는 '녹색 세탁'(greenwash)이 적지 않았다.[19] 현재와 미래 세대의 욕구 충족에 관심이 없는 사람, 심지어 환경을 파괴하거나 오염시키는 방식으로 욕구를 충족하려는 사람, 기존 사회 문제를 부당하게 이용하여 욕구를 충족하려는 사람들의 도구로 악용되지 않을까 하는 우려가 제기될 정도로, 지속 가능한 개발은 다의성의 문제를 내포한다.

1987년 이래 벌어진 논쟁 과정을 살펴보면, 지속 가능한 개발을 특정의 가치나 목표를 증진하는 도구로 이용하려는 시각들이 개입했음을 알 수 있다. 거기에는 최소한 서로 다른 목표와 가치를 가진 세 시각이 개입했다고 보여진다. 구체적으로 '효율'(efficiency)을 중심축으로 한 시각은 생산 활동에 투입되는 원료의 양을 감축하여 자연

19) Kates et al.(2005), p.10.

자원의 이용과 폐기물 발생을 극소화하라고 주장한다. '균형'(equity)을 강조하는 시각은, 인류 전체의 욕구를 충족시켜야 할 환경에 대한 압박을 완화하고, 인간의 집단적 복지 증진에 기여하는 방향으로 정치 제도를 변화시키도록 요구한다. '윤리'(ethics)에 입각한 시각은, 의식이 인간사회는 물론 비인간사회를 보호하는 방향으로 전환되도록, 선악에 관한 인간의 사고방식 변화를 추구한다. 세 시각이 지속 가능한 개발 개념의 주요 구성 부분임은 분명하지만, 동시에 이들의 복합적 공존 때문에 통일적 단일 개념을 구성하기가 어렵다.[20)]

지속 가능한 개발 개념이 그 동안 다양한 사회적 목표 및 가치와의 상호 연계를 강조하느라, 모호하고 다의적인 개념으로 전락했다는 비판에는 상당한 근거가 있다. 상이한 시각을 가진 다양한 사회세력들의 요구를 조절하여 반영하기는 했지만, 동시에 시각의 차이를 소홀히 한 포괄적 개념으로 귀착된 것이다. 그것은 제반 사회 세력의 목표 달성 도구로 둔갑하는가 하면, 왜곡에 취약한 한계도 드러낸다. 예컨대 인권운동가도, 대규모 화학회사도, 친환경 건축가도, 핵발전소 운영자도 자신의 목적에 부합되도록 개념을 변용하여 자신의 활동을 변호하는 데 활용하는 것이다.

지속 가능한 개발 개념은 환경 보전, 경제 성장, 사회 정의를 상호 결합한 것이지만, 진화 과정에서 과도하게 전문화되고 본래의 취지에 부합되지 않는 다수의 목표들을 통합한 것이기도 하다. 그것은 사회 전반으로 확산되는 과정에서 일관성 없는 개념들을 양산했다. 그것은 근대사회가 경제 성장에 주력하느라 소홀히 한 환경 보전, 사회

20) Harrison(2000).

정의, 인간 개발의 중요성을 환기시킨 점에서 중요하지만, 개념의 범위를 과도하게 확대하여 실현 불가능한 다수 목표를 포함한 것은 극복해야 할 과제이다.

어느 한 시각에 입각하여 개념을 구성하면 개념의 파편화가 복수 개념의 난립을 초래하는 탓에, 그리고 모두를 통합하면 개념의 광역화가 전파 과정에서 발생하는 해석의 다양성을 조장하는 탓에, 지속 가능한 개발은 개념의 다의성을 피하기 어렵다. 지속 가능한 개발은 다수의 유개념들 – sustainable agriculture, sustainable city, sustainable growth, sustainable livelihood, sustainable yield, sustainability – 과 그 적실성을 놓고 경쟁하는 개념이라는 점에서[21] 사회과학의 여타 주요 개념들과 사정이 크게 다르지 않다. 분석적으로 엄밀한 개념의 정립이 어렵다고 하더라도, 여타 개발 개념과 구분되는 속성을 적시할 필요마저 무시해도 되는 것은 아니다. 그것은 유개념들과의 생존

21) Sally E. Eden, "Using Sustainable Development: The Business Case", *Global Environmental Change*, Vol.14, No.2, 1994, p.160 ; Michael Redclift, "Sustainable Development and Global Environmental Change", *Global Environmental Change*, Vol.2, No.1, March 1992, pp.32~34. 한 예로 '지속 가능성'(sustainability)은 인간과 자연이 내·외부의 변화에 무한히 적응하거나 대처할 능력을 갖추려는 장기적 목표를, 지속 가능한 개발은 이 목표를 향하여 나아가는 가변적 전략을 의미한다. 그러나 개념이 모호하기는 지속 가능한 개발의 준거가 되는 다른 개념들도 마찬가지이다. 준거 개념들의 모호성이 지속 가능한 개발 개념의 그것을 더욱 부채질했거니와, 국제환경 논쟁에서 다양한 세력들이 그 개념을 조작하여 다양하게 해석하는 현실도 무시할 수 없다. 이 결과, 다수의 상이한 유개념들이 지속 가능한 개발의 다의성을 가속화시켜 왔다. 이에 관해서는 Stephen R. Dovers & John W. Handmer, "Uncertainty, Sustainability, and Change", *Global Environmental Change*, Vol.2, No.4, December 1992, p.263 ; Merle Jacob, "Toward a Methodological Critique of Sustainable Development", *Journal of Developing Areas*, Vol.28, No.2, January 1994, p.243 ; Redclift(1992), pp.32~34 ; 신연재,"환경 문제와 신세계질서: 대안 개발 전략으로서의 '지속 가능한 개발'의 타당성과 한계'," 유종선 외, 『신국제질서의 도전과 대응』, 울산대 출판부, 1996, pp.91~93.

경쟁에서 개념 간의 차이를 분명히 하고 개념을 더 정제해야 적실성을 획득할 수 있지만, 시·공간의 변화에 대응하여 개념의 변화를 추구하지 않을 수 없기 때문에 완벽한 일관성과 통일성을 보유할 수 없는 한계도 숙명적으로 내포한다.

2) 전략의 한계

지속 가능한 개발이 현실화되려면 국가와 국제사회가 상당한 역할을 해야 하지만, 양자는 아직도 이런 일로부터 상당한 거리를 두고 있다. 양자가 원칙적으로 지속 가능한 개발 전략을 지지한다고 하더라도 그 실효성까지 보장하는 것은 아니다. 각국의 정치는 소비위주의 생활양식과 가치를 변경하는 데 큰 영향력을 발휘하지 못하며, 국제사회의 환경 친화적 개혁도 기대한 것만큼의 진전을 이루지 못하고 있다.[22)]

(1) 국가 차원의 한계

환경 문제는 기본적으로 국가 차원의 문제이다. 사실상 모든 국가가 지구환경 문제에 영향을 미친다 하더라도, 그것은 기본적으로 국가의 국내 활동을 통하여 이루어지므로 환경 문제는 본래 국내 문제이거나 지방 문제이다. 따라서 국가를 통하지 않고 지구환경 문제에 접근하는 것은 비현실적 대응에 지나지 않는다. 국가가 환경 의식과

22) 가령 세계은행은 지속 가능한 개발을 지지하면서도 환경 문제를 유발할 수 있는 개발차관-광산 개발, 수력발전소 건설 등-을 제공해 왔다. I. Boxil, “Globalization, Sustainable Development, and Postmodernism”, *Humanity and Society*, Vol.18, No.4, 1994, p.14.

활동에 미치는 영향을 외면하고서는, 지구 차원의 환경 문제가 대두되거나 경험되는 방식을 이해할 수 없다. 지구환경 문제를 해결하는 데 일역을 담당하는 '국제환경레짐'의 결정조차도 국가가 최종적으로 준수해야만 실효성을 확보할 수 있다. 국제환경레짐이 요구하는 국제 합의의 실천은 국내 정책 및 제도들과 합리적으로 조화되어야 하며, 그렇지 않을 경우 국가는 합의의 준수보다는 변경을 시도하는 것이 일반적인 추세이다.

초국가적 환경 문제는 국제협력 체제의 구축을 통한 해결을 요구한다. 기후 변화, 오존층 파괴, 국제하천수 분배 등의 문제가 그렇다. 그러나 지속 가능한 개발을 지구 차원에서만 접근해야 한다고 고집할 경우 개념의 왜곡은 불가피하다. 지속 가능한 개발과 밀접한 관계가 있는 빈곤 문제는 대부분 지구 차원이 아닌, 국가 또는 지방 차원에서 발생한다. 빈곤과 환경 문제는 상호 연계되어 있어서, 경제 성장은 두 문제에 대처하는 데 필수적이다. 그러나 경제 성장이 지속 가능한 개발의 중요한 수단이라고 해도, 각국은 국내적으로 시장이 환경 문제의 비용을 내면화하지 못하는 시장 실패에 적절히 대응하지 못했을 뿐만 아니라, 불필요한 환경 문제를 야기하는 정책을 추구해 왔다.

개도권에서든 선진권에서든 심각한 형태의 환경 문제는 이렇듯 지구 차원이 아닌, 국가 차원의 요인들로부터 주로 유발된다. 예컨대 국가들이 온실가스의 배출을 억제하지 않거나 생물종의 다양성을 훼손하는 활동을 묵과하면, 지구 차원의 환경 문제 발생에 원인을 제공하는 것이다. 역으로 온실가스의 배출을 감축하거나 생물종의 다양성을 회복하기 위해 노력한다면, 지구 차원의 환경 문제를 해결하는 데는 물론 국가이익을 증진하는 데도 기여하는 것이다.[23) 지속 가능한 개발은 이런 점에서 국가이익의 극대화를 추구하는 대안개발전략이다. 이에 맞추어 '의제 21'은 각국 정부에게 '지속 가능한 개발의 달성을 위한 국가 전략 · 계획 · 정책 · 과정을 수립하여야 하고, 국가 전략은 국가 운영에 동원되는 경제 · 사회 · 환경 정책 및 계획에 입각하여 그것들을 조화시켜야 한다'고[24) 요구한다.

대다수의 선진국은 이런 요구에 대응하여 지속 가능한 개발의 목표들을 국가 전략이나 정책에 반영해 왔다. 선진권이 지속적 제도 개혁, 새로운 환경 정책 도구의 실험, 정책 결정 과정에서 환경 및 경제 요인의 통합을 부단히 시도하고 있음은, 지속 가능한 개발 전략의 수립 및 감시를 위하여 다수의 계획과 제도를 수립한 것에서 확인할 수 있다. 예컨대 네델란드는 환경 문제들에 포괄적으로 대응하면서 한 세대 내에 그것들을 해결하거나 통제하는 것을 목표로 한 NEPP(National Environmental Policy Plan)를, 카나다는 지속 가능한 개발에 관한 정책과 제도를 개선하면서 구체적 환경 문제에 대응하는 Green Plan을 실행한다. 여타 선진국들 - 뉴질랜드, 덴마크, 오스트레일리아, 영국, 일본 등 - 도 지속 가능한 개발을 위한 전략과 계획을 도입했다는 점에서는 다르지 않다. 선진권의 이 같은 노력은 '지속가능개발위원회'(UNCSD)에 의제 21의 이행 상황을 보고하는 체제를 수립한 것, 다양한 국제환경조약을 준수하는 것, OECD가 회원국들의 '환경 활동 현황(Environmental Performance Review) 등록 프로그램'을 도입한 것으로도 입증된다.[25)

23) Gills & Vincent(2000), p.12.

24) 지구환경대책기획단, 『21세기 지구환경 실천 강령 - 리우 지구환경회의 문서 국문본』, 서울: 경제기획원, 1992, p.171.

나머지 대부분의 국가는 제반 요인의 제약으로 말미암아, 아직 개발 전략이나 정책 수립에 지속 가능한 개발을 적극적으로 적용하지 못하고 있다. 구체적으로,

첫째, 개도권의 환경 문제는 생활의 장기적 지속 가능성을 희생시키고 단기적 이익을 추구할 수밖에 없는 극심한 빈곤 상태에서 비롯된다는 것이 정설로 통한다. 지속 가능한 개발이 환경 보전과 함께 절대 빈곤의 감소를 국가에 주문한 것은 이 점에서 적절하다. WCED는 이런 필요를 고려하여 변화로부터 가장 크게 영향 받을 집단을 개발 계획에 참여시키는 '상향식'(bottom-up) 접근법을 채택하라고 요구했다. 그런데도 개도국 전반에서 빈민층은 자신의 미래에 직·간접적으로 영향을 미칠 정책 결정 과정에 참여하는 데 제약을 받고 있어서, 경제 활동의 수익 분배 과정에서 공평한 몫을 분배받지 못한다.[26)]

대중의 참여는 자원 고갈, 환경 문제, 사회 불안정을 최소화하는 안전판이 되거나 그 반대 역할을 하는 장치가 될 수 있다. 대중이 정책 결정 과정에 참여하면, 지속 가능한 개발에 관한 합의와 결정의 정당성을 제고하여 정책의 지속 가능성을 강화할 가능성이 크다. 그러나 그들의 기본적 욕구를 충족시킬 수 없다면, 환경 문제를 해결하려는 어떠한 정책도 비생산적 결과로 이어지게 된다. 그러함에도 '하향식'(top-down) 개발 정책을 고수하는 경향 때문에, 개도국들은 환경·경제·사회의 지속 가능성을 확보할 수 없는 한계에 직면한다.

---

25) B. Dalal-Clayton, *Getting a Grips with Green Plans: National Experiences in Industrial Countries*, London: Earthscan, 1996 ; James Meadowcroft, "The Politics of Sustainable Development: Emergent Arenas and Challenges for Political Science", *International Political Science Review*, Vol.20, No.2, 1999, p.222.

26) Schmandt & Ward(2000), p.8.

둘째, 지속 가능한 개발의 또 다른 장애는 각종 제도가 변화의 요구를 외면하고 현상 유지에 집착하는 경향에서 찾아낼 수 있다. 그것들은 경제적 이익의 획득 과정에서 발생하는 비용을 다른 제도에 전가하는가 하면, 환경과 경제를 분리하여 다루는 경향이 있어서 환경 문제에 효율적으로 대처하는 데 한계가 있다. 가령 만연된 NIMBY 현상은 비용을 인접 지역이나 국가 또는 지구공동재 - 해양, 대기, 외계 - 에 전가하는 것으로서 강대국은 약소국에게, 정치가는 최약체 집단 - 미래 세대 - 에 전가하기도 한다. 문제는 경제와 환경이 상호 의존 관계를 유지해 온 반면, 국내 · 외 제도들은 그렇지 않다는 것이다. WCED는 이 문제를 해결하기 위해서는 경제 성장과 조화되는 자원 및 부의 재분배 제도가 필요하다고 역설한다. 성장의 이익이 사회 내부나 사회들 사이에서 공평하게 분배되지 않는 문제에 대응하려면, 적절한 제도 및 절차의 수립과 강제 그리고 정치적 지지가 필요하다는 것이다.

그런 가운데 특히 강조된 것이 불이익을 받기 쉬운 집단이나 지역에게 공평한 재분배를 지속 가능하게 보장하는 정치 제도의 운영이다.[27] 그렇게 하지 않으면 유기적으로 연계된 환경 · 경제 · 사회 문제에 복합적으로 대처하기 어렵기 때문이다. 그런데도 공공정책의 우선순위를 환경보다는 경제에, 조화보다는 성장에 부여한 결과, 국가들은 막대한 능력을 경제 개발에 집중 투입하는 방식으로 제도를 운영하는 경향이 있다.

환경 문제의 포괄성과 복합성에 비추어 필수적으로 요구되는, 환경 부처와 기타 유관 부처 간의 긴밀한 협력 체제 구축에 큰 비중을

27) Becky J. Brown et. al, "Global Sustainability: Toward Definition", *Environmental Management*, Vol.11, No.6, 1987, pp.717~718.

두지 않는 것도 문제이다. 게다가 환경 담당 부처들마저도 환경 문제의 사전 예방보다는 사후 해결에 주력하는 함정에 빠져있다. WCED는 이 문제와 관련하여 국제기구와 함께 각국 정부가 지속 가능한 개발을 가장 중요한 목표로 삼되, 환경 보전 및 자원 관리 제도의 강화와 유기적 협력 체제 구축을 주문했다.[28] 국가 차원에서 이런 요구에 부응하려면, 유관 제도들이 환경 · 경제 · 사회 기반의 지속 가능성에 미치는 자신들의 영향에 비례하여 책임을 부담하는 방향으로 제도가 정비되어야 한다. 그러함에도 대다수 개도국들이 이런 제도적 변화의 요구에 부응하지 못한 것이 지속 가능한 개발의 한계로 등장한다.

셋째, 환경 문제의 주요 요인 중 하나는 소비 지상주의적 문화와 생활양식이다.[29] 현재보다 고도화된 생활수준에서 지속 가능성을 달성하기 위해서는 정부와 민간 부문에서 가치, 신념, 생활양식의 근본적인 변화가 일어나야 한다. 일부 선진국이 이미 이런 환경 친화적 정치의식을 보유했다고 하지만, 대다수의 구성원들로부터 지지를 획득하여 정치 의제화한 국가는 드물다. 정책 결정자들이 장시간을 요구하는 환경 친화적 원칙과 전략을 지지해야 이러한 한계를 비로소 극복할 수 있다.

그러나 국민은 환경 전체가 아닌 부분만을 보고, 정치지도자들은 장기적 시각 대신 단기적 시각에 사로잡혀 있어서, 그러한 변화가 짧은 시간 안에 현실화되기는 어렵다. 정치지도자들이 현안 문제에 매몰되는 경향을 보이는 탓에 환경 요소들이 개발 전략의 수립 과정

28) WCED(1987), pp.9~10, 314, 318.

29) Bob van der Zwaan & Arthur Petersen (eds.), *Sharing the Planet: Population-Consumption-Species*, Delft: Eburon, 2003.

에서 배제되어, 지속 가능한 개발이 실패로 돌아간 경우는 적지 않다. 어떤 국가에서든 지속 가능한 개발이 대안개발전략으로 정립되기 위해서는, 정치지도자들이 단기적 목표보다 장기적 목표를 지지해야 하고, 그것을 지지하는 구성원들이 다수 존재해야 한다. 정치지도자들이 정치적으로 어려운 결정을 하고, 대중의 이해와 지지를 확보해야 지속 가능한 개발로의 이행이 가능하다.

그러나 현대사회가 유례없이 정치화되어 가는데도, 주요 정책 문제는 정부의 대처 능력 밖에 놓여 있어서, 변화에 필요한 정치적 의지의 결집은 여전히 숙제로 남아 있다. 결집된 정치적 의지는, 지속 가능한 개발을 관심의 표적으로 끌어들여 실천으로 연결하는 고리라고 해도 무방하다. 어떤 정부든 정치적 의지의 변화에 입각한 문화와 생활양식의 변화 없이 윤리적 확신이나 과학적 결론만을 가지고 국가를 지속 가능한 개발로 인도하기는 어렵다. 정치적 의지의 결집과 변화는 이런 점에서 지속 가능한 개발의 핵심 요소이다. 그러나 이를 현실화했거나 현실화할 수 있는 국가가 소수에 불과하다는 사실에서 우리는 지속 가능한 개발의 또 다른 한계를 엿볼 수 있다.

넷째, 대부분의 국가에서 환경 비용을 개인이 아닌 사회가 부담해온 관행 또한 지속 가능한 개발 전략의 현실화를 가로막는 요인이다. 아직도 많은 국가들은 경제 성장에 집착하느라 공공정책의 변화에 소극적인 편이다. 이에 시장은 환경 비용을 내면화하는 데 실패해서 지속 가능한 개발은 장애를 만나게 된다. 선진국들이 환경 문제에의 대응을 적극화했지만, 그것만으로는 환경 문제의 근본적 원인을 제거하는 데 역부족이라는 것이 밝혀진지 이미 오래다. 후진국 일반의 상황이 이보다 훨씬 더 열악하다면, 선·후진국을 가릴 것 없이 국가 차원에서의 개발 전략의 전환이 요구된다.

지속 가능한 개발 전략은 환경 문제를 유발한 공·사의 제도에 책임을 묻는 것이되, 환경 문제의 발생을 방지하기 위한 긍·부정적 유인을 포괄한 것이어야 한다. 환경 문제를 유발하는 활동에는 비용을 부과하고 그것을 예방하는 활동에는 보상을 해야 한다. 그래야만 가격이 환경 비용까지를 포함한 진정한 비용을 반영하게 되고, 환경 문제 해결 비용을 사회 전체가 아닌 오염자가 부담하도록 하여, 환경 차원에서는 건강한 관행을 촉진하고 경제 차원에서는 성장을 촉진하며 사회 차원에서는 정의를 확립할 수 있다.

(2) 국제 차원의 한계

과거에는 지방 또는 지역에 한정되던 환경 문제의 영향이, 최근으로 올수록 세계로 확산되어 지구환경의 지속 가능한 기능 수행을 위협한다.[30] 사회·경제 요인의 세계화와 함께 국경에 구속되지 않는 초국가적 환경 문제의 빈발은 그러한 변화를 알려주는 데 모자람이 없다. 사실상 모든 국가가 정도의 차이는 있지만 원인 발생에 영향을 미치기 때문에 어느 한 국가에게만 책임을 물을 수 없다는 점에서, 환경 문제는 국제 행위주체들이 공동으로 대응하는 경우에만 효과적 대처가 가능하다. 여기에, 지속 가능한 개발을 달성하기 위한 전제로 국가와 비국가 행위주체들이 참여하는 국제협력 체제의 구축이 요구되는 이유가 있다.

국제사회는 이에 대응하여 스톡홀름 회의 이후 다수의 '국제환경 레짐'을 수립했고, 리우 회의는 다양한 이해당사자와 행위주체들의

30) Bruno Fritsch, "On the Way to Ecologically Sustainable Economic Growth", *International Political Science Review*, Vol.16, No.4, October 1995, pp.361~374.

참여와 협력－국제 거버넌스－을 강조했다. 국제환경레짐은 국가의 이타적 행위가 자리적 국가이익의 증진에도 도움이 되도록 하되, 환경 문제의 해결 과정에서 국가들의 ‘무임승차’나 ‘배반’을 억제하는 역할을 담당한다. 초국가적 환경 문제의 해결이 진전을 거둘 수 있었던 데는 국제환경레짐의 이런 역할이 주효했다.[31] 그러나 아직까지도 국제레짐이 형성되지 않은 환경 문제 영역들의 수가 적지 않고, 레짐이 형성된 경우에도 이른바 ‘강한 레짐’(strong regime)의 수는 소수에 불과하다는 사실은, 지속 가능한 개발의 추진 과정에서 국제환경레짐이 안고 있는 한계를 대변한다.[32]

근대 이후 국제관계의 가장 중요한 행위주체는 국가여서, 국제협력 체제의 수립은 궁극적으로 각국의 이해관계로부터, 즉 각국의 여건과 전략으로부터 제약받지 않을 수 없다. 국가는 그런 면에서 국제협력의 추진 주체이자 저해 요인이어서, 국가이익의 조화 없이는 국제환경협력의 원활한 추구가 사실상 불가능하다.[33] 게다가 지구 차원의 환경 문제라고 해도 그 영향은 국가마다 상이해서 그 심각성과 긴박성이 다르고, 따라서 대응도 서로 다를 수밖에 없다. 예컨대 리우 회의에서 선진권은 삼림을 지구공동재로 간주하고 지속 가능한 개발을 위한 국제삼림조약의 체결을 주장한 반면, 개도권은 그것

31) 베일리스 외, 『세계정치론』, 을유문화사, 2006, pp.478~479.

32) 그러나 국제환경레짐이 지구환경의 영역에서 특정 문제에 대응하는 것인 한, 지속 가능한 개발이 요구하는 포괄적 대응을 하는 데는 태생적 한계가 있다. Lafferty(1999), p.125 참조.

33) 리우선언 ‘원칙 2’는 이런 사정을 반영하여, “국가는 UN 헌장 및 국제법 원칙과 조화를 이루면서 자국의 개발·환경 정책에 따라 자국의 자원을 개발할 수 있는 주권적 권리를 가지고 있으며, 또한 자신의 관할권이나 통제권에 입각한 행동이 타국이나 자국 관할권의 범위를 넘어선 지역의 환경 문제를 초래하지 않도록 보장할 책임이 있다”고 선언했다. 지구환경대책기획단(1992), pp.5~6.

을 자국의 필요에 따라 개발되어야 할 국유자원일 뿐이라고 반박하여 조약의 체결을 무산시킨 바 있다.

기후 변화는 대륙과 해양에서 불균등하게 발생하고, 그로 인한 해수면 상승은 내륙국가보다 '군소 도서 개도국'(small island developing states)에 더 큰 영향을 미치며, 열대림은 온대림보다 더 다양한 서식지를 생물종에 제공한다. '지구환경기금'(GEF)은 지속 가능한 개발을 지원할 목적으로, 6개의 지구 환경 문제 – 기후 변화, 오존층 파괴, 국제하천 오염, 생물종의 다양성 등 – 에 지원 총액의 과반을 배정하나, 이 문제들은 개도권의 현안 문제가 아니라 선진권의 주요 관심사라는 점을 상기할 필요가 있다.[34)]

사정이 그렇다면 지속 가능한 개발은 각 국가의 특수성을 반영한 차별화된 전략이어야 하고, 역으로 적실성 있는 대안개발전략이 되려면 시·공의 맥락에 따르는 사회·경제 환경의 특수성을 반영한 것이어야 한다. 국가 간 여건의 차이가 적용되는 방식과 원칙의 차이를 초래하므로, 지속 가능한 개발이 현실화되는 구체적 형태와 수준도 달라야 하는 것이다. 그것은 시간적·공간적 맥락의 특수성에 입각해야, 비로소 세계적 보편성의 획득이 가능하다. 지속 가능한 개발은 이처럼 국가마다 다른 이해관계와 목표에 의해 지배되는 개발 전략이어서, 중남미나 아시아 또는 아프리카 국가들이 동일한 수준과 형태를 추구하는 것은 무의미하다. 지속 가능한 개발과 관련하여 나타나는 지구 차원의 보편적 기대와 국가 차원의 특수한 현실 사이의 괴리는, 기후 변화 규제 노력이 왜 부진한지를 설명하는 데 유용하다. 그 원인은 국가적인데 결과는 지구적이어서, 상당수의 국

34) John D. Montgomery, "Asia-Pacific as an Environmental Region", *Journal of Developing Areas*, 28, October 1993, pp.7~8 ; Victor(2006), p.4.

가들은 온실가스 감축 의무의 부담을 자국의 개발에 대한 불공평한 제약이라고 간주하며 거부하는 것이다.

지속 가능한 개발이 지난 30여 년간 대안개발전략으로 널리 확산되었어도, 그것의 차별성은 개도권에 침투한 신자유주의에 의해 큰 손상을 입는다. 일률적으로 강요된 신자유주의 정책들이 지속 가능한 개발의 보편적 실현은 물론 차별적 실현을 여러 방식으로 제약하는 것이다.[35] 아시아, 아프리카, 중남미 국가들에서는 그 동안 국제사회가 지속 가능한 개발과 관련하여 거둔 각종 성취가 신자유주의적 개혁 정책의 영향으로 심각하게 훼손되기도 했다. 구체적으로 개도권에서 지배적 위치를 차지한 신자유주의 정책들은 거의 예외 없이 산업화의 확대, 소비 지상주의의 확산, 대기 오염 물질의 배출 증가, 자연자원의 과다 사용, 도시 빈민과 무토지 농민의 증가, 국가·국제 차원에서의 빈곤 및 불평등의 심화를 초래하고,[36] 지속 가능한 개발의 차별화 대신 획일화를 강요함으로써, 그것의 타당성과 실현 가능성을 약화시켰다.

1992년의 '리우 선언'은 각국에게 환경 관리를 고려한 정책 결정을 하도록 하되 국제사회에게는 공동 노력을 기울이도록 촉구했다. 국제사회에게는 당면 목표로 환경 문제와 그 요인의 발생을 극소화하고 평등의 기반 위에서 남·북이 지속 가능한 개발을 추구하도록 요청했다. WCED도 지속 가능한 개발의 핵심으로 세대 간 및 세대

---

35) 여기서 신자유주의는 시장 역할의 극대화와 국가 간섭의 극소화를 바탕으로 자유시장, 공개 경쟁, 복지의 제한, 탈규제, 민영화, 수출 지향적 생산, 성장 지상주의적 개발, 자유무역과 비교 우위 원리를 추종함으로써 공동선을 증진할 수 있다고 신뢰하는 이데올로기를 지칭한다.

36) Haque(1999). p.199. 이와 반대되는 견해는 Charles O. Halliday et al., *Walking the Track: The Business Case for Sustainable Development*, London: Earthscan, 2002 참조.

내 분배의 평등성을 지목했다. 그러나 현재 세대의 국가 간 불평등성이 지속되면, 현재 세대와 미래 세대의 평등성과 지속 가능한 개발의 미래가 비관적인 것이 될 가능성이 크다. 현재와 같은 선진권 부유층의 자원 과다 소비와 개도권 빈민층의 환경에의 과다 의존은 미래 세대의 환경 이용 가능성을, 그리하여 지속 가능한 개발의 가능성을 제약할 것이기 때문이다.[37)]

예컨대 부국과 부유층의 자원 과다 소비, 특히 화석연료와 광물 같은 재생 불가능한 자원의 소비가 문제의 핵심이다. 1990년대까지 선진권은 세계 인구의 불과 20%를 차지하면서도 세계 자원의 80%를 소비한 반면, 개도권은 세계 인구의 80% 정도를 차지하면서도 세계 자원의 20% 미만을 소비했다.[38)] 개도권이 신자유주의적 국제 경제질서에서의 열등한 위상 때문에 수출 상품의 가격을 자율적으로 결정하지 못하고, 환경 비용을 상품 가격에 반영하지 못하며, 저가의 수출 상품 제조 과정에서 환경 문제가 발생하는 다중의 고통에서 해방되지 못하고 있음은 아프리카 국가들의 사례에서 충분히 확인할 수 있다. 개도권은 그 해결책으로 수출 상품의 판로 확대와 안정화, 외채 경감, 차관 이자율 인하, 원조와 기술 이전 증대를 요구하지만, 선진권이 시장 논리를 앞세우며 소극적으로 대응하고 있어서 긍정적인 결과를 가까운 시일 내에 도출하기는 불가능하다.

이로 말미암은 개도권의 빈곤 그리고 선진권과 개도권 간 불평등

---

37) Spangenberg(2001), pp.29~30.

38) 구체적으로 선진권은 세계 에너지의 70%, 금속의 75%, 목재의 46%, 종이의 81%, 비료의 80%, 자동차의 92%, 전기의 74%를 소비했다. UNDP, *Human Development Report, 1997*, New York: Oxford University Press, 1997, pp.195~201; World Bank, *World Development Report*, New York: Oxford University Press, 1991, p.1.

의 심화가, 미래 세대의 자원 이용 가능성을 감소시키고 다양한 형태의 환경 문제를 초래하여, 지속 가능한 개발의 실천에 문제를 야기한다. 더구나 빈국의 현재 세대가 빈곤과 기아에 시달리는 반면, 부국의 현재 세대는 자원을 과다 소비한다. 그런데도 현재의 국가 간 불평등을 외면하고 세대 간의 맥락에서만 개발을 추진한다면, 지속 가능한 개발은 부국의 미래 세대를 위한 비용을 빈국의 현재 빈민층에 부담시켜, 남·북 간의 불평등을 더 심화시킬 뿐만 아니라 미래로까지 연장하는 사이비 대안개발전략으로 전락할 수 있다.[39) 환경에 비우호적이되 경제 성장과 자유무역을 철저히 지지하는 신자유주의의 보편화와 이로 인한 국제경제질서의 획일화는, 빈곤과 불평등의 심화를 매개로 지속 가능한 개발의 실천을 가로막는 주요 요인 중 하나이다.

'기후변화협약'과 '생물종다양성협약'의 체결, '의제 21'의 이행을 감시할 '지속가능개발위원회'(CSD)를 창설한 것에서, 우리는 '리우회의'를 새로운 국제환경 제도의 산실로 평가할 수도 있다. 그러나 의제 21은 구체적 우선순위나 하위 목표를 규정하지 않은 채 다양한 목표를 수용한 반면, 국가들은 구속력 있는 행동 계획에 대한 지지를 주저함으로써 지속 가능한 개발의 이행에 혼란을 초래했다. 리우회의 사무국은 의제 21을 이행하는 데 매년 6,000억 달러 신규 비용이 필요하며, 이 중 1,250억 달러는 선진국의 원조로 충당되어야 할 것이라고 추정했다. 그러나 남·북이 공적개발원조(ODA), 기술 이전, 재정 지원 체제를 둘러싸고 갈등을 벌이고 있어서 지속 가능한 개발의 이행은 기대만큼 진척되지 않고 있다.[40)]

39) Wilfred Beckerman & Joanna Pasek, *Justice, Posterity and Environment*, Oxford: Oxford University Press, 2001.

2000년 '유엔 밀레니엄 특별 총회'는 평화, 개발, 인권, 환경, 약자, 결식인, 빈민, 아프리카 문제 등을 해결할 목적으로 8개 대목표와 18개 세부 목표로 구성된 '밀레니엄 개발 목표'(Millenium Development Goals: MDGs)를 채택했다.[41] 지속 가능한 개발과 밀접한 관계가 있는 이 목표들은 2001년부터 2015년 사이의 기간에 달성해야 할 구체적인 세부 목표 - 빈민층의 절반 감축, 영유아 사망률 2/3 감소 등 - 를 설정했다는 점에서 '의제 21'보다 진일보한 것이다. 그러나 국가와 국제사회의 정책과 원조의 지속성 부족 그리고 개도권 국가 대부분의 능력 결여가 목표의 달성을 가로막는 장애 요인으로 작용했다.[42] 목표의 달성을 위해서는 2006년까지 1350억 달러, 2015년까지 1950억 달러의 추가 재원이 필요하다고 추정되나, 이는 21세기 초 세계 '공적개발원조'(ODA) 총액의 2배 이상에 달하는 것이어서, 그러한 규모의 재원의 조달은 사실상 불가능한 것으로 평가되었다.[43]

---

40) Gills & Vincent(2000), p.48. 예컨대 2010년, 선진권이 2020년까지 조성하기로 약속한 매년 1,000억 달러의 기후재원 조성에 실패하면서, 글래스고 회의(COP-26)의 마지막 단계까지 기후재원 문제가 주요 쟁점으로 부각되었다. 대외경제정책연구원, 『2021년 유엔기후변화협약 당사국총회(COP26) 논의 및 시사점』, KIEP 오늘의 세계경제, 2021. 11. 30.

41) MDGs는 1990년대 이후 국제회의와 국제기구 - UN, OECD, IMF, World Bank - 에서 합의된 개발 목표들을 종합한 것으로서 과거에 분리 대응되던 빈곤, 환경, 여성, 교육 등의 문제들을 유기적으로 연계시킨 상태에서 해결을 추구한 것이다. 8개 목표는 절대 빈곤과 기아 퇴치, 보편적 초등교육 달성, 양성 평등과 여성 권익 향상, 모성 건강 향상, 환경의 지속 가능성 확보, 범지구적 개발 연대 구축이다. 세부 목표는 18개에서 21개로 확대되었다.

42) Secretary-General, UN Genenral Assembly, *Keeping the promise: a forward-looking review to promote an agreed action agenda to achieve the Millennium Development Goals by 2015*, p.15. https://undocs.org/en/A/64/665(검색일: 2012. 12. 05)

43) Kates et al.(2005), pp.5, 24~25. UN은, 개도국들이 MDGs를 달성하려면 GDP의 20%를 조세로 징수해야 한다고 추정했는데, 다수 국가들은 이를 충족

2015년 UN 정상 회의는 2016년부터 2030년까지의 기간에 달성해야 할 17개 목표와 169개 세부 목표를 가진 '지속 가능한 개발 목표'(Sustainable Development Goals: SDGs)를 채택했다. SDGs는 MDGs의 성과와 한계에 입각하여 사회 개발, 경제 성장, 환경 보전 차원의 목표들을 통합한 것이다. 그것은 개도국과 선진국에 모두 적용된다는 점에서 보편성을, 경제 · 사회 · 환경의 패러다임 전환을 추구한다는 점에서 개혁성을, 취약 계층은 물론 일반 시민도 대상으로 한다는 점에서 포용성을, 그리고 구체적인 이행 수단을 동원한다는 점에서 실효성을 내포한 것으로 평가된다.[44] 그러나 MDGs보다 대폭 확대된 목표의 달성에는 막대한 재원이 소요된다. 특히 개도권의 지속 가능한 개발 노력을 지원하기 위해서는, 다양하고 효과적인 원조가 지속적으로 제공되어야 하나,[45] 국제사회는 다양한 재정적 · 비재정적 이행 수단을 동원하기로 합의했음에도 이러한 요구에 충분히 대

시키지 못했다. SDGs에서도 세수 증대는 개발 연대의 첫 번째 목표로 규정되었다. Laura Seelkopf & Ida A Bastiaens, "Achieving Sustainable Development Goal 17? An Empirical Investigation of the Effectiveness of Aid Given to Boost Developing Countries' Tax Revenue and Capacity", *International Studies Quarterly*, Vol.64, Issue 4, 2020, p.991.

44) 17개 목표는 빈곤 퇴치, 기아 해소, 건강과 복지 향상, 양질의 교육, 양성 평등, 청정 식수와 위생 확보, 적절하고 청정한 에너지 활용, 양질의 고용과 경제 성장, 지속 가능한 사회 기반 시설 · 산업 · 혁신 장려, 국가 간 불평등 완화, 지속 가능한 도시와 공동체 건설, 지속 가능한 생산과 소비, 기후 변화 대응, 해상 자원 보호, 육상 자원 보호, 평화 · 정의 · 강력한 제도 실현, 국제협력 강화이다. https://www.un.org/en/academic-impact/page/sustainable-development-goals (검색일: 2021. 12. 05). MDGs의 목표들이 가시적인 것들이어서 성과 측정이 상대적으로 용이한 반면, SDGs의 일부 목표들 – 예컨대 정의, 평화 – 은 추상적인 것들이어서 성과 측정이 어려운 문제가 있다. Deval Desai & Mareike Schomerus, "'There Was A Third Man...': Tales from a Global Policy Consultation on Indicators for the Sustainable Development Goals", *Development and Change*, Vol.49, Issue 1, January 2018.

45) https://sdgs.un.org/topics/finance (검색일: 2021. 12. 05)

응하지 못하고 있다.

설령 선진권이 개도권의 필요에 비례하는 지원을 제공한다 하더라도 개도권 국가들은 정책의 우선순위가 불확실한 상태에서 문제 해결 – 수질 오염의 해소, 빈곤 제거, 구조 조정, 부패 척결, 의료 보장 제도의 개선 등 – 의 우선순위를 결정하지 못하거나, 비용 대비 효과를 정확히 계산할 수 없는 경우가 허다하다. 아프리카 국가들의 경우, 대부분 필요한 만큼의 원조가 제공되더라도, 환경 보전이나 사회 정의는 차치하고 실천 가능한 경제 성장 계획조차 세울 수 없는 형편이어서, 이들에게 지속 가능한 개발은 먼 미래의 일이 될 수도 있다. 그렇다면 한편으로 국제사회의 '희망 사항 목록'(wish list)을 두텁게 하는 데 일조할 뿐인 목표의 과잉을, 다른 한편으로 UN의 권고 수준 – 국민총소득(GNI)의 0.7% – 을 하회하는 선진권의 미흡한 원조와 개도권의 대응 능력 부족을 지속 가능한 개발의 또 다른 제약 요인으로 지적할 수 있다.

동 · 서 관계가 국제관계 전반을 규율하던 냉전 시대는 막을 내렸다. 탈냉전 시대에 들어오면 환경의 건강이 국제 평화와 안전의 중요 변수로 자리 잡는 변화가 일어난다. 환경 문제는 이 과정에서 경제 문제와 더불어 국제관계의 중심 의제로 부상했다. 지속 가능한 개발이 환경 및 경제와 필수적 관계를 가지는 것이라면, 이를 둘러싸고 벌어지는 남 · 북 간의 대립은 21세기 국제관계의 핵심 의제로 처리되는 것이 맞다. 지속 가능한 개발은 환경과 경제의 가치를 동시에 인정하고, 환경 보전과 경제 성장 그리고 사회 정의의 조화를 추구하는 대안개발전략이다. 그러나 '남'과 '북'이 스톡홀름 회의 이후 지속 가능한 개발의 중요성을 공히 인정하면서도 '북'이 '지속 가능성'을 강조한 반면, '남'은 '개발'을 강조한 차이가 지속 가능한 개발의 진전을 가로막은 또 하나의 장벽이었다.

남은 북의 환경 보전 요구를 경제 성장에 대한 위협으로 간주하면서 지속 가능한 개발의 보편적 추구를 거부했던 반면,[46] 북은 남의 성장 지상주의를 환경에 대한 위협으로 간주하면서 지속 가능한 개발을 강조했다. 개인, 지방, 국가, 국제사회는 초국가적 환경 문제의 위협에 공동 대응해야 함에도, 남과 북은 지속 가능한 개발을 위한 공적개발원조, 기술 이전, 구속력 있는 시간표와 행동 계획의 채택을 둘러싸고 대립을 거듭하고 있다. 세계화, 자원 고갈과 더불어 환경 문제는 희귀자원 쟁탈전, 문화의 충돌, 그리고 세계의 양분화를 가속화시켰다.[47] 따라서 남·북 관계가 개선되지 않고서는 개도권의 지속 가능한 개발이 지체될 수밖에 없다는 전망이 제기된다. 지속 가능한 개발이 이행의 궁극적 주체인 국가들의 정책에 안착하는데 기왕의 예측보다 더 많은 시간이 필요하고, 그 진전 속도 또한 예상보다 낮을 것이라고 판단할 근거는 이에 비추어 보면 적지 않다.

46) 개도국들이 지속 가능한 개발 문제를 논의한 1991년의 '북경 회의'는 '환경 문제, 특히 기후 변화의 원인은 대부분 선진권이 유발한 것이므로 해결 책임도 선진권에게 있다'고 선언했다. 개도국들은 이 선언을 통해 '선진국 책임론'을 분명히 하면서 환경 보전보다는 경제 성장에 더 주력할 것임을 밝혔다.

47) Jeffrey D. Sachs(2004), p.649, http://science.sciencemag.org (검색일: 2021. 3. 20)

참고문헌

김광묵 외, 『물분쟁과 21세기』, 국토연구원, 2002.

대외경제정책연구원, 『2021년 유엔기후변화협약 당사국총회(COP26) 논의 및 시사점』, KIEP 오늘의 세계경제, 2021. 11. 30.

드 빌리어스, 『물의 위기』, 세종연구원, 2001.

베일리스 외, 『세계정치론』, 을유문화사, 2006.

벨처, 『기후 전쟁』, 영림카디널, 2010.

레스터 브라운, 『플랜 B』, 도요새, 2004.

___________, 『에코 이코노미』, 도요새, 2003.

서창록, 『국제기구: 글로벌 거버넌스의 정치학』, 다산출판사, 2008.

손주용, "탈근대의 지구환경 문제," 하영선 편, 『탈근대 지구정치학』, 나남, 1993.

신연재, "환경 문제와 비국가 행위주체의 위상 – NGOs를 중심으로," 『국제정치연구』, 12집 1호, 2009. 6.

______, "환경운동이론의 현재와 미래," 국제관계연구회 편, 『세계화와 한국』, 을유문화사, 2003.

______, "환경 문제와 신세계질서 – 대안개발전략으로서의 '지속 가능한 개발'의 타당성과 한계," 『신국제질서의 도전과 대응』, 울산대 출판부, 1996.

안하이어 외, "지구시민사회의 개념," 안하이어 외, 『지구시민사회: 개념과 현실』, 아르케, 2004.

윤이숙, "환경적 쟁점과 한국의 안보," 『국방연구』, 제52권, 제1호, 2009.

이신화, “21세기 글로벌 이슈와 국제정치학,” 『국제정치논총』, 46집 특별 호, 2007.

이용희, 『미래의 세계정치』, 민음사, 1994.

이원덕, “일본의 환경 문제와 환경 NGO의 역할,” 이면우 편, 『일본의 NGO 활동 연구』, 세종연구소, 1998.

이종택, “중동 수자원 안보와 분쟁,” 『한국중동학회논총』, 제18호, 1997.

정구연, “국제기구의 정의와 상충하는 시각,” 최동주, 조동준, 정우탁, 『국제기구의 과거 · 현재 · 미래』, 오름, 2013.

정준금, 신연재, 최병철, 한상진, 『환경과 사회』, 대영문화사, 2007.

지구환경대책기획단, 『21세기 지구환경 실천 강령 – 리우 지구환경회의 문서 국문본』, 경제기획원, 1992.

최석영, “세계 환경전략의 현황과 전망,” 『외교』, 13, 1990.

칸스, 마가렛 P. & 카렌 A. 밍스트, 『국제기구의 이해: 글로벌 거버넌스의 정치와 과정』, 명인문화사, 2007.

프렌치, 힐러리, “새로운 형태의 글로벌 거버넌스,” 월드워치연구소, 『지구환경 보고서 2002』, 도요새, 2002,

동아일보, 2021. 11. 15.

중앙일보, 1999. 3. 16, 2006. 3. 22.

Agarwal, Anil & Sunita Narain, *Flood, Flood Plains and Environmental Myths*, New Delhi: Center for Science and Environment, 1991.

Agarwal, Narain & Anju Sharma, *Green Politics*, New Delhi: Centre for Science and Environment, 1999.

Ahmed, Shamima & David Potter, *NGOs in International Politics*, Bloomfield, CT: Kumarian, 2006.

Akenaya, Tatsuo, “Japan”, in Stares (ed.), *The New Security Agenda: A Global Survey*, Tokyo: Japan Center for International Exchange, 1998.

Alan, Thomas, Susan Carr & David Humphreys, “Influence Thrust upon Them? NGOs' Role in Public Action on the Environment in Africa”, in Alan, Carr & Humphreys (eds.), *Environmental Policies and NGO Influence*, London: Routledge, 2001.

Andonova, Liliana B., *Governance Entrepreneurs: International Organizations and the Rise of Global Public-Private Partnerships*, Cambridge: Cambridge University Press, 2017.

Andonova, Liliana B, Michele Betsill, & Harriet Bulkeley, "Transnational Climate Governance", *Global Environmental Politics*, Vol.9, Issue 2, 2009.

Andresen, Steinar & Ellen Hey, "The Effectiveness and Legitimacy of International Environmental Institutions", *International Environmental Agreements*, Vol.5, Issue 3, September 2005.

Andresen, Steinar & Kristin Rosendal, "The Role of the United Nations Environment Programme in the Coordination of Multilateral Environmental Agreements," in Biermann, Frank, Bernd Siebenhüner & Anna Schreyogg (eds.), *International Organizations in Global Environmental Governance*, New York: Routledge, 2013.

Baran, Paul A., *The Political Economy of Growth*, New York: Monthly Review Press, 1957.

Barbier, Edward B., "Concept of Sustainable Economic Development", *Environmental Conservation*, Vol.14, No.2, Summer 1987.

Barkin, J. Samuel, "Change in Global Environmental Governance," *Global Environmental Politics*, Vol.15, Issue 4, November 2015.

Barnett, Jon & A. Neil Adger, "Climate Change, Human Security and Violent Conflict", *Political Geograph*y 26, 2007.

Barnett, Michael N. & Martha Finnemore, "The Politics, Power, and Pathologies of International Organization", *International Organization*, Vol.53, No.4, Autumn 1999.

Beckerman, Wilfred & Joanna Pasek, *Justice, Posterity and Environment*, Oxford University Press, 2001.

Bedeski, Robert E., "Integration of Non-Traditional Security Issues: A Preliminary Application to South Korea", in Lowi & Brown (eds.), *Environment and Security*, London: Macmillan, 2000.

Benedick, Richard E., *Ozone Diplomacy: New Directions in Safeguarding the Planet*, Cambridge, MA: Harvard University Press, 1991.

Bernstein, Stan, "Freshwater and Human Population: A Global Perspective", in Karin Krchnak (ed.), *Human Population and Freshwater Resources*, New Haven, CT: Yale University Press, 2002.

Beschorner, Natasha, *Water and Instability in the Middle East*, Adelphi Paper 273, London: Brassey's for the IISS, 1992.

Betsill, Michele M. & Elisabeth Corell, *NGO Diplomacy: The Influence of Nongovernmental Organizations in International Environmental Negotiations*, Cambridge, MA: MIT Press, 2008.

Betsill, Michele M. & Roger M. Pielke, Jr., "Blurring the Boundaries: Domestic and International Ozone Politics and Lessons for Climate Change", *Internationa Environmental Affairs*, Vol.10, 1998.

Biermann, Frank, "World Environment Organization", Environment, Vol.42, No.9, November 2000.

Biswas, Asit K. & Hashimoto T. (eds.), *Asian International Waters: From Ganges-Brahmaputra to Mekong*, Oxford: Oxford University Press, 1996.

Blumenfeld, J., "Institutions, The United Nations Commission on Sustainable Development", *Environment*, Vol. 36, Issue 10, 1994.

Boberg, Jill, *Liquid Assets: How Demographic Changes and Water Management Policies Affect Freshwater Resource*s, RAND, 2005.

Bodansky, D., "The Legitimacy of International Governance: A Coming Challenge for International Environmental Law", *American Journal of International Law*, Vol.93, 1999.

Boxil, I., "Globalization, Sustainable Development, and Postmodernism", *Humanity and Society*, Vol.18, No.4, 1994.

Breitmeier, Helmut, Oran Young, and Michael Zürn (eds.), *Analyzing International Environmental Regimes: From Case Study to Database*, Cambridge, MA: MIT Press, 2006.

Brenton, Tony, *The Greening of Machiavelli: The Evolution of International Environmental Politics*, London: Earthscan, 1994.

Brochmann, Marit & Paul R. Hensel, "The Effectiveness of Negotiations over International River Claims", *International Studies Quarterly*, Vol.55, Issue 3, September 2011,

Brown, Becky J. et al., "Global Sustainability: Toward Definition", *Environmental Management*, Vol.11, No.6, November 1987.

Brown, Lawrence A., *Innovation and Diffusion: A New Perspective*, New York: Methuen, 1981.

Brown, Lester B., "The Illusion of Progress", Brown et al. (eds.), *State of the World, 1987*, Washington, DC: Worldwatch Institute, 1987.

______, "Redefining Security", *Worldwatch Paper*, No.14, Washington, DC: Worldwatch Institute, 1977.

Bulloch, John & Adel Darwish, *Water Wars: Coming Conflicts in the Middle East*, London: Victor Gollancz, 1993.

Bulkeley, Harriet et al., *Transnational Climate Change Governance*, New York: Cambridge, University Press 2014.

Buntaine, Mark T., "Accountability in Global Governance: Civil Society Claims for Environmental Performance at the World Bank", *International Studies Quarterly*, Vol.59, Issue 1, March 2015.

Calvert, P. & S. Calvert, *The South, The North and the Environment*, London: Pinter, 1999.

Casaburi, Gabriel et al., "Multilateral Development Banks, Government, and Civil Society: Chiaroscuros in a Triangular Relationship", *Global Governance*, Vol.6, No.4, October-December 2000.

Chan, Nicholas, "Beyond Delegation Size: Developing Country Negotiating Capacity and NGO Support in International Climate Negotiations", *International Environmental Agreements*, Vol.21, Issue 2, June 2021.

Chapin, Mac, "A Challenge to Conservationists", *World Watch 17*, November/December, 2004.

Charnovitz, Steve, "Two Centuries of Participation: NGOs and International Governance", *Michigan Journal of International Law*, Vol.18, 1997.

________, "The Environment vs. Trade Rules," *Environmental Law*,

Vol.23, 1993.

Chasek, Pamela S., "The Global Environment in the Twenty-First Century", in Chasek(ed.), *The Global Environment in the Twenty-First Century: Prospects for International Cooperation*, Tokyo: United Nations University Press, 2000.

Ciplet, David, J., Timmons Roberts, & Mizan R. Khan, *Power in a Warming World: The New Global Politics of Climate Change and the Remaking of Environmental Inequality*, Cambridge, MA: MIT Press, 2015.

Choucri, Nazli, "Political Economy and the Global Environment", *International Political Science Review*, Vol.14, No.1, 1993.

Chowdhry, Kamla, "Poverty, Environment, Development", *Daedalus*, Vol.118, No.1, Winter, 1989.

Christian Aid, "Human Tide", May 27, http://www.christianaid.org.uk/Images/human-tide.pdf (검색일: 2019. 07. 21).

Clark, Anne M., "Non-Governmental Organizations and Their Influence on International Society", *Journal of International Affairs*, Winter 1995.

Colgan, Jeff D., Jessica F. Green & Thomas N. Hale, "Asset Revaluation and the Existential Politics of Climate Change", Volume 75, Special Issue 2, Spring 2021.

Commission on Global Governance, *Our Global Neighborhood: Report of the Commission on Global Governance*, Oxford: Oxford University Press, 1995.

Conca, Ken, *An Unfinished Foundation: The United Nations and Global Environmental Governance*, New York: Oxford University Press, 2015.

_____, "Environmental Cooperation and International Peace," Diehl & Gleditsch(eds.), *Environmental Conflict*, Boulder, CO: Westview Press, 2001.

Cooley, John K., "The War over Water," *Foreign Policy* 54, Spring 1984.

Council on Environmental Quality and the Department of State, *Global*

2000 Report to the President: Entering the Twenty-First Century, Washington, DC: U.S. Government Printing Office, 1981.

CSIS & Sandis National Laboratories, *Global Water Futures: Addressing Our Global Water Future*, CSIS, 2005.

Dalal-Clayton, B., *Getting a Grips with Green Plans: National Experiences in Industrial Countries*, London: Earthscan, 1996.

Daoudy, Marwa, 'Rethinking the Climate–Conflict Nexus: A Human–Environmental–Climate Security Approach, *Global Environmental Politics*, Vol. 21, Issue 3, August 2021.

______, "Water Weaponization in the Syrian Conflict: Strategies of Domination and Cooperation", *International Affairs*, Vol.96, Issue 5, September 2020.

______, *The Origins of the Syrian Conflict: Climate Change and Human Security*, Cambridge: Cambridge University Press, 2020.

Darmstadter, J., "Energy Patterns - in Retrospect and Prospect", in W. C. Clark & R. E. Munn (eds.), *Sustainable Development of the Biosphere*, Cambridge: Cambridge University Press. 1986.

Del Rosso, Stephen J., "The Insecure State: Reflections on the State and Security in a Changing World", *Daedalus*, Vol.124, No.2, 1995.

De Stefano, Lucia et al., "Climate Change and the Institutional Resilience of International River Basins," *Journal of Peace Research*, January 2012, Vol.49, Issue 1, p.193.

Desai, Deval & Mareike Schomerus, "There Was A Third Man...: Tales from a Global Policy Consultation on Indicators for the Sustainable Development Goals," *Development and Change*, Vol.49, Issue 1, January 2018.

Detraz, Nicole, "Threats or Vulnerabilities ? Assessing the Link between Climate Change and Security," *Global Environmental Politics*, Vol.11, No.3, August 2011.

Deudney, Daniel, "The Case Against Linking Environmental Degradation and National Security", *Millenium*, Vol.19, No.3, Winter 1990.

Deudney, Daniel & Richard A. Matthew, *Contested Ground: Security and Conflict in the New Environmental Politics*, Albany, NY: State University of New York, 1999.

Diani, M., "The Concept of Social Movement", *Sociological Review*, Vol.40, 1992.

Diehl, Paul F. & Nils P. Gleditsch (eds.), *Environmental Conflict*, Boulder, CO: Westview Press, 2001.

Dimitrov, Radoslav S., "The Paris Agreement on Climate Change: Behind Closed Doors," *Global Environmental Politics*, Vol.16, Issue 3, August 2016.

Dinar, Shlomi et al., "Climate Change, Conflict, and Cooperation: Global Analysis of the Effectiveness of International River Treaties in Addressing Water Variability," *Political Geography*, Vol.45, 2015.

Doherty, Brian & Timothy Doyle, *Beyond Borders: Environmental Movements and Transnational Politics*, London: Routledge, 2008.

Dokken, Karen & Nina Graeger, "The Concept of Environmental Security: Political Slogan or Analytical Tool?" *Report 2*, International Peace Research Institute, Oslo, 1995.

Dovers, Stephen R. & John W. Handmer, "Uncertainty, Sustainability, and Change", *Global Environmental Change*, Vol.12, No.4, December 1992.

Downie, Christian, "Three Ways to Understand State Actors in International Negotiations: Climate Change in the Clinton Years(1993-2000)", *Global Environmental Politics*, Vol.13, Issue 4, 2013.

Duffy, Rosaleen, "Non-Governmental Organizations and Governance States: The Impact of Transnational Environmental Management Networks in Madagascar", in Doherty & Doyle, *Beyond Borders: Environmental Movements and Transnational Politics*, London: Routledge, 2008.

Duit, Andreas(ed.), *State and Environment: The Comparative Study of Environmental Governance*, Cambridge, MA: MIT Press, 2014.

Dupont, Alan, "The Environment and Security in Pacific Asia", *Adelphi*

Paper 319, London: International Institute for Strategic Studies, 1998.

Dwivedi, O. P., "Political Science and the Environment", *International Social Science Journal*, Vol.XXXVIII, No.109, 1986.

Eden, Sally E., "Using Sustainable Development: The Business Case", *Global Environmental Change*, Vol.4, No.2, 1994.

Ehrlich, P. R & A. H. Ehrlich, *The Environmental Dimensions of National Security*, Stanford: Stanford Institute for Population and Resource Studies, 1988.

Elliot, Lorraine, "The United Nations Record on Environmental Governance: An Assessment," in Biermann & Bauer(eds.), *A World Environment Organization: Solution or Threat for Effective International Environmental Governance?*, Adlershot: Ashgate, 2005.

Esty, Daniel C. et al., *State Failure Task Force Report*, McLean, VA: Science Applications International, 1998.

Evans, Mary M. et al., "The Changing Definition of National Security", in Lowi & Shaw(eds.), *Environment and Security*, London: Macmillan, 2000.

Fairclough, A. J., "Global Environmental and Natural Resource Problems", *Washington Quarterly*, Vol.14, No.1, 1991.

Finger, Matthias, "NGOs and Transformation: Beyond Social Movement Theory", in Princen, Thomas & Matthias Finger, *Environmental NGOs in World Politics: Linking the Local and the Global*. London: Routledge, 1994.

Fisher, J., *Nongovernments: NGOs and the Political Development of the Third World*, West Hartford, CT: Kumarian Press, 1998.

Florini, Ann M. & P. J. Simmons, "North America", Stares, Paul B. (ed.), *The New Security Agenda: A Global Survey*, Tokyo: Japan Center for International Exchange, 1998.

Fountain, Henry, "Researchers Link Syrian Conflict to a Drought Made Worse by Climate Change", *New York Times*, March 2, 2015.

Frederiksen, Harald D., "International Community Response to Critical World Water Problems", *Water Policy*, Vol.1, No.2, April 1998.

Fritsch, Bruno, "On the Way to Ecologically Sustainable Economic Growth", *International Political Science Review*, Vol.16, No.4, October 1995.

Galtung, Johan, *Environment, Development, and Military Activity: Towards Alternative Security Doctrines*, Oslo: Norwegian University Press, 1982.

"Galvanizing the Groundswell of Climate Actions(GGCA)", *Lima-Paris Action Agenda Independent Assessment Report*, December 7, 2015 in www.climategroundswell.org/blog-test/lpaa/report, (gopher://gopher.un.org:70/00/ga/docs/S-19/statements/gov/HASHIMOTO.TXT) (검색일: 2016. 01. 27).

Gebroluel, Goitom, "Ethiopia's Grand Renaissance Dam: Ending Africa's Oldest Geopolitical Rivalry?" *The Washington Quarterly*, Vol.37, Issue 2, Summer 2014.

Gills, Malcolm & Jeffrey R. Vincent, "National Self-Interest in the Pursuit of Sustainable Development", in Schmandt et al., *Sustainable Development: The Challenge of Transition*, Cambridge: Cambridge University Press, 2000.

Gleditsch, Nils P., "Armed Conflict and the Environment", in Diehl & Gleditsch, 2001.

Gleick, Peter H., "Water and Conflict: Fresh Water Resources and International Security", *International Security*, Vol.18, No.1, 1993.

_____, "Environment and Security: The Clear Connections", *Bulletin of Atomic Scientists*, April 1991.

_____, *Environment, Resources, and Security: Arenas for Conflict, Areas for Cooperation*, Berkeley, CA: Pacific Institute for Studies in Development, 1990.

Global Ministerial Environmental Forum, *Malmö Ministerial Declaration*, Nairobi: UNEP, 2000.

Goldstein, Joshua S., "Climate Change as a Global Security Issue," *Journal of Global Security Studies*, Vol.1, Issue 1, February 2016.

Graeger, Nina, "Environmental Security?" *Journal of Peace Research*, Vol.33, No.1, 1996.

Griffiths, Hannah, "Human and Environmental Rights: The Need for Corporate Accountability", in Dodds, Felix & Tim Pippard (eds.), *Human and Environmental Security: An Agenda for Change*, London: Earthscan, 2005.

Guimares, Robert P., *The Ecopolitics of Development in the Third World: Politics and Environment in the Brazil*, Boulder, CO: Lynne Rienner Publishing., 1991

Gurr, Ted R., "Peoples Against States: Ethnopolitical Conflict and the Changing World System", *International Studies Quarterly*, Vol.38, No.3, September 1994.

Haas, Peter M., "Addressing the Global Governance Deficit", *Global Environmental Politics*, Vol.4, Issue 4, 2004.

____, Saving the Mediterranean: *The Politics of International Environmental Cooperation*, New York: Columbia University Press, 1990.

____, "Do Regimes Matter? Epistemic Communities and Mediterranean Pollution Control", *International Organization*, Vol.43, 1989.

Haas, Keohane & Levy, *Institutions for the Earth: Sources of Effective International Environmental Protection*, Cambridge, MA: MIT Press, 1993.

Haggard, Stephan & Beth A. Simmons, "Theories of International Regime", *International Organization*, Vol.41, No.3, Summer, 1987.

Hale, Thomas, "Catalytic Cooperation", *Global Environmental Politics*, Vol. 20, Issue 4, November 2020.

____, "All Hands on Deck: The Paris Agreement and Nonstate Climate Action", *Global Environmental Politics*, Vol.16, Issue 3, August 2016.

Hall, Anthony, *Developing Amazonia: Deforestation and Social Conflict in Brazil's Carajas Programme*, New York: Manchester University

Press, 1989.

Halliday, Charles O. et al., *Walking the Track: The Business Case for Sustainable Development*, London: Earthscan, 2002.

Hanley, Charles J., "Lord Nicholas Stern Paints Dire Climate Change Scenario", *The Huffington Post*, February 21, 2009, http://www.huffingtonpost.com/2009/02/21lord-nicholas-stern-paint_n_168865.html(검색일: 2009. 05. 17).

Haque, Shamsul, "The Fate of Sustainable Development Under Neo-Liberal Regimes in Developing Countries", *International Political Science Review*, Vol.20, No.2, 1999.

Harrison, Neil E., *Constructing Sustainable Development*, Albany, New York: State University of New York Press, 2000

Hauge, Wenche & Tanja Ellingsen, "Causal Pathways to Conflict", in Diehl & Gleditsch, 2001.

Hecht, Susanna B. & Alexander Cockburn, *The Fate of the Forest: Developers, Destroyers and Defenders of the Amazo*n, New York: Verso, 1989.

Heins, Volker, *Nongovernmental Organizations in International Society: Struggle Over Recognition*, New York: Palgrave Macmillan, 2008.

Herz, John H., *Political Realism and Political Idealism*, Chicago: University of Chicago Press, 1951.

Homer-Dixon, T., "Threshold of Turmoil: Environmental Scarcities and Violent Conflict", in Deudney, Daniel H. & Richard A. Matthew (eds.), *Conflict in New Environmental Politics*, Albany, NY: State University of New York, 1999.

__________, "Environmental Scarcities and Violent Conflict", *International Security*, Vol.19, No.1, 1994.

__________, "On the Threshold: Environmental Change as Causes of Acute Conflict" *International Security*, Vol.16, No.2, Fall 1991.

Homer-Dixon, T. & Valerie Percival, "Environmental Scarcity and Violent Conflict: Briefing Book", *The Project on Environment, Population and Security*, University of Toronto, Canada, 1996.

Hsu, Angel et al., *Assessing the Wider World of on-State and Sub-National Climate Action*, December 10, 2015, Yale Data Driven Environmental Solutions Group, New Haven, CT., in www.tinyurl.com/yale-NAZCA-plus (01/27/2016).

Huanxuan, G., "Environmental Protection in China", *Beijing Review*, Vol.26, 1981.

Hummel, Sarah, "Relative Water Scarcity and Country Relations along Cross-Boundary Rivers: Evidence from the Aral Sea Basin", *International Studies Quarterly*, Vol. 61, Issue 4, December 2017.

Hurrell, Andrew & Benedict Kingsbury, "The International Politics of Environment: An Introduction," in Hurrell & Kingsbury (eds.), The *International Politics of the Environment, Actors, Interests, and Institutions*, Oxford: Clarendon Press, 1992.

Ide, Tobias & Adrien Detges, "International Water Cooperation and Environmental Peacemaking", *Global Environmental Politics*, Vol.18, Issue 4, November 2018.

IPCC, *Climate Change 2014: Synthesis Report. Contribution of Working Groups I, IIand III to the Fifth Assessment Report of the Intergovernmental Panel on Climate Change*, Geneva: IPCC, 2014.

____, "Summary for Policy Makers", in IPCC Working Group II, *Climate Change 2007: Impacts, Adaptation and Vulnerability*, Cambridge: Cambridge University Press, 2007.

Ivanova, Maria, "UNEP as Anchor Organization for the Global Environment", in Biermann, Siebenhüner & Schreyogg (eds.), *International Organizations in Global Environmental Governance*, New York: Routledge, 2013.

______, "Institutional Design and UNEP Reform: Historical Insights on Form, Function, and Financing," *International Affairs*, Vol.88, Issue 3, May 2012.

Iwama, T., "Multilateral Environmental Institutions and Coordinating Mechanisms", in Kanie, Norichika & Peter M. Haas (eds.), *Emerging*

Forces in Environmental Governance, Tokyo: United Nations University Press, 2004.

Jacob, Merle, "Toward a Methodological Critique of Sustainable Development", *Journal of Developing Areas*, Vol.28, No.2, January 1994.

Jasanoff, Sheila, "NGOs and the Environment: From Knowledge to Action", *Third World Quarterly*, Vol. 18, No. 3, 1997.

_______, "India at the Crossroads in Global Environmental Policy", *Global Environmental Change*, Vol.3, No.1, March 1993.

Jigyasu, Rohit, "Managing Cultural Heritage in the Face of Climate Change", *Journal of International Affairs*, Vol. 73, Issue 1, 2019/2020.

Johnstone, Sarah & Jeffrey Mazo, "Global Warming and Arab Spring", *Survival 53*, No.2, April-May 2011.

Juma, C., "Stunting Green Progress", *The Financial Times*, 6 July 2000.

Kaiser, Wolfram & Jan-Henrik Meyer (eds.), *International Organizations and Environmental Protection: Conservation and Globalization in the Twentieth Century*, New York: Berghahn Books, 2014.

Kalpakian, Jack, *Conflict and Cooperation in International River Systems*, Hants: Ashgate, 2004

Kaplan, Robert D., "The Coming Anarchy", *Atlantic Monthly*, Vol.273, No.2, 1994.

Kates, Robert W. et al., "What is Sustainable Development", *Environment*, Vol.47, Issue 3, April 2005.

Keck, Margaret E. & Kathryn Sikkink, "Transnational Activist Networks", in Art, Robert & Robert Jervis (eds.), *International Politics: Enduring Concepts and Contemporary Issues*, New York: Pearson Longman, 2005.

_________________________________, *Activists Beyond Borders: Advocacy Networks in International Politics*, New York: Cornell University Press, 1998.

Keller, Kenneth, *Environmentalism and Security*, MIT Security Studies Program, Cambridge, MA: MIT, 1996.

Keohane, Robert O., "The Global Politics of Climate Change: Challenge for Political Science," *PS: Political Science & Politics*, Vol.48, Issue 1, 2015.

Kerenyi, Szabina & Mate Szabo, "Transnational Influence on Patterns of Mobilization Within Environmental Movements in Hungary", in Doyle & Doherty, *Beyond Borders: Environmental Movements and Transnational Politics*, London: Routledge, 2008.

Kevane, Michael & Leslie Gray, "Darfur: Rainfall and Conflict", *Environmental Research Letters 3*, No.3, July-September 2008.

Khagram, Sanjeev, "Toward Democratic Governance for Sustainable Development: Transnational Civil Society Organizing Big Dams", in Ann M. Florini (ed.), *The Third Force: The Rise of Transnational Civil Society*, Tokyo: Japan Center for International Exchange and Carnegie Endowment for International Peace, 2000.

Kibaroglu, Aysegul & Ramazan Caner Sayan, "'Water and 'Imperfect Peace' in the Euphrates-Tigris River Basin", *International Affairs*, Vol.97, Issue 1, 2021.

Kim, Samuel S., *The Quest for a Just World Order*, San Francisco: Westview Press, 1984.

Kindleberger, Charles, *The World in Depression*, Los Angeles, CA: University of California Press, 1973.

Kinmonth, Earl H., "Nakamura Keiu and Samuel Smiles: A Victorian Confucian and Confucian Victorian," *American Historical Review*, Vol.85, No.3, June 1980.

Kirton, John J., "Generating Effective Global Environmental Governance", in Biermann & Bauer, 2005.

Korten, David C., "Sustainable Development", *World Policy Journal*, Vol.IX, No.1, Winter 1991/1992.

Koselleck, Reinhart, *The Practice of Conceptual History: Timing History, Spacing Concepts*, Stanford, CA: Stanford University Press, 2002

Lafferty, William M., "Introduction: The Pursuit of Sustainable Development

- Concepts, Policies, and Arenas", *International Political Science Review*, Vol.20, No.2, 1999.

Lautensach, S. W. & A. K. Lautensach, "Environmental Security: International, National, and Human", in P. G. Harris (ed.), *Routledge Handbook of Global Environmental Politics*, London: Routledge, 2014.

Lee, D. J. & A. Dinar, *Review of Integrated Approaches to River Basin Planning, Development, and Management*, Policy Research Working Paper 1446, Washington, DC: World Bank, 1995.

Leroy, Marcel, "Human Population as a Factor in Strategic Policy and Action", in Arthur H Westing (ed.), *Global Resources and International Conflict*, Oxford: Oxford University Press, 1986.

Levy, Marc A., "Is the Environment a National Security Issue?," *International Security*, Vol.20, No.2, 1995.

__________, "Time for a Third Wave of Environment and Security Scholarship?" *The Environmental Change and Security Project Report*, Washington, DC: Woodrow Wilson International Center for Scholars, 1995.

Libiszewski, Stephan, "Integrating Political and Technical Approaches: Lessons from Israeli-Jordanian Water Negotiations", Gleditsch (ed.), *Conflict and the Environment*, Dordrecht: Kluwer, 1997.

______________, "What is an Environmental Conflict?" *Environment and Conflicts Project*, Occasional Paper No.1, Bern: Swiss Peace Foundation, 1992.

Lietzmann, Kurt M. & Gray D. Vest, *Environment and Security in an International Context*, Report 232, Brussels: Committee on the Challenges of Modern Society, NATO, 2000.

Linke, Andrew M. et al., "Rainfall Variability and Violence in Rural Kenya: Investigating the Effects of Drought and the Role of Local Institutions with Survey Data," *Global Environmental Change*, Vol.34, September 2015.

Lipschutz, Ronnie D. & John P. Holdren, "Crossing Borders: Resource

Flows, the Global Environment and International Security", *Bulletin of Peace Proposals*, Vol.21, No.2, 1990.

Livernash, Robert, "The Growing Influence of NGOs in the Developing World", *Environment*, Vol.34, No. 5, June 1992.

Lodgaard, Sverre, "Environment, Confidence-Building, and Security", in Lodgaard, Sverre & Anders H. af Ornas (eds.), *The Environment and International Security,* PRIO Report No.3, Oslo: International Peace Research Institute, 1992.

Lonergan, Steve C., "Water and Conflict", in Diehl & Gleditsch, 2001.

Lowi, Miriam, "Water and Conflict in the Middle East and South Asia," in Lowi, Miriam & Brian R. Shaw (eds.), *Environment and Security: Discourses and Practices*, London: Macmillan, 2000.

__________, "Rivers of Conflict, Rivers of Peace", *Journal of International Affairs*, Vol.49, No.1, Summer 1995.

Mahar, Dennis, *Government Policy and Deforestation in Brazil's Amazon Region*, Washington, DC: World Bank, 1989.

Mallaby, Sebastian, "NGOs: Fighting Poverty, Hunting the Poor", *Foreign Policy*, September-October 2004.

Mann, Dean E., "Environmental Learning in a Decentralized Political World", *Journal of International Affairs*, Vol.44, No.2, Winter 1991.

Manulak, M. W., "Multilateral Solutions to Bilateral Problems: The 1972 Stockholm Conference and Canadian Foreign Environmental Policy", *International Journal*, Vol.70, Issue 1, 2015.

Martens, Kerstin, *NGOs and the United Nations*, Basingstoke, UK: Palgrave Macmillan, 2006.

Maslin, Mark, *Climate Change: A Very Short Introduction*, Oxford: Oxford University Press, 2014.

Mason, Michael & Mark Zeitoun, "Questioning Environmental Security", *Geographical Journal*, Vol.179, No.4, December 2013.

Mathews, Jessica T., "Power Shift", *Foreign Affairs*, Vol.76, No.1, January/February 1997.

________________, “Redefining Security”, *Foreign Affairs*, Vol.68, No.2, 1989.

Matthew, Richard A., “Environmental Change, Human Security, and Regional Governance: The Case of the Hindu Kush/Himalaya Region”, *Global Environmental Politics*, Vol.12, Issue 3, August 2012.

________________, “Integrating Environmental Factors into Conventional Security”, in Lowi & Shaw (eds.), *Environment and Security: Discourses and Practices*, London: Macmillan, 2000.

________________, “Environmental Security: Demystifying the Concept, Clarifying the Debate”, *Environmental Change and Security Project Report 1*, 1995.

Meadowcroft, James, “The Politics of Sustainable Development: Emergent Arenas and Challenges for Political Science”, *International Political Science Review*, Vol.20, No.2, 1999.

Mearsheimer, John J., “Back to the Future: Instability in Europe After the Cold War”, *International Security*, Vol.15, No.1, Summer 1990.

Mee, Laurence D., “The Role of UNEP and UNDP in Multilateral Environmental Agreements,” *International Environmental Agreements*, Vol.5, Issue 3, September 2005.

Meyer, Jan-Henlik, “From Nature to Environment: International Organizations and Environmental Protection before Stockholm”, in Wolfram Kaiser & Jan-Henrik Meyer (eds.), *International Organizations and Environmental Protection: Conservation and Globalization in the Twentieth Century*, New York: Berghahn Books, 2014.

Mianabadi, Ameneh et al., “International Environmental Conflict Management in Transboundary River Basins”, *Water Resources Management*, Vol.34, Issue 11, 2020.

Mignolo, W., “The Many Faces of Cosmopolis: Border Thinking and Critical Cosmopolitanism”, *Public Culture*, Vol.12, No.3, 2000.

Miko, Maekawa, “Effective Environmental Regimes in East Asia for Climate Change and Environmental Security,” *Journal of Peace Studies*(『평

화학연구』), Vol.15, No.6, December 2014.

Mingst, Karen & Magaret P. Karns, *The United Nations in the Post-Cold War Era*, Boulder, CO: Westview Press, 2000.

Mische, P. M., "Ecological Security in an Inter-Dependent World", *Breakthrough*, Summer/Fall 1989.

Mitchell, Ronald B. & Charli Carpenter, "Norms for the Earth: Changing the Climate on "Climate Change", *Journal of Global Security Studies*, Vol.4, Issue 4, October 2019.

Molvaer, Reidulf K., "Environmental Cooperation in the Horn of Africa: A UNEP Perspective", *Bulletin of Peace Proposals*, Vol.21, No.2, 1990.

Montgomery, John D., "Asia-Pacific as an Environmental Region", *Journal of Developing Areas*, 28, October 1993.

Morgenthau, Hans J., *Politics Among Nations*, New York: Alfred A. Knopf, 1973.

Murdie, Amanda, *Help or Harm: The Human Security Effects of International NGOs*, Stanford, CA: Stanford University Press, 2014.

Myers, Norman, "Environmental Refugees", *Population and Environment*, Vol.19, No.2, November 1997.

______________, *Ultimate Security*, New York: W. W. Norton, 1993.

Myint, Tun, *Governing International Rivers: Polycentric Politics in the Mekong and the Rhine*, Northampton, MA: Edward Elgar, 2012.

Naff, Thomas, "Conflict and Water Use in the Middle East", in Rogers & Rogers(eds.), *Water in the Arab World: Perspectives and Prognoses*, Cambridge, MA: Harvard University Press, 1993.

Najam, Adil, "Developing Countries and Global Environmental Governance," *International Environmental Agreements*, Vol.5, 2005.

Nelson, Paul, "Deliberation, Leverage or Coercion? The World, NGOs, and Global Environmental Politics", *Journal of Peace Research*, Vol.34, No.4, November 1997.

"NGOs, Heal Thyself", *Foreign Policy*, March-April 2003.

Noman, O., *Economic Development and Environmental Policy*, London: Kegan Paul International, 1996.

North, Robert C., "Integrating the Perspectives: From Population to Conflict and War", in Choucri, Nazli (ed.), *Multidisciplinary Perspectives on Population and Conflict*, Syracuse, NY: Syracuse University Press, 1984.

Oberthür, Sebastian & Thomas Gehring, "Reforming International Environmental Governance," in Biermann, Frank & Steffan Bauer (eds.), *A World Environment Organization: Solution or Threat for Effective International Environmental Governance?* Adlershot: Ashgate, 2005.

Oluf, Langhelle, "Sustainable Development: Exploring the Ethics of Our Common Future", *International Political Science Review*, Vol.20, No.2, 1999.

O'Neil, Kate, *The Environment and International Relations*, Cambridge: Cambridge University Press, 2009.

Owens, P., "Human Security and the Rise of the Social", *Review of International Studies*, Vol.38, Issue 3, 2012.

Parson, Edward A., "Protecting the Ozone Layer", in Haas, Keohane, and Levy, 1993.

Payne, Rodger A., "The Limits and Promise of Environmental Conflict Prevention," in Diehl & Gleditsch, 2001.

Pearce, Fred, "How Green Was Our Summit?", *New Scientist*, June 1992.

Pellow, David N., *Resisting Global Toxics: Transnational Movements for Environmental Justice*, Cambridge, MA: MIT Press, 2007.

Peterson, Lauri1, "Silver Lining to Extreme Weather Events? Democracy and Climate Change Mitigation", *Global Environmental Politics*, Vol. 21, Issue 1, February 2021.

Pianta, Mario, "Parallel Summits of Global Civil Society", in Helmut Anheier et al.(eds.), *Global Civil Society*, Oxford: Oxford University Press, 2001.

Podesta, John & Peter Ogden, "The Security Implications of Climate Change,"

Washington Quarterly, Vol, 31, Issue 1, Winter 2007~08.

Porter, Gareth & Janet W. Brown, *Global Environmental Politics*, Boulder, CO: Westview Press, 1991.

Postel, Sandra L., "Dehydrating Conflict," *Foreign Policy*, 126, September/October 2001.

______________, *Pillar of Sand*, New York: W. W. Norton, 2000.

______________, *Last Oasis: Facing Water Scarcity*, New York: W. W. Norton, 1992.

Princen, Thomas & Matthias Finger, "Introduction", in Princen & Finger, *Environmental NGOs in World Politics: Linking the Local and the Global*, London: Routledge, 1994.

Raleigh, Clionadh & Henrik Urdal, "Climate Change, Environmental Degradation and Armed Conflict", *Political Geography*, 26, 2007.

Redclift, Michael, "Sustainable Development in the Age of Contradictions", *Development and Change*, Volume 49, Issue 3, May 2018.

______________, "Sustainable Development and Global Environmental Change", *Global Environmental Change*, Vol.2, No.1, March 1992.

Renner, Michael, "Troubled Water", *World Watch*, Vol.23, Issue 3, May/June 2010a.

______________, "Climate Warming Demands Fresh Thinking About Security Policy," *World Watch*, Vol.23, Issue 1, January/February 2010b.

______________, "Transforming Security", *State of the World 1997*, New York: W. W. Norton, 1997.

______________, *Fighting for Survival: Environmental Decline, Social Conflict, and the New Age of Insecurity*, New York: Norton for World watch Institute, 1996.

Romm, Joseph J., *Defining National Security: the Non-Military Aspects*, New York: Council on Foreign Relations Press, 1993.

Ronnfeldt, Carsten, "Three Generations of Environment and Security Research", *Journal of Peace Research*, Vol.34, No.4, 1997.

Rootes, Christopher, *Environmental Movements: From the Local to the Global*, London: Frank Cass, 2002.

Rosenau, James N., *Turbulence in World Politics: The Theory of Change and Continuity*, Princeton, NJ: Princeton University Press, 1990.

Rowell, Andrew, *Green Backlash*, London: Routledge, 1996.

Rowlands, Ian H., "Environmental Issues in World Politics", in Baylis & Rengger, 1992.

Sachs, Jeffrey D., *The Age of Sustainable Development*, New York, NY: Columbia University Press, 2015.

______________, "Sustainabe Development," *SCIENCE*, Vol.304, Issue 5671, 30 April 2004, http://science.sciencemag.org (검색일: 2021. 03. 20)

Sadoff, C. W. & D. Grey, "Beyond the River: The Benefits of Cooperation on International Rivers", *Water Policy*, Vol.4, 2002.

Salamon, Lester M., "The Rise of Non-Profit Sector", *Foreign Affairs*, Vol.73, No.4, July-August 1994.

Salman, Salman M. A. & Kishor Uprety, *Conflict and Cooperation on South Asia's International Rivers*, Washington, DC: World Bank, 2002.

Sands, Philippe, "Enforcing Environmental Security", *Journal of International Affairs*, Vol.46, No.2, 1993.

Schmandt, Jurgen, "Bi-national Water Issues in the Rio Grande/Rio Bravo Basin", *Water Policy*, Vol.4, No.2, 2002.

Schmandt, Jurgen & C. H. Ward, "Challenge and Response", in Schmandt et al., *Sustainable Development: The Challenge of Transition*, Cambridge: Cambridge University Press, 2000.

Schreiber, Helmut, "The Threat from Environmental Destruction in Eastern Europe", *Journal of International Affairs*, Vol.44, No.2, Winter 1991.

Sebenius, James K., "Designing Negotiations toward a New Regime: The Case of Global Warming", *International Security*, Vol.15, 1991.

Secretary-General, UN Genenral Assembly, *Keeping the promise: a forward-*

looking review to promote an agreed action agenda to achieve the Millennium Development Goals by 2015, https://undocs.org/en/A/64/665 (검색일: 2012. 12. 05)

Statement by Mr. Ryutaro Hashimoto at the 19th Special Session of the UN General Assembly For the Overall Review and Appraisal Of the Implementation of Agenda 21, 23 June 1997.

Seelkopf, Laura & Ida A Bastiaens, "Achieving Sustainable Development Goal 17? An Empirical Investigation of the Effectiveness of Aid Given to Boost Developing Countries' Tax Revenue and Capacity", *International Studies Quarterly*, Vol.64, Issue 4, 2020.

Selcer, Perrin, *The Postwar Origins of the Global Environment: How the United Nations Built Spaceship Earth*, New York: Columbia University Press, 2018.

Serrano, Monica, "Latin America", in Stares(ed.), *The New Security Agenda: A Global Survey*, Tokyo: Japan Center for International Exchange, 1998.

Sessions, George (ed.), *Deep Ecology for the Twenty-First Century*, New York: Random House, 1995.

Shehadi, Kamel S., "Middle East", in Stares, 1998.

Shigeaki, Fujisaki, "Environmental Issues in Developing Countries and the Role of ODA", *Japan Review of International Affairs*, Vol.7, No.1, Winter 1993.

Shiklomanov, Igor A., "World Freshwater Resources", in Peter H. Gleick (ed.), *Water in Crisis*, New York: Oxford University Press, 1993.

Sierra, Jazmin & Kathryn Hochstetler, "Transnational Activist Networks and Rising Powers: Transparency and Environmental Concerns in the Brazilian National Development Bank", *International Studies Quarterly*, Vol.61, Issue 4, December 2017.

Simmons, Erica S., "Market Reforms and Water Wars", *World Politics*, Vol.68, No.1, January 2016.

Simon, David, "Sustainable Development: Theoretical Construct or Attainable

Goal?" *Environmental Conservation*, Vol.16, No.1, Spring 1989.
Simonis, Udo. E., "Advancing the *Debate on a World Environment Organization" Environmentalist*, Vol.22, 2002.
SIPRI, *SIPRI Yearbook*, 각년호, SIPRI Publication.
Skocpol, Theda, *Diminished Democracy: From Membership to Management in American Civic Life*, Norman, OK: University of Oklahoma Press, 2003
Smith, Dan & Willy Ostreng (eds.), *Research on Environment, Poverty and Conflict*, Oslo: International Peace Research Institute, Oslo and Fridtj of Nansen Institute, 1997.
Smith, J., "Building Bridge or Building Walls? Explaining Regionalization of Transnational Social Movement Organizations", *Mobilization*, Vol.10, No.2, 2005.
Sollenberg, Magareta & Peter, Wallensteen, "Major Armed Conflicts", in *SIPRI Yearbook 1997*, Oxford: Oxford University Press for Stockholm International Peace Research Institute, 1997.
Sorenson, T. C., "Rethinking National Security", *Foreign Affairs*, Vol.69, 1990.
Spangenberg, Joachim, "Toward Sustainability", in Gleeson, Brendon & Nicholas Low (eds.), *Governing for the Environment: Global Problems, Ethics and Democracy*, New York: Palgrave Publishers, 2001.
Speth, J. G., *Red Sky at Morning: America and the Crisis of the Global Environment*, Washington, DC: Island Press, 2004.
Starr, Joyce R., "Water Wars", *Foreign Policy*, 82, Spring 1991.
Steans, Jill, "Globalization and Discourse of Women's Human Rights", in Stephanie Lawson(ed.), *The New Agenda for International Relations: From Polarization to Globalization in World Politics*, Cambridge: Polity, 2002.
Steer, Andrew, "The Environment for Development", *Finance and Development*, June 1992, p.18.
Stone, Christopher D., "Beyond Rio: Insuring Against Global Warming",

American Journal of International Law, Vol.8, 2016.

Strange, Susan, *The Retreat of the State: The Diffusion of Power in the World Economy*, Cambridge: Cambridge University Press, 1996.

Strong, Maurice F., "ECO '92: Critical Challenges & Global Solutions", *Journal of International Affairs*, Vol. 44, No.2, Winter 1991.

Tarrow, Sidney, *The New Transnational Activism*, Cambridge: Cambridge University Press, 2005.

Tehranian, Majid, "Globalization and Governance: An Overview", Aksu, Esref & Joseph A. Camilleri (eds.), *Democratizing Global Governance*, New York, NY: Palgrave Macmillan, 2002.

Tertrais, Bruno, "The Climate Wars Myth", *Washington Quarterly*, Vol.34, Issue 3, Summer 2011.

Thakur, Ramesh, "Breaking through the Global Politics of Climate Change Policy", *Washington Quarterly*, Vol.43, Issue 2, June 2020.

Tilmant, A. & W. Kinzelbach, "The Cost of Noncooperation in International River Basins", *Water Resources Research*, Vol.48, Issue 1, January 2012.

Torgerson, D., *The Promise of Green Politics*, Durham, NC: Duke University Press, 1999,

Tsakalidou, Ilektra, "The Great Anatolia Project: Is Water Management a Panacea or Crisis Multiplier for Turkey's Kurds?" *New Security Beat*, August 5, 2013 in www.newsecuritybeat.org/2013/08/great-anatolian-project-water-management-panacea-crisis-multiplier-turkeys-kurds.

Ullman, R. H., "Redefining Security", *International Security*, Summer 1983.

UN General Assembly, "Resolution 2997(XXVII): Institutional and Financial Arrangements for International Environmental Cooperation", *A/RES/27/2997*, 15 December 1972.

UNDP, *Human Development Report 1997*, New York: Oxford University Press, 1997.

_____, "Redefining Security: The Human Dimension", *Human Development Report 1994*, Oxford: Oxford University Press, 1994.

UNEP, *Global Environmental Outlook 4*, Valletta, Malta: Progress Press, 2007.

_____, *Afghanistan: Post-Conflict Environmental Assessment*, Geneva, 2003.

_____, "Improving International Environmental Governance among Multilateral Environmental Agreements," *UNEP/IGM/2/4*, Bonn: UNEP, 2001.

_____, *Global Environmental Outlook-2000*, London: Earthscan, 1999.

_____, *Global Environmental Outlook*, Oxford: Oxford University Press, 1997.

_____, *Register of International Treaties and Other Agreements in the Field of Environment*, Nairobi: UNEP, 1997.

_____, *UNEP, Two Decades of Achievement and Challenge: 20 Years*, New York: UN, 1992.

UNGA, *Report of the Secretary-General on Environment and Human Settlements*, A/RES/53/242, 10 August 1999.

UNSG, *Renewing the United Nations: An Agenda for Reform*, A/51/950, 14 July 1997.

Van der Ven, Hamish, "Power and Authority in Global Climate Governance", *Global Environmental Politics*, Vol.16, Issue 4, November 2016.

Van der Zwaan, Bob & Arthur Petersen (eds.). *Sharing the Planet: Population-Consumption-Species*, Delft: Eburon, 2003.

Vesilind, Pritt, "Middle East Water: Critical Resource", *National Geographic*, Vol.183, No.5, 1993.

Victor, David G., "Recovering Sustainable Development", *Foreign Affairs*, January/February 2006.

Victor, David G. et al., *The Implementation Effectiveness of International Environmental Commitments: Theory and Practice*, Cambridge, MA: MIT Press, 1998.

Vijge, Marjanneke J., "The Promise of New Institutionalism: Explaining the

Absence of a World or United Nations Environment Organization," *International Environmental Agreements*, Vol.13, 2013.

von Moltke, Konrad, "Clustering International Environmental Agreements as an Alternative to World Environment Organization", Biermann & Bauer, 2005.

Waever, Ole, "Securitization and Desecuritization", *Working Paper No.5*, Copen Hagen: Centre for Peace and Conflict, 1993.

Wapner, Paul, "The Transnational Politics of Environmental NGOs: Governmental, Economic, and Social Activism", in Chasek (ed.), *The Global Environment in the Twenty-First Century: Prospects for International Cooperation,* Tokyo: United Nations University Press, 2000.

______, *Environmental Activism and World Civic Politics*, Albany, NY: State University of New York Press, 1996.

______, "Politics Beyond the State: Environmental Activism and the World Civic Politics", *World Politics*, Vol.47, No.3, April 1995.

Waterbury, John, "Transboundary Water and the Challenge of International Cooperation in the Middle East," in Peter, Rogers & Lydon Peter (eds.), *Water in the Arab World: Perspectives and Prognoses*, Cambridge, MA: Harvard University Press, 1993.

Weiss, Thomas G. & Leon Gordenker, "Pluralizing Global Governance: Analytical Approaches and Dimensions", in Weiss & Gordenker (eds.), *NGOs, The UN, and Global Governance*, Boulder, CO: Lynne Rienner, 1996.

Westing, Arthur H.(ed.), *Comprehensive Security for the Baltic: An Environmental Approach*, London: Sage, 1989.

_________________(ed.), *Global Resources and International Conflic*t, New York: Oxford University Press, 1986.

Williams, David O., "Conflict Experts Dispute Impact of Global Climate Change on National Security", *Real Vail*, March 11, 2015 in http://www.realvail.com/conflict-experts-dispute-impact-of-global-climate-changeon-national-security/a1812. (검색일: 2015. 12. 18).

Witte, Daniel, "Business for Climate: A Qualitative Comparative Analysis of Policy Support from Transnational Companies", *Global Environmental Politics*. Vol. 20, Issue 4, November 2020.

Wolf, Aaron T., "Conflict and Cooperation along International Waterways", *Water Policy*, Vol.1, No.2, April 1998.

Wolf, Aaron T. & Jesse H. Hamner, "Trends in Transboundary Water Disputes and Dispute Resolution", in Lowi & Shaw, 2000.

World Bank, *World Development Report*, New York: Oxford University Press, 1991

World Commission on Environment and Development(WCED), *Our Common Future*, Oxford: Oxford University Press, 1987.

World Resources Institute, *World Resources 1990-91*, New York: Oxford University Press, 1990.

Youngs, Tim, *Sudan: Conflict in Darfur*, Research Paper 04/51, 23 June 2004, International Affairs and Defense Section, House of Common Library, United Kingdom.

Yufuan, Hao, "Environmental Protection in Chinese Foreign Policy", *Journal of Northeast Asian Studies*, Vol.XI, No.3, Fall 1992.

Zawahri, Neda A., Shlomi Dinar & Sara M. Mitchell, "Facilitating Treaty Formation to Govern International Rivers", *International Studies Quarterly*, Vol.55, 2011.

Zoellick, Robert B., *The End of the Third World? Modernizing Multilateralism for a Multipolar World*, Woodrow Wilson Center for International Scholars, April 14, 2010, https://openknowledge.worldbank.org/bitstream/handle/10986/29639/124460-WP-Zoellick-4-14-2010-ENGLISH-End-of-the-Third-World-PUBLIC.pdf?sequence=1&isAllowed=y (검색일: 2020. 12. 31).

Zurn, Michael, "The Rise of International Environmental Politics: A Review of Current Research", *World Politics*, Vol.50, No.4, 1998.

www.mofa.go.jp/policy/environment/pdfs/jp_initiative_pamph.pdf (검색일: 2018. 8. 9)

www.state.gov/e/oes/index.htm (검색일: 2018. 08. 09)
www.state.gov/e/oes/eqt/index.htm (검색일: 2018. 09. 09).
www.uia.be/yearbook (검색일: 2009. 01. 14)
www.un.org/dpcsd/dsd/trends.htm (검색일: 2014. 12. 27)
www.un.org/ecosoc/en/make-your-voice-heard (검색일: 2020. 11. 24)
www.un.org/en/academic-impact/page/sustainable-development-goals(검색일: 2021. 12. 05).
www.un.org/esa/coordination/ngo.
www.un.org/largerfreedom/ (검색일: 2015. 01. 15).
sdgs.un.org/topics/finance (검색일: 2021. 12. 05)
www.unep.org/rio20/portals/24180/Docs/727The%20Future%20We%20Want%2019%20J une%201230pm.pdf (검색일: 2015. 07. 03)
www.unep.org/unep/per/ipa/pressrel/ro2-0699.001 (검색일: 2014. 12. 27)
www.unep.org/who-we-are/about-us/environmental-moments-unep50-timeline (검색일: 2022. 01. 30)

찾아보기